Le commerce dans la région de Man

Côte d'Ivoire (1896 – 1940)

Collection « Racines du Présent »

En cette période où le phénomène de la mondialisation conjugué au développement exponentiel des nouvelles technologies de l'information et de la communication contracte l'espace et le temps, les peuples, jadis éloignés, se côtoient, communiquent et collaborent aujourd'hui plus que jamais. Le désir de se connaître et de communiquer les pousse à la découverte mutuelle, à la quête et à l'interrogation de leurs mémoires, histoires et cultures respectives. Les générations, en se succédant, veulent s'enraciner pour mieux s'ouvrir dans une posture proleptique faite de dialogues féconds et exigeants. La collection **« Racines du Présent »** propose des études et des monographies relatives à l'histoire, à la culture et à l'anthropologie des différents peuples d'hier et d'aujourd'hui pour contribuer à l'éveil d'une conscience mondiale réellement en contexte.

Déjà parus

Luc FOTSING FONDJO et Moustapha FALL (dir.), *Traditions orales postcoloniales*, 2014.

Samia EL-MECHAT et Florence RENUCCI (dir.), *Les décolonisations au XXe siècle*, 2014.

Will Mael NYAMAT, *Français de fait et de droit. Chronique d'une (ré)intégration réussie*, 2013.

Lang Fafa DAMPHA, *Afrique subsaharienne. Mémoire, histoire et réparation*, 2013.

Jean-Pierre DUHARD, *La soumission des touareg de l'Ahaggar, 1894-1920*, 2013.

MANDA TCHEBWA Antoine, *Contexte urbain, L'Afrique en musiques, Tome 4*, 2012.

MANDA TCHEBWA Antoine, *Panorama des instruments du patrimoine africain, L'Afrique en musiques, Tome 3*, 2012.

MANDA TCHEBWA Antoine, *De l'art griotique à la polyphonie australe, L'Afrique en musiques, Tome 2*, 2012.

MANDA TCHEBWA Antoine, *Rapport au sacré, à la divinité, à la nature, L'Afrique en musiques, Tome 1*, 2012.

SOHI BLESSON FLORENT

Le commerce dans la région de Man

Côte d'Ivoire (1896 – 1940)

L'Harmattan

5-7, rue de l'École-Polytechnique, 75005 Paris

http://www.harmattan.fr
diffusion.harmattan@wanadoo.fr
harmattan1@wanadoo.fr

ISBN : 978-2-343-03789-9
EAN : 9782343037899

Préface

Enfin, un livre d'histoire, économique par surcroît, sur le Grand Ouest ivoirien ! Si l'Ouest est considéré comme la cendrillon des régions ivoiriennes, du point de vue des études d'histoire régionale, il peut néanmoins se vanter de quelques écrits fort excellents produits par des devanciers dont je ne citerai au passage que quelques noms : Alfred Schwartz, Christophe Wondji, Julien Zunon, Chérif Mamadou, Gilbert Gonnin, ils éclairent par leurs analyses des pans entiers de l'histoire administrative et politique, sociale et économique du terroir, sans omettre les divers essais sur la mise en place du peuplement extrêmement complexe dans cette zone si attachante du Grand Ouest. Il manquait cependant cette vue panoramique sur le commerce à l'époque coloniale. Aujourd'hui c'est chose faite, et nous le devons à Sohi blesson.

La motivation subjective qui sous-tend l'ouvrage paraît évidente : faire connaitre Ouest ivoirien, précisément la zone « Dan-Wè »au tour de Man,métropole de la région, la terre de ses ancêtres a été un aiguillon déterminant pour l'auteur. Mais quoi de plus naturel et de plus légitime ! Cet élan subjectif n'est cependant pas dépourvu de tout fondement objectif dans la mesure où ces pages visent à définir et identifier ce terroir pour une meilleure prise en compte de ses spécificités culturelles, économiques et sociales, notamment dans l'élaboration et l'exécution des programmes de développement conçus le plus souvent dans les bureaux éloignés de la capitale.

Emboitant donc le pas à ses devanciers, Sohi Blesson propose ici une étude précise et fouillée sur le commerce colonial, qui ne jette pas moins des lueurs suffisamment vives sur les produits, les moyens et numéraires qui ont alimenté les échanges des époques antérieurs, en comblant une lacune dont personne ne soupçonnait l'importance.

Le commerce a connu dans l'Ouest ivoirien une histoire ample et variée. A l'époque ancienne, il met en mouvement des populations aussi diverses que les Bété, Gouro, Toura, Guéré, Wobè, et Yacouba, dans leur quête de produits de consommation courante mais dans l'acquisition des biens rares et convoités en provenance, tantôt de la côte, tantôt des pays soudanais. Sur ses échanges anciens se greffe le commerce colonial, qui loin d'apporter le développement et le bonheur aux populations, accroît, au contraire, leur misère et leur souffrances. Le grand mérite de cet ouvrage est de souligner sur la longue durée, au-delà des échanges commerciaux, les ruptures

diverses introduites dans la société « Dan-Wè » à l'avènement du commerce colonial : réseaux d'alliances tissés entre les populations de cultures et de civilisations différentes certes, mais aussi des mutations diverses survenues au sein de la société, se résumant en une désarticulation des structures politiques, sociales et économiques du monde ancien.
Cette étude est précieuse parce qu'elle est sûre : les documents consultés sont pour ainsi dire exhaustifs, collectés en de nombreux endroit aussi bien en Côte-d'Ivoire qu'au Sénégal. Le dépouillement de l'historiographie et de la presse est de tout premier ordre ; la collecte indispensable d'enquêtes orales et d'histoires de vie est présente. C'est un ouvrage important, qui constitue un instrument désormais indispensable de l'histoire de l'Ouest ivoirien et du commerce ancien et colonial dans nos régions.

Simon-Perre Ekanza
Professeur émérite
Université Houphouët-Boigny Abidjan-Cocody

INTRODUCTION

La colonisation entamée officiellement en Côte d'Ivoire le 10 mars 1893 *a* occasionné en une soixantaine d'années de nombreuses ruptures dans les sociétés traditionnelles africaines. Profondément perturbées dans leur essence, celles-ci éprouvent encore aujourd'hui, plus de quarante ans après les indépendances des difficultés à s'adapter aux systèmes qui leur ont été laissés en héritage. En effet, la colonisation partout a imposé son schéma d'autorité, son mode d'administration ; son système politique, ses valeurs économiques et sociales.

C'est dans ce moule taillé à la convenance de l'Occident triomphant que les africains négocient aujourd'hui leur développement.

Que de problèmes ! Des programmes d'ajustement structurel aux plans de développement intégré : aucune perspective heureuse. Les ruptures souhaitées et méthodiquement mises en œuvre par les Européens pendant la période coloniale ont été malheureusement indifféremment perpétuées. Or les indépendances auraient pu être un moment de rupture. Vision utopique sans doute ! Mais une telle perspective aurait pu depuis, ouvrir la voie à une conception africaine du développement à même de s'imposer aux autres. Conception africaine dans l'élaboration et l'exécution des programmes de développement. Les notions de développement local, de régionalisation aujourd'hui d'actualité en Côte d'Ivoire qui mettent en avant la nécessité de la maîtrise des cadres de référence et de l'environnement socio-économique des populations devraient être appuyées et soutenues par les sciences sociales.

Alfred SCHWARTZ définissait l'intérêt d'un article sur la mise en place des populations Guéré et Wobé en ces termes.

> « … En tant que tel, il est susceptible de servir d'outil de travail à la fois à l'administrateur chargé de prendre des décisions sur le plan local, et souvent (du

moins dans les premiers temps) peu au faîte de la réalité sociale de la circonscription dont il a la charge, et au planificateur, soucieux d'agir, quel que soit le domaine de son intervention futur, sur un fond humain homogène[1] ».

Le professeur EKANZA Simon-Pierre justifiait ainsi des lignes qu'il consacrait à l'histoire de l'Afrique :

> « … Mais, regard sur le passé, elles sont également motivées par la nécessité d'expliquer le présent dont on n'est jamais contemporain qu'en étant à même de reconnaître dans les évènements qu'on vit les effets à long terme d'une histoire souvent ancienne[2] ».

Le présent travail s'inscrit parfaitement dans cette perspective. L'histoire régionale pouvant nous aider à connaître et à faire connaître davantage nos régions, à souligner leurs particularités pour un meilleur développement.

Le commerce, élément du secteur tertiaire qui consiste en des opérations sur les marchandises a un intérêt certain du fait de ses capacités intrinsèques : éveiller les désirs du consommateur et contribuer à satisfaire ses besoins.

> « comparé à l'agriculture et à l'industrie, le commerce nous ouvre de nouvelles perspectives. Tandis que l'industriel se livre sur les choses à des transformations matérielles, l'œuvre du commerçant commence lorsque l'objet a reçu sa forme définitive et qu'il ne reste plus qu'à le mettre à la disposition du

[1] A. SCHWARTZ, " La mise en place des populations Guéré et Wobé : Essai d'interprétation historique des données de la tradition orale" *Cah ORSTOM, Sci. Hum.* Vol VI, n°1 1969, P.9

[2] S. P, EKANZA, *Le dernier siècle de l'Afrique libre,* (l'Europe au chevet de l'Afrique) PUCI, Univ. Nat. C.I, 1995, 143 P.7.

consommateur dans des conditions susceptibles d'éveiller ses désirs et de satisfaire ses besoins[1] ».

Par ces fonctions, le commerce a été utilisé par le colonisateur comme une arme stratégique de conquête. Il s'agissait pour l'autorité d'aliéner les populations par la qualité des produits européens. Par ailleurs, par le commerce, le colonisateur a réussi à introduire et à faire, adopter le système d'exploitation capitaliste à des populations qui naguère partageaient un mode de vie communautaire. L'introduction et l'imposition du commerce européen a été un ferment de la transformation du système économique traditionnel. De la transformation de la société traditionnelle dans son ensemble. L'économie dans le système ancien étant fortement imbriquée dans le politique et le social. Dès lors pensons-nous qu'une étude des mécanismes d'imposition du commerce européen pourrait nous éclairer aujourd'hui sur les ajustements nécessaires à la bonne marche des programmes de développement en chantier.

Les échanges ont déjà été l'objet d'importants travaux de recherche. Ceux-ci nous ont sans aucun doute inspiré comme en témoignent les exemples qui figurent dans notre bibliographie. Mais ces travaux antérieurs pour importants qu'ils paraissent ne nous ont servi essentiellement que comme repères méthodologiques. Car à aucun moment ils n'ont véritablement abordé la question du commerce colonial dans la région de Man. En effet, un regard panoramique sur cette bibliographie impose de différencier deux catégories d'ouvrages. Les relations de voyage ayant fait l'objet de publication d'une part et d'autre part les travaux de recherche.
Concernant la première catégorie, l'œuvre la plus importante a été celle de Louis Gustave BINGER ; *Du Niger au Golfe de Guinée en passant par le pays de Kong et le Mossi*, Paris, Hachette, 1892, 414 P. Cet ouvrage, entièrement consacré à la période précoloniale, est, en fait,

[1] PIROU et BYE, *traité d'économie politique*, tome I, II, P.191, tiré de le Robert, dictionnaire de la langue française, tome II, P.735

un récit de voyage dans lequel l'auteur a consigné des notes et observations à caractère ethnosociologique, économique, géographique, etc. Les renseignements glanés par Binger sur la région de l'ouest permettent tout juste d'apprécier quelques éléments des fondements physiques, humains et économiques du commerce colonial. Puisqu'il consacre des lignes à la description de la flore et des richesses naturelles qu'on y rencontre et souligne quelque fois les traits de caractère des populations.

Les travaux de recherche, structure de la seconde catégorie d'ouvrages, ont à quelques exceptions près eu le même intérêt. C'est le cas, par exemple, de l'étude biographique de PERSON sur l'Almamy Samori. La relation des aventures de l'Almamy dans l'ouest montagneux apporte un éclairage sur les relations traditionnelles entre forestiers et populations soudanaises. Mettant ainsi en lumière des fondements non moins importants de l'activité économique et commerciale coloniale. Ce fut là une exception heureuse. Car la plupart des ouvrages de recherche ne portait nullement, en réalité, sur notre champ d'étude. Mais la démarche méthodologique nous a particulièrement intéressé. Par exemple, l'article de Christophe WONDJI ''*Commerce du cola et marchés précoloniaux dans la région de Daloa*'' et la thèse de ZUNON Gnobo sur les échanges dans la région de Daloa, ainsi qu'on le remarque, portent exclusivement sur la région bété. Même s'il s'agit de populations de l'ouest de la Côte d'Ivoire d'une façon générale, on peut dire qu'il y a une différence entre Bété, Yacouba ou Dan et Wobé. Cette distinction n'est pas à négliger dans la mesure où il nous faut prendre en compte les spécificités propres à chaque aire culturelle.

L'ouvrage collectif consacré au commerce et aux commerçants en Afrique de l'ouest sous la direction de Pierre KIPRE et Harding est sans doute un ouvrage spécialisé. Mais son caractère général ne nous permet pas d'appréhender la réalité du commerce européen dans la région de Man. L'ouvrage porte essentiellement sur l'activité des compagnies de commerce de la basse-côte. Il aborde également les systèmes de courtage et l'activité des intermédiaires des régions forestières du sud. Il aurait été plus intéressant s'il avait davantage éclairé les relations entre les compagnies de la façade maritime et les maisons de commerce qui s'installent progressivement dans l'hinterland notamment dans l'ouest forestier. Le schéma d'expansion des entreprises commerciales européennes, qui pouvait faciliter l'étude du commerce colonial au niveau local, nous semble totalement absent. L'article consacré aux *commerçants sénégalais en Côte d'Ivoire de 1880 à 1970* de GNATO Zié et VRIH Gbazah quoique utile à la connaissance des acteurs du commerce européen à Man – puisque ayant fait référence à cette localité en parlant de SAO Zacharia paraît de ce fait insuffisant. Que dire des études sociologiques de Alfred SCHWARTZ relatives à l'univers économique traditionnel et au système de production des populations Wê et de la thèse de Gilbert GONIN sur les rapports entre Mandé et peuples forestiers et préforestiers de l'ouest de la Côte d'Ivoire ? En fait, l'utilité de ces travaux ne fait l'ombre d'aucun doute puisqu'ils éclairent des pans entiers de la vie traditionnelle des peuples de la région. Mais bien qu'utiles, les études sociologiques d'Alfred SCHWARTZ, par exemple, sur la vie économique des peuples Wê laissent le travail de l'historien intact. Car, l'on devrait pouvoir saisir son évolution dans le temps. Par ailleurs, il existe bien une différence entre vie économique et commerce.

Gilbert GONIN n'a point occulté les échanges dans l'analyse des rapports entre Mandé et peuples forestiers et préforestiers. Mais il n'a pris en compte que les traditions orales Toura. En outre, cette étude ne visait nullement le commerce colonial.

CHERIF Mamadou a également réalisé d'importants travaux sur la région. Sa thèse : *L'ouest de la Côte d'Ivoire (Haut - Cavally) et la pénétration française 1896-1920,* a privilégié la conquête politique. Ces travaux permettent d'éclairer les fondements politiques et administratifs de l'avènement du commerce européen. Mais cette remarque résulte strictement d'une vision analytique. Car, en réalité, l'objectif de l'auteur visait uniquement à démontrer le processus de conquête militaire et d'administration de la région du Haut – Cavally.

En définitive, que pouvons retenir de l'état de la question ?. Tout simplement qu'il nous fournit des orientations sur les fondements du commerce colonial. La majeure partie des études répertoriées a été abordée dans une perspective synchronique. Quand bien même elles l'eussent été dans une perspective diachronique, elles n'auraient pu remettre en cause notre travail. Puisque celui-ci porte sur un champ d'étude différent. Ainsi donc, la question de la mutation qui va conduire à l'avènement et à la vie du commerce européen dans la région de Man demeure encore presqu'entièrement un champ à défricher et à mettre en valeur. Elle mérite, pensons-nous, d'être posée si elle peut nous permettre d'éclairer la structure de ce commerce et son ou ses influences sur les populations.

Cette préoccupation couvre implicitement deux périodes. La réflexion va donc être conduite de façon évolutive en vue de prendre en compte les fondements du commerce européen dans la mesure où 1896 ne marque pas le début de l'action de conquête coloniale. Par conséquent, la question centrale sera celle de la mutation qui conduit une région et des populations à s'adapter aux exigences du commerce colonial. Autrement dit, comment s'est opéré la mise en place et le développement du commerce colonial dans la région de Man ? Naturellement une telle préoccupation suscite forcément de nombreuses interrogations. Quelles sont les différentes étapes qui ont jalonné cette évolution ? Quels ont été les moyens de cette transformation et la réponse des populations concernées ? Le commerce colonial triomphe t-il des échanges traditionnels ? Ou bien y-a-t-il une juxtaposition des deux types de commerce ? L'exploitation économique et commerciale dans le cadre de la colonisation exige auparavant la main mise politique et administrative sur le territoire. Quel a été le poids de l'administration comme condition et facteur de cette exploitation ? L'analyse va prendre en compte également les répercussions de cette transformation sur la société.

Notre approche va s'inspirer essentiellement de ces grands axes. Il est à relever d'emblée que nous avons porté un intérêt particulier aux fondements du commerce colonial. Ces fondements, éléments indispensables à une meilleure compréhension du sujet sont autant d'ordre historique, politique qu'économique.

Nous montrons au point de vue historique qu'il existait dans la région un réseau d'échange anciens dans lequel les populations locales étaient fortement impliquées. Celui-ci mettait principalement en circulation la noix de cola, produit typiquement forestier, et était surtout dirigé vers les régions soudanaises. En vue de démontrer l'importance du trafic et dans le souci de mettre en relief l'existence de zones de production spécifique desquelles résultaient essentiellement ces relations d'échanges anciens, nous nous sommes intéressés au cadre physique et humain. L'étude physique a montré des prédispositions naturelles favorables à l'activité agricole. Sols, climat, végétation, hydrographie offraient également une variété de richesses naturelles. Cette générosité de la nature était un des facteurs clés des échanges. Ce d'autant plus que la cola qu'on retrouvait en abondance dans la région du fait du couvert végétal était une denrée très prisée dans les régions soudanaises voisines.

L'existence de ce réseau d'échanges anciens a ainsi été une source de motivation supplémentaire à la conquête coloniale. En évoquant la conquête militaire et politique, nous relevons qu'elle a été utile à la mise en œuvre effective du commerce européen. Les postes militaires installés pour la plupart sur les sites des marchés précoloniaux visaient non seulement à capter mais aussi et surtout à détourner au profit des futurs centres urbains les flux des échanges. Par ailleurs, les postes créés au prix de mille et une luttes auxquelles nous avons consacré quelques lignes en guise d'illustration ont constitué les premiers centres d'enregistrement et de diffusion des données économiques et commerciales. Les monographies conçues dans ces postes ont énormément contribué à aiguiser les consciences sur l'identification des facteurs économiques nécessaires à un développement harmonieux du commerce européen. Elles ont ainsi été à l'origine de l'idée de la mise en valeur agricole. En effet, les populations amenées à leur corps défendant à coopérer avec l'administration coloniale se sont vues imposer de nouvelles pratiques. Notamment le paiement de l'impôt, l'utilisation de la monnaie européenne, etc. Cette dernière jugée indispensable à la bonne marche du commerce européen devrait être largement

diffusée. Il fallait pour ce faire valoriser l'agriculture par l'introduction et la diffusion de nouvelles cultures. Bien entendu l'administration n'eût aucune difficulté à le faire comme le prévoyait les études monographiques. L'acteur principal de cette " *révolution* " était
" *l'indigène* ". L'on pensait ainsi faire de lui un véritable agent économique en rehaussant parallèlement son pouvoir d'achat.

Une fois ces facteurs saisis, nous apprécions le mouvement commercial et essayons par la suite de dégager ses conséquences. On assista au développement des échanges mais aussi à la résistance des modes d'échange traditionnel.

Ces éclairages motivés par le désir de mettre davantage en exergue les principales orientations de l'étude sont sous-tendus par des objectifs non moins déterminants.

En effet, il nous a paru nécessaire d'étudier le commerce colonial surtout comme l'une des causes principales des changements socioculturels subis par les populations ivoiriennes en général et particulièrement celles de l'Ouest. Autrement dit, il s'agit de montrer que l'avènement et le développement du commerce européen a été l'un des facteurs les plus importants de la transformation de la société traditionnelle et de l'aliénation de nos économies actuelles. Les efforts de l'administration dans les domaines politiques, économiques et sociales afin de faire prospérer le commerce européen visaient davantage à détourner les autochtones de leurs habitudes au profit de la Métropole plutôt qu'à améliorer leur conditions de vie. C'est pourquoi, tout au long de la période considérée, l'administration puis les compagnies et maison de commerce qui s'installent progressivement, s'attèlent à faire des populations locales des auxiliaires dévoués et zélés. Les ruptures qui s'opèrent ainsi contrastent quelques fois radicalement avec les habitudes anciennes. Contrairement aux attentes, le développement du commerce européen rend plus difficile les conditions de vie de "l'indigène" qui a du mal à s'adapter aux nouveaux rapports d'échange.

Carte n° 1 LOCALISATION DE LA ZONE D'ETUDE

☐ La Région du grand Ouest
☐ La zone d'étude

- Chef - lieu de Sous - Préfecture
- Chef - lieu de Département
- Chef - lieu de Région

Limite de Sous - Préfecture
Limite de Département
Limite de Région
Limite d'Etat

Cette situation a de nombreuses conséquences et il s'agit d'en souligner quelques unes dans les domaines politique, social et économique : éviction des autorités traditionnelles, bouleversement des normes anciennes, uniformisation des espaces commerciaux, naissance de la région économiques.

Tels sont, en somme, les principaux objectifs de cette étude dont le cadre spatial et temporel mérite, à ce niveau, d'être éclairé.

La région de Man, objet de l'étude est vue sous plusieurs rapports. Nous en distinguons quatre. D'abord au point de vue historique, la région de Man désigne les espaces conquis à partir de la création du poste de Touba en 1897 et identifié sous le thème du "cercle du Haut – Cavally".

En juin 1897, l'explorateur Blondiaux réussit à installer le premier poste militaire français dans le Mahou. Ce poste militaire situé au nord-ouest servira comme point d'appui stratégique à de nombreuses colonnes militaires dont celle conduite par le lieutenant LAURENT, qui établit successivement, les postes de Danané en 1906 et Man en 1908. Puis, Sémien, Logoualé en 1911 et Kouibly en 1912. En avril 1912 un arrêté de PIERSON, Commandant militaire de la Côte d'Ivoire subdivisait le Haut-Cavally en trois secteurs : secteur Dan – Wobé, chef lieu Man ; secteur Dan – Guéré, chef lieu Logoualé et secteur Zo, chef lieu Duékoué.

La région de Man telle que nous l'appréhendons correspond aux secteurs Dan – Wobé et Dan – Guéré.

Carte n° 2 LA REGION DE MAN

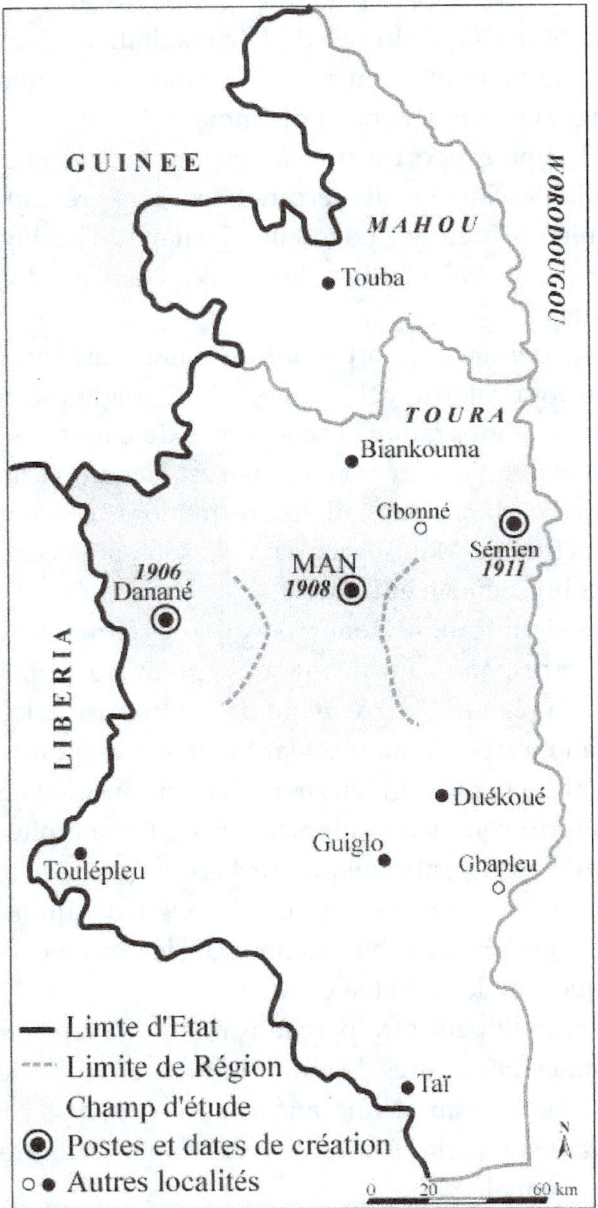

Conception : SOHI Blesson, réalisation : SANOGO S. IGT / LATIG nov. 2006

Le second rapport d'ordre sociologique fait référence aux sociétés Wê et Dan. Deux communautés linguistiques ethnologiquement différenciées – l'une appartenant au groupe Krou et l'autre à la famille Mandé – mais qui du fait de la cohabitation séculaire ont en commun de nombreux traits culturels. Les modes vestimentaires, les sites des villages en témoignent éloquemment.

Le troisième rapport a trait à l'espace géographique. Région de forêt au relief accidenté, elle recouvre les sous-préfctures de Man, Facobly, Sémien, Kouibly, Logoualé, Danané. Facobly, Kouibly, Sémien, peuplés de Wê et Man, Logoualé, Danané, domaines des poulations Dan.

Enfin, le dernier rapport d'ordre économique met en relief le commerce précolonial du cola. Issus d'une région forestière, les peuples Wê et Dan ont pratiqué le commerce du cola.

Telle que définie, la région de Man est bien un vaste ensemble. Par souci d'efficacité, nous allons restreindre cet ensemble au département actuel de Man regroupant les sous-préfectures de Man, Logoualé, Facobly, Sémien et Kouibly.

Quelles significations donner aux bornes chronologiques ?

1896 correspond au début des premières opérations de pacification de la région. C'est le début de l'entreprise coloniale. Et les premières manœuvres militaires marquent de ce point de vue le commencement de la mise en œuvre des conditions de l'économie de traite et partant du commerce colonial. 1940 est une limite indicative. Cependant, un regard panoramique sur l'économie de la région nous permet de nous rendre compte de la vigueur qu'impulsent à l'économie et notamment au commerce les nouvelles cultures spéculatives que sont le café et le cacao.

Dès lors 1940 peut être perçue comme une année de rupture vu que désormais ces cultures de rentes influencent considérablement les échanges. 1940 est aussi une année de crise, la seconde guerre mondiale battant son plein. Année de crise, année d'un premier bilan du commerce colonial.

Elaboré à partir de diverses sources documentaires, le présent travail met en œuvre une approche à la fois descriptive et analytique pour cerner l'évolution du commerce colonial dans la région de Man de 1896 à 1940. Nous nous sommes parfois étendus assez longuement sur les bases de l'activité commerciale pour mieux souligner les changements ultérieurs.

En tout cas, l'on ne peut réellement saisir les transformations subies que grâce à un minimum d'évocation descriptive. La nature du sujet soumet à cette obligation. Il s'agissait là d'appliquer la méthode désormais courante en sciences économiques et social qui consiste à partir d'une vision globale pour aller vers des questions plus précises en ayant soin d'éclairer au mieux les différentes étapes du processus, la succession des faits, leurs liens internes et les rapports de cause à effet qui les régissent.

Ainsi à chaque étape du processus notamment concernant l'action de l'administration, cheville ouvrière de la naissance du commerce colonial, nous essayons de cerner les options prises, ensuite nous examinons les moyens et les instruments mis en œuvre pour atteindre ces objectifs et enfin, nous exposons les résultats obtenus. Dans le souci de mieux faire comprendre le niveau de ces résultats, nous adoptons presque toujours une approche démonstrative qui s'appuie soit sur un texte soit sur un tableau statistique. Des courbes d'évolution, des graphiques, des schémas, des photographies auraient certainement pu enrichir ces démonstrations mais malheureusement les efforts déployés dans ce sens n'ont pas toujours été concluant.

Notre démarche ainsi que nous l'avions souligné, s'est appuyée sur diverses sources : sources orales, documents manuscrits ou dactylographiés d'archives et sources imprimées qui ont été choisis en tenant compte de leur pertinence notamment dans l'éclairage de l'environnement sociopolitique. Aussi distinguerions-nous dans leur présentation, notamment en ce qui concerne les documents d'archives, la part belle faite aux séries Q et R relatives aux affaires économiques et particulièrement à l'agriculture.

Les documents d'archives et les sources imprimées exprimant le point de vue de l'Européen sujet de l'histoire coloniale ont une valeur indéniable pour la reconstitution de cette histoire.

Cependant pour importantes qu'elles paraissent, ces sources écrites comportent quelques lacunes. En effet, les données fournies par l'administration sont-elles toujours conformes à la production réelle ? La question mérite d'être posée, tant il est vrai que, pour diverses raisons notamment par souci de promotion, certains administrateurs peuvent être tentés de grossir leurs résultats. Par ailleurs dans les rapports, il est difficile voire impossible d'établir la différence entre les quantités produites réellement, les quantités réellement commercialisées et celles déclarées à l'autorité. C'est ici le lieu de relever les limites des sources administratives d'une façon générale comme source de l'histoire économique. En effet, si les documents d'archives administratives sont utiles pour appréhender le cadre général de la vie économique, ils le sont moins pour cerner l'exercice de l'activité économique proprement dite. Dans ce dernier cas, les sources privées, c'est-à-dire les fonds d'archives des opérateurs économiques eux-mêmes, sont les mieux indiqués. C'est seulement à travers ces fonds d'archives privées que le chercheur peut, nous semble t-il, véritablement éclairer les questions liées à la vitalité des compagnies et maisons de commerce européen. Or malheureusement ces documents ne sont pas toujours à la portée des chercheurs qui lorsqu'ils ne sont pas confrontés à des difficultés matérielles et financières, sont liés par la volonté des propriétaires ou des dépositaires des fonds disponibles. Les chambres consulaires notamment la chambre de commerce et d'industrie de Côte-d'Ivoire qui, à ce niveau, pouvait nous aider ne dispose pas encore de fonds d'archives organisés. Les recherches que nous y avons menées sont restées vaines.

Cependant quoique lacunaires, les archives administratives demeurent indispensables. Tout comme les témoignages oraux en ce qui concerne l'histoire précoloniale. Même si ceux-ci trainent également quelques zones d'ombre liées aux difficultés qu'ils ont à produire des estimations chiffrées.

Pour mener à bien la réflexion, nous adopterons un plan évolutif. Nous consacrerons la première partie aux fondements du commerce colonial. A l'intérieur, le premier chapitre va s'intéresser aux fondements physiques et humains et à la vie économique précoloniale. En parlant de vie économique précoloniale, un accent particulier sera porté aux échanges traditionnels qui ont fourni des points d'appui et des repères déterminants au commerce européen. Par ailleurs, cette étude nous permettra de mieux appréhender les changements postérieurs. Le second chapitre va s'intéresser à l'avènement de l'administration coloniale. En effet, l'exploitation économique et commerciale dans le contexte de la colonisation exige auparavant la main mise politique et administrative sur le territoire. Il s'agira d'essayer de saisir le poids de cette administration comme condition et facteurs d'exploitation économique et commerciale. A cet effet, nous rappellerons les opérations de conquête, l'organisation administrative et les actions mises en œuvre.

La seconde partie va porter sur le commerce colonial proprement dit. Deux chapitres seront consacrés à la mise en place des infrastructures indispensables à la vie du commerce colonial et au mouvement commercial.

Enfin, une troisième partie va essayer d'établir le bilan de l'avènement du commerce colonial. Elle va s'atteler à en dégager les conséquences et ouvrir les perspectives pour une adaptation profitable aux nouvelles valeurs.

PREMIERE PARTIE :

LES FONDEMENTS DU COMMERCE COLONIAL

Les premières opérations de pacification menées dans le Mahou à partir de 1896 ont abouti, en moins de deux décennies, à la naissance de postes militaires à Danané, Man, Logoualé, Sémien et Kouibly. Créés pour matérialiser dans un premier temps la présence européenne et la volonté du colonisateur de prendre pied dans la région, ces postes militaires deviennent, très vite, des centres urbains où doivent s'exercer désormais toutes les activités économiques et commerciales. Pour atteindre ce dernier objectif, les nouveaux postes installés après les opérations militaires, que nous avons évoquées afin d'illustrer la détermination du conquérant, ont d'abord servi de lieux de collecte, d'enregistrement et de diffusion de données économiques indispensables à l'installation des maisons de commerce européen. En fait, l'action militaire avait à la fois un objectif politique et commercial. Il n'est donc pas surprenant que cette opération ait coïncidé avec l'élaboration des monographies les plus importantes de la région. La monographie des Dioula de Danané écrite en 1906, et celle de Man parue en 1911, sont toutes deux, le fruit de la témérité des officiers français, notamment du capitaine LAURENT dont les troupes dans une parfaite unité d'action avec celles conduites par le lieutenant BLONDIAUX, parties de Touba en 1896, ont, en moins d'un quart de siècle, pacifié la région. Brisant au passage les résistances des sofas en déroutes de l'Almamy Samori et celle, non moins actives, des autochtones Wê et Dan des tribus Baon, Zoho et surtout du Iaro.

Par ailleurs, l'existence dans la région d'anciens courants d'échanges marchands, ainsi que l'atteste la plupart des documents, a également été un atout pour le commerce européen.

> « Le commerce indigène se résume principalement dans un mouvement entre le Soudan et la zone forestière du Haut-Cavally, traversant en transit le cercle de Touba dans tourte sa longueur[1] ».

---

[1] ANCI, Monographie de Man 17S/D, *monographie du Cercle de Touba,* 1911, P.13

Bien attestés par les documents européens, les échanges précoloniaux le sont encore plus par les traditions orales. Ainsi comme fondements du commerce européen, les échanges traditionnels méritent que nous nous y consacrions pour une meilleure compréhension du sujet. Il est utile de souligner qu'avant la période coloniale, il existait dans la région d'importantes traditions d'échanges marchands. Les plus importantes basées principalement sur la commercialisation de la noix de cola ont mis en relation les peuples forestiers et soudanais. De nombreux circuits commerciaux et de nombreux marchés dont certains vont être détournés au profit du commerce colonial ont vu le jour grâce à ces réseaux d'échanges. Les populations aguerries par les structures mises en place dans le cadre de ces échanges se préparaient sans le savoir à être les agents d'un commerce nouveau dont les premiers pas se confondaient malicieusement à la conquête militaire et administrative.

A l'étude des échanges traditionnels que nous considérons, à juste titre, comme un des principaux fondements du commerce européen, nous avons associé, dans un bloc homogène, celle du cadre physique et humain, tout aussi déterminant dans l'avènement des nouveaux systèmes d'échanges marchands. La nature n'est-elle pas cette généreuse mère nourricière ?

Ainsi donc, le premier chapitre se consacre entièrement au rappel des principaux caractères de la structure physique et humaine de la région et des principales activités de la vie économique. A ce dernier niveau, nous porterons un accent particulier aux échanges traditionnels dont les produits tels la noix de cola, l'huile de palme, etc. auxquels l'on pourrait valablement ajouter les produits de la chasse et de la pêche, ont alimenté les caravanes soudanaises et contribué à la naissance et à l'essor du commerce européen.

Notre second chapitre va, naturellement, s'intéresser à l'avènement de l'administration coloniale. Nous en relevons les principales étapes et nous essayons de saisir et d'analyser les stratégies mises en œuvre à l'effet de favoriser la naissance et la vie du commerce européen.

CHAPITRE I

LES FONDEMENTS PHYSIQUES ET HUMAINS ET LA VIE ECONOMIQUE PRECOLONIALE

Le commerce colonial a bénéficié d'importants apports physiques et humains et a profité, dans une large mesure, du dynamisme de la vie économique précoloniale particulièrement de la vitalité des échanges traditionnels. En effet, un trafic du cola orienté vers la savane et dominé par les commerçants d'origine soudanaise avait cours dans la région avant la présence européenne. A la fin du XIXe siècle, les premiers rapports d'exploration en ont fait explicitement cas. Ils parlaient, "avant l'arrivée des Blancs", d'un commerce qui "portait exclusivement sur les colas et l'huile de palme[1].

Fortement dotée par une nature généreuse, la région de Man a donc été avant le XIXe siècle un champ important des échanges marchands qui ont, comme nous l'avions souligné, mis en relation les peuples de la forêt et ceux des Savanes Septentrionales. Il semblerait même que les peuples de la région aient été intégrés au vieux commerce Soudanais depuis le XVIe siècle. Le tarich el Fettach, comme le soulignait, Gilbert GONNIN[2] dans sa thèse, mentionnait que les noix de cola étaient vendues à Tombouctou en 1581. Et l'on ne

---

[1] ANCI, Monographie de Man 17S/D, *Monographie du cercle de Man,* 1911 par le Capitaine Laurent

[2]G. GONNIN, *Rapports entre Mandé et les peuples préforestiers et forestiers de l'Ouest de la Côte d'Ivoire à travers les traditions orales Toura (milieu XVIIe siècle début XXe siècle),* thèse de Doctorat 3e cycle, Paris, 1986, P.293

doutait nullement qu'elles provenaient des régions forestières et étaient acheminées par les commerçants mandé.

En clair, les échanges précoloniaux seront, pour ainsi dire, la trame principale de ce chapitre. Mais nous les appréhendons à travers un regard sur la vie économique d'une façon générale. Car comme nous l'avions relevé, les échanges tirent essentiellement leurs substances des activités économiques anciennes telles que l'agriculture, la pêche et la chasse. Activités économiques, elles mêmes, largement favorisées par la nature. Le cadre physique est donc évoqué à dessein. La clémence du climat, la qualité des sols et des cours d'eau, l'abondance du couvert végétal bien que parfois hostile à la mobilité des hommes ont largement contribué au développement de l'économie et des échanges. Ainsi donc, loin de se poser comme un frein, le cadre physique, qu'il nous est paru nécessaire d'étudier comme le premier des fondements, a été, au contraire, un facteur déterminant à la vie et à l'essor du commerce européen.

I – LE CADRE PHYSIQUE ET HUMAIN

Les éléments dominants de la nature, du milieu physique et humain sont ici décrits tels que perçus par les rapports coloniaux et les traditions orales. Ils sont déterminants pour la bonne compréhension du mouvement d'ensemble des échanges précoloniaux et pour une lecture plus objective de la structure du commerce colonial.

D'une façon générale, la région présente un aspect physique pour le moins contraignant. Toutefois, une observation plus approfondie permet de découvrir d'importantes perspectives d'exploitation et de mise en valeur du milieu.

Une vue d'ensemble, nous montre, en premier, un paysage généreux, quelque peu accidenté notamment dans sa partie Nord-Ouest ; des sols issus de l'altération des blocs de granite et de quartz, éléments dominants du relief ; une végétation de forêt luxuriante du Nord au Sud. Elle fait place à une forêt claire à la lisière du monde soudanais et plus avant prend l'aspect d'une savane arborée ; un climat chaud et humide plus favorable à l'agriculture qu'à toute autre activité et un réseau hydrographique dense et varié offrant d'énormes possibilités pour les activités de pêche. Ces différentes activités économiques sont autant d'atouts pour le commerce.

1- LE PAYSAGE

Rapports coloniaux et traditions orales ont des points de vue convergents sur la configuration du paysage de la région. Deux éléments essentiels se dégagent nettement de l'ensemble : un relief marqué par d'importantes élévations au Nord, du 7°15 environ au 8°. Ce qui correspond approximativement à pointe Nord-Ouest du district de Man à la limite Sud de la région de Touba dont le flanc ouest est dominé par une série de monts au-delà desquels on aperçoit le monde guinéen.

La zone Nord recouverte d'un important massif montagneux abrite des sommets dont les altitudes varient en moyenne entre 800 et 1000 mètres[1]. La zone Sud, contrairement au Nord est relativement plate et abrite une forêt aussi flamboyante que généreuse.

Les montagnes du Nord constituées pour l'essentiel de dômes plus ou moins abrupts ; isolés ou soudés les unes aux autres, se décomposent en un certain nombre de fractions de massifs séparées les unes des autres par des vallées sensiblement parallèles ''situées de 350 à 450 mètres d'altitude presque toutes tributaires du Sassandra''[2].

Les effets conjugués du climat et de l'hydrographie modifient parfois gravement la structure du sol. Le granite élément principal de ces massifs montagneux sous l'effet des facteurs ci-dessus identifiés subi une pression si forte qu'il finit par se décomposer par '' écailles concentriques''[3]. Les sols qui en résultent sont peu profonds et perdent pour la plupart la majeure partie de leurs substances

---

[1] ANCI, Monographie de Man 17S/D, *Monographie du Cercle de Man,* 1911 par le Capitaine Laurent, p.6

[2] ANCI, Monographie de Man 17S/D, *Monographie du Cercle de Man,* Op-cit

[3] ANCI, Monographie de Man 17S/D, *Monographie du cercle de Man 1911* par le Capitaine Laurent, p.12

nutritives par la violence des torrents qui les traversent. Même les vallées les plus profondes n'en sont point épargnées.

> « Nulle part, même dans les vallées profondes, on ne trouve de terrains sédimentaires aucun[1] ».

Ainsi appauvri par les effets de l'érosion le sol des massifs montagneux ne se prête plus qu'aux cultures céréalières moins exigeantes en eaux. Le Sud forestier peu accidenté et moins exposé présentait en perspective de bien meilleurs atouts. Végétation dominante, la forêt tropicale recouvre une partie du massif dan et toute la plaine qui la prolonge vers le Sud. Sa lisière sensiblement orientée du Sud-est au Nord-Ouest lui donne une allure si imposante qu'elle offre, d'une façon générale, au territoire un espace économique de choix. Cet atout qui se ressent davantage dans les zones méridionales limitrophes du Moyen-Cavally, a été bien perçu par le colonisateur. Et les rapports n'ont pas manqué de relever cette qualité en soulignant particulièrement les nombreuses possibilités d'exploitation de matières oléagineuses.

> « De nombreuses plantes sont susceptibles de donner des matières oléagineuses exportables. A l'heure actuelle la plus exploitée est le palmier. Il est très répandu partout[2] ».

Le palmier à huile régulièrement cité dans les rapports administratifs et qui offre aux régions du Sud de fortes potentialités d'exploitation agricole n'était pas méconnu de la tradition orale. En effet, les témoignages oraux ont également souligné l'abondance des plants de palmier à huile notamment dans la zone de Facobly où leur exploitation alimentait une véritable industrie de production et de commercialisation d'huile végétale.

---

[1] ANCI, Monographie de Man 17S/D, *Monographie du cercle de Man 1911* par le Capitaine Laurent, p.12, p.8

[2] *Idem,* p.12

> « Les femmes se servaient de graines de palmier pour la fabrication de l'huile rouge. Ce produit était l'une des principales marchandises sur nos marchés[1] ».

A part le palmier à l'huile, la forêt offrait d'innombrables autres richesses. Arbres à caoutchouc et kolatier étaient les plus importants. Mais à côté, rapports et témoignages oraux, dans leur grande majorité, ont fait cas de nombreuses variétés de fruits : bananes, oranges, ananas etc dont la qualité pour certains faisait défaut.

> « On trouve des bananes, quelques papayes, des citrons autour des villages, des oranges amères à peau très épaisse, non comestibles, enfin des ananas, qui poussent en général dans la forêt, sur le roc nu[2] ».

On a également de nombreuses autres plantes servant dans la confection des mets. Les plus prisées étaient celles qu'on pouvait employer comme substances aromatiques. Parmi ces dernières, on distinguait naturellement les champignons, quelques variétés de piments et de tomates, et diverses feuilles utilisées comme ingrédients. Il y avait aussi quelques tubercules sauvages notamment le taro, l'igname dont la recherche imposait quelque fois aux populations d'organiser des battues. Et ces pratiques qui pouvaient mobiliser, à en croire de nombreux témoignages, parfois, plusieurs familles, 'observaient surtout en période de disette. En somme, les fruits, légumes et plantes diverses utilisées comme condiments étaient très utiles. Mais leur importance ne se rapportait tout juste qu'à la satisfaction des besoins domestiques quotidiens. Pour les échanges marchands, la noix de cola fait autorité. La région, comme nous l'avions relevé, en produisait abondamment. Et partout

---

[1] Siélou OULAI Blo, né vers 1923, Planteur à Séably. Propos recueillis à Tiény-séably sous-préfecture de Facobly le vendredi 09 août 2002.

[2] ANCI, Monographie de Man 17S/D, *Monographie du cercle de Man* par le Capitaine Laurent, Op-cit, p.15

dans les montagnes et dans les plaines le colatier trouvait des conditions favorables à sa pousse libre ainsi qu'à sa culture. Toutefois, à quelques exceptions près, c'est surtout à une altitude ''*inférieure à 300 mètres*''[1] dans les endroits frais et ombragés que l'arbre, aux fruits recherchés, trouve les conditions les meilleures pour son développement. Il était si répandu que jamais au cours de l'année, l'on enregistrait de pénuries. Les fruits rouges et blancs, très prisés du reste par les populations d'origine soudanaise, étaient, pour ainsi dire, ''*récoltés un peu en toute saison, mais surtout en décembre et en mai*'' [2]

En définitive, nous pouvons retenir que la flore offrait de nombreuses richesses aussi importantes les unes que les autres. Cette générosité naturelle ne tenait pas uniquement des commodités du relief, des sols et de la végétation. La tendresse et les largesses du climat y contribuent beaucoup.

2. LE CLIMAT

Il procède des éléments du paysage ci dessus évoqués. La nature du sol, la densité du couvert végétal et l'abondance des pluies donnent au climat de la région des caractéristiques particulières.

Le Capitaine Laurent dans la monographie du cercle de Man nous en donne une synthèse plus ou moins exhaustive.

Les principales caractéristiques du climat du Haut-Cavally ont trait, dans une large mesure, à la constance de la température maxima de chaque jour de l'année et l'extrême humidité de l'atmosphère résultant de la nature du sol et de l'abondance des pluies. Les températures de façon générale oscillent entre 28° et 30° centigrade. Elles sont si constantes qu'elles rendent parfois très difficile la division en saison. Toutefois l'on peut distinguer quatre périodes correspondant aux grandes saisons de l'année.

---

[1] ANCI, Monographie de Man 17S/D, *Monographie du cercle de Man* par le Capitaine Laurent, Op-cit, p.26

[2] *Idem*

Du 15 novembre au 15 mars, c'est la saison sèche. Les pluies sont à ce moment très rares. Et les écarts entre les températures sont parfois très ahurissants. Les matins, les soirs et les nuits, les températures avoisinent les 10°C favorisant une fraîcheur aussi insupportable pour les populations que le froid. L'après-midi, l'ensoleillement se ressent un peu plus et l'air se réchauffe. Toutefois le ciel demeure constamment brumeux, et le vent dominant soufflant de l'Est vers l'Ouest est l'harmattan. Cette période à la fois sèche et froide est suivie immédiatement d'une saison pluvieuse appelée "époques des tornades"

L'époque des tornades qui correspond, en réalité à la petite saison des pluies court, du 15 mars au 1er mai. C'est une période généralement très nuageuse. Ces nuages se forment essentiellement dans le Nord, glissent progressivement vers le Sud-Est et remontent en laissant s'échapper des vents violents suivis quelque fois de fortes pluies dans toutes les directions. Ces vents violents favorisent régulièrement l'activité du tonnerre. Les températures restent cependant difficiles à supporter. A peine rafraîchie par les averses qui tombent généralement les après-midi, les températures sont lourdes même la nuit.

À partir du 1er mai jusqu'au 15 juillet les averses diminuent d'intensité et adoptent un régime irrégulier. La pluie tombe par conséquent moins souvent que pendant la période précédente. Ce qui fait désigner ces deux mois sous le nom de "petite saison sèche". Mais les températures relativement élevées restent pénibles à supporter à cause de la rareté des vents. Le ciel qui est souvent nuageux n'apporte malheureusement aucune amélioration. Mais cette période reste toutefois pour les populations l'une des saisons les plus favorables aux activités agricoles. Tout comme la période qui s'étale du 15 juillet au 15 novembre considérée comme "la grande saison des pluies".

> « Il pleut surtout le matin, l'eau tombe moins violemment que pendant la période des tornades, mais avec une persistance désespérante[1] ».

La température hybride, ni très chaude ni froide, de cette saison, n'a d'autres effets que d'assurer à la saison suivante de belles récoltes.

Cette division du temps que nous tenons essentiellement des rapports coloniaux ne se différencie guère des perceptions de la tradition orale. Celle-ci reconnaît effectivement des " périodes de pluies " et des " périodes de sécheresse" correspondant les unes et les autres à des types d'activités agricoles.

En définitive, les deux perceptions ne se différencient guère fondamentalement. Car les différentes saisons peuvent bien être regroupées à quelque variante près, en " saison des pluies " et en " saison sèche". Par ailleurs au delà des contraintes relevées et qui pour l'Européen constituent autant d'obstacles, on peut retenir que, de façon générale, le climat offre d'heureuses perspectives agricoles. Perspectives renforcées par une pluviométrie régulière et un réseau hydrographique de qualité.

3. L'HYDROGRAPHIE

Les pluies abondantes dans la région aboutissent à trois grands fleuves : Cavally, Sassandra et Nuon. Ceux-ci constituent les principales artères fluviales autour desquels s'est formé un important réseau hydrographique où l'on distingue notamment de nombreux cours d'eau et des rivières. Le Sassandra, de loin le plus important des fleuves reçoit de nombreux affluents pour la plupart venant des massifs du Nord-Ouest. Les plus significatifs sont le Férédougouba, le Bafing, le Kouin ou Kouê, le Zô . On note cependant dans les rapports que du fait de l'abondance des pluies les rivières ont des

---

[1] ANCI, Monographie de Man 17S/D, *Monographie du cercle de Man*, Op-cit, p.13

crues fréquentes, rapides et fortes qui occasionnent des débordements éphémères.

> « Elles se gonflent parfois en l'espace de quelques heures, mais pour revenir ensuite assez vite à l'état normal[1] ».

Ces crues de courtes durées qui paraissent anodines en saison sèche présentent de graves conséquences en période de pluies. Et le moindre des désagréments, à ce moment, n'est pas l'altération des voies de communication.

> « La plus grande hauteur des eaux est atteinte en septembre-octobre, à ce moment à bien des points, la forêt est inondée, et les communications sont coupés[2] ».

Ces obstacles seront autant de contraintes pour les hommes. Ils provoquent une forte sédentarisation des populations. Ces dernières par ce fait vont privilégier les activités agricoles moins exigeantes dans un milieu prequ'hostile à la mobilité. Donc à priori défavorable aux échanges qui quelquefois exigent de longs déplacements. Malgré tout, sans doute moins activement que les soudanais les populations autochtones prennent part aux échanges en tirant profit de leur environnement physique et de toutes les commodités qu'il offre.

4. LE PEUPLEMENT HUMAIN

Deux grands groupes ethniques se partagent le territoire de la région : les Dan ou yacouba qu'on retrouve en majorité dans les localités de Man, Logoualé et Danané à l'extrême ouest partageant les frontières avec le Libéria ; et les Wê indifféremment appelés "Guérés"ou "Ouobés" dans les rapports coloniaux habitant Kouibly,

---

[1] ANCI, Monographie de Man 17S/D, *Monographie du cercle de Man*, Op-cit, p.11

[2] ANCI, Monographie de Man 17S/D, *Monographie du cercle de Man*, Op-cit, p.11, p.12

Facobly et Sémien sur la rive droite du fleuve Sassandra, frontière naturelle entre le monde *''Ouobé''* et le Worodougou. Les premiers explorateurs ont fait cas d'une grande diversité de peuples autochtones. Ils notent cependant avec un sens d'observation poussé, que toutes ces populations vues comme '' assez dense dans la partie nord du cercle'' occupé par les *''Dans et Touras'' et relâchée '' dans le sud chez les Guérés''* se rattachent '' à deux origines : soudanaises et côtière ''[1]. La précision est faite plus loin en ces termes :

> « La migration soudanaise venue du Nord, elle est représentée par deux groupements les Touras et les Dans[2] ».

L'autre ''côtière'' et orientée vers le Sud est naturellement représentée par les populations Wê dont les '' *Ouobés au Nord-Est* '' constituent la '' pointe avancée le long du Sassandra ''[3].

Les rapports relèvent là, une question qui jusqu'à présent n'a eu aucune réponse définitive.

Celle des origines des peuples de l'ouest ivoirien. En effet, s'il est aujourd'hui admis que les Dan appartiennent au grand groupe mandé, lui-même scindé en deux : Mandé Nord et Mandé-Sud.

Le groupe Mandé-Sud incluant les Dan; il n'est pas encore certain que tous soient originaires du Nord. Il en est de même pour les populations Wê. La thèse leur attribuant une origine libérienne avait été défendue par l'administrateur Delafosse. Celle du capitaine Laurent leur donnant une origine '' côtière '' ne s'en éloigne guère. Et pourtant les traditions orales sont riches sur la question.

Le pays Ouobé tel qu'appréhendé par l'étude fait référence aux confédérations guerrières Gbéon, Zoho et Baon[4], qui jadis

---

[1] ANCI, Monographie de Man 17S/D, *Monographie du cercle de Man*, Op-cit, p.17

[2] *Idem* p17

[3] *Ibidem*, p17

[4] Klango SOUMAHORO, notable à Sémien, né en 1933. La confédération *''Gbéon''* désigne les populations de Kouibly ; les *''Zoho''* sont celles originaires de Facobly et les *''Baon''* de Sémien.

occupaient respectivement les territoires actuels de Kouibly, Facobly et Sémien. Les origines des groupements composant chaque entité sont si diverses qu'elles s'opposent pour la plupart et quelque fois en de nombreux points aux écrits des premiers explorateurs. Alfred SCHWARTZ dans ces études sur les populations Wê en donne de nombreuses illustrations. Les plus significatives se rapportent aux origines des Baon. Le récit qu'il en fait concorde bien avec les éléments que nous-mêmes avions recueillis sur le terrain à Sémien

En effet, le terme *"Baon"* signifie " éloigné, lointain et par extension " étranger ". Il est utilisé d'une façon générale en pays Guéré et Wobé pour designer les " Dioula ". C'est-à-dire les "gens venus de loin". Les Baon sont en effet venus " de derrière le Sassandra" sur les quatre groupements que forme la confédération, trois sont originaires de Seguéla et, au départ ne différaient en rien des Malinké de cette région : Sémien, Koua et Blaon. Le quatrième, le groupement Wéhia ou Saho, est venu de la région de Vavoua.

Les Sémien, Koua et Blaon se considèrent eux-mêmes à la fois comme Malinké et comme Wobé, et parle indifféremment les deux langues. Aux yeux des Gbéon et des Zoho, ils sont cependant davantage perçus comme Malinké que comme Wobé. Il en est de même des Wéhia, qui sont toujours considérés comme des étrangers.

Un retour sur le procès migratoire des Sémien, un des quatre groupements de la confédération Baon, nous permet d'apprécier davantage la diversité des origines des populations de la région. Dans le récit, on relève une première étape qui voit éclater à l'intérieur du clan Dosso, établi alors dans la région de Séguéla une grande querelle. Une fraction du clan décide de partir et, accompagnée des membres des trois autres clans, qui avaient pris parti pour elle : Soumahoro, Doumbia et Diomandé, s'en va vers l'ouest et s'installe sur une montagne appelée Tkentrodrou, à proximité du pays Toura. Les habitants de cette montagne s'appelaient Tkentrodrougnon *"les hommes de Tkentrodrou"*.

Dans la seconde étape, les Tkentrodrougnon, qui avaient espéré trouver la paix sur cette nouvelle terre, ne tardèrent pas à entrer en conflit avec les Toura. Un chasseur découvre alors un jour cette '' *Savane que personne n'a vu* '' (Se-ie-mia) ; où ils seraient à l'abri des Toura. Les Tkentrodrougnon décident le déplacement vers le Sud et s'installent sur ''*Se-ie-mia* ''[1].

Comme on a pu l'apprécier, contrairement aux rapports coloniaux, les peuples dits d'origine ''côtière'' ont pour certains selon la tradition orale des origines soudanaises. Les ''origines soudanaises et côtières'', barrières étanches qui distingueraient fondamentalement les populations Dan et Wê cohabitant sur le même espace ne sont donc que des hypothèses coloniales. La réalité n'est certes pas encore bien établie mais elle semble être bien loin, au regard des traditions orales, des affirmations qui font des uns des '' *Soudanais* '' et des autres, des côtiers ; laissant supposer l'absence de relations de quelque nature que ce soit entre des peuples, qui partagent le même espace et, qui par ce fait, sont astreints aux mêmes conditions de vie. Un regard sur la vie économique est donc nécessaire pour nous apporter un éclairage sur la nature de ces relations. Les premiers explorateurs en ont donné le ton et le Capitaine LAURENT a pu relever les indications ci-après dans la monographie du cercle de Man :

> « Les indigènes passent une bonne partie de leur existence couchés dans leurs cases, le reste du temps ils s'occupent à rôder le fusil à la main, autour de leur village en quête de quelques gibiers, ou bien à pêcher, ou encore à préparer leurs terrains de culture[2] ».

Vision certes dévalorisante, mais qui ne laisse pas moins transparaître les activités de la vie économique : chasse, pêche et agriculture. Activités dont les produits seront exploités de diverses manières dans le cadre du commerce européen.

---

[1] A. SCHWARTZ, *La mise en place des populations Guéré et Wobé*, p.21

[2] ANCI, Monographie de Man 17S/D, *Monographie du Cercle de Man*, Op-cit, p.20

II- LA VIE ECONOMIQUE ET LES ECHANGES PRECOLONIAUX

La vie économique précoloniale se résume à diverses activités notamment à la pêche, à la chasse, à l'agriculture et aux échanges. Nous voulons ici davantage mettre en relief les échanges parce qu'ils ont, comme nous l'avions déjà souligné, donné d'importants repères au commerce colonial. Mais, il nous faut une vue d'ensemble de 'activité économique.

1- LA CHASSE

La chasse est l'une des activités économiques les plus anciennes. En certains endroits notamment dans les zones de savane où la mobilité est plus aisée, la chasse se pratiquait à grande échelle et bénéficiait d'une meilleure organisation. C'est le cas à Sémien où la chasse s'est longtemps
pratiquée au filet. Généralement, à la veille du grand jour de chasse, un crieur avertissait tout le village. Le jour J, les chasseurs en fil, encerclaient la broussaille avec de grands filets. Tous munis d'instruments en fer, ils faisaient du bruit. Les animaux étourdis par ce vacarme assourdissant entraient désespéramment dans les mailles des filets, et se faisaient prendre.

Les produits de la chasse étaient pour la plupart composés de petites bêtes : rongeurs, biches, antilopes. Les gros animaux des forêts étaient non seulement rares mais très dangereux ; et, il eût fallu une technique beaucoup plus élaborée pour les piéger. Les éléphants se rencontraient quelques fois *''le long du Sassandra et de la moyenne Nuon. Quelques panthères vers Man, des sangliers dans la forêt, des cobras un peu partout*[1]*''*

Cet aperçu sommaire des éléments de la faune Sylvestre nous donne une idée des difficultés du chasseur. Malgré tout, les moyens devaient être mis en œuvre pour s'approvisionner en protéine animale. A ce niveau, l'élevage aurait pu, comme activité d'appoint, combler les insuffisances de la chasse. Malheureusement, on déplore

---

[1] ANCI, Monographie de Man 17S/D, Monographie du Cercle de Man, Op-cit, p.16

une extrême pauvreté de la faune domestique. La végétation de forêt et l'extrême humidité du climat ne favorisent guère la pratique de l'élevage. Sur la question, les rapports sont formels : *''l'élevage des bovidés, entre autre, n'y est pas pratiqué, aucune vache n'y existe*[1]*''*.

Même lorsque les importations sont faites du Soudan, les bovidés, bêtes prisées par les populations résistent difficilement aux conditions climatiques.

> « s'il se fait une consommation relativement importante de bœufs, tous <u>sans exception</u> sont d'importation Soudanaise ; ils dépérissent d'ailleurs et meurent rapidement au Sud du Bafing[2]».

A défaut de l'élevage, les populations vont davantage s'intéresser à la pêche pour satisfaire leurs besoins en protéine animale.

2- LA PECHE

Le pays, ainsi que nous l'avions souligné, était abondamment arrosé. Le Cavally, le Sassandra et le Nuon ; les cours d'eau et les rivières ruissellent de partout. Cet important réseau hydrographique offre à la région une importante variété de faune aquatique. Celle-ci comprend une grande variété de poissons tous comestibles : *''brochets, gardons, chevesnes, silures etc, des crustacés genre crevette atteignant jusqu'à 25 centimètres*[3]*.''*

Les populations conscientes de la richesse des eaux les exploitaient sans ménagement pour leurs besoins domestiques. De nombreuses techniques de pêche étaient utilisées. Elles consistaient, d'une façon générale, à prendre le poisson à la main, au moyen de petits filets ou dans des pièges à déclenchement. Toutefois, les techniques les plus répandues étaient la pêche au filet et la technique

---

[1] Observations du Commandant du Cercle militaire du Haut-Cavally, le Chef de BATAILLON BORDEAUX, Man, 18 juin 1911

[3] ANCI, Monographie de Man 17S/D, *Monographie du Cercle de Man*, <u>Op-cit</u>, p.18

du barrage. Cette dernière technique était généralement utilisée aux approches de l'hivernage. Tout juste avant la période d'étiage. Elle consistait, en effet, à barrer à leur embouchure tout le lit des affluents des fleuves ou grosses rivières en ne laissant qu'une porte soulevée. Celle-ci est automatiquement abaissée une fois la crue établie. Quand l'eau se retire, le poisson ne peut plus repasser. Les pêcheurs n'ont, en ce moment, plus qu'à le ramasser. Le poisson ainsi pris est, en grande partie, utilisée pour la consommation domestique. Quelques fois, lorsqu'on en avait suffisamment, on le commercialisait. Cependant, malgré leur importance, la pêche autant que la chasse n'ont été pour les populations que des activités d'appoint. L'activité principale ayant toujours été l'agriculture dont la prédominance, par ailleurs, n'est nulle part contestée. Les populations elles-mêmes le reconnaissaient. L'agriculture était, pour ainsi dire, la vie du forestier. Aujourd'hui encore cette vérité reste d'actualité.

3- L'AGRICULTURE

Elle est en grande partie favorisée par la nature. La superficie cultivable de la région, comme l'ont relevé les rapports, est celle de toute la forêt et le quart au moins du massif, zone comprise en dessous de 1.000 m, soit environ 3.500 kilomètres carrés. Bénéficiant largement des faveurs de la nature Wê et Dan vivaient presqu'exclusivement de l'agriculture. Les activités de production étaient diversifiées et occupaient la majeure partie de leur temps toute l'année. Le riz est de loin, parmi les productions vivrières, la culture la plus répandue. Mais sa production était fort contraignante. Elle occupait pratiquement les populations au moins, pendant huit mois ; et le produit récolté était pour les premiers explorateurs de très bonne qualité.

> « Le riz est abondamment cultivé. Il semé en avril-mai et récolté en novembre. Son grain est gros et d'excellente qualité[1] ».

[1] ANCI, Monographie de Man 17S/D, *Monographie du Cercle de Man*, Op-cit, p.16

Des autres productions se distinguaient, l'arachide qui bien que connue dans la région ne fut pas l'objet d'une intense exploitation ; le maïs, l'igname, le mil pratiqués aux frontières des zones soudanaises ; le manioc, la banane, les patates et les aroïdées, cultures forestières pratiquées à grande.

> « Les produits de culture indigène sont : dans le Nord le maïs, quelques variétés d'ignames, le mil, un peu partout, mais surtout dans la forêt le manioc, les bananes, les aroïdées, les patates[1] ».

A côté des cultures vivrières '' *les richesses naturelles du pays sont très variées et très importante. Celles-ci se résument à trois cultures essentielles : le palmier dont la pousse est largement suffisante pour les besoins de la consommation courante et du commerce*[2]'' ; les plante à caoutchouc sont également très nombreuses. Elles sont de deux sortes : arbres ou lianes. Essences exclusivement forestières l'arbre '' *funtumia élastica* '' et la '' *landolphia*'' couvraient la presque totalité du territoire.

L'arbre funtumia élastica ne se trouvait que dans la grande forêt ou sous les galeries boisées bordant les rivières ; il atteignait jusqu'à 35 mètres de hauteur. Les lianes landolphia : Owariensis et élitandra élastica se rencontraient un peu partout, elles poussaient, de façon général, isolement.

Le colatier, se retrouvait également un peu partout dans la forêt, particulièrement dans les endroits à faible altitude et humides. Sa zone de pousse intensive était surtout à une altitude inférieure à 300 mètres.

Autant qu'ils sont, ces produits naturels sont attestés par les traditions orales. Toutefois au regard des témoignages ces '' richesses naturelles '' n'ont jamais été logées à la même enseigne. C'est dire qu'aux yeux des populations ces produits n'ont pas les mêmes valeurs. S'il est reconnu au palmier à huile et au colatier une

---

[1] ANCI, Monographie de Man 17S/D, *Monographie du Cercle de Man*, Op-cit, p.16, p.17

importance certaine dans la vie économique traditionnelle, il n'en a pas été de même pour les plantes à caoutchouc. Ces dernières ont, en effet, exclusivement servi comme produits d'exploitation coloniale.

Les graines de palmier à huile, par exemple, servaient à la fabrication de l'huile rouge, produit très prisé par les populations Wê. Particulièrement celles de la région de Facobly, qui en ont fait une véritable industrie. Cette observation n'a pas échappé à l'œil du colonisateur.

> « L'industrie des palmistes consiste uniquement à préparer par ébullition l'huile de pulpe[1] ».

Les amandes retirées des pulpes contrairement aux affirmations des premiers explorateurs servaient à la fabrication d'une huile tout aussi prisée, l'huile d'amande, *''ti-tkran*[2] '' en Wê ; '' *Wingnon*[3]'' en langue dan.

La noix de cola, elle est citée dans les transactions qui avaient cours entre les populations de la région et leurs voisins soudanais. La cola a donc été un produit d'échange. Au contraire, les sources orales sont muettes sur l'utilité des plantes à caoutchouc dans la vie économique précoloniale.

La vie agricole, en définitive, se réduisait à l'exploitation d'une gamme variée de cultures vivrières et aux activités de récolte des '' richesses naturelles ''.

Cependant dès le début de la colonisation, la générosité de la nature avait très tôt été perçue par l'œil vigilant du colonisateur qui envisageait déjà la possibilité d'y introduire de nouvelles cultures notamment le coton, le cacao et le café.

> « L'extrême fertilité du sol et la grande étendue des surfaces disponibles permette l'introduction de

---

[1] ANCI, Monographie de Man 17S/D, *Monographie du Cercle de Man*, Op-cit, p.28

[2] Marie BOHOU, née vers 1945 à Séably

[3] Madeleine BATOUA, née vers 1950, originaire de Logoualé

cultures nouvelles (...) Les premières à tenter sont le coton, le cacao et le café Libéria[1] »

Mais, il faudra encore du temps pour y parvenir.

En définitive, la vie économique traditionnelle pour le colonisateur se limitait à la chasse, à la pêche et à l'agriculture. A plusieurs reprises, il a affirmé que les indigènes passaient la majeure partie de leur temps couchés dans leurs cases ; le reste du temps, ils s'occupaient à roder, le fusil à la main, autour de leur village, en quête de quelque gibier, ou bien à pêcher, ou encore à préparer leurs terrains de culture .

Ainsi qu'on peut le remarquer aucune mention n'est faite au commerce. C'est bien dire que, pour le colonisateur, cette activité était ignorée des populations autochtones. Et pourtant, les mêmes rapports ont fait état de l'existence d'un commerce précolonial actif des colas et de l'huile de palme mais que celui-ci n'aurait été " *qu'une exploitation malhonnête* " des populations de la région " *par les colporteurs soudanais*[2]".

L'on peut y observer un exemple parfait de justification du fait colonial ; la volonté de substitution à un certain ordre est ici, pour le moins manifeste ; le colonisateur par cette critique se donne l'allure d'un "sauveur " qui vient délivrer des populations ignorantes des jougs d'un oppresseur sans fois, ni loi. En ignorant les incongruités d'une telle perception, l'on peut lui reconnaître le mérite d'avoir révélé à l'instar des traditions orales l'existence d'un commerce précolonial.

---

[1] ANCI, Monographie de Man 17S/D, *monographie du Cercle de Man*, Op-cit, p.28

[2] *Idem*, p.28

4 – LES ECHANGES

Les populations Wê et Dan seraient-elles moins âpres au gain que les autres, pour que le colonisateur n'ait vu dans les rapports d'échange qu'elles entretenaient avec leurs voisins du Nord autre chose qu'une exploitation malhonnête mise en œuvre par les colporteurs soudanais ?

Nous pouvons le reconnaître, même aujourd'hui dans la région, il paraît exceptionnel de trouver un Wê ou un Dan vivre exclusivement du commerce. Plusieurs raisons peuvent expliquer cette situation. Nous militons cependant plus pour celles liées aux contraintes naturelles.

En effet, les aspérités de la nature sont nombreuses, parmi celles-ci, on peut rappeler l'aspect mamelonné du relief, entrave essentielle à la mobilité ; l'abondance de la végétation où " les gros animaux sont rares " mais qui abrite tout de même *"plusieurs espèces dangereuses : vipère cornue, serpent noir*[1]*"* ; et surtout, l'importance de l'hydrographie dont les accointances avec la pluviométrie favorisent de fréquentes inondations, qui lorsqu'elles ne sont pas contraignantes rendent à maints endroits les voies de communication impraticables.

> « La plus grande hauteur des eaux est atteinte en septembre – octobre, à ce moment à bien des points, la forêt est inondée, et les communications sont coupés[2]

Ces éléments, nous semblent être de loin, la justification majeure de la forte sédentarisation des populations Wê et Dan et de leur penchant prononcé pour l'agriculture. Le commerce activité exigeant des déplacements fréquents et réguliers ne saurait s'accommoder d'une telle attitude. Fortement attaché à sa terre, le forestier n'envisage pas l'opportunité d'une entreprise lointaine alors que, les richesses nombreuses, inondent son environnement

---

[1] ANCI, Monographie de Man 17S/D, *monographie du Cercle de Man*, Op-cit, p.16

immédiat. Cependant, malgré ces obstacles divers, le commerce n'était pas ignoré ; les populations de la région dont les origines sont aussi riches que diversifiées ne se méprenaient pas sur les richesses des régions soudanaises voisines.

Elles avaient une claire conscience de la complémentarité de leurs espaces respectifs et ont très tôt entretenu des relations d'échange, même si celles-ci, pour les forestiers ne constituaient qu'une activité d'appoint.

4 – 1 – L'intégration au commerce soudanais

Deux courants commerciaux sont à l'origine de l'intégration de la région au grand commerce soudanais. Le premier orienté vers le Nord-Ouest, rejoint Kankan en passant par Beyla. Il draine l'essentiel de la production dan à partir du gros marché de Ouaninou. Le second de direction Nord-Est emprunte l'axe Touna – Tiémé via Maminian, Mafeleba, Garalo, Bougouni jusqu'à Ségou au Mali[1].

De Touna gros marché courtier au confluent du Sassandra et du Bafing, toute la production colatière du pays Wobé est évacuée vers le Nord par Sifié. Dans ce mouvement commercial, les noix de cola, principaux produits d'exportation circulent uniquement du Sud vers le Nord.

4-1-1 Le trafic vers le Nord

4-1-1-1 Les origines

Les premières explications pourraient être liées aux origines des populations de la région elles mêmes. Les traditions orales nous offrent, dans cette perspective, de nombreuses pistes. On retrouve dans les traditions Wê et Dan une diversité de récits attribuant à certains groupements des origines soudanaises. C'est le cas par exemple des Pléhou, l'un des quatre groupements Zoho où le sous-groupe Sékouahinon

et koulazoignon se disent originaires, le premier du pays Toura, le second de la région de Touba. On peut également citer les Baon dont

---

[1] ANCI, Monographie de Man 17S/D, *monographie du Cercle de Man*, Op-cit, p.16

trois des quatre sous-groupes seraient originaires de la région de Séguéla. A Sémien, territoire des Baon, les populations jusqu'à présent parlent encore indifféremment le malinké et le Wobé ; on retrouve également ces mêmes témoignages dans les régions Dan. Les populations y ont encore souvenance de leurs relations avec les Mahou de Touba[1].

En fait, les frontières septentrionales et orientales de la région étaient les pays Mahou et le Ouorodougou[2]. Person en avait donné une description plus complète dans son ouvrage. Il indiquait, à ce propos que le rameau des Malinké qui domine depuis des siècles le Mahou affrontait deux peuples de culture forestière, les Dan ou Yacouba et les Toura. A sa frontière méridionale notamment au sud du Bafing, au cœur d'un remarquable chaos de granites et à l'Est sur les plateaux couverts de forêts qui s'étendent jusqu'au Sassandra, se trouvaient les Wenyo ou Wobé, dont les ancêtres, jusqu'au XVIIe siècle, occupaient la région de Séguéla.

Ce voisinage n'a pas manqué de favoriser de nombreuses influences. Ces emprunts mutuels peuvent se percevoir à trois niveaux : socio-culturel, économique et social. Chez les Dan du Nord, par exemple, l'influence des Manding, comme l'a souligné Person, se manifeste par l'existence de véritables noms de clans et de cristallisation des tribus en véritables chefferie : les Sé. Par ailleurs, avec la proximité des grands marchés à cola, on est confronté à l'évidence d'un profond métissage avec les autochtones Krou qui occupaient ces régions, comme nous l'avions relevé, jusqu'au XVIIe siècle et qui ont été submergés depuis par les vagues successives Dan qui ont évacué la région de Touba sous la pression des peuples Mahou.

Les traditions orales rapportant les récits des migrations d'origine et les influences avérées du voisinage telles que perçues par PERSON militent bien en faveur d'une prédisposition presque

---

[1] YODE SAHI, 100 ans, patriarche résident à Gbêpleu, Man, 1998.

[2] *''Mahou''* terme traditionnel désignant la région de Touba.

''Ouorodougou'' terme malinké qui signifie *''pays de colas''* qui désigne la région de Séguéla.

naturelle des peuples forestiers à entretenir des relations d'affaires avec leurs voisins soudanais. Cette attitude semble être renforcée par la présence d'un important réseau
de marchés anciens constitués à la lisière de la forêt et qui se nourrissait du trafic des noix de cola. Les témoignages recueillis par Person sur la question sont assez éloquents. En effet, les gens du Mahou rencontraient les Wobé à Gurané un important marché colatier situé en région Toura. Ce marché était fréquenté par de nombreux commerçants malinkés notamment les Bamba de Gwèntégéla[1]. Plus à l'ouest, un second marché se tenait sur la frontière Toura à Digwalé à proximité du monde Mahou, et un troisième à Biankouma au cœur du pays Dan Nord. A ce dernier, venaient les Dioula du Mahou particulièrement de Féréntéla, de Ouaninou (2) et les populations Yacouba de la forêt profonde. Les noix de colas pour lesquelles les commerçants Malinké se déplaçaient en grand nombre, transitaient, plus au Nord, par Ouaninou Landwi[2] où venaient s'approvisionner les Dioulas descendus de Gbè, du Barala, de Koro et même d'odienné ; avant d'être évacuées dans la boucle du Niger jusqu'à Kankan.

---

[1] Y. PERSON, *Samori, une révolution dyula,* IFAN, Dakar, 1968, p.568

[2] *Idem*

Carte n°3 : SITUATION GEOGRAPHIQUE DES MARCHES MALINKE PREFORESTIERS ANTERIEURS AU 19E SIECLE

Conception : SOHI Blesson, réalisation : SANOGO S. ICT LATIG nov. 2006

La présence de ces marchés, sur lesquels nous reviendrons et pour lesquels nous avons dessiné une carte pour illustrer nos propos, est bel et bien un témoignage significatif des liens entre des régions aux économies complémentaires. Cette complémentarité entre forêt et savane, comme l'a souligné Christophe WONDJI, s'explique surtout par la zonation climatique de l'Afrique occidentale qui favorise l'établissement de liens économiques entre régions aux économies complémentaires. Le commerce du cola, vieux commerce qui s'inscrit dans le cadre des échanges entre le Soudan et l'Afrique du Nord, connut à partir du XVIe siècle une nouvelle phase d'essor et provoqua ainsi le développement des contacts entre les soudanais consommateurs de noix de cola et les forestiers producteurs. Les Dioula, négociants professionnels atteignirent la lisière de la forêt qui devint alors une zone de transit active[1].

La région de Man a donc Vraisemblablement intégré le commerce soudanais grâce aux populations malinké voisines.

4-1-1-2 Les éléments du trafic

Le trafic consistait à échanger les produits de cueillette d'origine forestière contre les productions de l'industrie soudanaise. Avec la cola, les forestiers purent obtenir en contrepartie non seulement les produits de l'artisanat soudanais mais aussi des produits primaires agricoles. Démontrant ainsi la complémentarité entre forêt et savane, deux zones aux climats différents. Les populations ont encore en mémoire les produits qu'elles pouvaient se procurer contre les noix de cola.

> « On retrouvait au marché les produits de forge importés pour les cultures. Il y avait les houes, les machettes. Il y avait aussi de la cotonnade qui arrivait des pays malinké[2] ».

---

[1] Y. PERSON, *Samori, une révolution dyula*, IFAN, Dakar, 1968, p.568

[2] C. WONDJI, ''Commerce du cola et marchés précoloniaux dans la région de Daloa, ''*Ann. Univ. D'Abij*., Série I, Histoire, Tome I, 1972, p.36

On remarque la variété des produits de l'artisanat invoqués. Au delà des productions des forgerons et des tisserands, on peut citer encore la vannerie qui fournit des nasses, des corbeilles et des sacs ; la poterie fabriquée par les femmes, qui tournent à la main et cuisent en plein air les vases. Enfin, on a les cordonniers que l'on assimile aux griots qui tannent et colorent le cuir. Ils fabriquent des sandales, des selles, des fourreaux de sabre, des sacoches, des ceintures et des amulettes. Les travaux de ces artistes sont généralement très soignés et solides.

Ainsi qu'on le voit, les soudanais offraient, une gamme de produits riche et variée. De cette variété, les produits de l'industrie du fer et ceux du tissage sont, de loin, les plus importants. Cette réalité n'a pas échappé au colonisateur, qui a révélé dans de nombreux extraits de rapports, l'identité des fabricants, leur habileté et les nombreuses productions dérivées de ces deux industries. Il ne manque pas non plus de décrire les différents processus de fabrication. A ce sujet, l'on relève par exemple, que l'industrie locale la plus développée, celle de l'extraction et du travail du fer est exclusivement pratiquée par les Noumous, la caste des forgerons dans les régions malinké. Le fer extrait généralement au moyen de hauts fourneaux chauffés au charbon de bois est coulé dans des moules cylindriques en argile que l'on brise pour en tirer le lingot de fer. Il est ensuite transformé par les forgerons en houes, haches, couteaux, pointes de flèches, etc. Parmi les productions des forgerons, on notait aussi le sombé, une tige de fer aplatie aux extrémités et qui servaient comme monnaie dans presque toute la zone forestière. Cette tige était surtout fabriquée par les forgerons de la région de Touba. L'industrie du tissage connaissait également un très grand développement. Tous les villages avaient leur métier à tisser. On pouvait dénombrer jusqu'à 30[1], dans certains villages. Le développement de cette industrie était intimement lié à la culture du coton qui du reste réussissait très bien dans la région. Les femmes

[1] Dénis Siélou Oulaï Blo, né vers 1923, Planteur à Séably

s'occupaient de la fabrication du fil qu'elles teignaient ensuite avec l'indigo. Cette tâche faisait place, après, au travail des hommes qui se chargeaient du tissage. Ils confectionnaient des bandes de tissu de 10 centimètres de largeur minimum qui cousues ensemble formaient les pagnes rayés blancs et bleu qui jouissaient d'une très grande légitimité d'ailleurs par leur solidité exceptionnelle.

Les soudanais ne fournissaient pas que des produits industriels. Une part importante du trafic était constituée de produits d'élevage et de produits agricoles. On peut citer notamment les animaux de boucherie : bœuf, moutons ; de la volaille, etc. Sel gemme, tabac, beurre de karité constituaient l'essentiel des produits agricoles.

> « Du Nord au sud circulent les nombreux troupeaux de bœufs destinés à la vente et ceux des bœufs porteurs et d'ânes chargés de barres de sel ; les grandes barres des salines du sahel[1] »

La grande variété de la production soudanaise autorise une classification en terme d'utilité dans les sociétés forestières. En effet, tous ces articles d'importation ne sont pas que des produits de consommation domestique. Mais contribuent, pour beaucoup, dans les échanges et transferts qui ont lieu au sein de la société.

Ils servent à l'occasion de nombreuses cérémonies comme présents ou comme biens matrimoniaux. Un produit comme le Sombé est utilisé à la fois comme objet pour la dot et comme monnaie.

> « Les Sombés, tiges de fer aplaties aux extrémités, et qui servent encore aujourd'hui comme monnaie dans toute la région de la zone forestière ouest de la côte d'ivoire[2] »

---

[1] ANCI, Monographie de Man 17S/D, Monographie du Cercle de Man, Op-cit, P.13

[2] *Idem,*

Comme trésor, on comprend bien l'utilisation du sombé dans le service de la dot. A côté du sombé, on a également les pagnes et divers articles de parure : bracelets, gourmettes, etc. On retrouve là, une catégorie de biens qu'on pourrait appeler biens de prestige. Au delà, les biens d'usage et les biens de consommation courante sont constitués des autres productions. Il s'agit des produits d'élevage et des produits industriels. Parmi les derniers cités, les instruments aratoires ont été les plus prisés. Instruments importants pour l'agriculture dont les produits ont constitué l'essentiel des marchandises du trafic intérieur.

4-1-2 Le trafic intérieur

Le terme zone de forêt utilisé pour désigner la région cache mal en réalité, la grande diversité des espaces économiques ou des zones de production spécialisées que l'on y rencontre. La région peut, en effet, être subdivisée en deux zones de productions distinctes : la grande zone colatière du sud forestier et les régions agricoles intermédiaires, voisines des régions soudanaises du Nord.

4-1-2-1 - Les grandes zones colatières du sud

Elles correspondaient aux régions de grande forêt où il était possible d'avoir des endroits frais et ombragés domaines de prédilection des plants de colatiers. C'est dire, contrairement à l'idée répandue que le colatier ne se rencontrait guère partout, du moins en abondance dans toute la région. Les premiers rapports sur la question étaient formels. Cet extrait nous en donne une parfaite illustration.

> « Sa (le colatier) zone de pousse intensive est le voisinage du 7e parallèle et les cantons les plus riches sont ceux de Hyié, Blouno, Oua, Lollé[1] »

[1] ANCI, Monographie de Man 17S/D, *Monographie du Cercle de Man*, Op-cit, p.26

La zone de production identifiée par le colonisateur renvoie bel et bien à la région forestière de Danané. Les témoignages oraux ne disent pas autre chose. Ils s'accordent sur la richesse en cola des grandes régions de forêt telles que Danané en pays yacouba et kouibly en pays Wobé. Kouibly étant la pointe la plus avancée des zones de production guéré de Duékoué. On retrouvait également quelques peuplements de colatiers à Facobly. Mais, ceux-ci selon les témoignages oraux étaient d'une moindre importance. Facobly était surtout réputé pour sa grande richesse en plants de palmier à huile. Nous n'avons relevé aucune mention sur la qualité des fruits. Mais les grandes zones colatières du Sud ont eu une attirance certaine sur les chercheurs des noix de cola des régions voisines.

4-1-2-2 Les régions agricoles intermédiaires du nord

Elles représentent les pointes septentrionales de la région. On retrouve au Nord-ouest la zone de Man, séparée du monde Mahou par la zone tampon de Biankouma et à l'extrême Nord-Est, la zone de Sémien à la limite du Worodougou. Ces régions sont en fait des zones de transition forêt-savane. Elles servent beaucoup plus comme carrefours commerciaux. Dans l'important trafic Nord-Sud, ces régions jouaient le rôle d'intermédiaire entre les zones de production de cola et les régions malinké. On notait, toutefois, quelques productions agricoles d'importance.

Riz, maïs, igname, taro, patates, manioc étaient les denrées les plus répandues.

A côté des productions vivrières dont elles regorgeaient en abondance, ces régions ont du fait de leur position d'intermédiaire développé sur place des industries de transformation du fer. On a pu noter à Sémien de nombreux foyers de fabrication d'objets métalliques. Mais, ces ateliers étaient surtout des fabriques de refonte de métaux obtenus grâce aux échanges avec le monde malinké[1].

Le trafic intérieur se faisait autour de ces zones de production. Des centres colatiers, les marchandises transitaient par les zones

---

[1] ANCI, Monographie de Man 17S/D, *Monographie du Cercle de Man*, Op-cit, p.26

intermédiaires avant d'atteindre les marchés de redistribution soudanais.

Carte n° 4 MARCHES FORESTIERS CREES AU 19è SIECLE

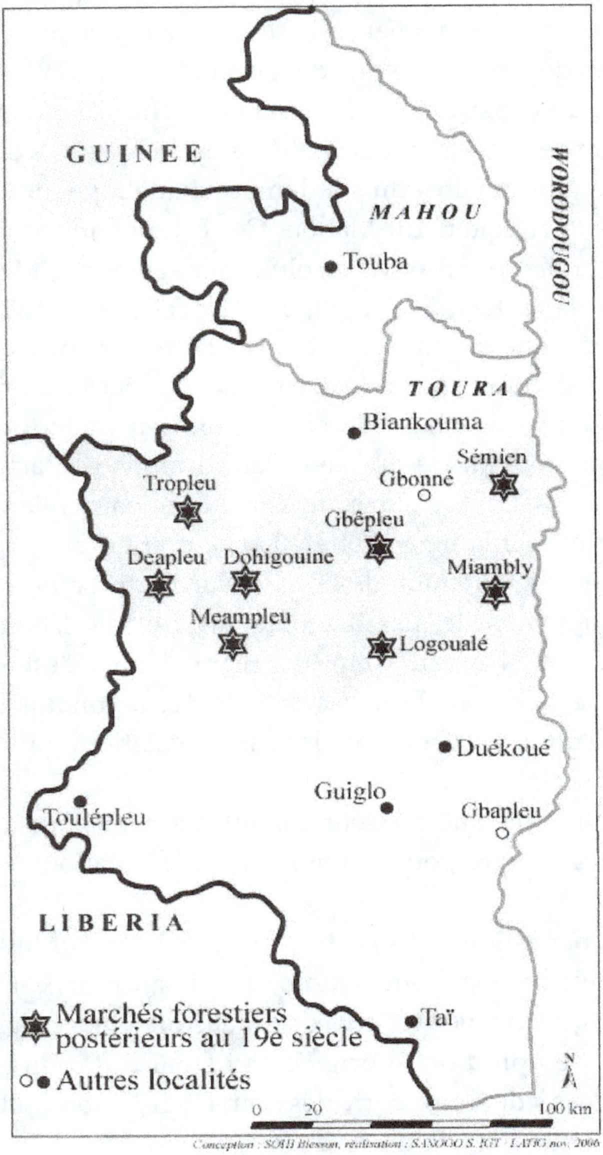

4-1-2-3 – La structure des échanges

La composition du circuit intérieur met en lumière la complémentarité forêt-savane, caractéristique principale dans les échanges entre ces deux entités. Du Nord au Sud, le vaste mouvement d'échange entre Malinké et forestiers a été favorisé par de nombreux réseaux d'alliance tissés le plus souvent à la suite de conquête ou de déplacements de populations fuyant les rivalités politiques. L'un des exemples les plus éloquents de réseau d'alliance entretenu par les conquérants Malinké est celui des Féren-Kamasi, chefs manding originaires du soudan occidental, qui au XVIIIe siècle, avait achevé la conquête du Mahou. Ces conquérants dont l'ancêtre, Vakun, quitta le Haut Konya et plus précisément le Mahana, pour s'installer à Férentéla à l'appel des Dogo nourrissaient l'espoir d'étendre leur zone d'influence à la grande forêt. Son fils Vasè qui se transporta à Mandougou, à l'extrême fin du siècle, domina tout le Mahou et ouvrit une phase de son histoire en traversant le Bafing pour amorcer la conquête du pays Dan. Il fonda son action sur une alliance avec les lignées du clan Yoanné et particulièrement avec celles de Ga et Biankouma. Cette alliance préfigurait, avec un demi siècle d'avance, la fondation de Dwè, et elle permit au conquérant de traverser entièrement le massif montagneux et de déboucher sur la haute vallée du N'zo au cœur de Biankouma. C'est ainsi qu'en compagnie de Génwiya Témi, le chef de Té, il conquit le Glösé de Togba Gémi, qui contrôlait alors le marché colatier de Blöle dans les montagnes du Mahou''[1].

Ces alliances ont été déterminantes autant pour la migration des commerçants que pour l'animation et la création de nouveaux marchés.

Dwè, par exemple, important marché de redistribution de cola dans la région de Biankouma doit sa naissance à ce mouvement. Mouvement qui a favorisé du coup l'accroissement dans le trafic forêt-savane des produits d'origine soudanaise. Produits de forge, poterie, pagnes, denrées agricoles : arachide, tabac, etc. ; bœufs,

---

[1] Témoignage recueillis à Sémien et à Facobly en août 1998. puis en août 2002.

moutons, volailles ont constitué l'essentiel des éléments du trafic Nord-Sud. Le direction contraire était, elle, dominée par la noix de cola.

Ces échanges se faisaient, d'une façon générale, entre alliés, c'est-à-dire, entre personnes qui se connaissaient. En effet, les Dioula ou les intermédiaires originaires de la région étaient accueillis dans les villages le long du parcours, à la recherche des noix de cola, par des hôtes. Ces derniers se chargeaient, en général de leur trouver un toit, de la nourriture. Ils veillaient aussi à ce que leurs affaires se déroulent dans de bonnes conditions. Les hôtes recevaient en contrepartie divers présents ramenés du Nord ou des zones intermédiaires. Dans le premier cas, les pagnes étaient les produits les plus recherchés. A côté, on notait aussi la volaille.

> « Lorsqu'ils quittaient Touna pour aller chercher de la cola à Man, on hébergeaitles Dioula. Nous avions avec eux des relations d'alliance. Ici à Sémien, on a des Dosso. Moi-même, je suis un soumahoro ; et lorsqu'ils sont de passage ici, nous sommes obligés de les héberger. En reconnaissance, ils nous donnent ce qu'ils veulent : pagnes, poulet, des noix de cola[1] »

Dans le second cas, on offrait des denrées agricoles ; riz, légumes, etc. Les échanges s'effectuaient donc sur des marchés, dans le cadre des relations d'alliance et des relations individuelles. Mais ces échanges qu'ils aient lieu à l'intérieur ou à l'extérieur admettaient un système de mesures ou de valeurs.

4-1-2-3-1 **<u>Les systèmes de mesures et de valeurs</u>**

Dans le cadre des échanges extérieurs, les Sombés et les noix de cola, marchandises comptabilisables et convertibles jouaient le rôle de la monnaie. En revanche, les échanges intérieurs notamment ceux

---

[1] Sémien août 1998, Victor SEA TAPE, SEHI SOUMAHORO, Klango SOUMAHORO, tous notables et planteurs à Sémien.

s'opérant dans les zones colatières de Kouibly, Facobly et Danané, admettaient plus les noix de cola comme monnaie. Le nombre de sombé circulant dans ces zones forestières était extrêmement réduit parce que les populations avaient surtout besoin de produits d'usage comme les pagnes ou les produits issus de la transformation du sombé lui-même : daba, coupe-coupe, etc. Loin des régions soudanaises traditionnellement aguerries au travail du fer, les populations forestières de ces régions n'ont développé chez elles, aucune industrie de transformation de fer. Contrairement aux populations des zones de transition ; celles de Biankouma, Sémien notamment, chez lesquelles, l'on retrouve assez régulièrement des ateliers de refonte de métaux. A Sémien, les Blaon, un sous-groupe de la tribu Baon s'est spécialisé dans le travail du fer[1].

La noix de cola était donc le moyen d'échange dominant sur les marchés de production des zones forestières, parce que élément principal composant le fret retour des marchands. Une remarque s'impose toutefois : les noix de cola sont utilisées comme monnaie tant dans les échanges extérieurs que dans les transactions intérieures. En fait, on attribuait au fruit recherché une fonction implicite d'équivalent universel. La cola était recherchée par tous et sa possession donnait au vendeur l'assurance d'un échange certain. En général, sur les marchés, les prix étaient fonction du volume et de la qualité de la marchandise. Aussi parlait-on de ''main de cola'' ou encore de *''panier de colas*[2]''; mesures qui respectivement équivalaient pour le premier à 10 ou à 20 colas ; à environ 10 mains de colas pour le second.

Ainsi, selon la qualité et le volume du fruit, on déterminait sa parité. Les enquêtes sur le terrain ne nous ont pas fourni beaucoup d'éléments à ce sujet. Les rares informations reçues, nous ont été livrées, en grande partie, par les descendants de commerçants malinkés. Les imprécisions sont importantes sur les équivalences de

---

[1] Séhi SOUMAHORO, né à Sémien en 1922, issu d'une famille de commerçants

[2] Yaya KARABOUE, né vers 1920 à Kouibly, originaire de Séguéla, commerçant et descendant de commerçants résidant à Kouibly.

ces unités de mesures. Combien vaut réellement une main de cola ? Les réponses fournies sont assez vagues. Tantôt avec un panier de cola, on obtenait un pagne, tantôt de la volaille. On comprend dès lors que les transactions étaient fonction de l'offre et de la demande. La rareté du produit accroissait sans doute sa valeur. C'est là peut être l'origine de la difficulté qu'à la tradition orale à déterminer la valeur réelle de ces unités de compte. Subséquemment, il s'avère presqu'impossible de déterminer le volume et la valeur des marchandises mises en circulation. Les rapports des premiers explorateurs de la région ont laissé néanmoins quelques indications. À Danané, par exemple un coupe-coupe valait 200 colas ; un bracelet en cuivre très prisé par les femmes, entre 30 à 40 colas ; un pagne manding 300 à 500 ; un chasse-mouches, 100 noix de cola. Un collier de perle et le kilogramme de riz pouvaient s'acheter respectivement avec 80 et 40 colas. La barre de sel, la hache qu'on retrouvait généralement parmi les marchandises les plus enviées et par conséquent les plus chères, avaient des prix qui variaient entre 100 et 300 colas. Le bétail, le bœuf notamment, lorsqu'il était de belle taille ne coûtait pas moins de 9.000 colas. On le vendait souvent à 10.000 colas sur les marchés les plus importants de la région et les plus animés comme ceux de Bounda dans le tribu Blossé et Flampleu chez les Oua. On estimait, en moyenne, à plus de 100.00 colas les transactions marchandes qui s'opéraient par semaine sur ces principaux marchés[1].

Ces indications peuvent paraître insuffisantes. Mais, elles valent tout de même comme estimations pouvant nous situer sur la valeur de cette monnaie et sa convertibilité sur tous les espaces.

Contrairement aux noix de cola, le sombé n'était pas utilisé partout. Cette monnaie servait sur les marchés extérieurs notamment ceux des zones de transition à la limite du monde soudanais. C'était par exemple, le cas de Sémien où tous les systèmes de mesure n'étaient réglés que par rapport à la valeur de cette tige de fer. Là, encore, on ne peut déterminer avec exactitude la valeur réelle de la

---

[1] ANCI, Monographie des Diolas de Danané, 1906.

monnaie. Les traditions orales et les rapports, à ce niveau, ne sont pas plus explicites.

> « Avec un sombé, on pouvait avoir 100 colas. On mesurait avec la main. Une main de colas faisait 10 colas quand celles-ci étaient grosses. Quand, elles sont petites, une fait 20 colas. Ainsi avec un sombé, on achetait dix fois la main de colas, on en a 100. Pour les petites noix, avec un sombé, l'acheteur peut s'offrir 200 fruits[1] ».

Le sombé malgré les imprécisions qu'on relève sur sa convertibilité a constitué un véritable moyen de paiement. Les régions intermédiaires comme nous l'avions signifié ont été son champ de prédilection. Deux raisons fondamentales pourraient expliquer cette situation. La première est liée à l'abondance de ce métal dans le Ouorodougou et le Mahou voisins. La deuxième est purement d'ordre social. En effet, le sombé entrait pour beaucoup dans la composition des dots et trésors surtout en pays Wobé. A ce titre, il facilitait les échanges matrimoniaux et renforçaient le prestige des chefs de famille.

Il est cependant à rappeler que l'existence de ces produits reconnus comme moyens de paiement n'excluaient pas la pratique du troc. Ce vieux système d'échange avait toujours cours. Comme l'a souligné le vieux Blo Oulaï.

> « Lorsque vous avez une marchandise, vous discutez avec le propriétaire de la marchandise que vous désirez. Une fois les volontés accordées, vous procédez à l'échange. On échangeait ainsi du riz, du manioc, de la banane, etc.[2] »

---

[1] Séhi SOUMAHORO, Op-cit

[2] Blo, né vers 1923, planteur à Séably

Cette pratique était courante. Mais elle avait cours, surtout, dans les transactions intra-communautaires. Celles qu'entretenaient les populations issues de la même tribu ou du même clan. Elles concernaient principalement les échanges de vivriers. Les services dans ce cadre étaient loin de toute préoccupation mercantile. Et pour ce type de transaction, le marché n'était pas toujours nécessaire.

4-1-2-3-2 - Les marchés

Les enquêtes sur le terrain nous ont révélé l'existence de nombreux marchés précoloniaux dans la région.

> « Avant (l'arrivée des Blancs) lorsqu'on quittait Sifié, la première escale était Sémien. A Sémien, il y avait un gros marché. Après Sémien, on ne retrouvait plus de marché important. Mais, on faisait une escale à Koua. C'est de Koua qu'on se dirigeait vers Man. Man abritait un gros marché. C'était un important carrefour commercial. Tout le monde y apportait de la cola[1] ».

Les marchés de Sémien et de Man ont été identifiés partout comme des marchés précoloniaux. Les enquêtes, nous ont révélé de nombreux autres lieux d'échanges marchands anciens. Tiény, Totodrou dans l'actuelle région de Facobly ; Miembly, actuel Kouibly ; Gbêpleu ; Logoualé et de nombreux autres marchés dans la région de Danané. Dans cette dernière région, le colonisateur dans ses premiers rapports a pu noter un marché dans chaque tribu.

> « Le marché de cola se tenait à Déapleu, le Oua à Dohigouiné ; le Groussé à Tropleu. Exceptionnellement le Houné et le Blossé se partageaient le marché de Méampleu[2] ».

---

[1] MEÏTE Mamadou, 97 ans, notable à Sifié, Commerçant

[2] Monographie des Diolas de Danané, 1906.

L'existence de ces lieux d'échanges marchands dans la région ne remonterait pas plus loin que le milieu du XIXe siècle. En remontant la liste généalogique des arrières petits-fils de fondateurs rencontrés notamment à Sémien et à Kouibly ; on se retrouve approximativement dans la seconde moitié du XIXe siècle[1].

A Miembly, Goula Gbéhi Joseph, notre informateur, né vers 1928 est l'arrière petit fils de Bahi fondatrice du marché de colas de la localité.

Trois générations le séparent de son aïeule ; et comme une génération oscillait autour de 25 ans, nous pouvons admettre que Bahi, née aux environs de 1844 a dû créer son marché quelques années après, à un âge majeur. Cette période nous rapproche donc approximativement de la fin du XIXe siècle. Mais, une telle démarche pour être sérieuse doit tenir compte, comme l'a souligné Christophe WONDJI, des éventuelles lacunes et faire des confrontations avec les données des lignages contemporains.

La présence de nombreux marchés précoloniaux dans la région ne souffre donc d'aucun doute. Nous illustrons ce fait à travers une carte dans laquelle nous essayons de déterminer la position des principaux marchés précoloniaux de la région. Mais sur la question de leur origine. Les réponses laissent perplexes. D'où proviennent-ils ? Ces institutions qui pendant longtemps, avant la colonisation ont servi comme lieux d'échanges marchands, ont-elles été fondées par imitation ?

Ces questions à elles-seules méritent bien une recherche plus approfondie. Toutefois à l'analyse des informations recueillies sur le terrain, il apparaît vraisemblablement que les marchés soudanais, de loin les plus anciens, aient inspiré la fondation des marchés forestiers.

---

[1] En supposant que l'écart entre deux générations oscillait autour de 25 ans compte tenu de la rudesse des mœurs matrimoniales de l'époque. De nombreux témoignages nous ont révélé, en effet, que les anciens forestiers se mariaient un peu tard (vers 30 ans). En déduisant 3 générations à compter de la date de naissances des descendants de fondateur, on aboutit approximativement au milieu du XIXe siècle.

Partout les populations forestières, elles-mêmes, ont admis la prépondérance soudanaise dans les activités marchandes. Même aujourd'hui encore, on identifie le commerce au dioula. Le marché se serait, pour ainsi dire, développé des zones soudanaises vers la forêt. Dans ce cadre, les zones les plus favorables ont été les zones de transition savane-forêt, véritables frontières économiques qui ont favorisé les échanges marchands, c'est à dire "*des échanges libérées des formes traditionnelles de l'autosubsistance communautaire*[1]". Ces régions du fait de leur proximité avec les marchés-modèles ont pu conserver les caractéristiques principales de ces derniers. L'emplacement notamment, dans cette perspective n'est pas le moindre des détails. En effet, le marché occupait une place centrale. Il se tenait au centre du village. L'institution était donc intégrée au cadre de vie.

> « Le marché se trouve au milieu du village et le chef de village en est le premier responsable[2] »

Cette disposition ne s'observe par dans les régions forestières reculées. Dans le district de Danané, par exemple, le marché était isolé du village. On invoquait, pour justifier cet emplacement, le plus souvent des raisons de sécurité. Lieu de rencontre de populations venant de divers horizons, le marché peut présenter quelques risques. Pour s'en prémunir, il était bien de réserver à l'institution une place en dehors du village. L'hypothèse de la réplique des marchés malinké semble s'éloigner ici. Sinon comment expliquer une telle disposition ? Loin des frontières économiques, les populations appréhendent peut-être moins l'importance de l'institution. Habituées, sans doute, aux échanges traditionnels d'autosubsistance communautaire. Il reste que dans tous les cas, le marché occupe une place spéciale et bénéficie d'une organisation particulière. On retrouve toujours dans l'histoire de la naissance d'un marché un fondateur. On le désigne comme propriétaire de l'institution. Celui-ci

---

[1] C. WONDJI, " *Commerce du cola et des marchés précoloniaux dans la région de Daloa*", *op-cit*

[2] Albert BOUKPE, né vers 1925 à Séably, notable à Séably.

est très souvent soit le chef du village qui abrite le marché, soit le chef de terre. Dans le second cas, le titre de propriétaire du marché, lui revient comme un attribut de son statut de propriétaire terrien.

Les propriétaires de marché avaient un rôle déterminant dans la vie de ces institutions. Ils leur incombaient la charge de l'organisation et de l'animation du marché. Pour remplir ces missions, ils bénéficiaient de l'aide de collaborateurs qu'ils désignaient eux-mêmes. Ces derniers étaient chargés de la surveillance, du déroulement de l'activité marchande. Ils assuraient, en fait, la police du marché. Cette tâche les disposait à régler les litiges éventuels pouvant subvenir sur le marché. Mais lorsqu'ils n'arrivent pas à les régler, ils les portent devant le propriétaire du marché, lui-même, qui tranche en dernier ressort.

Les tâches du propriétaire étaient, pour ainsi dire, nombreuses et d'une grande variété. Il devait, en premier, veiller au bon déroulement des transactions, en assurant la sécurité des commerçants. Il lui incombait également la charge d'assurer la pérennité de l'institution. Cette dernière responsabilité exigeait de lourds sacrifices. On ne lésinait sur aucun moyen pour accomplir des sacrifices de gros animaux et parfois même des sacrifices humains. Les récits sont légions qui attribuent la renommée de certains marchés, notamment, Sémien et Gbêpleu aux sacrifices accomplis par leur fondateur. L'acte était le plus souvent recommandé par les marabouts qui, du reste, ne manquaient pas dans la région ou dans les régions voisines. A Gbêpleu, la légende nous rapporte que le fondateur a dû offrir en sacrifice sa fille unique.

Plus le marché était renommé et dépassait le cadre de la tribu, plus le fondateur ou propriétaire en tirait un grand prestige. Il devrait donc s'atteler à ce que les populations affluent chez lui. De nombreux chefs de tribu ont dû leur réputation à l'animation des marchés qu'ils présidaient. Ce fut le cas de Monkey[1] fondateur du marché de Té, à la lisière du monde Mahou, dans la région de Biankouma. Ce dernier était présenté comme un homme d'une rare

[1] Nanan Diomandé, chef du canton Té, ne vers 1933.

intelligence. Qualité qu'il a su mettre en œuvre pour faire du marché de Té, un carrefour commercial incontournable où Dioula, Wê, Dan et Toura se rencontraient et échangeaient sans rixes. On parlait également de Bahi, la fondatrice du marché colatier de Miembly. Le fait, ici, paraît insolite. La tradition a retenu le nom de cette femme grâce au rayonnement qu'a connu le marché de Miembly. C'est dire toute l'importance de ces lieux d'échanges. Une troisième tâche revenait également au propriétaire du marché : l'entretien et le balayage du site avant et après les jours de marché. Naturellement, ces nombreuses tâches conféraient au propriétaire du marché quelques avantages. Au delà du rayonnement politique et du prestige, le propriétaire bénéficiait du fruit des prélèvements effectués sur les marchandises qui alimentaient le marché. En réalité, c'est toute la communauté villageoise qui profitait de cet impôt. Car le propriétaire du marché à qui l'on portait le fruit de la collecte en assurait la répartition équitable entre toutes les lignées du village.

> « Les prélèvements n'avaient pas de taux fixes. On prenait un peu de sel, un gobelet d'huile rouge, du riz, etc. tout ce qui était collecté au marché était présenté au chef. Il avait la charge d'en faire la répartition en donnant la part des différentes familles du village[1] ».

Le marché participait ainsi pleinement par ce biais, à la vie économique et sociale de la communauté villageoise. Mieux, par ses caractéristiques, le marché se présentait aussi comme un important instrument d'animation de la vie sociale. Les jours de marché étaient, à cet effet, de grands moments de rencontre ; qui ont vu naître de nombreuses alliances matrimoniales : les rapts de femmes, pratiques courantes dans la région se faisaient à ces occasions.

Le marché comptait ainsi pour beaucoup dans la vie des populations. Si bien que le jour de marché portait en lui-même plusieurs symboles. L'un des plus importants est la traduction de la

---

[1] Albert BOUKPE, Op-cit

renommée du lieu qui l'abrite. Le village s'identifiait désormais au marché qu'il avait en son sein. Les suffixes *'' dô ''* ou *'' lô ''* désignaient respectivement *'' le marché ''* en Wê et Dan ; et en langue malinké. Aussi disait-on, par exemple, *'' Sémien-dô ''* ou *'' Sémien-lô '' pour dire '' marché de Sémien ''* en Wê et en Malinké.

Les marchés étaient hebdomadaires. Ils se tenaient généralement du lever au coucher du soleil ; à l'ombre de grands arbres, et le commerce se faisait autant par les femmes que par les hommes. Cependant, on notait quelquefois notamment en pays Dan, une répartition des tâches par sexe ou par âge. Aussi femmes et enfants ne pouvaient-ils participer au commerce du cola. Ces derniers ne devraient uniquement exercer que dans la vente des céréales et menus objets. La vente de cola nécessitait beaucoup de force. Il fallait porter de lourdes charges. Là, se trouve peut-être la raison de cette restriction imposée aux femmes et aux enfants. En plus, femmes et enfants ne pouvaient rester sur le marché jusqu'à la mi-journée. Apprécions dans cet extrait de rapport, le portrait qu'en fait l'explorateur. Nous l'avons voulu un peu long afin de mettre davantage en relief sa substance qui nous semble fort éloquente.

> « Les jours de marché, le trafic commence d'abord par la vente de céréales, poulets et menus objets jusque vers dix heures. En ce moment, les femmes et les enfants ont encore droit d'être sur le marché. Après dix heures, les femmes et les enfants rejoignent leurs domiciles, et le trafic se poursuit par le commerce des colas, exclusivement réservé aux hommes. Les vendeurs s'installent pêle-mêle à l'ombre, exposent leurs fruits soigneusement enveloppés dans des feuilles et attendent, les marchands dioula s'approchent tenant à la main, soit des bandes de tissu, des bracelets, des coupe-coupe, etc. et le propose à la

vente. Quand, ils ont trouvé un amateur, ils s'arrêtent et négocient[1] ».

Ainsi se présentait généralement l'animation des lieux d'échanges marchands. Ces espaces ont été d'importants lieux d'échanges et de rencontre de toutes sortes. Les marchés ont dû par leurs caractères contribuer énormément à l'épanouissement des populations qui les fréquentaient. Celles-ci à l'occasion des opérations d'échanges ont pu tisser d'importantes alliances et bénéficier de richesses souvent inespérées. Les échanges dans cette perspective se présentaient comme des structures sociales de choix.

Cependant, très tôt, dès la fin du XIXe siècle les échanges traditionnels qui ont mis en relation de nombreuses entités et auxquels les populations semblaient désormais être fortement attachées, se trouvent confrontés à l'impérialisme européen. Le commerce ancien connaît ses premiers soubresauts. Malgré, les résistances, la confrontation dont le but ultime est d'imposer un nouveau système économique et commercial, tourne largement à l'avantage de l'européen, qui impose lentement mais sûrement son point de vue. Et son succès est en grande partie dû à l'administration qu'il a mise en place.

[1] ANCI, Monographie des Diolas de Danané, 1906.

CHAPITRE II

L'AVENEMENT DE L'ADMINISTRATION COLONIALE

La conquête militaire et politique du territoire est un préalable indispensable à l'introduction effective du commerce européen dans la région.

Il est à rappeler d'emblée que ce chapitre est fortement inspiré des travaux déjà effectués sur la question. La pacification de l'ouest de la Côte d'Ivoire ayant été l'objet de nombreux travaux de recherche dont l'exemple le plus complet nous a semblé être la thèse de CHERIF Mamadou[1] entièrement consacrée au sujet. Le travail réalisé par CHERIF Mamadou nous a été d'autant plus utile dans l'élaboration de ce chapitre qu'il comblait les lacunes de notre documentation archivistique et bibliographique. En effet, par exemple, au niveau des archives d'Abidjan, nous n'avons pu retrouver le dossier côté X – 34 – 7 relatif à la " *conquête du Haut-Cavally, 1908-1915*" alors qu'il figurait bien dans les répertoires disponibles. Ce fut également le cas de l'ouvrage d'Angoulvant " *la pacification de la Côte d'Ivoire*".

La raison nous semble toute simple. Les archives sont dans un tel état de dégradation avancée, mauvaise conservation, qu'il est aujourd'hui presqu'impossible de consulter des documents qui étaient pourtant disponibles il y a à peine trente ans. De ce point de vue, les œuvres de nos devanciers s'imposent à nous comme des modèles. Tant elles illustrent bien la recherche verticale.

---

[1] M. CHERIF, *L'ouest de la Côte d'Ivoire (Haut-Cavally) et la pénétration française 1896-1920*, Thèse de Doctorat 3e Cycle, Paris, 1973, 453 p.

Bref, ce chapitre s'intéresse donc au processus de conquête de la région et à l'organisation administrative mise en place pour faciliter l'avènement du commerce européen. Nous relevons dans un premier temps les grandes étapes de la conquête militaire dont les prémices remontent à 1898 ; c'est à dire, deux ans seulement après la création du poste militaire de Touba. Deux missions de reconnaissance sont instituées à partir de cette date.

Les missions Woelfel – Mangin et Hostains d'Ollone devaient d'abord conduire la pacification totale du pays dan, puis la conquête des régions Wobé et Guéré. Cette entreprise émaillée de nombreuses périodes d'hésitation et de répit, va se solder, au bout d'une quinzaine d'années par un succès franc. Comme le proclamait en 1913, le commandant militaire de la colonie " *aujourd'hui, dans la région militaire, il n'y a plus d'œuvre de pénétration à faire.*[1]"

La réussite des opérations militaires nous donne l'occasion d'apprécier, dans un second temps, les efforts d'introduction du commerce colonial. Dans la mesure où la conquête militaire visait principalement le triomphe du commerce européen. Au moment où débute la soumission du pays, il ne fait l'ombre d'aucun doute que l'administration coloniale a privilégié, pour l'installation des nouveaux postes, les sites ayant abrité les marchés précoloniaux les plus importants de la région. Si l'objectif était à moyen terme de capter le flux des marchandises au profit des futurs centres urbains, dans l'immédiat, les postes ainsi installés devaient servir de centres de collecte, d'enregistrement et de diffusion d'informations de toute nature pouvant aider à la naissance du commerce colonial. Une analyse attentive des monographies de cette époque établit clairement la prépondérance des renseignements à caractère économique, et plus particulièrement, ceux relatifs au commerce.

---

[1] M. CHERIF, Op-cit, p.363

I – LA PENETRATION DE LA REGION

Plusieurs colonnes militaires ont hersé le territoire en vue de la création des postes militaires à partir desquels devraient s'exercer l'autorité de l'administration. Les visées européennes avaient comme point d'ancrage Touba qui, très tôt, a prêté son cadre à la pénétration de la région de Man.

A l'origine de la conquête et de la pacification de la région de Man se trouvait donc Touba.

1- LA CONQUETE DE TOUBA

Elle remonte à 1893 et elle est contemporaine de la lutte contre l'Almamy Samory Touré. En effet en 1893, après des opérations de reconnaissance successives dans la région, la colonne Combes, chassant Samory du Ouassoulou entra à Odienné et s'avança jusqu'à Koro. Trois années plus tard, soit en 1896, le Capitaine Vuillemet, à la tête d'une importante troupe composée de 50 tirailleurs Sénégalais effectue, à son tour une importante opération de reconnaissance.

L'objectif de cette mission n'est autre que la recherche d'un endroit propice à l'installation d'un poste militaire au cœur du pays Mahou. Poste qui pourrait énormément aider à couper la route à l'Almamy qui se dirige vers la forêt. Le capitaine Vuillemet part donc de Beyla, rejoint Touba où il effectue une escale de courte durée, traverse Koro, et retourne à Beyla le 6 février 1897[1] après avoir visité Barala. Une opération similaire est entamée le même jour par le lieutenant Blondiaux. Ce dernier à la tête d'une troupe de 25 tirailleurs quitta Beyla pour Touba, d'où il effectua des reconnaissances géographiques vers l'ouest jusqu'à Mankono et vers le Sud sur la rive droite du Bafing. En 1897 de retour à Touba, il décide d'y construire un poste qui est placé sous les ordres du capitaine Ristori dès janvier 1898.

---

[1] ANCI, Monographie de Man 17S/D, monographie du Cercle de Touba, 1911, Op-cit, p.2

Mais le poste nouvellement établi ne pouvait fonctionner à plein temps si une réponse définitive n'était apportée aux agitations de Samory.

Il fallait nécessairement faire capituler Samory afin d'utiliser dans le cadre de la pacification de l'ouest de la Côte d'Ivoire, les forces réunies contre le conquérant africain. A peine le poste de Touba installé que l'on apprit que, pourchassé dans le Djimini, Samory avait franchi la forêt et orientait sa course résolument vers l'ouest.

Il ne fallait pas rater cette occasion. Elle était belle pour mettre un terme à l'aventure samorienne et procéder, de façon effective, à l'organisation du cercle de Touba dont l'objectif, par ailleurs, ne se limitait pas seulement à l'arrestation d'un individu. L'alerte fut donc donnée et la hiérarchie militaire procéda à une mobilisation des troupes. Une colonne sous les ordres du Commandant Lartigue prit immédiatement la direction des opérations. Partie d'Odienné le 6 juillet 1898[1], elle s'installa à Touba d'où elle entendait conduire les opérations. Le Commandant Lartigue et ses hommes rejetèrent dans un premier temps les sofas de l'Almamy sur la rive droite du Bafing. Après un combat d'une extrême violence à Doué où les troupes ennemies perdirent une grande partie de leurs hommes ; ils obligèrent l'Almamy à fuir presque seul dans la région du Haut-Cavally ou le Sergent Bratière et le Capitaine Gouraud le firent prisonnier à Guélémou le 29 septembre 1898[2].

Ainsi libérée des agitations de Samory, l'administration coloniale pouvait désormais organiser la région nouvellement conquise. Dès 1898, le nouveau cercle de Touba regroupait les régions de Séguela et d'Odienné. Le cercle lui-même dépendait alors de la région du Sud soudan français.

> « Le territoire du cercle de Touba fut organisé en cercle dès l'année 1898. A cette époque, il est formé des circonscriptions de Touba avec les postes d'Odienné et

---

[1] ANCI, Monographie de Man 17S/D, *Monographie du Cercle de Touba*, 1911, op-cit, p.2

[2] *Idem*

de Tombougou le cercle dépend alors de la région Sud du soudan français[1] ».

Tel se présentait en 1898 le cercle de Touba, point de départ de la conquête de la région de Man.

2- LA PENETRATION DE LA REGION DE MAN

La pénétration et la conquête de la région de Man ont été, pour ainsi dire, faites en venant du Soudan. Elle fut initiée par le lieutenant Blondiaux. Celui-ci, après avoir créé le poste de Touba, entreprit d'installer un autre poste militaire à Man. Dès 1897, le lieutenant Blondiaux fut le premier Européen qui ait franchi le Bafing. Parti avec 50 tirailleurs du poste de Touba qu'il venait, ainsi que nous l'avions souligné, de fonder ; il s'avança jusqu'à Man par la route Doué, Té, Boféso, Gouatita.[2]

Cette première tentative se solde par un échec. Il dut affronter l'hostilité des populations de Man. Celles-ci l'obligèrent après de longues heures de combat à retourner sur ses pas en passant par Boféso, ligne directe menant à Touba.

Cet extrait de rapport nous en donne une belle illustration.

> « Il (Blondiaux) fut mal reçu à Man où il se battit pendant 36 heures. Au retour, il suivit l'itinéraire Boféso, Gouessésso, Guablasso, Diorodougou, Gourouno, Didilou, Toungandougou[3] »

Les tentatives suivantes furent quelque peu retardées par la présence de Samory. Ce dernier avait pénétré la région par le sassandra et avait des visées sur le Mahou. Dérouté par les troupes du commandant Lartigue, Samory prit la fuite vers l'ouest espérant

---

[1] ANCI, Monographie de Man 17S/D, *Monographie du Cercle de Touba,* 1911, op-cit, p.2
[2] ANCI, Monographie de Man 17S/D, *Monographie du Cercle de Man,* op-cit, p.3
[3] ANCI, Monographie de Man 17S/D, *Monographie du Cercle de Touba,* op-cit, p.3

franchir la frontière libérienne. Son entreprise échoua. Car tout juste au seuil du Cavally, frontière naturelle séparant la colonie du Libéria, les troupes du Lieutenant Woelfel le contraignirent à rebrousser chemin.

En 1898 la marche du conquérant s'arrêta dans la tribu Santa où il fut arrêté par les hommes du Capitaine Gouraud. Ainsi s'acheva une course poursuite qui avait commencé depuis longtemps et dont l'issue, attendue de toute la hiérarchie militaire, devait ouvrir des horizons nouveaux au champ d'influence coloniale. Les troupes militaires étaient si impressionnantes et avaient mobilisé tellement d'officiers que chacun en avait gardé un grand souvenir dont la relation se faisait parfois avec beaucoup d'émotions.

En tout cas, l'épisode samorien avait considérablement gêné la cavalerie française. Il retarda quelque peu les opérations de pénétration initiées depuis 1897 par le Lieutenant Blondiaux. Celles-ci reprirent cependant de plus belle dès 1898.

Deux missions furent instituées en vue d'opérer la jonction du Soudan au golfe de Guinée. L'une de direction Nord-Sud conduite par les lieutenants Woelfel et Mangin avait à charge la pénétration du pays Iaro, ligne Logoualé-Gouélé. L'autre confiée au lieutenant Hostains d'Ollone provenait du Sud et devait se charger de la conquête de la région de Danané, pays dan riverain du Cavally.

La réussite de ces missions pourrait constituer le point de départ de la pénétration et la conquête des pays Wobé et Guéré

> « Au lendemain de la prise de Samory, les missions Woelfel. Mangin et Hostains d'Ollone furent chargée d'opérer la jonction du soudan au Golfe de Guinée par la Côte d'Ivoire[1] ».

La tâche ne fut pourtant pas aisée. Même si elle semblait avoir été facilitée par la victoire sur la l'almamy Samory. En fait, l'on avait vite fait de penser que la besogne serait facilitée par le prestige que

---

[1] ANCI, Monographie de Man 17S/D, *Monographie du Cercle de Man*, op-cit, p.4

conférait aux troupes françaises la défaite de Samory. Seuls les Dan du Nord qui avaient quelque peu subi les actions de Samory sont restés dociles. Les autres n'ayant pas eu à souffrir n'apprécièrent pas le service rendu et reçurent fort mal les missions.

Les tentatives de pénétration rencontrèrent aussi presque partout l'hostilité des populations autochtones. Celle-ci fut si grande que les objectifs fixés furent à peine atteints. Les Européens, après coup, se rendirent, très vite, compte que la pénétration du pays nécessitait des moyens humains et matériels plus conséquents.

Les premiers résultats étaient insignifiants. Hostains d'Ollone, venus du Sud réussirent au prix de beaucoup de peine à traverser le pays dan riverain du Cavally. Woelfel et Mangin, partis du Nord durent s'arrêter sur la ligne Logoualé-Gouélé dans la tribu Iaro. Ils construisirent un petit poste à Noantogloin près du Zô pour conserver les maigres résultats acquis. Malheureusement, le Lieutenant Leinac qui avait été désigné pour prendre le commandement du nouveau poste mourût peu après. En 1899, les Européens se résignèrent et abandonnèrent le pays. Ils songeaient désormais à la stratégie et aux moyens matériels et logistiques à mettre en œuvre pour atteindre entièrement les objectifs fixés.

Cependant loin de céder au découragement, les opérations de pénétration reprirent de plus belle en janvier 1902. Sous la houlette du lieutenant Cornet, alors chef de poste de Touba, les troupes franchirent à nouveau et plus déterminées le Bafing, visitèrent le pays Toura et une partie du pays Wobé. Les escales les plus importantes en pays Wobé furent Sémien et Tiéni. Malgré leur détermination les résultats escomptés tardèrent à venir.

> « En janvier 1902, le lieutenant Cornet commandant le poste de Touba reprit contact avec les populations au Sud du Bafing. Escorté de 49 tirailleurs, il visita le Touradougou et une partie du pays Wobé (Sémien, Tiéni), il chercha

> à entrer en relation avec le chef de Man, mais il échoua[1] ».

Cette tentative infructueuse entraîna un moment d'accalmie qui se prolongea jusqu'en 1905. Les limites de l'action des troupes vers le Sud étaient alors restreintes au Bafing.

> « De nouveau nous cessâmes tout rapport avec les Dan oubliant tous nos efforts et nos résultats antérieures, nous prîmes le Bafing comme limite infranchissable de notre action vers le Sud. Cela jusqu'en 1905[2] ».

Les résultats les plus significatifs furent obtenus après 1905. Ils furent, en grande partie, l'œuvre du lieutenant Laurent qui venait d'être promu à la tête du poste de Touba. En réalité cette promotion ne fut qu'un prétexte pour lui confier la responsabilité de pacifier le plus tôt possible la région de Man. Le contenu de sa mission ne tarda pas à être dévoilé. Il contenait trois principaux points. A savoir renouer des relations pacifiques avec les Dan, visiter leur pays le plus loin possible et rechercher l'emplacement de deux postes à créer l'un au Sud de Touba sur la ligne Touba-Tabou, l'autre au Sud-Ouest, pour prendre position en vue de la délimitation de la frontière libérienne. Sans perdre le temps, il entreprit trois tournées successivement en avril, en mai et en décembre 1905. Celles-ci se soldèrent en février 1906 par la création du poste de Danané. Deux ans plus tard, soit en juin 1908, il installe un autre poste à Man. Il en fait une base d'opération à partir de laquelle il explore de fond en comble le territoire et mène des incursions vers le Sud-Ouest jusqu'à Toulepleu ainsi que dans le Sud-est jusqu'à Krio. C'est alors qu'il commence l'administration du pays avec le concours des lieutenants Gaupain, Ripert, Husson et Bourcelot[3].

---

[1] ANCI, Monographie de Man 17S/D, *Monographie du Cercle de Man*, Op-cit, p.4
[2] ANCI, Monographie de Man 17S/D, *Monographie du Cercle de Man*, Op-cit, p.4
[3] *Idem*

La création des postes militaires de Danané et de Man furent des étapes très déterminantes sinon les plus déterminantes de la conquête de la région de Man. Ces deux postes ont offert aux Européens des points d'appui d'importance qui ont facilité la mise sous tutelle définitive du pays.

Cependant malgré cette avancée de nombreux efforts restèrent encore à faire pour avoir la sympathie des populations locales.

L'immensité du pays et surtout l'hostilité des populations, notamment celles du Iaro, qui, à plusieurs reprises, avaient fait échec aux tentatives de pénétration des missions précédentes, constituaient des entraves à surmonter pour la mise en main effective du territoire. Cet autre extrait de la monographie du cercle de Man, nous éclaire sur les difficultés endurées par le capitaine Laurent.

> « Il n'eut jamais la liberté d'allure nécessaire ni les forces suffisantes pour faire la conduite définitive d'un aussi vaste pays et il se trouva comme ses devanciers arrêté par les Yaros[1] ».

L'hostilité des populations de Logoualé démontra combien les efforts à fournir étaient importants pour atteindre les objectifs fixés.

Les moyens des troupes étaient visiblement insuffisants, ils devaient donc être accrus. Le capitaine Laurent conscient de la situation ne se fit pas prier. En décembre 1910 à sa demande trois compagnies, sous les ordres du chef de Bataillon Bordeaux furent affectées au Haut-Cavally pour poursuivre l'œuvre d'organisation commencée, mettre à la raison les groupements insoumis et faire la conquête du pays Guéré à peine connu vers l'Ouest et complètement inexploré vers l'Est. Il s'agissait là, en fait, d'une œuvre de longue haleine qui demandera encore vraisemblablement plusieurs années.

Cependant, à partir de 1910, contrairement aux prévisions, le processus de conquête s'accéléra. Deux faits majeurs expliquent cette

---

[1] ANCI, Monographie de Man 17S/D, Monographie du Cercle de Man, Op-cit, p.5

situation : l'hostilité grandissante des populations de la région et la présence en Côte d'Ivoire d'un important contingent militaire depuis la révolte des Abbey.

II – LA CONQUETE DU TERRITOIRE

La conquête de l'ouest de la Côte d'Ivoire est intimement liée au mouvement d'ensemble de la colonie. En effet, en 1910, prétextant de l'attaque du chemin de fer par les Abbey, le Gouverneur-Général de l'Afrique Occidentale Française (A. O. F) décida la mise en œuvre d'une politique d'actions vigoureuses dans la colonie, par l'envoi d'un renfort militaire substantiel, destiné à pacifier, dans un premier temps, la région Abbey et à envahir par la suite tout l'ouest du pays.

> « Tout au long de l'année 1910, renforts et troupes locales réalisent la conquête des tribus orientales : Baoulé-Nord et Sud, Ouellé, Agba, N'gban, Abbey[1] »

Après la mise sous tutelle des pays Baoulé et Abbey, l'ouest devenait donc la dernière étape de la pacification.

La nature des relations entre le conquérant européen et les populations autochtones, en 1910, va déterminer dans une large mesure, l'organisation de la conquête et les méthodes employées sur le terrain.

1- DES RELATIONS DE DEFIANCE

L'installation des postes militaires de Danané en 1906 et Man en 1908 avait fait naître beaucoup d'espoir quant à la pacification rapide de la région. L'administration espérait, à partir de ces postes, conquérir les régions avoisinantes. Ces espoirs ne durèrent qu'un cours instant, car les tentatives de colonisation amorcées avaient été, si bien contenues, que l'administration s'est empressée de

[1] M. CHERIF, *L'Ouest de la Côte d'Ivoire (Haut-Cavally) et la pénétration française 1896-1920*, Thèse de Doctorat 3e cycle, Paris, 1973, 453 p.

reconsidérer ses objectifs. Il fallait, pour une saine appréciation de la réalité, tenir compte de l'attitude des populations locales. L'administration comprit, très tôt, que l'installation des postes n'engageait, en rien, la soumission des populations. A preuve, le capitaine Laurent dut, en décembre 1910, formuler une demande urgente de renforts parce que '' *menacé d'être pour la seconde fois attaqué à Man* [1]''.

Ces actes d'hostilités répétées ont fini par faire croire à l'administration que les succès antérieurs, notamment ceux enregistrés par la mission Hostains-d'Ollone et la colonne conduite par le capitaine Laurent, ne furent réalisés que sur les populations les plus dociles. Les tâches les plus ardues étaient donc à venir. Il fallait aborder les tribus les plus intransigeantes. Celles-ci étaient bien connues de l'administration et avaient déjà posé de nombreux actes de défiance.

A Danané, il s'agissait des tribus de l'Ouest et du Nord du district. Mais c'était surtout dans le district de Man que l'administration avait identifié les populations les plus réfractaires à son action. En effet, une véritable coalition formée autour de la tribu Iaro y avait vu le jour.

Elle comprenait, outre le Iaro, les groupements Hyié, Ka, Sélé commandés par les chefs Togoua, Gourgo mais surtout Ghétiagouié[2]. Fusionnant leurs forces, ces chefs de guerre mirent sur pieds un plan d'attaque du poste de Man. Dans la nuit du 2 au 3 novembre 1908[3], ils cernent le poste. Leur plan prévoit un envahissement de tous les côtés et ils ont pris soin de barrer toutes les routes afin de contrecarrer toute tentative de retraite des tirailleurs. Une sortie malencontreuse d'un militaire de la garnison précipita l'attaque et donna l'alerte à tout le camp, si bien que, le capitaine Laurent qui commandait alors Man, prévoyant de nouvelles attaques fit donner l'ordre aux chefs des postes de Touba et Danané, les lieutenants plat et Gauvain,

---

[1] ANCI, Monographie de Man, 17S/D, Monographie du Cercle de Man, Op-cit, p.5

[2] ANCI, Monographie de Man 17S/D, *Monographie du Cercle de Man*, Op-cit, p.5

[3] M. CHERIF, *L'Ouest de la Côte d'Ivoire (Haut-Cavally) et la pénétration française 1896-1920*, Thèse de Doctorat 3e cycle, Paris, 1973, p.340

d'accourir immédiatement à Man. Les courriers profitèrent du désarroi provoqué par l'échec de l'attaque. Les Dan n'en continuèrent pas moins de poursuivre leurs actes l'hostilité.

Les réactions de l'administration à ces actes d'insoumission étaient quelques fois très vives et immédiates. Mais elles manquaient d'efficacité
parce que les effectifs disponibles ne pouvaient mener aucune attaque d'envergure. Cette faiblesse a été la raison principale de l'arrêt prématuré de la mission du lieutenant Gauvain dans le district de Danané dans la dernière quinzaine du mois de Juin 1909.

En effet, cet officier appelé à réprimer la révolte des populations dans le Nord du district s'est vu contraint d'arrêter son action et de limiter ses coups aux villages de Godopleu et Zougopleu malgré le renfort reçut de Touba. En fait, les populations prévenues du mouvement des troupes avaient eu le temps d'évacuer les villages.

Les mêmes insuffisances sont relevées dans la même période dans le district de Man où les troupes s'attelaient à soumettre le Iaro après l'attaque meurtrière des chefs coalisés en novembre 1908. La riposte fut très violente. Elle débuta dès l'arrivée du renfort venu de Touba le 7 Novembre 1908 (1) ; celui-ci avait couvert les 125 kilomètres séparant les deux postes en trois jours. Le lendemain, une répression vigoureuse commence et selon les propres termes de Laurent, le feu est mis aux quatre coins de l'horizon. En trois jours, Ziélé et les villages aux alentours sont détruits. Au quatrième jour de l'attaque, c'est le village de Dianlé qui est brûlé d'autant plus facilement que le renfort de Danané était arrivé, commandé par Gauvain lui-même. Les derniers jours sont employés à des reconnaissances d'intimidation chez les tribus ka, Ziélé. Mais, elles s'arrêtent aux portes du Iaro dont la soumission avait pourtant justifié ces actions. Simple question de stratégie. L'administration s'étant rendu compte que l'attaque du Iaro nécessitait une coalition des forces ; car cette entreprise devait définitivement anéantir le cœur de la résistance des autochtones Dan. Après six jours de combats, les forces coloniales ne purent venir à bout des guerriers Iaro. Elles durent rejeter à une date ultérieure la conquête de ce territoire.

> « Les Iaro se défendent avec une belle énergie et opposent une telle résistance qu'il nous est pas possible de les réduire avec l'effectif engagé. Le Capitaine décide le 28 de cesser les opérations, remettant à une date ultérieure et avec des moyens suffisants la soumission des Iaros[1] ».

Comme on le remarque, les hostilités sur le théâtre des opérations sont loin d'être réduites en 1910. Les mouvements d'humeur provenaient autant des populations supposées être acquises aux Blancs, celles qui n'ont pu empêcher l'installation des postes militaires, que des populations reconnues pour leur inhospitalité.

Malgré les efforts fournis, la situation n'évolue pas favorablement. Sur le terrain à part Danané et Man où la présence des postes assurait l'autorité française sur quelques tribus notamment Lollé, Blossé, Oua-Nord et les Dan au Nord de Man, partout ailleurs les populations jouissaient encore de leur autonomie. La situation contrastait bien avec l'idée généralement admise à cette période selon laquelle la France était maîtresse de la Côte d'Ivoire.

Le gouverneur Angoulvant en était conscient. Comme, l'on peut s'en rendre compte à travers la situation du Haut-Cavally qu'il dépeint au moyen d'un tableau dans "programmes généraux de la pacification de la Côte d'Ivoire et instructions pour les opérations militaires" paru en Septembre 1910.

- « Les "rebelles irréductibles" avec à leur tête Iaro
- Les " soumis" venus à l'administration ou qui l'auraient fait s'ils n'en avaient pas été détournés par les irréductibles. C'est le cas

[1] M. CHERIF, *L'Ouest de la Côte d'Ivoire (Haut-Cavally) et la pénétration française 1896-1920,* Thèse de Doctorat 3e cycle, Paris, 1973, p.340

de Hyé et des cantons dépendant de Danané.

- Les " fidèles" comprennent le district de Danané et les régions au Nord de Man.
- Les inconnus, c'est à dire la plus grande partie du Haut-Cavally notamment les tribus Wobé de l'Est et les Guérés du Sud et du Sud-Est[1] ».

La vision exprimée ici par Angoulvant sera déterminante pour la suite des opérations militaires. Car elle va conditionner à la fois le mouvement des troupes et les stratégies de conquête. L'organisation mise en place avait un double objectif. Il s'agissait d'une part de réaliser la conquête selon les étapes prioritaires et d'autre part d'apprécier les stratégies de conquêtes utilisées.

2- LA METHODE

Elle fut le fruit de l'expertise des plus hautes autorités de l'administration coloniale française. Elle a été déterminée d'un commun accord entre le gouverneur général de l'A.O.F alors Ponty, le lieutenant- gouverneur de la Côte d'Ivoire, le commandant supérieur des troupes du groupe A.O.F. Ce fut d'ailleurs Ponty, lui-même, qui l'annonça à Angoulvant par une lettre datée du 3 Juillet 1910[2] quand le Conseil général décida qu'après les opérations en cours à l'Est du Bandama commenceraient l'opération militaire du Haut-Cavally et du Haut-Sassandra. Si l'on en croit Angoulvant, le mot était : aller vite, profiter de la présence dans la colonie d'effectif importants pour parachever aussi rapidement que possible la conquête.

Les recommandations officielles étaient, pour ainsi dire, claires et sans ambiguïté. Il fallait aller vite pour achever la

---

[1] M. CHERIF, *L'Ouest de la Côte d'Ivoire (Haut-Cavally) et la pénétration française 1896-1920,* Thèse de Doctorat 3e cycle, Paris, 1973, p.340

[2] *Idem*

pacification totale du pays. Ce d'autant plus qu'il fallait profiter de la présence des troupes et de l'évolution favorable de la situation politique dans le centre. D'autres facteurs militaient en faveur d'une pacification rapide du territoire. Ceux-ci ont été résumés par le gouverneur Angoulvant en des termes très simples. En effet, il faisait observer qu'une intense activité se déployait dans le Haut-Cavally en dehors de toute intervention et entretenue en territoire libérien pour nuire à l'influence politique et économique de la France. Ces actes d'hostilité se rapportaient, d'une part, aux agissements des pasteurs qui cherchaient à pousser contre l'administration les groupes ne relevant plus de son autorité et d'autre part à la mauvaise humeur des maisons européennes installées au Libéria et supportant mal l'essor des entreprises commerciales françaises.

Des mesures rapides devraient, à ce sujet, être prises pour mettre fin à cette situation qui faisait déjà peser sur le territoire la menace de la résurgence du commerce des armes à feu pourtant prohibé dans la colonie. Cette menace inquiétait d'autant que selon Angoulvant elle ne pesait pas seulement sur le Cavally. Elle guettait fortement Danané et Man où la présence de colporteurs pratiquant le troc des armes et de la poudre contre le caoutchouc ou les colas prenaient de l'ampleur. On signalait et l'information ne faisait plus l'ombre d'aucun doute un commerce d'armes et de munitions le long des côtes Ivoiriennes ainsi qu'aux frontières de la Guinée et du Libéria.

Ces facteurs déterminèrent donc le choix d'une pacification rapide. Mais encore restait-il à adapter les objectifs de la conquête rapide à certaines vertus coloniales souvent largement diffusées. L'alternative retenue fut résumée par Angoulvant, lui-même, en ces termes :

> « La civilisation nous commande d'arracher ces peuplades à leur barbarie. Mais faudra-t-il les abrutir de misère puisque bien entendu leurs seuls biens sont saisissables, les personnes au premier mouvement des troupes fuir dans la

> forêt ? Faudra-t-il en un mot les tuer pour leur apprendre à vivre ?
> … je ne le pense pas et je suis convaincu d'avance que comme moi, vous estimerez qu'il faut recourir à d'autres procédés, à cette pénétration progressive par des bonds successifs, à cette méthode de '' la tâche d'huile'' si bien exposée par le Général Galliéni[1] ».

En termes plus simples, comme l'a souligné CHERIF Mamadou, on adoptait comme méthode de ne progresser en avant qu'après avoir entièrement organisé le pays à l'arrière où on avait installé un poste appelé à servir de tremplin pour l'étape suivante. Il faut ouvrir une parenthèse pour le choix de l'emplacement des postes. Ceux-ci peuvent être soit des postes permanents ; soit des postes provisoires, tous destinés à affirmer la volonté de l'administration d'en finir avec les résistances. Des considérations militaires ou politiques jouent un rôle essentiel dans le choix. On aura soin d'installer les postes soit à un nœud de routes importantes, soit près des centres importants pour l'influence des chefs indigènes soit au centre d'une région troublée ou à proximité d'un centre commercial, soit enfin à un ''*endroit sacré*''. Il s'agit donc de trouver l'endroit du meilleur rendement militaire ou alors un lieu très important spirituellement pour les populations. Rien n'en saurait mieux frapper les peuples de l'Ouest que la profanation de leurs croyances.

En définitive, les postes militaires dans la méthode de la ''tâche d'huile'' préconisée par Angoulvant avaient donc un rôle pionnier. Cela est d'autant plus vrai que le colonel Lagarue, Commandant militaire de la Côte d'Ivoire, dans une correspondance adressée au Commandant supérieur des troupes de l'A.O.F affirmait la nécessité d'une politique engagée par la multiplication des postes

---

[1] ANCI, Série EE, dossier X34-17, cité par M. CHERIF, p.353

militaires. Pour cet officier il fallait que l'indigène voit, après l'avoir senti rudement que cette force est toujours là, prête à frapper et qu'à côté, chez les voisins, chez le camarade de la rébellion, il est encore une autre force qui peut renforcer la première et qu'il en est encore d'autre plus loin qui pourront l'abattre.

> « Toutes les colonnes faites dans ce pays … n'ont jamais laissé des postes permanents ; et les indigènes ont pu croire que nous n'avons pas pu rester chez eux et en définitive, puisque nous partions, ils pouvaient nous considérer comme vaincus, d'où leur jactance et leur orgueil. Ça doit finir[1] ».

Mener la pacification en s'appuyant sur des postes militaires solidement établis. Telle était la méthode définie par l'administration. Mais celle-ci pour entrer dans sa phase active devrait prendre appui sur un plan de conquête bien déterminé. Le plan de conquête de l'Ouest élaboré par Angoulvant prévoyait trois principales phases. La première avait mission de briser à l'aide de toutes les forces disponibles les résistances du Iaro, Blouno et Ghémanlé. La défaite des tribus les plus hostiles à la pénétration du district de Man devrait ouvrir la seconde phase des opérations. Celle-ci prévoyait la répartition du Haut-Cavally en trois secteurs destinés aux trois compagnies qui allaient occuper le pays. Une compagnie à Man rayonnerait dans le Touradougou, Iaro et le pays Wobé. Une deuxième compagnie occuperait Danané et surveillerait la frontière libérienne jusqu'à Pagouéhi. Enfin, une dernière compagnie serait détachée à environ 50 km au Sud de Man pour explorer totalement les parties inconnues du cercle.

Enfin dans la troisième et dernière phase des opérations, les compagnies prédisposées s'attacheraient à l'installation des postes définitifs à partir desquels devraient être assurées les opérations de

---

[1] M. CHERIF, Op-cit, p.356

reconnaissance et le rayonnement de l'administration. C'est également à ce niveau qu'on s'occupera de joindre le Haut-Cavally avec le Haut-Sassandra, qu'on ouvrira les routes et les marchés et qu'on imposera toutes les conditions de la soumission.

A lui seul le plan de conquête ne pouvait suffire à supprimer les intentions revanchardes des populations. Le décret du 21 novembre 1904 du Gouverneur-Général portant réglementation du "statut de l'indigénat" fut réhabilité en vue d'assurer la soumission des populations. Le décret prévoyait plusieurs mesures. Les plus importantes soulignaient la déportation dans une région éloignée de leur pays ou hors de Côte d'Ivoire des principaux instigateurs de troubles pour une durée n'excédant pas 10 ans ; la démystification de l'autorité morale des chefs de guerre ou des chefs spirituels ; le paiement d'une amende de guerre par les collectivités soulevées et dont la quotité fixée par l'administration locale est fonction des facultés contributives des différents groupes et leur participation à l'opposition. Enfin, pour rendre la soumission définitive une restitution complète des armes détenues par les populations seul facteur susceptible de compromettre les chances de succès de toute tentative insurrectionnelle et d'assurer des garanties de sécurité aux hommes et aux biens.

Ces mesures préventives, pour être plus efficaces, ont bénéficié de nombreuses ordonnances dont notamment celle interdisant la région au commerce Européen. Mais celles-ci restent théoriques tant que nous n'avons pas une idée claire des réalités du terrain et des moyens mis en œuvre.

2-1 L'approche du terrain et les moyens envisagés

Pour mieux mener à leur terme les opérations de pacifications, l'administration décida de l'isolement de la région afin de réduire le plus possible les risques de contamination. De nouvelles dispositions furent prises à la veille de l'envahissement du pays pour séparer nettement les régions où la conquête était terminée et celles où elle était à faire. C'est cette distinction que matérialisa un arrêté du 29 décembre 1910 qui créa "la région militaire de l'Ouest" la seule qu'ait connue la Côte d'Ivoire tout au long de son histoire. Les composantes de cette région militaire étaient le Haut-Sassandra et le Haut-Cavally.

Ces deux derniers cercles furent respectivement placés sous les ordres des deux chefs de Bataillons des troupes régulières stationnées en Côte d'Ivoire. L'objectif étant d'assurer une unité de commandement aux niveaux politiques, administratifs et militaires. Le cercle militaire du Haut-Cavally fut ainsi placé sous l'autorité du chef de Bataillon Bordeaux, secondé par le Capitaine Laurent qui jouissait de la réputation d'avoir une meilleure connaissance du terrain. Cette équipe avait la lourde tâche de pacifier, dans sa totalité, la région de Man. La réussite d'une telle mission dépendait non seulement d'une bonne organisation administrative, qui pouvait établir avec rigueur la hiérarchisation du commandement, mais aussi et surtout, d'un appareil de guerre performant ; il fallait donc des moyens matériels et humains conséquents pour vaincre des populations désormais aguerries à l'art de la résistance. Consciente de la situation, l'administration n'a pas lésiné sur les moyens.

> « La hiérarchie était ainsi déterminée : un commandant de cercle (Bordeaux) secondé par un adjoint (Laurent) dépendant du commandant de la Région Militaire de l'ouest (Commandant Militaire de la Côte d'Ivoire, le lieutenant-colonel Levasseur en 1910-1911) qui, ayant des fonctions aussi bien politiques qu'administratives travaillaient de concert avec le Gouverneur de la Côte d'Ivoire.... L'appareil de guerre fut constitué par un bataillon ainsi composé : Etat-Major : Chef de Bataillon Bordeaux Lieutenant de Cenon, affecté peu après à la 5e Cie Médecin-Aide – Major Leroy 5e Compagnie du 4e Sénégalais (ancienne 2e Brigade) Capitaine Laurent Lieutenant Bourcelot 3e Compagnie du 4e Sénégalais : Capitaine Tissot, remplacé par le

> lieutenant Santucci. Lieutenant Humbert 8e Compagnie du 4e Sénégalais : capitaine Goudalma Lieutenant Audy Chaque Compagnie comprend 3 sous-officiers européens et 100 tirailleurs Echelon de ravitaillement : Lieutenant Ferrand, 50 tirailleurs 1 pièce d'Artillerie : Maréchal des logis Carlotti[1] ».

Trois compagnies, plus de 300 tirailleurs, une dizaine d'officiers, une pièce d'Artillerie, tel se présentait l'arsenal de guerre déployé par l'administration coloniale à la fin de l'année 1910 pour faire capituler la région de Man.

L'ordre de marche fut donné le 8 novembre 1910 par le commandant Militaire de la Côte d'Ivoire ; celui-ci prescrivait les instructions suivantes :

> « préparer l'action contre Iaro
> -la mener à bien et y installer un poste entamer la pénétration intégrale du ercle[2] ».

Les préparatifs militaires avaient déjà pris trop de temps. Les moyens dégagés, les objectifs clairement identifiés, il ne restait plus qu'à entamer la phase d'exécution.

2-2 – Les Opérations militaires

En décembre 1913 le lieutenant-colonel Valton successeur de Levasseur, commandant militaire de la Côte d'Ivoire écrivait ceci :

> « Ainsi est-il permis de dire, qu'aujourd'hui, dans la région Militaire, il n'y a plus d'œuvre de pénétration à faire. Il reste à garder le pays, à le conquérir, à l'organiser, à l'administrer. Le rôle des troupes change. La mission du premier

[1] M. CHERIF, Op-cit, pp.359-360

[2] Idem

bataillon qui a été une mission offensive active est terminée[1] ».

L'administrateur militaire parlait ainsi de la fin des opérations militaires engagées dans le Haut-Cavally depuis 1911. Celles-ci durèrent trois ans puisqu'en décembre 1913, il n'était plus question du point de vue de l'administration d'opérations militaires mais plutôt de conquête, d'organisation, d'administration de territoires qui, hier étaient hostiles et qui, aujourd'hui doivent collaborer à la réalisation des objectifs économiques de la colonisation.

Trois années ont suffi aux 3e et 8e compagnie du 3e régiment sous les ordres du chef de Bataillon Bordeaux et à la 5e compagnie naguère "Brigade indigène" installée dans le Haut-Cavally pour mettre sous tutelle la région.

Les opérations militaires avaient été savamment organisées et Angoulvant, lui-même, avait pris soin d'en fixer les objectifs prioritaires.

Il s'agissait de frapper Iaro qui entretenait l'agitation parce que selon Levasseur grisés par ce qu'ils considéraient comme une grande victoire, les indigènes de cette tribu narguaient ouvertement les troupes entraînant à leur suite les indécis, molestant les rares tribus qui persistaient à rester fidèles à l'administration. La seconde opération consistait ensuite à rayonner dans les pays limitrophes en assurant la liaison avec les cercles voisins pour enfin réaliser la jonction entre l'arrière pays et la côte. Enfin étendre l'occupation jusqu'à l'extrême Ouest, c'est-à-dire, la frontière guinéenne et libérienne.

Tels se présentaient les trois objectifs à la base des actions des troupes sur le terrain. Ces objectifs correspondaient à peu près à quatre périodes comme le souligne ci-après CHERIF Mamadou.

« – 1911 : action du Iaro et des pays limitrophes

[1] M. CHERIF, Op-cit, pp.359-360

-- 1er trimestre 1912, tout l'intérêt se porte sur le triangle constitué par Zo, Sassandra – route Man – Sémien : on y parachève l'œuvre en 1911 et on

pénètre les cantons Wobé et Guéré alors inconnus.

- Avril 1912 – juin 1913 : achèvement de la soumission de toutes les régions alors pénétrées
- Juin – décembre 1913 : action d'envergue pour soumettre et pénétrer la région entre Sassandra à l'Est, Zo au Nord, Cavally au Sud, Nuon à peu près la moitié du Haut-Cavally. Les Français purent alors se considérer comme les maîtres incontestés de toute la région ouest limitée par le Bafing au Nord, le Sassandra à l'Est, la forêt de Guiglo au Sud et Nuon à l'ouest[1] ».

Ainsi, en trois ans, l'administration acheva définitivement la conquête militaire de la région. En 1913, au moment où les soucis d'ordre militaire étaient à jamais aplanis, l'on pouvait, pour ainsi dire, faire un premier bilan du commerce colonial. Dans la mesure où la pénétration militaire avait comme objectif principal l'élargissement des champs d'opération des maisons de commerce européen.

III – LES PREMICES DU COMMERCE COLONIAL DES PREMIERES OPERATIONS MILITAIRES A 1913

La conduite des opérations militaires n'aurait pu, en elle-même, être déterminante, si elle n'avait été doublée d'objectifs économiques notamment et surtout commerciaux.

---

[1] M. CHERIF, Op-cit, p.364

1 – LES OPERATIONS MILITAIRES ET LA MISE EN ŒUVRE DES OBJECTIFS COMMERCIAUX.

Initiées en 1897 par le lieutenant Blondiaux, alors commandant du poste de Touba, les opérations militaires dissimulaient, à peine, les objectifs d'ordre commercial qui les sous-tendaient. Les missions Woelfel-Mangin et Hostains d'Ollone en étaient, dès 1898, début de la phase d'exécution, les témoignages les plus parlants. En effet, en prenant les postes établis de longue date au Nord, comme point d'appui stratégique, la mission Woelfel-Mangin, de direction Nord-Sud, chargée de la conquête du pays Dan, par Logoualé, devait porter au cœur de la forêt, le champ d'action des établissements commerciaux européens qui y prospéraient depuis quelques années. Les postes de Touba, Odienné et Maninian abritaient à cette époque de nombreuses maisons de commerce européen. Parmi les établissements les plus en vue, on comptait l'Africaine Française, la société commerciale du Soudan et de nombreuses compagnies, regroupement de commerçants européens exerçant au début à titre individuel ou en famille.

> « Le commerce européen est représenté dans le cercle de Touba par un assez grand nombre de maisons de commerce établies dans les contrées de Touba, Odienné, Maninian. Ce sont :Dévès et Cie L'Africaine Française De Tessières et Garde Société commerciale du Soudan Français L. Cochez, Gobinet et Frères et Cie.
>
> Luhan père et fils et A. Teissière[1]

A côté de ces grands établissements commerciaux existaient des particuliers non moins ambitieux. Ces Européens installés à leur propre compte prospéraient également dans les contrées. Les archives

[1] ANCI, Monographie de Man 17S/D, *Monographie du Cercle de Touba*, Op-cit, p.14

ont révélé quelques noms notamment messieurs De Tonquedec et Longréné dans le district d'Odienné et Pellier à Maninian.

> « Plusieurs Européens font du commerce pour leur propre compte. Ce sont M.M De Tonquedec et Longréné à Odienné et M. Pellier à Maninian[1] ».

Le commerce européen porté presqu'exclusivement sur l'achat du
caoutchouc et de l'ivoire et la vente des tissus ne laissait dans ces régions soudanaises aucun doute sur sa vitalité. S'appuyant sur un réseau bien organisé de traitants ou de boutiquiers recrutés parmi les autochtones, le commerce européen avait investi les marchés.

> « Le commerce européen consiste presqu'exclusivement dans l'achat du caoutchouc et de l'ivoire et dans la vente des tissus. Le caoutchouc est acheté aux récolteurs par l'intermédiaire de traitants ou de boutiquiers indigènes installés sur la marché de la région[2] ».

Maisons de commerce et particuliers possédaient donc ainsi de petites succursales dans de nombreux centres secondaires notamment à Ouaninou, Koro, Lantuy et Tiémé où exerçaient pour le compte des patrons européens, un grand nombre d'autochtones.

> « La plupart possèdent en outre des opérations confiées à des indigènes installés dans des

---

[1] ANCI, Monographie de Man, 17S/D, Monographie du Cercle de Touba, Op-cit, p.14,
[2] *Idem*

> centres secondaires de Ouaninou, Koro, Lantuy et Timé[1] »

Mais les menaces de pénuries relativement à l'approvisionnement en caoutchouc et en noix de cola, de plus en plus pesantes, posaient avec acuité la nécessité de conquête des zones forestières du Sud. Dans un tel contexte, la mission Woelfel-Mangin dont le but principal était d'ouvrir les régions forestières au commerce européen ne pouvait qu'être encouragée. L'administration y était pour le moins déterminée. Elle affirmait ouvertement que la forêt du Sud pouvait encore fournir du caoutchouc.

> « La région de forêt qui borde la rive gauche du Bafing renferme seule certain nombre d'arbres à caoutchouc (Funtumia)[2] »

La situation était si préoccupante qu'elle suscitait de nombreuses interrogations concernant l'avenir du commerce européen.

> « Privé des transactions sur ces deux produits d'exportation, le commerce européen pourra-t-il subsister avec son organisation actuelle ?[3] »

En attendant que la conquête de la forêt soit effective, il fallait trouver une solution intermédiaire. En 1905, l'administration entreprit de reconstituer les peuplements de caoutchouc par la création de plantations de landolphias.

Ainsi dès cette année, l'on a commencé à reconstituer les peuplements et les plantations de landolphias autour des principaux villages. Les premiers essais furent mis en œuvre par De Tonquedu, un commerçant européen, à proximité du poste d'Odienné. Plus de

---

[1] ANCI, Monographie de Man, 17S/D, Monographie du Cercle de Touba, Op-cit, p.14,

[2] ANCI, Monographie de Man 17S/D, Op-cit

[3] *Idem*

50.000 pieds furent mis à l'essai et l'on espérait, le plus tôt possible, de bons résultats.

L'administration attendait beaucoup de ces premières expériences. Et tant que l'Ouest forestier n'était pas pénétré et connu dans toute sa dimension, elle devait s'accrocher à ces essais de reproduction de plan à caoutchouc. Il en était de même du colatier. Sa culture adoptée beaucoup plus hâtivement enregistrait déjà de bons résultats. Cultivé depuis longtemps dans le district de Touba presqu'exclusivement dans le Sud de la localité, le colatier offrait dès la septième année de plantation de nombreux fruits. Il pouvait même donner en plein rapport *''jusqu'à 4.000 noix par an, en deux récoltes successives''*[1].

Cependant, la culture de ces plantes imposait de nombreuses contraintes. Et les plus légères ne demeuraient pas moins le nombre d'années indispensables à leur maturation. Pourquoi, alors attendre lorsque le voisinage immédiat, la région de forêt sur '' la rive gauche du Bafing '' offrait d'heureuses perspectives ?

La Seconde mission, celle conduite par le lieutenant Hostains d'Ollone était tout aussi porteuse d'espoir. Venant du Sud, elle devait ouvrir la région de Man aux factoreries de Soubré et de Tabou. L'immensité de la tâche justifia en 1902, puis en 1905, après quelques hésitations, le renforcement aux plans humains et matériels des colonnes militaires mises en marche. En effet, dès 1902, le Lieutenant Cornet, commandant le poste de Touba entreprend avec succès, la conquête de Sémien et de Tiéni à Facobly. Les troupes du lieutenant Laurent, qui depuis trois ans parcouraient la zone de Danané, enregistrèrent leurs résultats les plus significatifs. Les postes de Danané et de Man sont installés respectivement en 1906 et 1908. Les consignes qui ont précédé l'établissement de ces postes étaient sans ambiguïté. Au Sud de Touba, le poste militaire de Man devait assurer la fluidité du trafic sur la ligne Touba-Tabou.

Au Sud-ouest, le poste militaire de Danané avait comme objectif non seulement de contenir les poussées expansionnistes des

---

[1] ANCI, Monographie de Man 17S/D, Op-cit

maisons de commerce européen concurrentes, installées au Libéria mais aussi maintenir l'intangibilité de la frontière.

A cet effet, le lieutenant Laurent, Commandant le poste de Touba reçut la mission de rénouer des relations pacifiques avec les Dan, de visiter leur pays le plus loin possible, de rechercher l'emplacement de deux postes à créer l'un au Sud de Touba sur la ligne Touba-Tabou, et l'autre au Sud-Ouest. Cette mission fut exécutée sans grande peine et les objectifs atteints.

En définitive, lorsqu'en 1913, l'administration proclamait la fin des opérations militaires et le début de la période de soumission de la région, elle se réjouissait également de la qualité des informations relatives au commerce qu'elle avait glané durant la conquête militaire.

2 – LES PREMIERES MONOGRAPHIES ET LA MAITRISE DES POTENTIALITES DE LA REGION.

La conquête militaire a duré une quinzaine d'années. Pendant ce laps de temps, notamment en 1906 et 1911, deux monographies ont été publiées. L'une concernait les Diolas de Danané et l'autre, le cercle de Man. Tout en dépeignant la situation politique, ces documents adressés aux supérieurs hiérarchiques suggéraient, les voies et moyens les plus appropriés à rallier, en minimisant les éventuels obstacles, les populations de la région. Mais, en même temps, elles notaient les principaux caractères du pays, l'organisation socio-politique, les mœurs de ses habitants, ses ressources économiques, les activités agricoles et commerciales. Les renseignements économiques y occupaient, de loin, une place de choix conformément aux souhaits des autorités coloniales.

2 – 1 – *Les recommandations des autorités centrales*

Les monographies émanaient de la volonté des plus hautes autorités coloniales. En effet, c'est en 1903 que le gouverneur général de l'A.O.F, lui-même, exigea dans une lettre-circulaire adressée "à

Messieurs les Administrateurs et Commandants de cercle des territoires de la Sénégambie-Niger" l'élaboration des monographies des circonscriptions sous leur autorité. Les prescriptions de l'autorité centrale étaient claires tant du point de vue des objectifs à atteindre que de la forme que devait respecter les documents à fournir à l'administration. Ainsi concernant les objectifs, les monographies visaient, au terme de l'exposé des motifs, à faciliter le travail des nouveaux administrateurs en leur fournissant les renseignements précis sur les potentialités de la région. Notamment concernant les richesses agricoles et minérales, les infrastructures de communications et de transport, la main-d'œuvre, le coût des prestations, etc.

> « Aux fonctionnaires nouveaux venus, il évitera une longue période d'études, des recherches souvent laborieuses et bien des écoles. Aux colons, il permettra d'acquérir rapidement l'expérience locale si nécessaire aux succès de leurs entreprises, en leur donnant des renseignements précis sur les richesses agricoles ou minérales du pays, les moyens de communication et de transport, la main-d'œuvre et les salaires[1] ».

En clair, les monographies devraient pouvoir servir d'instrument de travail à l'administrateur désireux de faire avancer l'œuvre coloniale. En facilitant le travail de l'administration sur le terrain, les monographies étaient non seulement utiles à l'exploitation et à la mise en valeur des territoires mais également elles favorisaient une meilleure connaissance de la valeur économique des territoires

[1] ANCI, *JOCI*, Novembre 1903, P.5 "Circulaire du Gouverneur général p.i à Messieurs les Administrateurs et Commandants de Cercle et territoires de la Sénégambie-Niger".

coloniaux à l'extérieur et surtout en métropole où il fallait intéresser le monde des investisseurs.

> « De semblables notices offriront, en outre, l'avantage de faire mieux connaître la valeur économique de nos territoires du monde colonial et du public métropolitain[1] ».

Cet ultime objectif mettant en évidence la portée économique des monographies influença, dans une large mesure, les prescriptions de formes arrêtées par l'autorité centrale. On notait à ce propos dix sections devant chacune aborder respectivement l'histoire politique, l'organisation politique, administrative et judiciaire précoloniale ; l'organisation politique administrative et judiciaire coloniale ; les potentialités géographiques ; les potentialités économiques ; la main-d'œuvre ; le commerce ; la religion ; les langues et enfin, l'instruction publique.

Comme nous l'avions relevé, les questions économiques étaient de loin les plus importantes. Et, on le percevait aisément à travers le volume des chapitres les concernant. A titre d'illustration, on dénombrait dans les recommandations du gouverneur général plusieurs sections liées directement ou indirectement aux questions d'ordre économique. Au titre des sections relevant directement des préoccupations économiques, on notait la section n°5 intitulée *''Renseignements économiques''* dans laquelle on exigeait des informations sur les principales cultures d'exportation, leur nature, les superficies cultivées ; les cultures indigènes ; les pâturages ; l'élevage du bétail d'alimentation, la nature et le nombre des bêtes ; l'élevage des bêtes de trait ; les carrières, mines et salines en exploitation et les industries indigènes. La section n°6 relative à la main d'œuvre devait fournir les renseignements sur l'importance et

[1] ANCI, *JOCI*, Novembre 1903, P.5 ''Circulaire du Gouverneur général p.i à Messieurs les Administrateurs et Commandants de Cercle et territoires de la Sénégambie-Niger''

la nature de la main-d'œuvre notamment les agriculteurs, les bouviers, les pêcheurs, les ouvriers d'art, etc. Elle devait s'intéresser également aux taux des salaires et relever la nature et la forme des contrats de louage. Enfin, la section n°7 consacrée au commerce dans laquelle on relevait exactement huit sous-chapitres à éclairer. Il s'agissait notamment de relever l'importance et la nature du commerce en indiquant la part des échanges ou troc. De même l'administrateur devait relever l'importance de la circulation monétaire. Les renseignements devaient porter également sur les principaux produits de vente avec leur prix moyen ; les principales marchandises d'achat avec leur prix moyen ; les principales marchandises d'échange ; les principales maisons de commerce et comptoirs européens établis dans le cercle, l'importance et la nature de leurs transactions ; les principaux comptoirs indigènes ; les colporteurs et enfin, les principaux marchés et principales foires.

Concernant les sections relevant indirectement les préoccupations d'ordre économique, on pouvait souligner celles traitant les renseignements géographiques. En effet, ce chapitre concernant la végétation recommandait de relever les *''arbres et plantes utiles par leurs bois, leurs fibres ou leurs fruits au point de vue de l'exploitation ou de l'industrie locale*[1].'' Ces recommandations intéressaient également la faune terrestre, aérienne et aquatique ainsi que les voies de communication. Dans ce dernier registre, il s'agissait d'identifier les cours d'eau favorables à la navigation, les routes carrossables, les voies muletières, les sentiers, etc.

Par delà les renseignements géographiques, on peut également citer l'organisation politique, administrative et judiciaire coloniale ainsi que le chapitre relatif à l'instruction publique. Ces deux derniers chapitres sont aussi indispensables à la vie économique dans la mesure où celle-ci ne peut véritablement prospérer que dans un cadre réglementaire et institutionnel approprié.

Au total, on relève que plus de la moitié des sections devant constituer la mouture des monographies avait trait aux questions

---

[1] ANCI, *JOCI*, Novembre 1903, op-cit, p.5

d'ordre économique. En réalité cette exigence n'avait jamais été dissimulée. Le gouverneur général Merlin l'avait souligné à grand trait à la fin de l'exposé des motifs en ces termes :

> « Je recommande tout spécialement à vos soins les chapitres concernant les renseignements économiques, la main-d'œuvre et le commerce[1] ».

Cette instruction sera respectée à la lettre par les gouverneurs locaux. En Côte d'Ivoire la circulaire du gouverneur général du 23 novembre 1903 est reprise par le gouverneur Angoulvant le 21 février 1911 (2). Les principales articulations sont reconduites et réduites à six grands chapitres auxquels devraient être adjoints quelques dossiers annexes notamment une carte indiquant les limites du cercle, les postes administratifs, les voies de communication, les cours d'eau, les régions forestières et les savanes ; un état numérique de la population par province ou par canton ; un état numérique approximatif des têtes de béil (bœufs, moutons, cabris, porcs) ; un état numérique des animaux de transport ou de trait et enfin une collection de photographies laissées à l'appréciation des commandants de cercle. Les grands chapitres concernaient notamment la situation et les limites du cercle ; les renseignements historiques et la formation du cercle ; les renseignements géographiques ; les renseignements ethnographiques ; les renseignements économiques et les renseignements financiers. La fidélité aux objectifs visés par l'autorité centrale n'est nullement prise à défaut ainsi qu'on le remarque dans les recommandations du gouverneur Angoulvant.

> « La monographie que je vous demande doit constituer « un tout » qui permette au

[1] ANCI, *JOCI*, Novembre 1903, op-cit

> fonctionnaire nouvellement arrivé de s'instruire rapidement des choses de la région qu'il est appelé à administrer, au commerçant et au colon, et, en général, à toute personne qui s'intéresse aux choses coloniales, de trouver tous renseignements utiles, tant en ce qui concerne le pays lui-même et ses habitants qu'en ce qui a trait aux cultures, aux industries, aux exploitations de toutes sortes susceptibles d'être entreprises dans telle ou telle partie de la colonie[1] »

Telles se présentaient, en définitive, les exigences que les administrateurs commandants de cercle étaient appelés à respecter. Celles-ci furent, à l'instar des monographies publiées sur les autres régions de la colonie, les fondements des deux monographies dont la région de Man a été l'objet.

2 – 2 – *La monographie des Diolas de Danané, 1906*

Elle est la plus ancienne des monographies réalisées sur la région.

Contemporaine de la création du poste de Danané, elle a sans doute été l'œuvre du lieutenant Laurent. Par-delà, les nombreuses perspectives économiques mises en relief par l'auteur et qui pourraient intéresser, à plus d'un titre, les opérateurs économiques ; le document présentait surtout les possibilités énormes d'exploitation et de commercialisation de la noix de cola. Le colatier spontané y était si répandu que ses fruits constituaient les principaux moyens d'échanges dans la région.

> «… à Danané, un coupe-coupe : 200 colas, un bracelet en cuivre 30 à 40 … Aux marchés

[1] ANCI, *JOCI*, 1911, Circulaire à Messieurs les Administrateurs commandant de cercle au sujet de la monographie des cercles, Bingerville, le 21 février 1911.

> importants de Bounda (Blossé) et Flampleu (Oua), il se vend en moyenne plus de cent mille kolas par semaine[1]»

Le tableau économique ne mentionnait pas que les noix de colas parmi les produits exportables. Il faisait également cas des essences forestières qu'on retrouvait en abondance dans les régions sylvestres.

En réalité, l'administrateur européen n'avait le moindre souci concernant les potentialités naturelles de la région.

Contrairement à celles-ci, les ressources humaines semblaient lui poser quelques problèmes. En effet, ses observations faisaient remarquer des mœurs et une organisation sociale opposée à divers niveaux aux réalités occidentales. Elles paraissaient si rudimentaires qu'elles ne présentaient aux yeux de l'Européen aucune structuration véritablement digne d'une société humaine. Au-delà de la simple justification de la supériorité de la civilisation européenne, pour laquelle l'observateur se battait dans les contrées aussi lointaines qu'étrangères, il importe de relever ici la volonté de l'auteur d'amener les autorités coloniales, au plus haut niveau, à accorder davantage de crédits à la soumission et à l'administration du pays. Revenant à l'organisation socio-politique traditionnelle, le rapport fait ressortir que le village constituait l'unité politique de base. Regroupant plusieurs catégories sociales, les unes aussi distinctes des autres, le village, étaient pour ainsi dire, le noyau de la vie économique et sociale. L'administrateur dénombra principalement cinq catégories sociales. A savoir les chefs de villages ou de canton ; les griots ; les féticheurs ; les médecins et les ''gens sans profession ou cultivateurs''.

---

[1] *ANCI, Monographie des Diolas de Danané, op-cit*

- Les chefs de village et les chefs canton

Le rapport ainsi que nous l'avions relevé présentait le village comme l'unité politique de base. Celui-ci avait à sa tête un chef. Mais ce dernier, aux yeux de l'Européen ne semblait avoir *''aucune espèce d'autorité*[1]*''*. Justifiant plus loin cette remarque, il affirmait que le chef de village ne jouissait en réalité que d'une autorité nominale. Car il ne pouvait ''prendre de lui-même aucune décision ni obliger qui que ce soit à exécuter ses ordres'' (1). Les chefs de tribu que l'auteur assimilait aux chefs de canton n'avaient pas meilleur sort. On relève que les chefs de canton étaient logés à la même enseigne.

> « Leur autorité est d'ailleurs aussi illusoire que celle des chefs de villages, et le pays se trouve ainsi livré à la pire anarchie[2] ».

La chute de l'auteur, en réalité, ne devrait guère surprendre. Ne s'agissait-il pas de justifier le fait colonial ? Mais ici plus qu'une simple justification, il s'agissait d'un appel au renforcement des pouvoirs de l'administration déjà présente dans le pays. Et les observations enregistrées sur les autres catégories sociales n'étaient pas, de ce point de vue, moins intéressées. Elles obéissaient à la même logique : présenter la société traditionnelle de la façon la plus dévalorisante possible à l'effet d'attirer l'attention de l'autorité centrale sur les moyens à dégager pour une exploitation efficiente du pays.

Les griots

Présentés comme les collaborateurs directs des chefs, les griots assumaient diverses fonctions. Ils occupaient de par ces fonctions, une place particulière dans la notabilité du village.

---

[1] ANCI, Monographie des Diolas de Danané, 1906, Op-cit

[2] *Idem,* p.29

En tout cas, ils se distinguaient des autres et les occasions – cérémonies de réjouissance ou manifestations funèbres – étaient mises à profit pour justifier leur rang social.

Parmi les tâches les plus importantes qu'ils assumaient, l'administrateur avait identifié celles de représentant, de conseiller et de porte-parole des chefs. Il relevait par ailleurs que leurs activités se limitaient aux responsabilités que leur confiaient les chefs. C'est dire qu'au-delà des tâches administratives qu'ils accomplissaient avec détermination, les griots ne s'adonnaient, pour ainsi dire, à aucune autre activité, même l'agriculture si indispensable à la vie de la communauté. A voir le rang honorable qui était celui des griots dans l'organisation politique locale, l'on ne pourrait se douter que l'administrateur relevait ainsi implicitement que les valeurs telles que le goût de l'effort, le travail, etc. étaient loin des préoccupations des élites dirigeantes. Il fallait donc les amener à intégrer ces valeurs. Cette préoccupation visait aussi bien les dirigeants que les autres composantes de la société notamment les féticheurs.

- Les féticheurs

Ils constituaient la troisième catégorie sociale identifiée par le rapport. On les présentait à la fois comme prêtres parce qu'ils avaient un rôle religieux prépondérant et sorciers parce qu'ils possédaient l'art divinatoire. Le culte des divinités, des morts ou des ancêtres de mise dans la société traditionnelle africaine est ici perçu par l'administrateur.

Ainsi que le rapport des populations au fétiche reconnu partout comme objet de protection contre les mauvais sorts. La vision européocentriste n'en est pas pour autant absente. Ne fallait-il pas dévaloriser pour mieux s'imposer et dominer ? En tout cas, cette attitude se perçoit aisément dans la démarche descriptive de l'auteur surtout lorsqu'il évoque la qualité de prêtre des féticheurs.

> « Les féticheurs (dégonon) remplissent le rôle de prêtres et de sorciers. Celui de prêtre est à peu près nul : ils se réclament d'une divinité…

aussi imprécise… n'exigeant ni prières ni sacrifices[1] ».

Vision, pour le moins, péjorative qu'il applique également à ceux qu'ils appelaient ''médecins''

- Les médecins

Il s'agissait sûrement des guérisseurs, ceux qui dans la société traditionnelle avaient été initiés à la connaissance des vertus thérapeutiques des plantes. Sans estimation aucune, le rapport soulignait qu'ils étaient très nombreux. Il relevait également qu'on retrouvait dans les moindres villages des ''médecins'' toujours prêts à administrer des soins lorsqu'ils sont solliciter. Le rapport relevait toutefois que leur science était fort limitée et qu'elle était très souvent impuissante face aux maux les plus anodins qui soient. Si bien que les populations dans leur grande majorité préféraient de loin les services des féticheurs. L'exception aurait été surprenante car elle serait contraire à la stratégie de dépréciation. Déprécier la société, déconsidérer les hommes qui assurent son dynamisme en vue de mieux l'exploiter.

- Les gens sans profession ou cultivateurs

Le tableau qui les dépeint est, de loin, l'une des preuves les plus éloquentes de la dépréciation de la société traditionnelle et de ses habitants. Pour aussi subtiles qu'elles paraissent, les observations de l'administrateur ne sont pas moins expressives. En relevant qu'il existait une catégorie de personnes vivant presqu'exclusivement des activités agricoles, l'administrateur indiquait sans aucun doute les possibilités de mise en valeur agricole du milieu. Là, était, selon toute vraisemblance son unique objectif. Que gagnerait-il à apprécier des paysans aussi laborieux soient-ils ? Or il fallait les présenter comme paresseux pour inciter ou motiver davantage l'action administrative. Comme en témoigne l'extrait ci-après

---

[1] ANCI, *Monographie des Diolas de Danané*, Op-cit, p.23

> « Les gens sans profession ou cultivateurs sont les plus nombreux ; ils s'occupent du déboisement de leurs terrains de cultures, de pêche et de chasse. Cela suffit à leur activité essentiellement réduite. Habitués dès le bas âge à la vie végétative, ils ne connaissent pas l'ennui[1] ».

Par delà les clichés se rapportant à la paresse des populations, l'administrateur soulignait, par ailleurs implicitement, l'existence d'une main-d'œuvre pouvant être façonnée et utilisée dans le cadre de la mise en valeur agricole et des travaux publics.

En définitive, ces tableaux visaient moins à faire connaître la société traditionnelle qu'à la déprécier en vue d'aiguiser au mieux l'action coloniale. Cet admirable exemple d'utilisation d'informations d'ordre sociologique à des fins économiques fera tâche d'huile. On s'en aperçoit cinq ans plus tard avec la monographie de Man.

2 – 3 – *La monographie de Man, 1911*

La monographie du cercle de Man est l'œuvre du Capitaine Laurent. Achevée le 20 avril 1911, elle a été adressée au chef de Bataillon Bordeaux, commandant le cercle militaire du Haut-Cavally. Le 18 juin de la même année, le commandant militaire du Haut-Cavally l'adresse à son tour au lieutenant gouverneur de la colonie non sans y avoir adjoints quelques observations.

2-3-1- Les observations-corrections du Chef de Bataillon Bordeaux

Ces observations portaient dans leur ensemble sur les renseignements d'ordre économique. Mais avant, il consacre quelques notes à relever l'aptitude du Capitaine Laurent à produire une monographie répondant aux conditions requises.

---

[1] ANCI, *Monographie des Diolas de Danané*, Op-cit, p.24

Sur ce dernier point, on relève que le Capitaine Laurent a été, parmi les officiers ayant fait la conquête du pays, celui qui a le plus passé le temps dans la région. Il y a séjourné au moins six ans et a été l'auteur de nombreuses missions de reconnaissance. Ces expéditions au Nord du cercle dans les secteurs de Man et Sémien, et ses nombreuses incursions à Danané, à la limite de la frontière libérienne, lui ont permis de créer respectivement en 1906 et 1908 les postes de Danané et de Man. Les fruits de ses tournées de reconnaissance ont également favorisé la naissance des postes de Sémien en 1911, de Kouibly et Logoualé en 1912. On ne pouvait donc trouver meilleur spécialiste pouvant produire une monographie avec les données les plus objectives possibles. Le chef de Bataillon Bordeaux lui reconnaissait cette aptitude et l'a souligné en ces termes :

> « Cet officier qui a passé six années dans la région Touba-Danané-Man connaissait parfaitement le Nord du cercle actuel et était particulièrement qualifié pour écrire le travail dont il s'agit[1] ».

Revenant à ses observations proprement dites, le commandant militaire du Haut-Cavally lui reproche de prime abord son enthousiasme un peu juvénile concernant la nature du pays dan et sa richesse. Le Commandant Bordeaux dénonçait ainsi la propension du Capitaine Laurent à présenter la faune tant sauvage que domestique comme assez riche et diversifiée. Sur la question, le Commandant militaire du haut-Cavally était, pour le moins, catégorique :

> « La faune, tant domestique que sauvage y est en effet d'une pauvreté excessive[2] ».

---

[1] ANCI, Monographie de Man 17S/D, 1911, *Monographie du Cercle de Man* par le Capitaine Laurent, "Notes du Chef de Bataillon Bordeaux

[2] *Idem*

Il va plus loin en affirmant que même l'élevage de façon générale y était presqu'inconnu. L'élevage de gros bétail était inexistant et les produits mis à la consommation étaient tous issus des relations d'échanges avec les soudanais.

> « L'élevage des bovidés, entre autre, n'y est pas pratiqué ; aucune vache n'y existe, et, s'il se fait une consommation relativement importante de bœufs, tous sans exception sont d'importation soudanaises [1] ».

Poursuivant son analyse, le commandant du Haut-Cavally souligne qu'en tenant compte des coûts assez élevés de la volaille sur les marchés notamment à Man où l'unité avoisinait 5 francs, l'on pouvait se rendre aisément compte que l'élevage n'était qu'une activité secondaire pour les populations forestières.

> « Les petits poulets, à Man, sont vendus au marché de 4 à 5 francs : cela suffit pour démontrer leur rareté[2] ».

Le Commandant Bordeaux émettait également des réserves sur l'abondance de certaines productions agricoles notamment les céréales.

> « Les céréales sont également rares et chères[3] ».

Ces remarques, qui pour répondre à l'objectivité requise dans l'élaboration des monographies, ne manquaient pas d'intérêt, ont constitué l'essentiel des réserves émises sur le travail du Capitaine Laurent. Pour le reste, l'administrateur Commandant militaire du Haut-Cavally n'a pas caché sa satisfaction.

---

[1] ANCI, Monographie de Man 17S/D, 1911, *Monographie du Cercle de Man* par le Capitaine Laurent, ''Notes du Chef de Bataillon Bordeaux

[2] ANCI, Monographie de Man 17S/D, 1911, *Monographie du Cercle de Man* par le Capitaine Laurent ''Notes du Chef de Bataillon Bordeaux.

[3] *Idem*

« Le travail du Capitaine Laurent est clair, bien ordonné et digne de retenir l'attention[1] ».

L'originalité du travail du Capitaine Laurent se trouvait dans la détermination des obstacles majeurs à l'exploitation des nombreuses richesses naturelles de la région et surtout dans l'esquisse de solutions appropriées notamment concernant les transports et les voies de communication.

Nous aborderons d'abord les questions principales relevées ci-dessus avant de nous consacrer ensuite à l'analyse des renseignements historiques, géographiques et ethnologiques à la lumière des objectifs économiques recherchés.

2-3-2- Lecture critique des renseignements économiques et financiers.

Les informations fournies peuvent se subdiviser en trois chapitres distincts. A savoir le répertoire des richesses (richesses naturelles ; introduction de nouvelles cultures) ; les aptitudes du capital humain (main-d'œuvre indigène, aptitudes commerciales des noirs, commerce) et enfin, l'état des voies de communication et la circulation financière.

- Le repertoire des richesses

Naturellement le rapport s'intéresse en premier aux richesses naturelles perceptibles à vue d'œil.

En scrutant le couvert végétal, le colonisateur y a décelé en priorité les nombreuses essences forestières pouvant être exploitées autant pour les matières oléagineuses qu'elles contiennent que pour leur utilité dans les domaines de l'ébénisterie et de la menuiserie. ''Le muscadier, le doumouri, le kobi, le tama, le meiné et surtout le palmier'' (1) présentés comme les plus répandues parmi les plantes pouvant fournir de la matière grasse laissaient apparaître de bonnes

[1] ANCI, Monographie de Man 17S/D, 1911, *Monographie du Cercle de Man* par le Capitaine Laurent ''Notes du Chef de Bataillon Bordeaux.

perspectives d'exploitation. Il en était de même des nombreuses plantes à caoutchouc et des bois de scierie.

> « Les richesses naturelles du pays sont très variées et très importantes... Plusieurs arbres ont de très bon bois utilisables pour les constructions, la menuiserie ou l'ébénisterie ; et d'autres très nombreuses peuvent donner des matières oléagineuses exportables... Les plantes à caoutchouc (sont) très répandues[1] ».

L'abondance des richesses naturelles et surtout les possibilités d'exploitation mises en exergue répondait visiblement moins à des objectifs politiques qu'à des visées spécifiquement économiques. Le souci était ici manifestement de favoriser l'arrivée d'opérateurs économiques désireux d'ouvrir de nouveaux champs d'exploitation. Bien entendu, en aiguisant la volonté politique indispensable à la conquête et à la pacification du pays, l'objectif final était de faciliter l'installation des compagnies et maisons de commerce européen. L'administration y tenait tellement, qu'à court terme, les compagnies et maisons de commerce pouvaient l'épauler dans l'exploitation de cultures nouvelles notamment le café, le cacao et le coton.

> « La grande étendue de surfaces disponibles permettent l'introduction de cultures nouvelles... le coton, le cacao et le café libéria[2] »

Elle espérait aussi leur appui dans la vulgarisation des plantations de colatiers dont la pousse libre est vue comme un atout déterminant pour la région.

> « Il est très répandu chez les Dans... On en trouve partout. Mais c'est surtout à une altitude

---

[1] ANCI, Monographie de Man 17S/D, *Monographie du Cercle de Man*, Op-cit, p.26

[2] *Idem*

> inférieure à 350 mètres dans les endroits frais et ombragés que l'arbre trouve les conditions meilleures pour son développement. Sa zone de pousse intensive est le voisinage du 7e parallèle[1] »

Les aptitudes du capital humain

L'exploitation et la mise en valeur devant s'appuyer sur les populations autochtones, il est apparu nécessaire à l'explorateur de relever quelques unes de leurs qualité. Celles-ci ont été abordées dans différents chapitres. Mais, nous nous intéresserons ici exclusivement au chapitre concernant les renseignements économiques qui a davantage mis en relief la densité et le savoir-faire des peuples forestiers.

Concernant la densité de la population, l'auteur relève qu'elle était forte et favorisait du coup une main d'œuvre disponible et presque gratuite. Les salaires les plus élevés concernant la journée de travail ne dépassait guère un franc. Jugés très abordables, ils ne pouvaient donc constituer un frein à l'emploi de la main-d'œuvre locale. Au contraire, ces salaires constituaient un avantage comparatif fort appréciable dans un contexte de crise marquée par la rareté du numéraire.

> « Le pays est peuplé et fournir la main-d'œuvre nécessaire à des prix abordables : un Dan se contenterait d'un salaire de 0..75 à 1 franc par journée de travail[2] »

En plus de cet avantage, les activités de portage, malgré quelques restrictions liées à la longueur des trajets, pouvaient être à la portée des opérateurs économiques les moins nantis dans la mesure où les contrats de louage étaient libres et ne souffraient apparemment

---

[1] ANCI, Monographie de Man 17S/D, *Monographie du Cercle de Man*, Op-cit, p.26

[2] ANCI, Monographie de Man 17S/D, *Monographie du Cerce de Man*, op-cit, p.26

d'aucune contrainte majeure. L'administration autorisait la possibilité de les passer directement avec les chefs coutumiers ou avec des particuliers.

> « Le portage est également facile à assurer, à condition de ne pas trop éloigner les indigènes de leur village. Les contrats de louage peuvent être passés soit avec les chefs, soit directement avec les particuliers ; il est possible de les faire viser par l'administration[1] »

Ces facilités étaient ainsi d'importants atouts pouvant motiver les opérateurs économiques les plus hésitants. A elles, s'ajoutait également le savoir-faire traditionnel des ''indigènes''. En effet, on reconnaissait aux populations locales d'importantes aptitudes tant dans le domaine de l'agriculture que dans celui du commerce. Deux domaines forts importants dans le projet d'exploitation et de mise en valeur de la région. L'agriculture était de loin la principale activité des peuples wê et dan. Et à l'instar des rapports précédents, le Capitaine Laurent n'a pas manqué de le relever. Toutefois, en soulignant l'importance des activités agricoles, il ne manque pas de relever également la faiblesse des autres types d'activités notamment celles liées à la production industrielle.

> « Les Dans, Touras et Guérés n'ont pour ainsi dire, aucune industrie. Ils ne connaissent même pas l'élémentaire métier à tisser le coton, et se procurent uniquement par voie d'achats les quelques lambeaux d'étoffe qui leur sont nécessaires[2] ».

---

[1] ANCI, Monographie de Man 17S/D, *Monographie du Cercle de Man*, op-cit, p.28
[2] *Idem*, p.27

Ces observations n'étaient certainement pas neutres. Elles montraient de façon à peine voilée l'existence d'un marché à pourvoir. En l'occurrence celui de l'habillement, plus particulièrement de la vente des tissus européens. En poussant plus loin, on peut également relever qu'en dénonçant la qualité des productions artisanales, comme on le remarque dans l'extrait ci-après, la logique poursuivie demeurait la même.

> « On trouve ... dans les villages des forgerons médiocres artisans ne sachant que réparer grossièrement les fusils et instruments agricoles, et des potiers qui tournent des récipients ou canaris en terre[1] ».

La suggestion est ici pour le moins claire. Il n'y avait aucun doute, cette remarque visait davantage à attirer le commerce européen dans la région. Tout comme le chapitre consacré à l'aptitude commerciale des noirs.

> « Avant notre arrivée le commerce du Haut-Cavally portant exclusivement sur les colas et l'huile de palme n'était qu'une exploitation malhonnête des Dans du Nord par les colporteurs soudanais[2] ».

Dans cette perspective, imposer le commerce européen répondait à un besoin d'ordre humanitaire. Il fallait, comme nous l'avions relevé précédemment, libérer les populations autochtones d'un oppresseur sans foi ni loi en leur donnant les moyens de devenir de véritables agents économiques. Par ailleurs, en relevant l'existence d'un commerce ancien, on entrevoyait implicitement l'utilisation des

---

[1] ANCI, Monographie de Man, 17S/D, *Monographie du Cercle du Cercle de Man*, Op-cit, p.27

[2] *Idem*

populations autochtones comme auxiliaires des compagnies et maisons de commerce européen.

En définitive, les avantages économiques étaient nombreux et pouvaient bien se prêter aux services des opérateurs économiques européens souhaitant élargir leur champ d'activité. Toutefois pour rentabiliser au mieux toutes ces potentialités, il fallait doter le pays d'un certain nombre d'infrastructures. Cette dernière préoccupation a justifié l'intérêt que le Capitaine Laurent a accordé à l'état de l'infrastructure routière et à la circulation financière.

L'état des routes et la circulation financière

L'officier français est ici plus que déterminé à attirer l'attention des plus hautes autorités coloniales sur l'intérêt à accorder aux infrastructures pouvant faciliter l'installation des entreprises d'affaires. L'accent est davantage porté sur les voies d'évacuation parce que l'état des lieux à ce niveau n'était point reluisant. Mis à part les routes Touba-Man et Touba-Danané, il n'existait aucune autre voie praticable. La route Man-Séguéla en chantier ne pouvait réellement être d'un grand secours. La solution à court terme résidait dans l'aménagement des nombreux sentiers reliant les villages.

> « Tous les villages sont reliés les uns aux autres par des sentiers, mais ceux-ci généralement assez mal tracés et mal entretenus sont d'accès difficile[1] ».

Les voies fluviales n'autorisaient guère plus d'espoir. Aucun cours d'eau ne se prêtait à la navigation à l'exception du zô et du Sassandra. Mais, ces deux fleuves quoiqu'offrant les meilleurs atouts devaient bénéficier de quelques travaux d'aménagement pour faciliter les transactions commerciales.

> « Aucune rivière n'a encore été utilisée, mais il semble possible dans un avenir très prochain

[1] ANCI, Monographie de Man 17S/D, *Monographie du Cercle de Man*, Op-cit, p.30

> d'aménager le bas zô et le sassandra pour les rendre navigables au moins dans des séries de biefs[1] ».

Il fallait donc exécuter certains travaux pour espérer tirer profit des énormes potentialités économiques de la région. En clair, aucune activité d'exploitation n'était réellement possible sans de véritables voies d'évacuation économique. De toute évidence, le Capitaine Laurent en avait une claire conscience et ses derniers mots relevant cette réalité, plus que des suggestions, avaient tous les caractères d'une véritable interpellation.

> « Ces voies d'évacuation économique, en permettant l'exploitation des produits moyens ou pauvres aussi bien que les produits riches, assureront le développement du pays. C'est d'elles et d'elles seules que dépend l'avenir du cercle du Haut-Cavally[2] ».

L'officier français en était d'autant plus convaincu qu'il pensait également que les voies d'évacuation économique favoriseraient la circulation monétaire dans la région. Car observait-il :

> « il est assez difficile de se faire une idée exacte de la circulation monétaire. Mais elle est relativement encore peu importante, le pays étant jusqu'ici resté fermé vers le Sud. D'ailleurs beaucoup de Dans de la forêt mal soumis n'acceptent pas l'argent et lui préfèrent les marchandises dont ils ont besoin : sel, bracelets, pagne, coupe-coupe, etc.[3] ».

---

[1] ANCI, Monographie de Man 17S/D, *Monographie du Cercle de Man*, Op-cit, p.30

[2] ANCI, Monographie de Man 17S/D, *Monographie du Cercle de Man*, op-cit, p.30

[3] Idem, *p.31*

En définitive, les obstacles pouvant constituer un frein à l'exploitation et à la mise en valeur du pays étaient aussi important que variés. Il appartenait désormais à l'autorité centrale d'y apporter les solutions appropriées. Des solutions, qui pour être, efficaces devront nécessairement tenir compte des données ethno-sociologiques recueillies sur la région.

2-3-3 Analyse des renseignements ethno- sociologiques

A travers ces renseignements, on relevait que les peuples forestiers étaient, d'une façon générale, très paresseux et passaient la majeure partie de leur temps à végéter. Cette paresse se ressentait, faisait observer l'administrateur, autant dans la présentation de l'habitat que dans les habitudes des populations.

> « Les cases petites, couvertes en chaume sont éparpillées, souvent en gradins sur toute la plate forme ; fréquemment, au point le plus haut laissé libre, se dressent de grosses pierres sur lesquelles de nombreux individus passent, assis, le plus clair de leur temps en contemplation devant le paysage environnant[1] ».

Leur apprendre le goût du travail et de l'effort se présentait ainsi comme une des tâches auxquelles devra s'atteler l'administration. Car des individus aussi paresseux ne sauraient valablement être des collaborateurs ni de l'administration ni des entreprises commerciales. Il fallait donc pour en faire des auxiliaires viables poser des actes de colonisation à même de leur inculquer de nouvelles valeurs. Les observations sur les races n'insinuaient pas autre chose. A ce sujet, les descriptions laissaient entrevoir des

---

[1] ANCI, Monographie de Man 17S/D, *Monographie du Cerce de Man*, Op-cit, p.18

peuples mal organisés socialement et dont les origines étaient aussi diverses que méconnues. Dans la même veine, on pouvait lire à travers les observations de l'auteur que le seul lien entre ces populations semblait être le territoire qu'ils avaient en commun. Au-delà, ils n'entretenaient aucune relation et s'ignoraient mutuellement. L'extrait ci-après est à ce propos assez évocateur.

> « Le cercle du Haut-Cavally est habité par des peuplades très diverses semblant à priori absolument distinctes les unes des tres par la langue et les coutumes[1] ».

Par ailleurs, les peuples ayant opposé les plus grandes résistances à la pénétration européenne étaient affublés des qualificatifs les plus repoussants. Le cas des yaro, tribu dan au Sud de Man était l'un des exemples les plus parlants.

> « Les Dans du Sud, restés fermés à la pénétration soudanaise, peuvent être mis au rang des êtres les plus primitifs de l'espèce humaine ; au Sud de Man en particulier (yaro) et aux environs de Danané (Houné, Blossé, Lolé) leur état social est demeuré rudimentaire[2] ».

Dans ces tableaux aussi dégradants, l'administrateur a tout de même identifié un élément pouvant être un atout déterminant dans la mise en valeur du territoire. Il s'agissait en l'occurrence de l'homogénéité des langues.

La langue dan était parlée partout sur le territoire avec des légères variations du Nord au Sud et de l'Est à l'Ouest. Le Toura se présentait un peu comme une langue intermédiaire entre le dan et le

---

[1] ANCI, Monographie de Man 17S/D, *Monographie du Cerce de Man*, Op-cit, p.19
[2] *Idem*

ouobé. Il empruntait également quelques éléments à la langue malinké. Le Guéré ou Ouobé était parlé dans toute la basse Côte d'Ivoire de l'Ouest du Cavally au Bandama. Malgré les variations qu'on pouvait noter, la langue Wê semblait assez peu altéré d'une extrémité à l'autre de sa zone.

En attendant donc la vulgarisation de l'école, l'homogénéité des langues facilitait le travail des interprètes disponibles. Mais à court terme, l'école devait mettre à la disposition de l'administration et des entreprises des auxiliaires maîtrisant la langue française. Des écoles sont prévues près des postes qui se chargeront d'apprendre aux autochtones parmi les plus doués le français parlé et quelques notions générales élémentaires. Les écoles ouvertes dans les postes de Danané et Man laissaient déjà présager de bons résultats.

En somme, les tâches à accomplir au plan social en vue d'accompagner efficacement le mouvement d'exploitation du pays étaient nombreuses. Mais l'administration, compte tenu des perspectives qu'elles offraient, ne devait pas lésiner sur les moyens.

En définitive, d'une façon générale, les perspectives pour le commerce telle qu'appréhendées par les monographies étaient prometteuses. Mais avant toute action, il fallait d'abord définitivement soumettre les populations vaincues. Ce challenge sera relevé par l'autorité coloniale dès 1913.

IV – LA SOUMISSION ET L'ADMINISTRATION DU PAYS

Les postes de Danané, Man, Sémien, Kouibly, Facobly étaient certes des signes distinctifs de la présence française mais beaucoup restait à accomplir pour soumettre entièrement des populations qui portaient encore en elles quelques marques d'hostilité. On entreprit alors de soumettre les pays déjà pénétrés. L'œuvre de soumission dura une année, d'avril 1912 à juin 1913.

Pour mieux investir le terrain, le théâtre des opérations fut divisé en trois secteurs. Le secteur Dan-Wobé regroupant les postes de Man, Sémien et Facobly ; le secteur Dan-Guéré intégrant les postes de Logoualé, Danané et Béoué à la limite de Duékoué ; et enfin, le secteur du Zo englobant les postes au Sud, Duékoué, Guiglo, Taï.

La stratégie consistait à faire des reconnaissances offensives et à mener des opérations de désarmement. Les opérations de reconnaissances avaient comme objectif de réduire les derniers noyaux de résistance aux alentours des postes afin d'amener les populations à collaborer à la réalisation des objectifs économiques de la colonisation. Notamment la création des routes, la construction des bâtiments publics. En pays Wobé, l'exercice devrait permettre à terme la réalisation des voies
reliant Kouibly à Man, Sémien, Logoualé et Duékoué.

Les opérations de désarmement, elles devraient hâter la restitution des armes que l'on savait encore nombreuses aux mains des populations locales. L'opération connut un succès éclatant. Par exemple dans le secteur Dan-Wobé.

> « Les combattant rendent 2 758 fusils qui portent à 10.121, le nombre des armes restituées de 1910 à octobre 1912[1]. »

Les reconnaissances offensives et les opérations de désarmement se soldèrent au bout d'un an par un franc succès. En juin 1913, le lieutenant-colonel Valton Commandant militaire de la Côte d'Ivoire pouvait afficher sa satisfaction et traduire sa reconnaissance aux troupes victorieuses.

> « Enfin, il serait juste que pour l'année 1913 qui clôt la série de l'œuvre de pénétration des territoires inconnus de la Côte d'Ivoire, où le succès final est dû moins à la faible résistance de l'ennemi qu'à la haute valeur des troupes…

[1] M. CHERIF, *L'Ouest de la Côte d'Ivoire (Haut-Cavally) et la pénétration française (1896-1920)*, Op-cit, p.388

> La médaille coloniale avec agrafe C.I soit accordée d'une façon générale à tous les militaires européens et indigènes qui ont œuvré à la Côte d'Ivoire[1] ».

Belle expression de fierté. La France peut désormais organiser le pays à sa guise. Va commencer à présent l'œuvre de colonisation nécessaire à la mise en œuvre du commerce colonial.

1- L'ORGANISATION ADMINISTRATIVE

L'administration militaire a été instituée pendant toute la période de conquête. En effet, de 1896 à 1914, l'autorité coloniale avait crée la région militaire de l'ouest pour isoler les territoires non pénétrés. Celles-ci étaient divisées en deux cercles : le Haut-Cavally et le Haut-Sassandra. La région de Man était inclue dans le cercle militaire du Haut-Cavally. En 1912, l'administration subdivisa le Haut-Cavally en trois secteurs distincts en vue d'une meilleure administration :

- Secteur Dan-Wobé, chef-lieu, Man
- Secteur Dan-Guéré, chef-lieu, Logoualé
- Secteur Zo, chef-lieu, Duékoué

La fin de l'année 1912 vu s'agrandir les limites du cercle avec la conquête des pays au Sud de Guiglo.

Le secteur Guiglo-Patokla fut alors rattaché au Haut-Cavally. On adjoignait ainsi un quatrième secteur au cercle ; celui du Cavally. En 1913, la stabilité des pays au Nord du cercle poussa l'administration à une nouvelle réorganisation. Il fallait isoler les territoires du Nord pour mieux affronter les hostilités à la frontière libérienne.

La décision prise annonçait le rattachement du secteur Man-Sémien à la circonscription de Touba. Tout le reste du Haut-Cavally,

---

[1] M. CHERIF, *L'Ouest de la Côte d'Ivoire (Haut-Cavally) et la pénétration française (1896-1920)*, op-cit, p.401

compris entre Sassandra et Cavally, le 7° et 5,5° de latitude Nord était érigé en secteur militaire. On avait été guidé par le souci d'y maintenir une force militaire suffisante pour assurer la police le long de la frontière libérienne qui était devenue le centre de rassemblement de tous les adversaires de la France dans l'Ouest.

Ces évènements poussèrent l'administration à une nouvelle réorganisation du Haut-Cavally. Le 31 janvier 1914, le secteur Man-Sémien est rattaché à la circonscription de Touba pour former le nouveau cercle de Touba avec Man comme chef-lieu. Le Haut-Cavally s'en trouva gravement influencé. Le chef-lieu du cercle fut transféré à Logoualé et le territoire fut reparti en quatre secteurs :

- Secteur Dan – Guéré avec chef lieu à Logoualé
- Secteur du Haut-Cavally avec chef lieu à Danané
- Secteur Wobé-Guéré avec chef lieu à Duékoué
- Secteur du Moyen-Cavally avec chef lieu à Guiglo

C'est à dire qu'à partir de janvier 1914, la région de Man était à cheval entre le cercle de Touba pour le secteur Man-Sémien, et, le cercle du Haut-Cavally pour les circonscriptions de Logoualé et de Danané.

De nouvelles réorganisations interviennent en 1916 et 1920 qui fixent définitivement les frontières de la région. Mais pourquoi ces modifications et comment se présentait la nouvelle configuration de la région ?

Carte n°5 : LES PRINCIPAUX SECTEURS APRES LA CONQUETE

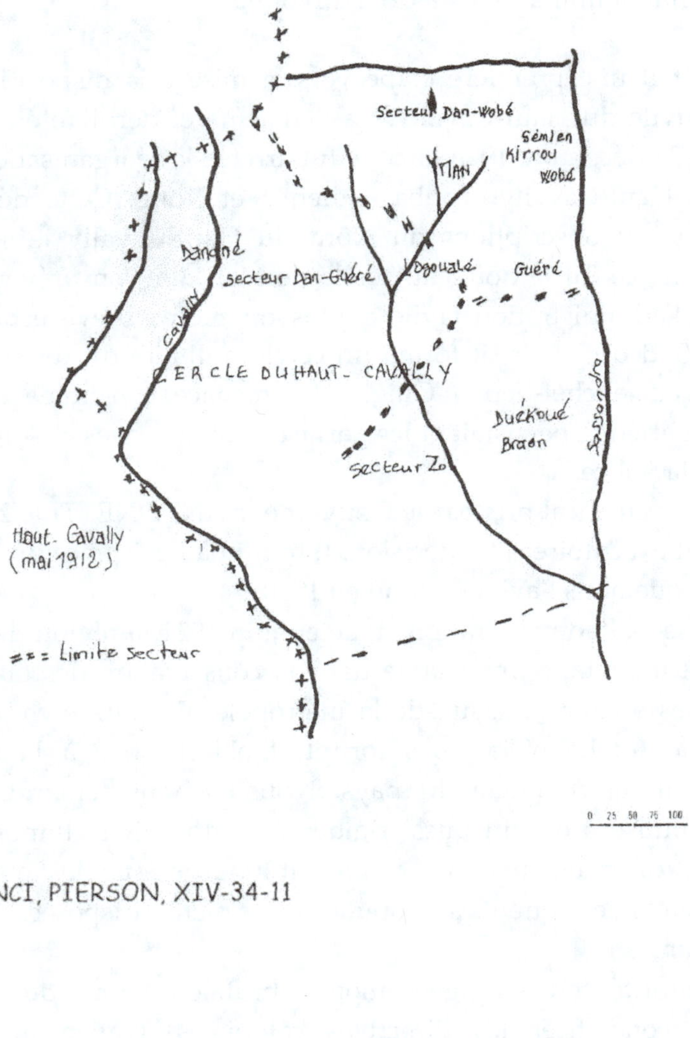

ANCI, PIERSON, XIV-34-11

Deux faits notables devaient modifier cette organisation administrative. Ce fut d'abord l'arrêté du 4 juin 1906 pris à Dakar supprimant la région militaire de l'Ouest et plaçant le cercle du Haut-Cavally sous la haute direction politique, militaire et administrative du commandant militaire de la Côte d'Ivoire.

C'était une première étape vers la mise à la disposition de l'autorité civile du Haut-Cavally. La deuxième et dernière étape fut franchie le 31 décembre 1920 lorsque fut arrêtée la réorganisation des cercles du Haut-Cavally, Touba, Odienné et Kong. Cette décision rattacha aux circonscriptions du Nord du Haut-Cavally le secteur Man-Sémien : ce fut le nouveau cercle de Man dont on prévoyait le passage à l'administration civile à plus ou moins brève échéance. Quant au Sud du cercle, il forma un cercle militaire dit du Moyen-Cavally avec le chef-lieu à Guiglo. La menace constituée par la frontière libérienne persistait et les garnisons maintenues à Guiglo en assuraient la police.

Un arrêté local pris par le Gouverneur ANTONETTI le 21 juin 1921[1] rendit exécutoire cette décision. Il mit fin à l'existence du Haut-Cavally tel que nous l'avions connu en 1910.

Passée à l'administration civile en juin 1921 la région de Man franchissait une étape importante dans la consécration des objectifs économiques et commerciaux de la métropole. En fait, le choix des autorités de tutelle n'était pas fortuit. L'objectif fixé à l'autorité militaire était la conquête du pays. Nous l'avions remarqué, les méthodes utilisées étaient aussi rigides qu'autoritaires. Imposition, réquisition, casernements tout y passait pourvu que les objectifs soient atteints et que les populations soient disposées à la collaboration.

L'autorité civile jugée moins brutale devra de façon rationnelle concrétiser les directives coloniales. L'avènement de l'autorité civile avait un objectif moral implicite. Les populations

---

[1] M. CHERIF, *L'Ouest de la Côte d'Ivoire (Haut-Cavally) et la pénétration française 1896-1920*, op-cit, p.415

devraient y voir la fin de la répression et le début d'une période de collaboration avec les "ennemis" d'hier.

Une telle option supposait que l'autorité avait une bonne lisibilité des contraintes imposées aux populations. Contraintes, qui dans le cadre de l'exploitation et de la mise en valeur du pays, devraient être non seulement la preuve de la domination française mais aussi et surtout le levier de la reconversion des mentalités.

Intéressons-nous à présent à ces mesures que nous appelons ici, les actes de colonisation.

2- LES ACTES DE COLONISATION

Par acte de colonisation nous entendons l'ensemble des mesures qui ont servi à façonner les populations, à leur inculquer les attitudes et aptitudes nécessaires à leur nouveau statut de collaborateurs de l'administration.

Il s'agit en effet de toutes les actions susceptibles d'amener à une reconversion des mentalités pour atteindre les objectifs économiques fixés. Elles sont nombreuses, on les perçoit autant dans la *"politique indigène"* que dans le *"statut de l'indigénat"*. Ce dernier comprenant à la fois les mesures d'ordre fiscal et politique.

2 – 1 – La politique indigène

Plusieurs actions furent entreprises dans ce cadre. Il s'agissait d'abord pour l'administration d'établir un réseau d'auxiliaires pleinement acquis à sa cause. Elle voulait des chefs dévoués qui joueraient le rôle d'agents de liaison, de percepteurs d'impôts et de pourvoyeurs de prestataires. L'administration innova en la matière en instituant des cantons à la tête desquels, elle prit soin elle-même, de nommer les chefs.

Le tableau ci-après, nous en donne une parfaite illustration.

TABLEAU SIGNALETIQUE DES CHEFS DE CANTON DE LA LA REGION[1]

NOM	SUPERFICIE	VILLAGE	NOMS DES CHEFS DE CANTON	AGE	DATE DE NOMINATION	APPRECIATION
MAN	682	35	GBE	73	1913	B
KA	290	30	MARCEL GUIRAT	39	20-08-43	B
SOUIN	270	27	GOUANGBO MAGBE	58	1921	M
PEOME	310	28	BADIA KIBLO	60	1915	T.B
TAO	987	44	BOUE HEZAN	35	24-02-40	T.B
YATI	640	47	DOUA DELI	53	1935	A.B
BLOUNO	660	25	GUEBEYE	69	1916	M
GAN	1.222	38	KESSE DIOMANDE	48	31-10-34	N
DOUESSE	306	6	DRO DIOMANDE	65	15-03-20	N
SIPILOU	1.406	15	GBEKO DIOMANDE	63	1920	A.B
TOURA	2.236	69	ZO CHARLES	44	1938	T.B
SEMIEN	516	9	TOUMOTE	72	1925	P

Le tableau révèle bien les principaux cantons de la région instituée,
tout juste, au lendemain de la conquête militaire et les noms des chefs de canton avec leur date de nomination. Les nominations sont bien entendu faites par l'administration qui, par ailleurs se réservait le droit d'apprécier la qualité du service de ses nouveaux auxiliaires.

Les appréciations étaient variées ; elles partaient de la mention *''très bien''* (T.B) à la mention *''nul''* (N). Les mentions intermédiaires étaient *''bien''* (B), *'' assez bien''* (A.B) et *''passable''* (P).

[1] A.N.C.I, *Monographie de Man,* renseignement à fournir Monsieur l'inspecteur des affaires administratives sur la subdivision centrale de Man, 1943

Les chefs les moins dévoués recevaient les mentions *"M"* (mauvaise) et N. et dans ce cas, on ne tardait pas à procéder à leur remplacement.

Cette nouvelle politique complètement en déphasage avec les usages traditionnels ne manqua pas de poser quelques problèmes. Dans certains secteurs, les populations refusaient la tutelle de ces nouveaux chefs. Ce fut le cas de Gbéa qui avait causé d'énormes soucis à l'administration en 1913.

Il avait été nommé, comme l'a rapporté CHERIF Mamadou, chef de Lollé par Liorzou dans un canton où les populations ne lui pardonnaient pas d'avoir fait pénétrer les Français. L'un de ses contemporains conta les circonstances de sa nomination en ces termes : " *après notre défaite, alors que nous étions encore sous le coup de la terreur, on nous réunit pour désigner le chef de canton*". A la question " *qui est le chef de ce pays ?*" Gbéa répondit "*moi*". Il n'en était rien mais la panique était encore trop vive pour que quelqu'un se décide à intervenir, ce qui n'était pas le cas de Gbéa, grand ami des "*Kwi*". C'est donc tout naturellement qu'il devint notre chef. Il apprit à ses dépens plus tard les contrecoups de son usurpation. En effet, incapable de commander le Lollé, il dut se résoudre à quitter le canton pour se réfugier dans le Blossé. Les populations gardèrent même en otage sa femme et ses enfants.

Ces cas de contestation isolés n'eurent pour la plupart aucun effet durable. Les décisions de l'administration s'imposèrent au fil du temps aux populations. Ces nouveaux auxiliaires de l'administration devaient servir de courroie de transmission entre l'autorité coloniale et les populations. Ils avaient à charge la collecte de l'impôt et la réquisition des prestataires.

Une deuxième action tout aussi importante que la première fut la création des tribunaux indigènes. Partout dans le pays furent institués des tribunaux indigènes et leur animation devait être assurée par les chefs de canton désignés.

En fait au fur et à mesure que la situation politique se décantait, l'organisation judiciaire s'étendait à tout le pays. Ainsi naquirent à Logoualé, Duékoué d'autres tribunaux coiffés plus tard par une juridiction à pouvoir plus étendu installée à Man.

L'administration fondait beaucoup d'espoir dans ces institutions car elles constituaient d'importants vecteurs pour la conquête morale du pays.

Dans cette conquête morale, l'administration accorda également une grande importance à l'enseignement. Parmi les instructions données aux chefs de poste figuraient en bonne place la construction d'écoles.

Le but à atteindre était le contact avec les populations afin de les rassurer sur les intentions coloniales. La scolarité ne devait pas excéder 3 ou 4 ans et l'âge des élèves ne devait en aucun cas constituer une entrave au recrutement. Adultes et enfants y étaient donc les bienvenus.

Il est vrai que l'école n'eut pas les résultats escomptés au début ; toutefois son institution prématurée entrait bien dans la stratégie de conquête morale du pays. Stratégie qui visait à faire des populations locales des collaborateurs dociles pour l'exploitation du pays.

Bien entendu, à ces mesures il faut ajouter les infrastructures économiques mises en place. Infrastructures routières, chantiers d'exploitation de latex. Nous y reviendrons plus tard.

En fait, toutes ces mesures cachaient mal la volonté de l'administration de procéder à une dépersonnalisation aussi bien du pays que des hommes. Et les exemples ne manquaient pas.

On a noté qu'après la colonne du Iaro, le nom de cette tribu ne figurait pas sur les cartes. Les pertes ont certes été énormes mais on n'a pas pour autant assisté à la disparition du canton. Il faut donc concevoir cette absence comme la volonté manifeste de l'administration de dépersonnaliser le pays. Un moyen efficace dans cette dépersonnalisation et que proposa l'administration fut les changements dans la toponymie. Un village étant également le fruit d'une histoire ; celle-ci apparaissait généralement dans les noms : Touleubli ou village de Touleu, Flampleu ou village de Flan. Il est donc commode de tuer le passé d'un habitat par la simple substitution d'un nouveau nom à l'ancien. C'est dans cet esprit que l'on substitua Diéya à Gueznobli, Danané à Danleu, Man à Manleu.[1]

Les actions de l'administration ont été plus loin dans le souci d'imprimer une nouvelle identité aux populations vaincues. Un statut fut élaboré pour définir leur conduite.

2 – 2 – *Le statut de l'indigénat*

Il fallait dès la fin de la conquête militaire prendre des mesures en vue de définir de façon précise le statut des populations vaincues. On pensa d'abord à codifier les droits et les devoirs de l'individu.

Le principe du délit est établi à l'occasion et les populations en étaient déroutées, non parce que la société ignorait cet élément, mais surtout à cause du fait que, le délit impliquait la responsabilité individuelle. Or la société traditionnelle admettait davantage la responsabilité collective.

Par ailleurs, l'organisation des groupes sociaux était désormais astreinte à la rigueur de la loi. Il fallait une autorisation pour toute association à caractère religieux ou politique. Une telle mesure ne pouvait que laisser perplexes les populations rien qu'à penser à l'importance des sociétés initiatiques dans le système social. Que cherchait-on à atteindre en instituant de telles dispositions ?

L'esprit de ces mesures, comme l'a souligné CHERIF Mamadou n'est pas à rechercher dans une réglementation de la vie des associations, mais tout simplement dans la volonté manifestement exprimée de briser toute leur influence. C'était une étape importante pour l'administration dans la conquête morale du pays. Prouver qu'on était plus fort que les fétiches que les communautés cherchaient à conjurer leur existence durant était un moyen efficace de conquérir moralement les populations. Ces mesures tendaient également à opérer un changement notable dans les mentalités invitées à concevoir la notion de progrès au seul plan

---

[1] M. CHERIF, Op-cit, p.418

de l'activité humaine, ce qui devait pouvoir inciter les hommes à accorder le meilleur d'eux-mêmes aux occupations matérielles.

Les résultats de ces mesures sont encore aujourd'hui sujets à débat vu la place des sciences occultes dans les sociétés actuelles. Mais à l'époque, elles ont été nécessaires pour hâter la mise en main du pays.

Tout comme l'ont été également les mesures d'ordre fiscal. Par la fiscalité, les prestations et les diverses charges, l'administration appuyait et renforçait les mesures ci-dessus évoquées.

Pour disposer des ressources nécessaires à l'organisation et à l'administration du pays, l'autorité coloniale créa un trésor public alimenté par des postes de douane. La majeure partie des ressources provenaient de l'impôt de capitation, crée en Côte d'Ivoire par un arrêté local daté du 14 mai 1901.

> « Art I. Est établi en Côte d'Ivoire un impôt de capitation sur les indigènes. Cette contribution est due par chaque habitant indigène homme, femme, enfant âgé de plus de 10 ans, elle est fixé à 2,50 F par an[1] ».

Dans la région, l'impôt de capitation connut quelques variations. Il oscillait entre 1,50 et 4,50 F. Jusqu'en 1914 alors que le numéraire était rare, on autorisa le paiement de l'impôt en nature.

Dans le secteur du Cavally, le mouvement commercial et par là même, la rentrée des impôts étaient fortement gênés par cette disette. Cette crise est d'autant plus regrettable que l'administration accepta du riz, de la cola et du bétail dans le paiement de l'impôt en lieu et place de l'argent.

Le numéraire avait surtout cours dans les postes. Par exemple pour l'exercice 1910, le bureau de rendement des impôts dans les postes de Danané et Man affichait concernant l'impôt de capitation la somme de 84.728,50 F[2]

---

[1] M. CHERIF, Op-cit, p.426

[2] ANCI, Monographie de Man, 17S/D, *Monographie du Cercle de Man*, op-cit, p.18

A côté de l'impôt, on notait également les prestations. En effet, dès la conquête, l'administration décida que chaque habitant valide s'acquitterait d'un nombre défini de travail par an au profit des travaux publics. Malgré les injustices constatées – les populations sacrifiées à la construction des routes n'avaient pas le temps de s'occuper de leurs parcelles de culture, ce qui occasionnait parfois dans certains villages des famines – cette mesure contribua, pour beaucoup, à l'avènement des infrastructures indispensables à l'exploitation économique. Les populations avaient, par ailleurs, obligation de se présenter au bureau de recrutement pour le service militaire.

Débutée en 1915, l'opération n'eut pas grand succès dans la région.

Cependant en 1918, la région devint " le 4e pourvoyeur... après les cercles du N'zi-Comoé (3291), du Baoulé-Sud (2749) et du Haut-Sassandra (2271) (1)

Toutes ces mesures ont fortement contribué à la naissance d'une économie coloniale. La dernière mesure citée, l'enrôlement des populations dans l'armée a été un élément déterminant dans la propagation et l'imposition du numéraire européen. Numéraire dont l'imposition s'est avéré indispensable à l'avènement du commerce colonial.

DEUXIEME PARTIE :

LE COMMERCE COLONIAL : DE LA CREATION DES PREMIERS POSTES A LA VEILLE DE LA SECONDE GUERRE MONDIALE

L'intégration de la région de Man à l'économie et au commerce colonial s'est opérée de façon progressive et a tenu compte des contingences liées à l'environnement politique et économique mondiale. Le processus de création des postes militaires, relais indispensables à la mise en œuvre du commerce colonial, a démarré, dès 1906, par la construction du poste de Danané et a pris fin en 1912 avec l'installation du poste militaire de Kouibly. L'autorité européenne à peine installée en ces différents lieux a vu l'administration coloniale contrainte aux exigences de la première guerre mondiale. L'économie coloniale en gestation se trouve ainsi confrontée à une première crise. Celle-ci ne sera d'ailleurs que la première d'une série de crises successives : la crise du caoutchouc, la crise financière des années 30 conséquences de la chute boursière de 1929, la seconde guerre mondiale. Ces facteurs négatifs influent énormément sur la politique économique coloniale. Face à la fébrilité que connaît ce domaine, comment surmonter alors les contraintes de la crise et imposer définitivement à une économie déjà en crise, du fait même de la présence européenne, les principes économiques et commerciaux capitalistes ?

Notre analyse nous permet de saisir deux étapes fondamentales dans la démarche du colonisateur. Le premier objet du premier chapitre a consisté à la mise en place des infrastructures indispensables à la vie du commerce colonial. En effet, en une dizaine d'années, de la création du poste militaire de Danané en 1906 à la fin de la première guerre mondiale, l'administration encourage l'intensification de la production agricole, met en place les supports et équipements indispensables à l'activité commerciale.

Un bref regard sur les échanges nous permettra de voir que, malgré les efforts de l'administration, les modes d'échanges traditionnels demeurent.

La seconde étape part de la fin de la première guerre mondiale au début de la seconde. Le commerce européen ouvert à une partie de la région en 1916 s'est progressivement étendu à l'ensemble du territoire.

Nous allons d'une part nous intéresser aux moyens mis en œuvre pour une implication massive des populations locales et d'autre part, nous verrons le mouvement commercial à travers le flux des exportations et des importations. Cette évaluation nous permettra de déterminer, en dernier ressort, le niveau d'implication des populations locales dans la nouvelle donne.

CHAPITRE I

COMMERCE COLONIAL : INFRASTRUCTURES ET FONCTIONNEMENT JUSQU'EN 1918

Après la conquête militaire et politique, l'administration coloniale pensait désormais à la mise en chantier des objectifs purement économiques. Toutefois, elle n'ignorait pas qu'une telle entreprise ; le commerce européen notamment exigeait la construction d'une infrastructure adéquate. Car l'état de l'infrastructure économique en 1911, selon un premier inventaire, laissait à désirer. Fort de ce constat, une vigoureuse politique d'équipement est initiée dès 1912 par l'administration. Celle-ci prévoyait la construction de nouvelles voies commerciales et de nouveaux marchés. La législation commerciale est également aménagée afin de rentabiliser au maximum les investissements. Un regard sur les échanges met en relief l'action des premières maisons de commerce européen installées dans la région. Toutes ces maisons privilégiaient l'exploitation des produits du cru.

I – L'ETAT DE L'INFRASTRUCTURE ECONOMIQUE A L'AVENEMENT DES POSTES MILITAIRES

Pour une meilleure orientation de l'activité commerciale, l'administration coloniale entreprit très tôt une évaluation de l'infrastructure économique.

Il s'agissait pour l'essentiel d'apprécier l'état de la voirie et les moyens d'évacuation des productions.

1- LES VOIES DE COMMUNICATION

Les premières constatations ont été relevées en 1911 dans les rapports des administrateurs des postes de Touba et de Man. Les conclusions auxquelles ces rapports administratifs ont abouti n'étaient point reluisantes. Celles-ci laissaient entrevoir l'immensité de la tâche à accomplir pour une meilleure exploitation commerciale de la région. Un effort d'équipement pour imposer à court terme le commerce européen était indispensable. En 1911 en effet, il n'existait dans la région que deux axes routiers, les axes Touba-Man et Man-Danané. Un troisième devant relier Man à Séguéla était en chantier.

A côté de ces voies aménagées et celle en cours de réalisation, il n'existait réellement aucune autre voie capable de répondre aux besoins de l'administration. Les postes militaires installés un peu partout dans la région et appelés à devenir des pôles urbains et des centres commerciaux européens incontournables n'étaient reliés entre eux que par des sentiers.

> « Les seules bonnes routes actuellement existantes sont celles de Touba à Man et Danané ; une troisième est en construction de Man à Séguéla par Sémien. Tous les villages sont reliés les uns aux autres par des sentiers, mais ceux-ci généralement assez mal tracés et mal entretenus sont d'accès difficile[1] ».

Par ailleurs, la forte inclinaison des grands axes routiers fonctionnels en 1911 vers le poste de Touba influait énormément sur l'orientation des courants d'échanges commerciaux. En effet, ceux-ci étaient du fait de la prédominance de Touba, alors chef-lieu de cercle, tous orientés vers les grands pôles commerciaux septentrionaux de la Guinée et du Soudan.

[1] ANCI, Monographie de Man 17S/D, *Monographie du Cercle de Man*, op-cit, p.31

> « Les routes commerciales sont donc réduites aux deux voies ci-dessous. De Touba où ils convergent presque tous, les produits sont expédiés soit par la Guinée, soit par le Soudan[1] ».

Cette situation est davantage mise en exergue par l'administrateur du poste de Touba lui-même dans un rapport publié en 1911.

Ses observations sont fort pertinentes et indiquent clairement que de nombreuses voies, surtout de direction Nord-Sud, convergent vers le poste de Touba. Le cercle est, pour ainsi dire, sillonné par un grand nombre de routes commerciales et de sentiers. Les principales artères commerciales sont : au Nord celles qui part de Kankan, Sanguiri, Bougouni, Sikasso et Bobo-Dioulasso à Odienné, puis celles qui partant d'Odienné aboutissent à l'Est à Tombougou, au Sud-Est à Séguéla, au Sud à Touba ; enfin Touba est relié par des routes importantes à l'ouest de Beyla ; au Sud-Ouest à Danané, au Sud à Man et au Sud-Est à Séguéla[2].

Toutes les voies ainsi qu'on peut le remarquer sont orientées vers le Nord. Cependant la voie Man-Séguéla en construction devrait à brève échéance donner à la région une ouverture vers le Sud par " *Mankono – Bouaké – Dimbokro* "[3].

Au total les voies terrestres malgré la prépondérance de la direction Nord offraient de bonnes perspectives. Les nombreux sentiers encore prédominants pouvant être améliorés. Ajouté les potentialités de l'important réseau hydrographique de la région, la question des voies de communication trouverait une réponse heureuse. Malheureusement à ce niveau, il ressortait des rapports l'inexistence de voie navigable.

---

[1] ANCI, Monographie de Man, 17S/D, *Monographie du Cercle de Touba,* Op-cit, p.16

[2] *Idem* p.31

[3] *Ibidem*

> « aucune rivière n'a encore été utilisée, mais il semble possible dans un avenir très prochain d'aménager le bas Zô et le Sassandra pour les rendre navigables, au moins dans des séries de biefs[1] ».

L'idée est partagée par le chef de poste de Touba qui affirmait en 1911 que " la navigabilité des fleuves est encore à l'étude " (4) et l'administration fondait beaucoup d'espoir sur le Zô et le Sassandra, les cours d'eau les plus importants de la région.

En tant que supports économiques indispensables au développement de la région les routes et les cours d'eau devraient du point de vue de l'administration tenir le rôle de voie d'évacuation des richesses du pays.

> « Ces voies d'évacuation économique en permettant l'exploitation des produits moyens ou pauvres aussi bien que des produits riches assureront le développement du pays. C'est d'elles et d'elles seules que dépend l'avenir du cercle du Haut-Cavally[2] »

Ces voies d'évacuation, telles que présentées par l'administration coloniale, étaient certes indispensables à l'exploitation des richesses naturelles de la région, mais, il fallait pour qu'elles remplissent pleinement leur fonction des moyens d'évacuation adéquats.

---

[1] ANCI, Monographie de Man, monographie du Cercle de Touba, op-cit

[2] *Idem*

2- LES MOYENS DE COMMUNICATION

L'état des lieux concernant les moyens de communication ne présente guère de meilleurs résultats. Le constat de l'administrateur en 1911 est sans nuance.

> « Le seul moyen d'évacuation utilisé est le portage[1] ».
> « Le mode de transport le plus employé et longtemps encore, sans doute est le portage à tête d'homme[2] »

Le portage s'imposait ainsi à l'autorité coloniale comme l'une des plus importantes équations à résoudre. Et, il fallait bien trouver une solution heureuse qui puisse favoriser l'exploitation et l'évacuation de tonnages importants. Or le portage à tête d'homme pourrait contraindre les opérateurs économiques à une limitation de leurs stocks non seulement à cause du coût élevé du service mais aussi et surtout à cause des limites de l'homme lui-même.

Une telle situation ne favorise que l'exploitation des produits dits "riches". C'est-à-dire ceux à même de générer suffisamment de revenus pour la prise en charge du fret.

> « Il est extrêmement onéreux, en raison de la distance et atteint, quelque soit la voie employée de 1F 50 à 2 frs kilomètre, si bien que, seuls, les produits riches sont exploitables[3] »

---

[1] ANCI, Monographie de Man 17S/D, *Monographie du Cercle de Man*, op-cit, p.31

[2] *Idem*

[3] *Ibidem*

D'où la nécessité de trouver des moyens d'évacuation plus performants. On pense au bœuf et à l'âne utilisés par les Dioula mais *''malheureusement ces animaux marchent trop lentement et demandent trop de soins pour faire l'objet d'une entreprise de quelque importance de la part de l'administration ou du commerce européen*[1]'' La conclusion est nette, il faut bien des moyens de transport plus adaptés à la dimension de l'entreprise d'exploitation économique et commerciale envisagée par l'administration.

En définitive des bases pour la réalisation du commerce européen existent. L'effort de l'administration doit seulement tendre à les rendre plus performantes.

II – DE NOUVEAUX CHANTIERS DES 1912

La réalité du terrain imposait à l'administration la construction ou l'amélioration d'un certain nombre d'infrastructures. La priorité fut dans un premier temps accordée aux voies de communication et à la création de marchés conformément aux suggestions faites par la chambre de commerce au Lieutenant-Gouverneur de la colonie dans ses délibérations de l'année 1911.

En effet, l'une des préoccupations de la chambre de commerce de Côte d'Ivoire autour des années 1911 était la création ou l'amélioration de l'infrastructure routière, ferroviaire, portuaire, fluviale et lagunaire nécessaires au déplacement des hommes et des biens. Un réseau routier étant indispensable au commerce intérieur, la chambre de commerce insista auprès de l'administration dès sa première séance du 6 mars 1911[2] pour que soit construit ou amélioré le plus grand nombre possible de routes carrossables.

---

[1] ANCI, Monographie de Man 17S/D, *Monographie du Cercle de Touba*, op-cit, p.16

[2] Zan SEMI-BI,''La chambre de Commerce de Côte d'Ivoire et la naissance économique ivoirienne 1908-1940, *Godo-Godo*, p.80

1- LES NOUVELLES VOIES COMMERCIALES

La région de Man devait nécessairement être rattachée aux factoreries du Sud pour une meilleure implantation du commerce colonial. Les voies existantes ci-dessus évoquées ; celles reliant les postes de Man et de Danané à celui de Touba ne sauraient répondre efficacement à cet objectif parce qu'épousant encore trop fortement la configuration des vieux réseaux d'échanges traditionnels. En effet, les voies Danané-Man-Touba n'étaient qu'une reprise améliorée des routes commerciales traditionnelles, toutes orientées vers le Nord en direction des grands pôles commerciaux soudanais. L'orientation des axes commerciaux n'a subi aucune modification. Toutefois, l'administration a entrepris d'importants travaux pour améliorer leur qualité. Ainsi les sentiers d'hier ont été aménagés et sont aujourd'hui devenus des *''routes d'une largeur de 6 à 8 mètres praticables en toute saison*[1]*''*. L'administration par l'institution du régime des prestations avait entamé dès la création du poste de Man en 1908 l'aménagement du tronçon Touba-Man-Danané. A priori, on pourrait penser que l'administration avait l'intention de pérenniser les anciennes routes commerciales. Une telle option aurait eu l'avantage de ne point désorienter les paysans habitués à ces voies. La raison en était toute simple. Il s'agissait pour l'autorité coloniale de mettre les postes nouvellement conquis de l'ouest en relation avec les cercles de Touba et d'Odienné qui abritaient déjà d'importantes maisons de commerce européen.

En effet, le commerce européen était fortement représenté dans ces districts. Les compagnies et maisons de commerce qu'on y rencontrait, étaient pour la plupart des succursales des grandes compagnies commerciales installées dans les grands ports métropolitains notamment à Bordeaux. Parmi elles, figuraient la société commerciales du soudan français, l'Africaine Française et la maison Dévès Chaumet et Cie. A côté de ces grosses compagnies, on

---

[1] Zan SEMI-BI, '' la chambre de commerce de Côte d'Ivoire et la croissance économique ivoirienne 1908-1940'', *Godo-Godo*, op.cit, p.p 79-80

notait la présence de quelques maisons issues de l'association de certains commerçants. Nous y reviendrons.

L'objectif visé à travers l'orientation de ces voies, était, en effet, d'habituer le plus tôt possible l'élément ''*indigène*'' au commerce européen. Et les centres les plus proches et à même de répondre à cet objectif étaient ceux qui avaient déjà des relations avec les populations de l'ouest.

Dans la même période de nombreux travaux ont été réalisés sur les cours d'eau en vue de faciliter leur traversée. Les cours d'eau ont été dotés pour certains de gués ou de ponceaux pour d'autres de bacs. Et des ouvriers furent embauchés pour assurer le service de la traversée.

En fait, de façon concrète, il existait des gués ou ponceaux sur toutes les rivières et des bacs aux points de passage du Bafing, de la Férédougouba ou de la Boa. Cinq piroguiers salariés[1] en assurent la traversée gratuitement.

L'institution des bacs notamment constituait une avancée notable. Car le bac pouvait contenir en moyenne 10 personnes chargées ou non, 15 petits animaux et 40 gros[2]. L'administration a entrepris également la construction de gîtes – étapes pour faciliter les opérations de colportage des marchandises.

> « des gîtes – étapes où les passagers trouvent un abri convenable sont construits tous les 20 ou 30 kilomètres[3] »

Les grands axes commerciaux du Nord jouaient un rôle très important mais il fallait à la région une ouverture vers le Sud. En 1911, l'administration entreprit la construction du tronçon Man – Séguéla. Une année plus tard, cette voie pouvait être utilisée.

---

[1] SEMI-BI-Zan, '' la chambre de commerce de Côte d'Ivoire et la croissance économique ivoirienne 1908-1940'', *Godo-Godo*, op.cit, p.p 79-80

[2] *Monographie du cercle de Touba*, p.14

[3] ANCI, Monographie de Man 17S/D, *Monographie du Cercle de Touba*, op-cit, p.14

L'autorité ouvrait la région de Man à la côte " *via Séguéla – Mankono – Bouaké – Dimbokro* "[1]

Un début de réponse était, par conséquent, donné aux préoccupations de la chambre de commerce qui, dans sa séance du 4 février 1912, justifiait l'intérêt de l'ouverture des régions forestières de l'ouest sur le Sud.

Par delà les voies de communication intérieur, la chambre de commerce jugeait utile que toutes les régions aient une ouverture sur l'extérieur à travers les relations avec les factoreries notamment celles de Tiassalé, Soubré et Tabou.

Les préoccupations de la chambre de commerce n'étaient pas que de simples souhaits. La séance du 4 février 1912 qui signalait l'intérêt économique que présenterait l'ouverture de nouvelles voies de communication vers la côte recommandait d'améliorer à court terme les axes routiers ci-après :

1. Piste caravanière entre Tabou – Man – Danané
2. Piste caravanière entre Tiassalé – Oumé – Sinfra
3. Piste caravanière entre Man – Logoualé et la partie la plus en amont navigable aux basses eaux du N'zo[2]

En attendant la construction des voies ferrées dont les travaux débutés au début du siècle en basse-côte avançaient allégrement, et principalement l'arrivée prochaine du rail à Bouaké qui aux yeux de l'administration contribuerait grandement au développement du commerce européen à l'ouest du pays ; la région de Man, par la voie Man - Séguéla avait un débouché sur les plus importants centres de redistribution de produits européens dans la colonie. Il s'agissait en l'occurrence de Bouaké en pays Baoulé et Daloa au centre ouest.

En effet en 1914, l'axe Man – Séguéla au niveau du cercle de Séguéla débouchait sur deux principales voies commerciales, les routes Séguéla – Bouaké et Séguéla – Daloa.

---

[1] *Idem*, op-cit, p.16

[2] ANCI, Monographie de Man 17S/D, *Monographie du Cercle de Touba*,

Bouaké – Séguéla par Béoumi '' *a une importance immédiate, car elle est suivie par les convois de ravitaillement du Haut – Sassandra et du Haut – Cavallay*[1] ''. Il en était de même pour l'axe Séguéla – Daloa.

Daloa et Bouaké plus facilement accessibles parce que plus proches des factoreries de Tiassalé, Soubré, Tabou et Grand-Lahou étaient non seulement les principaux centres de redistribution de marchandises européennes en direction de l'ouest forestier mais ces centres étaient aussi et surtout les principaux points d'évacuation des produits du cru vers la côte.

> « De telles lignes rendues facilement praticables en tous temps, sont capables d'augmenter l'activité commerciale dans les régions où naissent les produits, d'y favoriser par suite l'apport des marchandises d'importation[2] ».

C'est ainsi que l'administration justifiait l'importance de ces embranchements sur l'ouest. Les efforts devaient être accrus dans ce sens au plan national, à partir de 1915, par la création autour de la voie ferrée de grands centres commerciaux qui serviraient de relais à la diffusion du commerce européen dans toutes les contrées de la colonie.

En 1915, en créant donc les centres d'Agboville, de Dimbokro et de Bouaké et plus tard de Tafiré, au Nord des Gouros et vers Daloa à l'Ouest, on essayait, en effet, de déterminer le long de la voie ferrée les centres principaux autour desquels l'on devait développer l'activité commerciale. Par voie de conséquence, c'était en ces mêmes points que le réseau routier devait être principalement lié à la voie ferrée. Ainsi qualitativement desservies, ces villes devaient assurer le rayonnement sur l'ensemble du territoire du commerce européen.

---

[1] ANCI, *JOCI* (Journal Officiel de la Côte d'Ivoire), 29 février 1912, p.324

[2] ANCI, 3KK11, Note et circulaire a/s de la construction du réseau routier à souder aux voies ferrées de la Côte d'Ivoire, 1911.

Ainsi donc, les voies de communication avaient un double objectif. Au plan extérieur, elles étaient destinées à désenclaver la région et à la mettre surtout en contact avec les factoreries du Sud, points privilégiés d'évacuation des richesses forestières et principaux centres de diffusion des produits d'importation. A l'intérieur, les routes devaient servir à orienter les courants d'échanges vers les postes appelés à devenir les nouveaux pôles de commerce. En fait, les postes devaient abriter les marchés coloniaux qui, avaient vocation de faire disparaître, à court terme, les lieux d'échanges marchands précoloniaux.

2 - DE NOUVEAUX MARCHES

La création de nouveaux marchés, en réalité, accompagnait les opérations de pacification et l'ouverture de nouvelles routes. L'institution des marchés répondait, en premier, à des objectifs politiques.

En fait, pour le pouvoir colonial, le marché représentait un facteur d'attraction des populations vers le poste qui doit les familiariser avec l'élément européen, ses institutions et son mode de vie. Il apparaissait donc, ainsi que le soulignait Yayat d'Alépé[1] comme un excellent moyen de ''*civilisation*'' et d'éducation des paysans.

On pourrait situer la création des premiers marchés coloniaux de la région de Man après 1913. En effet, les opérations militaires débutées dès 1896, à partir du poste de Touba, aboutirent au bout de quelques années à l'installation successives des postes militaires de Danané, en 1906 ; Sémien en 1911 et Kouibly et Logoualé en 1912. L'année 1912 marquait ainsi la fin des opérations militaires dans la région. L'œuvre de soumission débuta en avril 1912 et pris fin en juin 1913. Pendant cette période l'action de l'administration consista à faire des reconnaissances offensives et à mener des opérations de

[1] YAYAT D'ALEPE, '' La prolifération des '' marchés du Commandant'' en Côte d'Ivoire '', *Ann. Univ. Nat. CI*, Série I (Histoire) Tome XIII, 1985, p.p 183-205

désarmements. Une seule année suffit à mener cette manœuvre avec succès. Le 31 janvier 1914, une partie de la région en l'occurrence le secteur Man – Sémien passa à l'administration civile et fut rattaché au cercle de Touba.

Ce passage favorisa, sans aucun doute, la naissance effective des marchés coloniaux. Les premiers furent ceux de Man et Kouibly. Le marché de Kouibly par exemple a vu le jour en avril 1915. Les rapports l'attestent bien.

> « Vers la fin d'avril, un village assez conséquent a été crée à Kouibly, un marché construit et autour se sont groupés une centaine de dioulas et 300 Ouobés[1] »

Le processus de création des marchés, ainsi que l'a relevé le professeur Pierre Kipré, a atteint effectivement le Haut-Cavally et les zones environnantes notamment Duékoué, Guiglo, etc après 1914.
Le mouvement de diffusion se confondait, en réalité, avec les opérations de soumission. Les ''marchés du commandant'' se confondent dès lors aux postes, sans distinction des postes provisoires établis pour des raisons militaires. La nécessité de quadriller la région par un réseau efficace de postes constitue ainsi un facteur important de multiplication de ces marchés.

En réalité, le mouvement de diffusion des marchés coloniaux a été relativement aisé à Man. La région avait une tradition marchande ancienne ; les circuits commerciaux précoloniaux devaient seulement être détournés vers les postes.

En guise d'illustration, dans la région de Danané par exemple existait déjà des cycles de marchés périodiques ; les marchés de Togouapleu se tenait le samedi. Ainsi que, celui Bounda. Ceux de Oua et de Flampleu avaient lieu le dimanche. Le jeudi était le jour du marché de Danané. Tous ces marchés existaient avant 1906. Le Capitaine Laurent et ses successeurs ne feront que réorganiser ce cycle en imposant un marché permanent à Danané.

---

[1] ANNCI, 1QQ 60 (2) Rapport d'ensemble pour l'année 1915, poste de Kouibly

Par delà les préoccupations politiques, les marchés devaient atteindre, à court terme, d'importants objectifs économiques et commerciaux.

A côté de la nécessité d'assurer l'approvisionnement des postes en vivres et par conséquent d'assurer le ravitaillement du personnel colonial en produits alimentaires.

Au niveau purement économique, il apparaît ainsi que le poste et le personnel colonial ont un rôle de stimulation à jouer pour amener les paysans à produire beaucoup et à vendre davantage. Leur présence augmentait la demande. La proximité du marché facilitait le contrôle des produits mis en vente, celui des transactions ; il s'y ajoutait la volonté d'interdire le troc et d'imposer la monnaie française. Le " marché du commandant" s'affirmait également comme un important facteur de développement du commerce.

Evidemment, ces objectifs ne pouvaient être atteints que s'ils rencontraient l'assentiment des populations locales. L'administration usa pour ce faire de contraintes. A ce propos, l'exemple de Kouibly est assez éloquent.

> « Les indigènes des environs furent d'abord contraints d'assister au marché du dimanche et d'apporter quelque chose à vendre[1] »

C'est ainsi que le chef de poste obtint la fréquentation du marché de Kouibly.

Ainsi donc, la fréquentation, tant soit régulière du marché ne s'obtint que grâce à une pression constante de l'administration, sans laquelle le marché serait abandonné. Pour amener les habitants à venir y écouler les produits une ou deux fois par semaine, il était souvent nécessaire d'envoyer des représentants dans les villages voisins pour leur enjoindre de se trouver à date fixe au marché ; peu importait la familiarité des populations avec cette institution. C'était

---

[1] ANCI, 1QQ60 (2), rapport d'ensemble pour l'année 1915, poste de Kouibly

en effet, une obligation pour les habitants de participer à la tenue du marché de poste, et d'y apporter, ainsi que nous l'avions souligné, quelque chose à vendre. L'administration estimait ainsi qu'ils viendront d'eux-mêmes, une fois l'habitude acquise.

Ces contraintes visaient, dans une large mesure, à renforcer l'emprise de l'administration sur les activités marchandes. Celle-ci va se matérialiser, plus tard, par l'interdiction de la pratique du troc et l'imposition de la monnaie et des instruments de mesures européennes. Mesures sur lesquelles nous reviendrons plus avant.

En somme, ces hangars qui avaient en moyenne *''750 m^2 de superficie*[1]*''* devaient permettre, à moyen terme, le développement économique et commercial des nouveaux postes au détriment des anciens pôles commerciaux. Les courants d'échanges désormais orientés vers les postes, il revenait à l'autorité coloniale d'assurer le contrôle et la réglementation des marchés.

2 – 1 – La Réglementation

> « Un arrêté en date du 25 février 1910 crée des droits de place sur les marchés. Le texte module le taux de ces droits de place sur l'importance du marché et les transactions qui s'y opèrent ; tous les marchés de la colonie sont concernés[2] »

Depuis l'administrateur Binger la réglementation des activités d'échanges a été un souci constant pour l'autorité. Cette préoccupation, a davantage été affirmée sous Angoulvant, avec l'institution de droits de place sur les marchés en plus des taxes payées pour le colportage et les transactions sur les produits dits '' riches'' notamment le caoutchouc, le cola, etc. En 1913, pour les marchés de Touba, Man, Kouibly, Ouaninou, Té, Sémien les droits de place étaient ainsi libellés *'' emplacement par m^3 avec étalage par jour*

---

[1] ANCI, 1QQ60 (2), rapport d'ensemble pour l'année 1915, poste de Kouibly.

[2] P. KIPRE, *Villes de Côte d'Ivoire 1839-1940*, op-cit, p.151

0,20, abonnement 5,00 sans étalage par jour 0,10 ; abonnement 2,50. Bestiaux par jour et par tête : gros bétail 1,00 ; petit bétail : 0,50[1] "

L'administration entendait exercer ainsi un contrôle sur toutes les transactions.

Pour marquer cette volonté, en 1916, un autre arrêté local inclus au paiement de ces droits, les cultivateurs qui vendaient seulement des produits alimentaires ; d'autre part, ce texte interdisait toute création de marché dans les villages par les chefs autochtones sans autorisation préalable du chef de poste. L'institution d'un marché quotidien ou non était laissée à l'appréciation du chef de poste et différentes circulaires insistaient sur la nécessité d'un approvisionnement régulier des marchés choisis par l'administration locale.

Ces différentes mesures ont de nombreuses conséquences. Elles assurent une certaine primauté aux marchés des postes. Ce d'autant plus que tous les flux commerciaux y sont orientés. Au-delà, les objectifs d'ordre fiscal qui les sous-tendent favorisent une diffusion rapide du numéraire européen.

2 – 2 – *L'introduction et la diffusion de la monnaie française*

L'émission de la monnaie relevant des compétences du pouvoir central dans les pays européens, la présence des monnaies africaines constituait une sorte de limite du pouvoir omniprésent de l'administration ; cette indépendance la gênait en partie dans le contrôle des mécanismes économiques de la colonie. Sous le prétexte que l'abondance des manilles entraînait la baisse du cours et perturbait les transactions commerciales, le gouverneur signa un arrêté le 23 août 1895 qui interdisait l'introduction de manilles dans la colonie. C'était une étape importante sur la voie de la prohibition de cette monnaie.

Cette décision était non seulement une étape importante sur la voie de la prohibition des manilles mais elle marquait aussi et surtout

[1] ANCI, 1QQ76, Réglementation des marchés, 1913-1921

le début de l'interdiction de l'ensemble des signes monétaires traditionnels de la colonie et l'imposition de la monnaie française. En effet, depuis 1895, une série d'arrêtés se succèdent qui aboutissent le 1er mai 1915 à l'arrêté d'interdiction de l'émission et de la mise en circulation des monnaies africaines : manilles, Sombé, cauris.

> « Article premier : A compter du 1er mai 1915, la fabrication et la circulation des Sombés et de toutes autres monnaies métalliques indigènes sont interdites dans la colonie[1] »

Cet arrêté venait ainsi compléter et renforcer ceux du 19 août 1903 interdisant la circulation des Sombé et du 5 octobre 1914 prohibant l'usage du Sombé comme monnaie. L'introduction de la monnaie française dans la vie économique et dans les transactions commerciales s'est donc faite par étapes, l'administration ayant tenu compte des réalités du terrain ; le processus de diffusion devant se faire à partir des postes de colonisation. Or, il a fallu plusieurs années pour en installer partout sur le territoire de la colonie. Les dernières opérations de pacification prirent fin à l'ouest du pays, dans le Haut-Cavaly vers 1920. La diffusion de la monnaie ne pouvant s'accommoder avec les opérations militaires, l'administration a dû retarder dans certaines régions son action. Cependant, les difficultés n'ont pas manqué même dans les zones déjà favorables à l'introduction et à la diffusion de la monnaie française. En effet, jusqu'en 1915, après les arrêtés d'interdiction de l'émission et de l'usage des monnaies africaines ; les rapports des chefs de postes étaient nombreux qui demandaient au Lieutenant-Gouverneur de veiller à la stricte application des mesures d'interdiction prises. Bien que justifiées, ces demandes n'eurent pas de réponses appropriées

[1] ANCI, 1QQ 42, Colonie de Côte d'Ivoire, Cabinet du Gouverneur, interdiction de la circulation des monnaies indigènes (Manilles et Sombé) introduction des billets de banque et propagande en faveur de leur circulation, 1910-1919

dans l'immédiat parce que l'autorité locale ne disposait pas de quantité de monnaie devant remplacer les monnaies traditionnelles.

> « Ces demandes sont évidemment justifiées si, en effet nous avons dû tolérer pendant longtemps la circulation des monnaies indigènes, c'est que l'Administration locale ne disposait pas de quantité de monnaie devant les remplacer[1] ».

La diffusion de la monnaie divisionnaire et de la monnaie de billon ayant eu pour conséquence la suppression des manilles, il est logique d'interdire également la circulation de toutes les monnaies métalliques indigènes, les monnaies légales devant seules avoir cours dans la colonie

Toutefois la rareté de la monnaie divisionnaire et la monnaie de billon conséquence de la crise mondiale de 1914 devait être surmontée.

En attendant, les transactions commerciales et les impôts devaient encore admettre les monnaies africaines et les usages traditionnels tels que le troc. L'imposition d'une économie de type capitaliste et l'avènement du commerce colonial se trouvaient ainsi retarder. L'exemple de Man en 1914 illustre parfaitement la situation

> « Dans le secteur du Cavally, le mouvement commercial et par là même, la rentrée des impôts sont fortement gênés par la disette du numéraire.
>
> Cette crise est d'autant plus regrettable que les cantons récemment conquis sont assez riches en riz, cola et en bétail …les ordres donnés par les

[1] ANCI, 1QQ 42, Colonie de Côte d'Ivoire, Cabinet du Gouverneur, interdiction de la circulation des monnaies indigènes (Manilles et Sombé) introduction des billets de banque et propagande en faveur de leur circulation, 1910-1919

> commandants militaires de toujours payer en argent les réquisitions étaient déjà en vigueur dans le cercle, il n'y avait d'exception à cette règle que pour les réquisitions destinées au paiement de l'impôt, et cette exception s'imposera comme par le passé presque partout[1] ».

Il y avait certes la rareté du numéraire mais il faut noter la réticence des populations elles-mêmes ; pour ces populations, rien ne justifiait un changement de signes monétaires surtout qu'elles n'avaient aucune difficulté dans l'utilisation de la monnaie traditionnelle. La cola et le sombé leur ayant toujours permis d'accéder aux biens soudanais sans problème. On trouvait la cola en abondance dans la forêt, il suffisait au paysan d'en faire la cueillette pour avoir de quoi satisfaire un besoin.

Il en était de même pour le sombé. Par une simple exploitation du sol ferrugineux, les forgerons en fabriquaient par tas sans aucune contrainte et les injectaient dans les transactions.

> « La fabrication des sombés est un travail aisé qu'un forgeron peut faire seul[2] »

Cette habitude séculaire ne pouvait donc être aussi facilement remplacée. Il fallait des arguments solides à l'administration elle-même, parce que manquant de numéraire, pour amener les populations à se contenter du peu disponible et à abandonner ses vieilles habitudes. Plusieurs chefs de postes se sont livrés à cet exercice, utilisant des arguments purement économiques pour justifier l'interdiction de l'usage du sombé.

---

[1] ANCI, 1QQ42, Banque, rapport en conseil d'administration, séance du 27 mars 1915.

[2] ANCI, 1EE53, Rapport administratif et économique, Man, le 12 février 1914

Cet extrait de rapport du chef de poste d'Odienné en 1913 nous en donne une éloquente illustration.

> « Le cours des sombés est très variable... La cause principale de cet abaissement des cours est incontestablement le retrait de cette monnaie effectué en grand à Séguéla où cette monnaie était très répandue[1] »

A la suite de ces arguments, la conclusion de l'administration était que une fois la fabrication arrêtée, la disparition des sombés serait probablement très rapide. C'était en effet, une monnaie fragile que la moindre brisure fait refuser et dont la durée moyenne n'excédait pas six mois. En conséquence, *''il ne sera sans doute même pas nécessaire de les retirer de la circulation, ils disparaîtront probablement d'eux-mêmes par usure*[2] *''*.

Cet argumentaire, tout simplement, pour montrer au paysan que son labeur mérite mieux, et qu'il serait plus avantageux pour lui d'intégrer le nouveau système. On cherche ainsi à faire disparaître le mal en s'attaquant à sa racine. Faire disparaître les foyers de fabrication de la monnaie locale était pour l'autorité une des voies les plus sures pouvant mettre un terme à leur usage.

En définitive, tous les moyens auront été ainsi mis en œuvre. De l'obligation de paiement des différentes charges fiscales, impôt de capitation, prestations, en monnaie divisionnaire et en billon ; aux mesures d'interdiction de circulation d'usage et de fabrication des monnaies locales. Cependant, malgré les efforts de l'administration, la monnaie française avait du mal à s'imposer. Jusqu'en 1918, elle était encore faiblement utilisées dans les transactions par les *''indigènes''*.

---

[1] ANCI, 1QQ42, Correspondance du chef de poste d'Odienné à Monsieur l'administrateur Commandant le cercle de Touba, Odienné, le 26 septembre 1913

[2] ANCI, 1QQ42, Correspondance du chef de poste d'Odienné à Monsieur l'administrateur Commandant le cercle de Touba, Odienné, le 26 septembre 1913

III – LES ECHANGES

Le souci d'accroître le rôle des postes dans les échanges a été associé à une politique hardie de développement des ressources agricoles.

Pour l'administration les échanges ne pouvaient répondre efficacement aux objectifs fixés qu'avec une production agricole abondante et de qualité. Bien sûr, on entendait par le renforcement de la production faire également face à la crise. En 1914, la métropole était partie prenante dans la première guerre mondiale, elle comptait sur les colonies pour assurer son ravitaillement. A Man, l'autorité qui a pris en compte ces préoccupations n'a pas lésiné sur les moyens. En 1917, les résultats étaient déjà perceptibles. Les terroirs de culture avaient doublé et les estimations avancées à ce propos étaient pour le moins les plus prudentes.

> « Sous l'aiguillon des conseils maintes fois réitérés, les indigènes de la subdivision se sont livrés sur une très large échelle aux cultures vivrières destinées partie à leur consommation propre et partie au ravitaillement de la métropole. C'est rester dans une proportion modérée que d'évaluer au double la superficie des terrains précédemment cultivés[1] »

1 – LES PRODUITS

Les circuits d'échanges mettaient en circulation de nombreux produits. Mais dans leur grande majorité, ces produits étaient identiques à ceux des échanges traditionnels. Seuls, les circuits ont été détournés au profit des nouveaux postes. On relevait tout de même une certaine catégorisation au niveau des productions. Ainsi

---

[1] ANCI, 1QQ101/18, Cercle de Touba, rapport sur la situation économique et commerciale des postes de Touba, Man, Kouibly, 1917.

retrouvait-on des produits dits " *riches* " ; produits alimentant les échanges extérieurs et ceux dits "pauvres". Ces derniers se rencontraient généralement dans les échanges intérieurs ; échanges qui ont lieu sur les marchés locaux.

1 – 1 – Les produits pauvres

Il s'agit essentiellement des produits vivriers. L'administration dès son installation encouragea "l'intensification des cultures vivrières" (1).

Celles-ci devaient alimenter le marché intérieur et favoriser l'approvisionnement des personnels des postes et des populations elles-mêmes.

En temps de crise, la production vivrière a également servi au ravitaillement de la métropole. Ainsi que l'atteste cet extrait de télégramme.

> « Département guerre fait de plus en plus appel aux productions coloniales pour besoins nationales (.) On nous a demandé déjà des céréales de haricots, des bois, des matières tannantes (.) Il convient rechercher activement quels sont tous autres produits colonies susceptibles d'être utilisés métropole (.) sur demande pressante Gouvernement Général vous pris d'urgence toutes communications que croirez de nature à intéresser service de ravitaillement France en y joignant si possible échantillons[1] ».

L'exploitation des productions vivrières relevait surtout de la mauvaise conjoncture. Leur caractère périssable en faisait des produits pauvres ; produits essentiellement utiles au trafic intérieur

---

[1] ANCI, 1QQ101/18, op-cit

et à moindre valeur ajoutée. La production vivrière est assez abondante dans la région.

Nous avons eu l'occasion de l'apprécier lorsque nous évoquions l'économie précoloniale. Cependant, les produits les plus cités dans les rapports administratifs sont les céréales, le riz en tête et les féculents banane plantain, manioc, taro, patates, etc.

Les traditions orales autant que les rapports coloniaux ne nous livrent pas de chiffres sur les superficies cultivées. Les rapports, plus aptes à cet exercice, ne nous en donnent qu'une vague idée. En 1917, le commandant du cercle de Touba affirmait tenant compte des efforts de l'administration qu'à Touba, Man et Kouibly, c'était *"rester dans une proportion modérée que d'évaluer au double la superficie des terrains précédemment cultivés*[1]*"*.

On peut ainsi noter qu'à l'instigation de l'administration les populations ont dû étendre leurs parcelles de culture. En conséquence, les productions ont connu un bond quantitatif. Là encore, les données chiffrées frappent par leur insuffisance. Nous n'avons pu avoir de chiffres réels pour l'ensemble des productions. Cette carence relève peut être de la mauvaise conservation des archives. Mais, l'hypothèse qui à notre avis expliquerait mieux cette insuffisance serait liée au peu d'intérêt accordé aux productions vivrières. Le qualificatif *"produits pauvres"* était à ce propos éloquent et traduisait bien le sentiment de l'administrateur.

Dans de nombreux rapports, le chef de poste se contentait tout simplement de les évoquer. En voici un exemple.

> « Grâce à un hivernage particulièrement favorable, les récoltes de toutes sortes ; riz, maïs et haricots ont donné d'excellents résultats. Les réserves actuelles qui sont supérieures aux quantités annuellement utilisées pour la consommation locales ne contribueront pas

---

[1] ANCI, 1RR14, Correspondance au sujet de la production agricole pour ravitailler la Métropole, 1916-1918

> moins à faire baisser les anciens prix qu'à rendre plus populaire aux caravaniers (...) la traversée du cercle de Touba[1] ».

Les résultats enregistrés sont "excellents". Donnée subjective et sans quantification. Quels étaient les tonnages affectés à chaque produit ? quelles ont été les superficies mises en valeur ? Ces questions restent le plus souvent sans réponses satisfaisantes, si bien que, la tentation à une généralisation des informations est grande lorsque par un heureux concours de circonstance, vous découvrez un rapport qui fournit des indications réelles sur les tonnages obtenus. C'est le cas, par exemple, de la production de riz à Kouibly et à Man en 1915 et 1919. En 1915 selon le rapport du chef de poste de Kouibly *" le riz a donné d'assez bons résultats puisqu'il en a été vendu environ 30 tonnes[2]"*. A Man en 1919, les
rapports indiquaient *" 40 tonnes[3]"* de riz exportés. Les perspectives étaient si prometteuses que les années à venir les populations *"avaient été invitées à pousser la culture de riz[4]"*.

Qu'en était-il des autres localités notamment Sémien, Danané. On peut être tenté faute d'informations de généraliser celles disponibles. Et pourtant, nous avons pris en compte la série R (agriculture) dans la recherche archivistique. Au-delà, on pourrait même se demander ce que représentent les tonnages vendus par rapport à la production. S'il nous est pratiquement impossible de répondre avec exactitude à cette question, nous pouvons toutefois considérer ces chiffres comme des données indiquant l'importance de la production de riz dans la région. On pourrait ainsi en déduire que le riz a été l'un des produits les plus importants du trafic local. Il tendait également à s'imposer au commerce inter-régional. A côté de

---

[1] ANCI, 1QQ 101/18, Cercle de Touba, rapports sur la situation économique et commerciale des postes de Touba, Man, Kouibly, 1917

[2] ANCI, 1QQ90 (2), rapport économique d'ensemble pour l'année 1915, poste de Koubly.

[3] ANCI, 1QQ90 (2), rapport économique du 2e trimestre, secteur de Man, 1919

[4] ANCI, 1QQ90 (2), rapport économique, post de Man, 1921.

cette céréale, l'administration a accordé une attention particulière à la production du ricin. De 5.000 kilogrammes en 1916, la production de ricin a été estimée à 13 tonnes en 1917.

Et l'administration entendait poursuivre cet effort jusqu'à atteindre le double de cette production en 1918.

La production de ricin faisait l'objet d'un important trafic vers Bouaké.

> « Le ricin principalement a passé de 5.000 kilos environ (production de 1916) à 13 tonnes (quantités expédiées à Bouaké en 1917). De nouvelles semences entreprises en fin septembre permettront encore d'augmenter sinon doubler cette production dans le courant de 1918[1] ».

1 – 2 – Les produits riches

Il s'agissait en fait des produits locaux entrant dans les échanges extérieurs de la colonie. On avait notamment les essences forestières, le caoutchouc et la cola. Nous l'avions relevé, la moitié Sud de la région était en majorité recouverte d'une végétation de forêt.

> « La grande forêt tropicale recouvre une partie du massif dan et toute la pleine qui prolonge vers le Sud. Sa lisière est orientée du Sud-Est au Nord-Ouest[2] ».

Cette forêt offrait d'énormes possibilités d'exploitation de bois. Et cela n'a pas échappé au Capitaine Laurent qui dans sa monographie de 1911, affirmait que '' *plusieurs arbres ont de très bon bois utilisables pour la construction, la menuiserie ou l'ébénisterie*[3] ''.

---

[1] ANCI, 1QQ 101/18 Cercle de Touba, rapports sur la situation économique et commerciale des postes de Touba, Man, Kouibly, 1917

[2] ANCI, Monographie de Man 17S/D, *Monographie du Cercle de Man*, op-cit, p.25

[3] ANCI, Monographie de Man 17S/D, *Monographie du Cercle de Man*, op-cit, p.25

Toutefois jusqu'en 1911, le bois n'était l'objet d'aucune exploitation de la part de l'Européen à cause du manque de voie de communications appropriées à ce type d'activité. On prévoyait cependant pour les années à venir, une exploitation à proximité des voies d'eau.

> « Les essences forestières ont été jusqu'ici négligées par les Européens ; elles seront certainement exploitées plus tard tout au moins à proximité de voies d'eau[1] »

L'exploitation du caoutchouc a fait l'objet d'une attention particulière de la
part de l'administration. Les plantes à caoutchouc étaient nombreuses dans la forêt et les rapports en avaient fait largement échos.

> « L'arbre funtumia élastica ne se trouve que dans la grande forêt ou sous les galeries boisées bordant les rivières ... Les lianes landophia : Owariensis et élitandra élastica se rencontrent un peu partout, elles poussent en général isolement[2] »

Plusieurs méthodes étaient employées pour l'obtention du caoutchouc ; les plus régulières étaient la coagulation par ébullition et la coagulation au citron. Celles-ci permettaient d'obtenir le caoutchouc soit en forme de cube ou de saucisse ; soit sous forme de cordelettes ou en boules.

> « Le caoutchouc de funtumia coagulé par ébullition ou en strophantus est vendu sous forme de petits cubes de 2 à 3 centimètres de côté ou de saucisses. Celui des lianes coagulé

---

[1] ANCI, Monographie de Man 17S/D, *Monographie du Cercle de Man*, op-cit, p.25

[2] ANCI, Monographie de Man 17S/D, *Monographie du Cercle de Man*, op-cit, p.25

> généralement au citron est présenté en cordelettes ou en boules[1] ».

L'administration a dû favoriser la venue de récolteurs achantis en plus de la main-d'œuvre prestataire locale pour en augmenter la production. Aussi, l'ardeur de l'autorité coloniale à encourager l'exploitation et la production du caoutchouc a-t-elle favorisé des résultats inespérés au plan des exportations, les statistiques ne sont certes pas abondantes mais celles disponibles révèlent bien l'importance de ce produit dans certaines subdivisions.

C'est par exemple le cas de Kouibly qui de 1915 à 1921 est passé de *"7,5 kilos de latex*[2] *" à une production de " 7,5 tonnes de caoutchouc*[3] *"*.

Le colatier ainsi que nous l'avions vu était assez répandu dans la région. Ces fruits rouges et blancs étaient récoltés un peu partout en toute saison.

> « Les fruits rouges et blancs sont récoltés un peu en toute saison, mais surtout en décembre et en mai[4] ».

Produit de première importance dans les échanges traditionnels, la cola a été adoptée par l'administration. A cette période où de nombreuses infrastructures attendaient d'être installées dans la région, le colatier assez répandu était incontestablement l'une des richesses qui offraient les meilleures conditionnalités d'exploitation. On pouvait l'exploiter à moindre coût et les infrastructures existantes s'y prêtaient fort bien. Les voies de communication et la main-d'œuvre ne posaient aucun problème contrairement à l'exploitation des essences forestières. Les cultures

---

[1] ANCI, Monographie de Man 17S/D, *Monographie du Cercle de Man*, op-cit, p.25

[1] ANCI, 1QQ90 (2), rapport économique d'ensemble, poste de Kouibly, 1915.

[2] ANCI, 1QQ90 (2), rapport économique, poste de Man, 1921.

[3] ANCI, Monographie de Man 17 S/D, *Monographie du Cercle de Man*, op-cit, p.26

riches n'ont pas été négligées mais le colatier particulièrement bénéficia d'un traitement spécial. L'administration encouragea la création de nombreuses plantations autour des villages. Les injonctions ne se faisaient pas au hasard. Elles obéissaient à un plan bien établi. L'administration imposa au moins cinq plants par case habitée. Ces directives furent tellement bien menées et exécutées qu'en 1917, l'autorité coloniale pouvait se féliciter des premiers résultats obtenus.

> « Les cultures riches n'ont pas été négligées. Des kolatiers ont été en semis, plus souvent en bouture à proximité des villages et à raison de 5 plants par case habités. Les résultats obtenus sont satisfaisants. Il existe aujourd'hui de nombreux villages possédant de belles plantations comptant plusieurs centaines de pieds[1] ».

Les données chiffrées sur les productions de colas sont très rares voire même inexistantes. On évaluait la production que par rapport aux chiffres fournis pas les postes douaniers concernant les recettes de la taxe sur les colas. Ainsi notait-on pour une recette douanière estimée à 396,85 francs en 1915 une production de 1887,4 kilogrammes de colas dans le sous-secteur Ouobé – Guéré.

> « La saison des colas n'a pas été bonne dans le sous-secteur ; 396 frs 85 de taxe ont été perçus représentant seulement 1887 kg 400 de colas vendus par les indigènes[2] ».

Dans la même année, par le même procédé on évaluait la quantité

[1] ANCI, 1QQ101/18, op-cit,

[2] ANCI, 1QQ93 (1) Cercle du Haut-Cavally, rapports sur la situation économique et commerciale d'ensemble des secteurs : Ouébé-Guéré ; Dan-Guéré ; Moyen-Cavally et Haut-Cavalyy, 1915-1919.

de colas sortie de Danané et de ses environs à '' *2 tonnes*[1]''.

Bien entendu ces chiffres ne sauraient refléter la réalité. Les productions étaient sans aucun doute beaucoup plus importantes. L'administration elle-même décriait la fraude. Les paysans contournaient encore à loisir les postes douaniers.

> « Il existe encore la fraude sur une grande échelle que malgré toute la surveillance il n'a pas été possible d'enrayer complètement, car il existe de très nombreux chemins de fraude, et les indigènes de connivence avec les dioulas facilitent à ces derniers les passages sur ces chemins[2] ».

Nous y reviendrons mais on peut déjà voir à travers cette fraude la persistance des échanges traditionnels que l'administration s'évertuait par l'institution des postes de contrôle douaniers et l'imposition de la taxe sur les colas à faire disparaître. Les estimations fournies par les postes douaniers nous donnaient par ailleurs une idée du volume des échanges en ce qui concerne le commerce de la cola dans les échanges traditionnels. Qu'à cela ne tienne, la cola compte dans la nouvelle économie en chantier et l'administration n'entend lésiner sur aucun moyen pour favoriser, augmenter et contrôler sa production.

L'administration ne fait pas que la promotion des richesses naturelles. A côté du bois, du caoutchouc et de la cola, elle entrevoyait également la vulgarisation de nouvelles cultures. En 1917 des essais de plantations de cacaoyers et de caféiers furent encouragés dans la région. Les résultats escomptés ne furent pas atteints mais elle en espérait de meilleurs dans un proche avenir. Le climat offrant déjà d'énormes possibilités

---

[1] ANCI, 1QQ93 (1) Cercle du Haut-Cavally, rapports sur la situation économique et commerciale d'ensemble des secteurs : Ouébé-Guéré ; Dan-Guéré ; Moyen-Cavally et Haut-Cavalyy, 1915-1919.

[2] ANCI, 1QQ90 ('2), op-cit

A ce propos, l'on peut rappeler l'expérience du poste de Dimbokro. En effet, sous l'instigation de l'administration, un dioula aisé dont le frère possède une petite plantation de cacaoyers aux environs de Dimbokro a entrepris à proximité du poste une plantation de cacaoyers. Les premiers résultats étaient si prometteurs que l'administration l'encouragea à diversifier ses cultures. Ainsi, il essaya la culture de caféier nain. Cette dernière n'a malheureusement pas donné les résultats escomptés. Les plantes étant cependant dans un climat favorable puisqu'on les rencontrait assez fréquemment à l'état spontané dans la forêt au sud de la subdivision. Il était possible d'avoir de bons résultats. Pourvu que les semis ne se fassent pas à une période défavorable et dans un terrain trop exposé. En tout cas, on espérait renouveler cette expérience dès l'apparition des premières pluies et dans un terrain couvert.

Les essais vont se poursuivre et ils connaîtront des résultats heureux bien plus tard. Mais en attendant, le trafic pouvait se faire avec les nombreuses richesses répertoriées.

2 – LES ECHANGES JUSQU'EN 1918

Un trafic important avait lieu sous l'œil vigilant de l'autorité coloniale ; les différents marchés institués au niveau des postes et censés être les lieux privilégiés des échanges marchands ne jouent pas encore pleinement ce rôle. Les raisons étaient nombreuses qui expliquaient cette situation. Elles tenaient pour la plupart à deux causes essentielles. D'une part, la rareté de la monnaie européenne et d'autre part, la fidélité d'une grande partie de la population autochtone aux méthodes traditionnelles. En fait, la rareté de la monnaie française conséquence de la guerre avait contraint l'administration à tolérer les pratiques anciennes. Malgré, ces difficultés les mouvements d'échanges gagnaient au fil des jours en intensité. On distinguait alors, un trafic intérieur avec comme point de référence les marchés des centres urbains en gestation et un trafic extérieur tourné vers les centres de redistribution des marchandises européennes et d'exportation de produits du cru.

2-1- *Le trafic intérieur*

Favorisé par une politique d'équipement soutenue et orientée, le commerce intérieur se faisait essentiellement dans les différents postes créés dans la région. Les marchands impliqués dans le trafic intérieur étaient en majorité, comme nous l'avions évoqué, les acteurs des échanges traditionnels. Il s'agissait des autochtones de la région et des dioulas venus des régions soudanaises.

Les soudanais à la recherche des produits forestiers notamment de colas apportent sur les marchés du sel, des bandes de tissu et produits artisanaux. Les populations Wê et Dan, elles proposaient à la vente les nombreuses richesses agricoles de la région : riz, maïs, manioc, huile de palme, colas ; du poisson fumé et quelques produits de l'artisanat notamment les nattes, les corbeilles, de la poterie.

> « Les dioulas apportent principalement du sel et des tissus ;les indigènes viennent vendre du riz, du maïs, du manioc, de l'huile de palme, du poisson fumé, des nattes et des kolas[1] ».

Malgré la rareté du numéraire français et les réticences encore prononcées des populations locales à l'égard de ces nouveaux signes monétaires, l'administration avait pu fixer les prix des marchandises les plus courantes. En 1917, le prix du riz oscillait entre 0f, 20 et 0f, 25 le kilogramme pendant les périodes de vaches grasses, c'est-à-dire du dernier trimestre de l'année suivante. Les périodes de disette voyaient le prix du kilogramme de riz grimper à 0f, 50. L'huile de palme se vendait dans la même année à 0f, 50 le litre. Les prix de cola étaient également fonction de la période mais ils dépendaient surtout de la quantité des acheteurs.

Aussi, selon la conjoncture avait-on pour 5 francs 200 à 250 noix ou bien 100 à 150 noix.

---

[1] ANCI, 1QQ101/18, op-cit

« Le riz a donné lieu au début de l'année à d'assez nombreuses transactions. Il se vendait alors de 0f, 20 à 0f, 25 le kilo. Actuellement, il est rare et se vend 0f, 50 le kilo. Les kolas se vendaient au début de l'année les 200 à 250 noix pour 5 frs. Actuellement, il y a une petite saison des kolas et, étant donné les nombreux acheteurs les prix sont de 100 à 150 noix pour 5 frs.

L'huile de palme est apportée au marché en assez grande quantité… au prix de 0f, 50 le litre[1] ».

Jusqu'en 1919, les directives administratives qui règlementaient et évaluaient les transactions commerciales n'ont pu atteindre leurs objectifs. Les populations locales préféraient encore de loin les méthodes d'échanges traditionnels. Les monnaies anciennes, le sombé par exemple frappé par une interdiction n'avait certes plus court à cette période mais les populations procédaient par échange de produits.

Malgré les efforts déployés par l'autorité coloniale pour la surveillance des transactions et pour que les échanges se fassent contre de l'argent, les résultats escomptés tardèrent à venir. Seule une solution adéquate au manque de numéraire occasionné par la crise mondiale pouvait inverser la situation.

En attendant, l'administration ne pouvait qu'assister impuissante à la persistance des méthodes d'échanges traditionnels. C'est, par exemple, le cas à Kouibly dans le sous-secteur Ouobé-Guéré.

La situation économique du sous-secteur Ouobé-Guéré n'avait pas subi de changement, elle était toujours précaire. Les dioulas venant dans le pays n'apportaient que peu de marchandises qu'ils avaient du reste assez de peine à écouler, le numéraire faisant défaut

---

[1] ANCI, 1QQ101/18, op-cit

ici et les autochtones n'y tenant pas beaucoup, ils préféraient les échanges avec leurs produits et quoique l'obligation soit formelle de faire ces échanges contre de l'argent, et malgré la surveillance exercée, les résultats obtenus étaient plus que médiocres.

Le seul motif de satisfaction de l'administration à cette époque semblait être la familiarisation des ''indigènes'' avec les nouveaux marchés institués dans les postes. Un certain nombre d'infrastructures avaient été créées à cet effet. Il s'agissait notamment des gîtes – étapes construits le long des grands axes commerciaux pour le repos des caravaniers. A Man 40 cases caravansérails avaient été construites pour abriter les commerçants venus vendre leurs marchandises.

En 1916, l'administration pouvait être satisfaite des premiers résultats. A Man, par exemple '' *on enregistre une croissance considérable du mouvement des caravanes et le marché de Man devient un très gros marché de colas. Les 40 cases caravansérails étaient devenues insuffisantes, 20 nouvelles cases ont été construites. L'importance du trafic de bœufs se chiffre par la vente de 60 à 70 bœufs durant le mois de décembre*[1]''.

L'on a pu faire le même constat à Kouibly où affluaient désormais de nombreux marchands soudanais, et les populations des régions environnantes qui naguère ne connaissaient que les anciens marchés de Man et Sémien. Au-delà, on notait chez les populations Wê de Kouibly une tendance à accepter le numéraire français.

> « Le marché de Kouibly a pris une certaine importance. La plupart des indigènes du Nord de la subdivision, des habitants de Man et de Séguéla, de nombreux dioulas qui ne connaissaient autrefois que les marchés de Man et Sémien fréquentent actuellement celui de Kouibly. D'un autre côté, les Ouobés et Guérés commencent à connaître la valeur de l'argent et

---

[1] Yayat d'ALEPE, ''*La prolifération des ''marchés du commandant''* en Côte d'Ivoire'', op-cit, p.204

si certains acceptent, encore, les échanges beaucoup d'entre eux exigent le paiement des denrées et produits en argent[1] ».

Cette tendance se confirme davantage en 1918. Ainsi que le rapporte ici le chef de poste de la localité.

« Le marché de Kouibly est de plus en plus fréquenté et prend une importance sérieuse. Des indigènes de Man, Séguéla, Sémien y apportent même des ovidés[2] »

Les rapports ne donnent aucune estimation chiffrée. Les taux de fréquentation ne peuvent être réellement saisis. Même si, ces chiffres étaient disponibles la comparaison avec les échanges précoloniaux aurait été difficile. La tradition orale étant fort avare en chiffre. Voir les populations fréquenter les marchés des postes était donc pour l'heure, le seul motif de satisfaction de l'administration.

Nous pouvons également évoquer les bénéfices de la taxe sur la cola même si, à ce niveau, la fraude reste encore à juguler.
Le trafic intérieur – les transactions commerciales qui ont lieu au niveau des postes – visait surtout à satisfaire les besoins des personnels administratifs et militaires en produit du sol. Et plus, les populations de ces nouveaux centres urbains gagnaient en nombre, plus le trafic s'intensifiait.

« Le commerce intérieur du cercle est limité à la vente aux tirailleurs et aux dioulas des produits du sol, par suite de l'augmentation de la population flottante, la vente de ces produits

[1] ANCI, 1QQ 101/18 Cercle de Touba, rapports sur la situation économique et commerciale des postes de Touba, Man, Kouibly, 1917

[2] ANCI, 1QQ 101/18 Cercle de Touba, rapports sur la situation économique et commerciale des postes de Touba, Man, Kouibly, 1918

> fournit aux indigènes des ressources appréciables[1] »

De par ses objectifs et sa nature, ce commerce conserva à quelques variantes près les caractères des échanges précoloniaux. Les productions, les acteurs et surtout les méthodes utilisées n'étaient pas, de ce point de vue, les moindres des détails. La présence européenne dans ce tableau ne se percevait, en définitive, entre autres détails, que par l'utilisation encore infirme de la monnaie française, de la présence de quelques boutiques isolées aux alentours des marchés où on peut remarquer accrochés des pagnes, des foulards de couleur. En fait, jusqu'à 1918, le commerce européen, c'est-à-dire la vente de produits d'exportation européenne dans la région était négligeable. On peut le remarquer à travers cet extrait de rapport.

> « Les marchés du cercle de Touba tirent leur animation de l'élément commercial indigène. La vente au détail des produits locaux tient de beaucoup la place la plus importante : céréales, tubercules légumes, condiments, fruits, huile, tabac, coton, etc...A l'un des angles de la place, le boucher a terminé la confection de ses petits tas de viande à 50 centimes. A l'ombre d'un grand arbre acheteurs et vendeurs de colas comptent et recomptent leurs paniers de noix rouges et blanches. Dans un espace réservé les bœufs se tiennent immobiles. Plus loin, des femmes achèvent de cuire à la volée des pyramides de vases de marmites. Enfin les boutiques qui entourent la place sont pavoisées

[1] ANCI, 1QQ 101/18 Cercle de Touba, rapports sur la situation économique et commerciale des postes de Touba, Man, Kouibly, 1918

> de pagnes et de foulards aux couleurs les plus chatoyantes[1] ».

On observe dans ce tableau, la persistance des caractères des échanges traditionnels malgré la présence de l'administration coloniale.

Les indicateurs que sont les acteurs, les produits échangés, le site, l'animation du marché, les mouvements qu'un regard étranger assimile facilement à un désordre, traduisent éloquemment la vivacité des méthodes anciennes. Le commerce européen, qui, se signale timidement par la présence de quelques boutiques isolées aux alentours des marchés, reste encore marginal.

Il en fallait un peu plus, tant du point de vue des infrastructures que de la réglementation, pour imposer les produits européens.

Le 28 février 1911[2], un arrêté local interdisait le commerce européen dans la région militaire de l'ouest. A la suite de cet arrêté, un autre, daté du 20 février 1916[3], modifiait cette disposition ; limitant l'interdiction non plus à la région militaire de l'ouest, mais au cercle militaire du Haut-Cavally. Le 14 juin de la même année, l'arrêté 137 du 20 février est modifié comme suit, les districts du Haut-Cavally énumérés ci-après sont ouverts au commerce européen :

> « … tous secteurs Dan du secteur Dan – Guéré, les cinq cantons Iessé, Gourossé, Oua – Nord, Oua – Centre et Houné du secteur du Haut – Cavally[4]».

Les produits européens : sucre, pétrole, bougie, savons, etc furent ainsi leur apparition dans la région notamment à Danané.

---

1 ANCI, 1QQ 101/25 Cercle de Man, poste de Kouibly, rapports économiques et commerciaux du poste de Kouibly, 1918

2 ANCI, *JOCI*, 1916, p.256

3 *Idem*

4 *Ibidem*

Mais, cela n'était pas suffisant et jusqu'en 1918, on pouvait dire que le commerce européen n'avait véritablement pas pris pied dans la région. Les raisons invoquées étaient surtout liées à la cherté des marchandises. Par exemple, le prix d'un pagne de fabrication européenne de bonne qualité n'était pas en deçà de 20f la pièce ; le kilogramme de sucre coûtait 4 francs alors que le litre d'huile de palme, produit local, en période de disette atteignait tout au plus 0f, 50 ; il en était de même du kilogramme de riz. Les bougies se vendaient à 2 f francs le paquet.

> « Les prix des tissus de fabrication européenne varie selon la qualité. Les pagnes les plus grands et les plus solides coûtent 20 francs pièces.
> Les autres produits sont assez rares. On trouve cependant du sucre à 4 francs le kilogramme et des bougies à 2 francs le paquet[1] ».

Nous parlons de cherté des produits européens surtout à cause de la rareté du numéraire français. Les rapports sont unanimes sur le fait. C'est même la raison pour laquelle, le paiement de l'impôt en nature était toléré. On imagine alors difficilement, ''l'indigène'' qui a peine à s'acquitter de l'impôt de capitation à 2f, 50, débourser 20 francs pour une pièce de pagne fut-elle, la plus belle et la plus solide du monde.

Ainsi jusqu'en 1918, on peut dire que le commerce européen occupe une place marginal dans le trafic intérieur, l'administration qui très tôt s'est intéressée aux produits dits riches, a sans doute, poussé l'Européen à s'investir beaucoup plus dans le trafic extérieur.

---

[1] ANCI, Monogra0phie de Man 17 S/D, *Monographie du Cercle de Touba*, op-cit, p.15

2-2- *Le trafic extérieur*

Le commerce extérieur fait référence ici aux opérations d'achat et d'exportation de produits du cru et de vente de produits importés. Visée principale de la politique coloniale, cette activité était presqu'exclusivement aux mains de l'Européen. Elle se confondait un peu donc au commerce européen. L'Européen était soit représentant de maison de commerce, soit traitant. En 1910, on notait dans la région de nombreuses compagnies de commerce dont les activités s'étendaient également à la région d'Odienné. Les maisons Dévès chaumet et compagnie, l'Africaine Française, De Tessières et Garde, la Société Commerciale du Soudan français, Cochez, Gobinet et frères et les familles Luhan et Teissière se présentaient comme les principaux animateurs du commerce d'exportation et d'importation.

> « Le commerce européen est représenté dans le cercle de Touba par un assez grand nombre de maisons de commerce établies dans les contrées de Touba, Odienné, Maninian.
> Ce sont : Dévès Chaumet et Cie L'Africaine Française De Tessières et Garde Société Commerciale du Soudan Français L. Cochez, Gobinet et Frères et Cie. Luhan père et fils et A. Teissière Toutes ces maisons sont représentés par un agent européen résidant soit à Touba, soit à Odienné[1] »

Ces maisons s'occupaient principalement et presqu'exclusivement de l'achat et de l'exploitation du caoutchouc, de la cola, des amandes de palme et accessoirement des produits de la faune notamment de l'ivoire.

> « Le commerce européen consiste presqu'exclusivement dans l'achat du

[1] ANCI, Monographie de Man 17 S/D, *Monographie du Cercle de Touba*, op-cit, p.15

> caoutchouc et de l'ivoire et dans la vente de tissus. Le caoutchouc est acheté aux récolteurs par l'intermédiaire de traitant où de boutiquiers indigènes installés sur les marchés de la région[1] ».

En 1911, les transactions sur le caoutchouc et l'ivoire étaient relativement importantes. Concernant le caoutchouc, les prévisions fortement affectées par la crise du numéraire prévoyaient une production annuelle de 25 à 30 tonnes estimée globalement à 100.000 frs. On prévoit pour l'ivoire, une production d'une tonne dont le coût avoisinerait au moins 12.000 francs.

> « L'importance des transactions effectuées dans le cercle de Touba est relativement considérable. Les achats de caoutchouc se réduiront à l'avenir à 25 ou 30 tonnes par an, d'une valeur de 100.000 francs et ceux de l'ivoire à une tonne au maximum valent 12.000 francs[2] ».

Jusqu'à la fin de la première guerre mondiale, les importations étaient presqu'insignifiantes voire même nulles. En effet, jusqu'en 1916, la région de Man était fermée au commerce d'importation européenne. L'arrêt pris le 14 juin 1916 n'a ouvert le commerce qu'à une partie de la région, en l'occurrence, le district de Danané. Les produits importés dans les zones ouvertes à ce trafic étaient pour l'essentiel composés de tissus, de métaux et de produits de toilette. Ces produits ne pouvaient dans cette période de crise s'imposer aux populations. Celles-ci n'étaient non seulement pas habituées à ces productions, mais aussi et surtout elles, ne pouvaient en disposer faute de moyens. Les marchandises européennes avaient des coûts

---

[1] ANCI, Monographie de Man 17 S/D, *Monographie du Cercle de Touba*, op-cit, p.15

[2] ANCI, Monographie de Man 17 S/D, *Monographie du Cercle de Touba* ? op-cit, p.14

prohibitifs pour des populations qui, acceptaient encore avec peine, le numéraire français.
En 1917 à Man, le commerce européen était nul ou à peu près. Il n'existait qu'une seule maison ravitaillée par Daloa. Les transactions au début de l'année portaient principalement sur les métaux. Les ventes étaient très faibles. Les marchandises courantes, les denrées qu'on jugeait bon de relancer dans la consommation journalière des indigènes subissaient des hausses *''exorbitantes autant que maladroites*[1]*''*.

C'est dire qu'en 1917, l'on ne pouvait véritablement parler de commerce de produits européens dans la région. L'inflation occasionnée par la crise est telle que l'européen est obligé de réduire au maximum les importations.

Les exportations seront par conséquent prédominantes. En 1918, les exportations de caoutchouc – exportations dont le prix n'a, par ailleurs, cessé de chuter depuis le début de la crise, passant de 10 francs le kilogramme à 4 voire 3 francs[2], et surtout la cola prennent de l'ampleur.

> « Les articles d'exploitation sont le caoutchouc et les noix de colas. Mais le produit dont l'exportation se fait dans les plus grandes proportion est le cola[3] ».

Comme nous l'avions vu, on évalue l'importance du trafic de la cola par les chiffres que fournissent la taxe sur ce produit. Ainsi en 1918 à Man, la taxe sur la cola a rapporté à l'administration, au premier trimestre de l'année, plus de 85.000 francs. On prévoyait pour la fin de l'année si les récoltes étaient bonnes, atteindre la somme de 100.000 francs.

---

[1] ANCI, 1QQ101/18, Cercle de Touba, rapport sur la situation économique et commerciale des postes de Touba, Man, Kouibly, 1917

[2] ANCI, Monographie de Man 17 S/D, *Monographie du Cercle de Touba*, op-cit, p.15

[3] ANCI, 1QQ101/25, op-cit

> « La récolte dernière a été particulièrement abondante, la taxe depuis le 1er janvier 1918 a rapporté 85.065 frs 25, si la récolte prochaine se fait dans de bonnes conditions les sommes perçues pour 1918 se rapprocheront de 100.000 frs[1] »

Les amandes de palme ont fait partie des exportations en 1917 pour 4.500 kg. On en prévoyait au moins 6.000 kg pour l'année suivante sur le marché de Bouaké. 4 tonnes de caoutchouc ont été vendues au premier trimestre de 1917. Dans la même année, une hausse a été enregistrée au dernier semestre et on évaluait la production à 11 tonnes.

> « Au cours de l'année 1917, 4.500 kgs d'amandes de palme ont été à Bouaké et environ 5 à 6.000 kgs pourront être expédiés dans le début de 1918.
> Le caoutchouc a donné d'excellents résultats. Du mois de janvier au mois de mars, 4 tonnes ont été vendues et du mois d'août à décembre, la production a encore augmenté et a atteint 11 tonnes[2] ».

Bouaké a également accueilli, en 1918 d'importantes quantités de ricin. Plus de 1.000 kg ont été expédiés par le poste de Kouibly.

> « Les envois de ricin sur Bouaké continuent. Il a été expédié pendant le mois de mai 930 kg et 1.110 en juin[3] ».

---

[1] ANCI, Monographie de Man 17 S/D, *Monographie du Cercle de Touba*, op-cit, p.15
[2] P. KIPRE, *Villes de Côte d'Ivoire 1893-1940*, op-cit, p.161
[3] ANS, 2G34.28, op-cit

Par ces exportations, on pouvait, en effet, mesurer l'importance des activités des maisons européennes installées dans la région.

Les maisons de commerce notamment l'Africaine française et la société commerciale du soudan français et les négociants tels Devès Chaument, De Tessières, Cochez, Gobinet, Luhan et Teissière représentés à Touba avaient des représentants à Man et étaient très actifs dans l'exploitation du caoutchouc et de la cola. Ces différents acteurs du commerce européen avaient fondé *''leurs méthodes sur un réseau de comptoirs, de factoreries et de sous-factoreries*[1]*''*.

Les activités des traitants dont *'' la plupart travaillent en collaboration avec les maisons européennes établies dans la colonie et servent '' d'avant-garde '' aux factoreries européennes*[2] *''* étaient orientées vers Daloa et Bouaké. Dans cette perspective, le traitant avait dans l'articulation des échanges extérieurs de la région une place particulière. Il était en effet, l'homme de terrain, celui qui prospecte et met à la disposition des maisons de commerce, les informations sur les denrées exportables. Il favorisait également les importations de produits européens. Comme le rapportait Professeur Pierre KIPRE, le traitant pouvait se définir d'abord comme un commerçant dont l'action n'était véritablement manifeste qu'en période de '' *traite* '', c'est-à-dire au moment où s'effectuait la commercialisation des denrées d'exportation. Son activité était donc saisonnière et il était en relation avec les exportateurs de ces produits. Ces relations en faisaient aussi, et particulièrement à cette époque, un prospecteur *''de région productrices de denrées exportables.''*

Toutefois, même si l'achat de produits dans les centres de l'intérieur occupait au moins autant de place que la vente dans les centres d'expédition (gares, wharfs) le traitant n'excluait pas de ses activités l'écoulement à la morte saison de quelques articles d'importation.

---

[1] ANCI, 1QQ101/25, op-cit

[2] ANCI, 1QQ101/25, op-cit

A côté, on avait également les marchands dioulas. Ceux-ci, malgré, la prépondérance des maisons de commerce européen n'ont guère disparu. Ils se sont maintenus et s'appuyaient sur les méthodes traditionnelles qu'ils avaient développées depuis l'époque précoloniale.

Leur organisation était essentiellement familiale et ils appliquaient des méthodes déjà en honneur à l'époque pré-coloniale. Ce qui prévalait ici, c'était plus le *"marchandage que le crédit, la vente ou l'achat direct plutôt que le système de l'adjudication*[1]*"*.

Ils s'intéressaient presqu'exclusivement au commerce de la cola et c'est, par ailleurs, eux qui empruntaient les chemins détournés, pour éviter les postes de douane établis. Par leurs actions, une partie du commerce des noix de cola suivait encore les anciennes routes commerciales orientées vers les régions soudanaises. A ce niveau, il est difficile d'avoir des estimations sur les quantités exportées et sur les chiffres d'affaire réalisés. Parlant de chiffre d'affaire, il est à relever que, nous n'avions pu disposer de données également concernant les maisons de commerce et les traitants européens. Les sources consultées pour cette période étaient muettes sur la question.

En définitive, jusqu'en 1918, l'économie coloniale en chantier éprouvait encore d'énormes difficultés à s'imposer surtout dans le domaine du commerce. Affectés par la crise mondiale, les efforts de l'administration dans le domaine des travaux public – création et aménagement des voies de communication terrestre et fluviale, construction de marché – et les mesure et directives visant à l'amélioration de la production agricole et à l'imposition de la monnaie européenne n'ont pu détourner les populations des méthodes d'échanges traditionnels et imposer le commerce européen. Les anciens réseaux d'échanges ont certes été influencés et orientés vers les nouveaux postes, mais les objectifs étaient encore loin d'être atteints. La cloison séparant *" l'indigène"* du commerce européen était

[1] P. KIPRE, *Villes de Côte d'Ivoire 1893-1940*, Op-cit, p.161

encore étanche. Il ne pouvait par conséquent pleinement être un agent du commerce colonial. Il faut pourtant l'y contraindre. C'est à cela que vont tendre, après la première guerre mondiale, les efforts de l'administration. Pour atteindre cet ultime objectif, un accent particulier va être porté à l'agriculture. Car l'agriculture s'impose, non seulement comme un moyen efficace pouvant permettre de juguler la crise financière, mais aussi et surtout parce que, la majeure partie de la production agricole est orientée vers le commerce.

CHAPITREII

L'ESSOR DU COMMERCE COLONIAL : DE LA FIN DE LA PREMIERE GUERRE A LA VEILLE DE LA SECONDE GUERRE MONDIALE

A la fin de la première guerre mondiale, l'administration avait clairement identifié les blocages qui entravaient le décollage effectif du commerce européen. La diffusion encore partielle du numéraire français était, de loin, le facteur le plus important. L'imposition de la monnaie européenne ne pouvait cependant s'opérer, sans une augmentation efficiente de la production agricole, capable de procurer aux populations les ressources nécessaires. Un accent particulier devait, à cet effet, être porté à l'agriculture, base indispensable du mouvement commercial, surtout, dans une atmosphère de crises récurrentes.

> « Le meilleur moyen de réagir contre la dureté des temps était d'augmenter la production et notamment la production agricole qui est la base de tout le mouvement commercial. Nous travaillons ici dans un cycle fermé. Les importations sont fonction des exportations. L'indigène qui, ne l'oublions pas, est le gros consommateur, le gros acheteur par conséquent n'achète que s'il a de l'argent[1] ».

[1] A.N.S, 2G33.29 Côte d'Ivoire, Rapports économiques, 1933, p.104

Avant d'étudier le mouvement commercial proprement dit – lequel, nous permettra de déterminer le niveau d'implication des populations locales et la part des échanges traditionnels – nous nous intéressons, dans un premier temps, aux mesures prises pour renforcer la production agricole et les infrastructures.

Aussi, essayerons-nous de montrer la contribution du travail agricole au commerce. Car, comme nous l'avions relevé, les produits de l'agriculture sont pour la plupart orientés vers le commerce. Tel est l'objet de l'intérêt accordé à la redynamisation de l'agriculture, et qui, nous a permis, subséquemment, d'étudier successivement, l'action des services de l'agriculture, de la station agricole et de la société de prévoyance. Service de l'agriculture, station agricole et société de prévoyance agricole étaient, pour ainsi dire, les instruments privilégiés de la politique agricole coloniale. Les agents de l'agriculture avaient essentiellement pour rôle la vulgarisation des richesses naturelles et la promotion des nouvelles cultures. Leur installation dans la région de l'ouest fut favorisée par le passage du territoire à l'administration civile. La station agricole était une institution de recherche, dont l'objectif premier, était la réalisation d'études indispensables au développement des cultures nouvelles. Elle avait également vocation à former les agents agricoles.

La société de prévoyance jouait le rôle de structure de régulation chargée de l'approvisionnement en graines des paysans. Par cette fonction, elle veillait à la prévention des pénuries. Elle s'occupait, par ailleurs, de l'équipement des producteurs afin d'améliorer le rendement agricole.

Ces institutions ont énormément contribué à l'essor de l'agriculture. Sans elles, l'agriculture n'aurait, sans doute, pas été l'un des facteurs indispensables au développement du commerce colonial.

I – LA REDYNAMISATION DE L'AGRICULTURE ET L'ESSOR DU COMMERCE COLONIAL

Différents canaux ont été utilisés pour la promotion et la redynamisation de l'agriculture. Le service de l'agriculture, la station agricole et la société de prévoyance indigène ont été des vecteurs déterminants à Man.

1- LES ACTIONS DES AGENTS DE L'AGRICULTURE, DE LA STATION AGRICOLE ET DE LA SOCIETE DE PREVOYANCE.

Les richesses naturelles exploitées dans les colonies avaient permis
à la métropole de résister pendant la crise. La guerre achevée, le travail de la terre s'imposait à l'administration comme une nécessité. L'agriculture à cet effet devrait être le pilier de l'économie notamment du commerce colonial. En 1925 le Gouverneur-Général dans son rapport économique faisait remarquer déjà l'importance de l'agriculture dans les performances économiques et commerciales enregistrées sur l'ensemble du territoire.

Il se réjouissait, en effet, des résultats acquis qui ont favorisé une grande prospérité tant au point de vue commercial qu'à celui des recouvrements douaniers. Cette progression du mouvement économique qui allait en s'amplifiant n'était pas due simplement à des circonstances favorables. Elle est la résultante de l'action méthodique de l'administration pour le développement des ressources agricoles, vivrières et forestières. Le service de l'agriculture, bien organisé vulgarisait les meilleures méthodes de plantation ou de préparation des produits.

Ils étaient, pour ainsi dire, désormais au centre de la politique économique coloniale. Leurs tâches principales consistaient par une politique d'encadrement, au renforcement des capacités des paysans et à la vulgarisation de nouvelles cultures et de nouvelles méthodes. Les agents de l'agriculture qui, dans la politique de développement des colonies, étaient chargés de coordonner l'ensemble des activités d'exploitation agricole étaient aidés dans leur mission, lorsqu'ils n'étaient pas directement mis à contribution, par diverses institutions notamment les stations agricoles et les sociétés de prévoyance. Celles-ci étaient bien représentées à Man et leurs actions conjuguées avec celles des agents du service de l'agriculture contribuèrent fortement à l'accroissement de la production.

1 – 1 – L'agent du service de l'agriculture

Le rôle de l'agent du service de l'agriculture institué, dans la quasi-totalité des cercles de l'ouest forestier après le passage de ces territoires à l'administration civile, était essentiellement une mission de vulgarisation des richesses déjà existantes et des nouvelles cultures pour lesquelles des études antérieures avaient déterminé la compatibilité avec les sols de ces régions. Un rapport publié en 1932 relevait que chacun des cercles de Sassandra, Daloa, Man avaient été *'' pourvu d'agents du service de l'agriculture, chargés de la vulgarisation*[1]*''*.

A Man, les premiers essais de culture de caféiers et de cacaoyers remontaient à 1917. Cependant, le service de l'agriculture entreprit, dans un premier temps, de consacrer ses efforts aux cultures de caféier et du colatier beaucoup plus adaptés aux réalités pédologiques de la région.

> « Un effort important est commencé dans le cercle de Man en vue de l'intensification de la culture du caféier et du colatier toutes deux bien adaptées au pays[2] ».

Le programme de vulgarisation prévoyait la création de plantations dans chaque chef-lieu de canton. Des plantations modèles

[1] *A.N.S 2G.3261 Côte d'Ivoire, service de l'agriculture, rapport agricole annuel, 1932, p.p 118-120*

[2] *A.N.S 2G.3261 Côte d'Ivoire, service de l'agriculture, rapport agricole annuel, 1932, p.p 118-120*

d'au moins 3 hectares de caféiers en association avec le colatier. Les villages devraient être également pourvus de plantations du même type en fonction de la densité de la population. Ces plantations de type industriel sous le contrôle de l'agent du service de l'agriculture bénéficiaient d'importantes commodités techniques facilitant leur production.

Aussi, existait-il pour chaque plantation modèle, une fiche technique d'identification rigoureusement tenue par l'expert agricole et sur laquelle étaient indiqués entre autres mentions l'emplacement, la nature du terrain, la culture pratiquée. Ces renseignements utiles pour le technicien de l'agriculture étaient également importants pour le commandant de cercle. Il en recevait une copie et au besoin orientait les efforts de l'administration.

L'administration était formelle. Il fallait, en effet, mettre en chantier le plus tôt possible les recommandations des services de l'agriculture.

C'est-à-dire la création dans chaque chef-lieu de canton d'une plantation modèle de 3 à 5 hectares de caféiers en association avec le colatier. Des plantations étaient également prévues dans chaque village. Les superficies de ces dernières devaient être en relation avec le nombre d'habitants. Il s'agissait, en réalité, des plantations industrielles dont la surveillance incomberait à un agent du service de l'agriculture pour éviter toute mise en place défectueuse et un gros déchet.

Ces actions combinées avec celles de la station agricole donnèrent beaucoup plus de poids au programme de vulgarisation agricole.

1 – 2 – La station agricole de Man

Créée par l'arrêté n°1933 A.E. du 23 octobre 1929, la station agricole de Man avait comme objectif premier l'étude du quinquina et du caféier dans le massif montagneux de Man. Elle devait s'attacher à élucider toutes les questions se rattachant à ces cultures notamment leur adaptation au milieu, la mise en œuvre de techniques culturales appropriées, la détection et l'éradication d'éventuels cas de maladies.

> « Le projet de création d'une station chargée de l'étude du quinquina dans le massif montagneux de Man élaboré en 1926-1927 fut mis à exécution en fin d'année 1929 dès que l'effectif du personnel du service permit d'affecter un fonctionnaire à cette création.
> L'arrêté n°1933 A.E. du 23 octobre a crée la station de Man qui est spécialisée dans l'étude du quinquina et du caféier et de toutes les questions se rattachant à ces cultures : adaptation des espèces au milieu, sélection, technique culturale, maladies, fertilisation du sol[1] ».

Devant abriter des pépinières de cultures, la station ne pouvait s'adapter à n'importe quel terrain. Il fallait pour les pépinières et les champs d'essais un site approprié ; c'est-à-dire, un site répondant aux
normes de sol, d'altitude et d'approvisionnement en eau. Le constat à priori, après une prospection aux environs des subdivisions de Danané et de Man laissait à désirer. Les massifs culminant presque 1.000 mètres étaient non seulement d'accès difficiles mais aussi et surtout manquaient d'eaux.

Les recherches menées dans cette première étape avaient conduit à prospecter toute la région en épargnant aucun endroit susceptible de donner les meilleures garanties. La région fut passée au peigne fin. Les appréhensions de l'administration ont été dans une large mesure, confirmées. Les massifs qui dominent Man étaient, d'une façon générale, couronnés de bancs rocheux d'accès difficiles. Par ailleurs et ce n'était pas le moindre des détails, ils étaient presque

---

[1] A.N.S 2G.3261 Côte d'Ivoire, service de l'agriculture, rapport agricole annuel, 1932, p.p 118-120

tous dépourvus d'eau. Les pentes elles-mêmes constituées parfois par des terres profondes et riches ne permettaient pas l'installation de cultures étendues.

Le site idéal devait être relativement plat au plus 40 mètres d'altitude, arrosé en toute saison pour faciliter l'approvisionnement en eau du personnel et l'arrosage des pépinières. L'intersection formée par les axes routiers Man – Duékoué et Man – Danané au kilomètre 8 de la route Man – Duékoué présentait les meilleures conditions. Cet emplacement fut alors retenu pour abriter la station agricole.

> « Un point a paru remplir les conditions désirables à l'installation d'une station d'essais. Il est situé au km 8 de la route Man – Duékoué dans l'angle formé par cette route et celle de Duékoué. Le sol est argilo-silicieux, représentant la moyenne des sols de la région. La présence d'un ruisseau à débit abondant même en saison sèche permet l'alimentation en eau du personnel, l'arrosage facile des pépinières. L'altitude approximative est de 40 m et est abrité des vents du N. et N.E[1]

Dès sa naissance, la station de Man s'est attachée les services de l'école de vulgarisation agricole de Soubré. Elle y envoya en formation, à la fin de l'année 1929, 12 de ses agents. Ceux-ci devaient être formés aux méthodes de vulgarisation du cacaoyer et du caféier. L'école de vulgarisation agricole de Soubré comptait à cette période 153 élèves venant outre la subdivision de Man, des cercles et subdivision de Sassandra, Gagnoa, Divo, Lakota, Gouros, Daloa, Tabou. Le tableau ci-après indique le nombre d'élèves par cercles et subdivisions.

---

[1] A.N.S 2G.32.42 Côte d'Ivoire, service de l'agriculture, rapport agricole annuel, 1932, p.75

« L'école de vulgarisation agricole de Soubré a normalement fonctionné en 1929, la direction ayant pu être assurée par un conducteur des travaux agricoles. Au 31 décembre le nombre des élèves suivant l'enseignement est de 153. Il avait été admis 183 dont 30 se sont enfuis. Ils proviennent des cercles et subdivisions suivantes :

- Sassandra 10
- Soubré 22
- Gagnoa 39
- Divo 5
- Lakota 5
- Gouros 20
- Man 12
- Guiglo 15
- Daloa 20
- Tabou 5 [1]»

La station d'essais de Man était également en relation avec la station agricole de Bingerville de laquelle elle reçut, en novembre 1929, ses premiers caféiers pour la préparation des plantations de 1930. 40 plants de caféiers de Colombie, avaient à cet effet, été expédiés.

« Afin de préparer les plantations de 1930, 40 plants de caféiers de Colombie élevés à la station de Bingerville ont été expédiés à Man[2] ».

---

[1] A.N.S 2G 29.42 Côte d'Ivoire, service de l'agriculture, rapport agricole annuel, 1929, p.p 72-74

[2] A.N.S 2G.29.42 Côte d'Ivoire, service de l'agriculture, rapport agricole annuel, 1929, p.p 72-74

Les livraisons se sont poursuivies. Elles visaient également à préparer les plantations de 1931. Le tableau ci-après nous en donne les détails.

TABLEAU RECAPITULATIF DES QUANTITES DE GRAINES ET DE VARIETES DE CAFE FOURNIES EN 1929 A LA SATION DE MAN[1]

DATES	QUANTITES	NATURE
17-10-29	500 graines	C. Stémophylla (arbre à 2 lignes) 18. carré XII station Bingerville
17-10-29	500 graines	Café hybride (arbre à 1 lignes) 18. carré XV Station Bingerville
29-10-29	100 graines	Café type cros Indénié S.P.A.O (M'batto)
30-11-29	300 graines	ASSIKASSO. L.15.A.20 carré XII Station Bingerville
17-12-29	500 graines	ASSIKASSO. L.15.A.19 carré XII Station Bingerville
16-12-29	14.480	Arabica Togo I
16-12-29	1.000	Arabica Togo

[1] A.N.S 2G.29.42 Côte d'Ivoire, service de l'agriculture, rapport agricole annuel, 1929, p.p 72-74

Le tableau indique plusieurs variétés de café : Café stémophylla, café hybride, type Indénié, Assikasso, Arabica. La mise à l'essai devrait permettre de déterminer les variétés qui convenaient le plus au climat de montagne et à la nature des sols de la région. La vulgarisation devant intervenir après cette première étape.

La vulgarisation entra dans sa phase active après 1930. En 1932, les rapports notaient 21.272 plants de caféiers distribués aux paysans. 14 villages ont pu alors bénéficier de 15.149 plants de caféiers robusta. Les pépinières de village disposaient de plus 300.000 plants à la fin de l'année. Et les efforts avaient été jugés suffisants.

> « La station a distribué 21.272 caféiers. Les plantations modèles de 14 villages, faites en c. Robusta à 3x3 ou 4,50x4, 50 ont absorbé 15.149 plants, soit un total de 36.421 plants mis en terre. Dans les pépinières de village, il a été recensé en fin d'année 300.000 plants desquels 163.000 avaient été repiqués en pépinière de développement. Les plantations à exécuter en 1933 ont été préparées[1] ».

Dans la même année, on enregistra également une intensification de la culture du colatier dans le cercle. Les pépinières réalisées par la station
en 1931 et contrôlées au premier trimestre 1932 comptaient un pourcentage de germination de 46,4%. Cela laissait entrevoir des résultats prometteurs. Dans le même temps, la station a pu mettre à la disposition des planteurs plus de 19.000 jeunes plants et semer plus 270.000 noix.

> « La culture du colatier est également activement poussée dans le cercle de Man.

[1] A.N.S 2G.32.42 Côte d'Ivoire, service de l'agriculture, rapport agricole annuel, 1932, p.p 118-120

> 19.120 jeunes plants ont été distribués. 274.000 noix ont été semées. On compte sur les semis effectués en 1931 et contrôlés de janvier à mars un pourcentage de germination de 46,4%[1] »

Jusqu'à la fin de l'année 1933, on notait à Man '' *50 hectares*[2]'' *de plantation de colatier. Les plants en pépinière étaient, par ailleurs, au nombre de 100.000*[3]''.

La culture du colatier comptait beaucoup dans la politique de développement agricole ; ce d'autant plus qu'elle permettait l'accroissement des tonnages et l'obtention du fruit à un meilleur prix de revient.

Au-delà, une étude réalisée à Bondoukou en 1925 avait démontré qu'un colatier cultivé donnait un rendement supérieur à celui du colatier spontané.

En effet, l'expérience avait porté sur cinq colatiers plantés dans la cour du poste. La récolte effectuée à leur première année de production a donné 2.544 noix[4] de très belle qualité pesant plus de 50 kilos soit 10 kgs par arbre. Alors qu'un colatier sauvage, en plein rendement, ne produisait guère plus que 5 kilos de fruits[5].

Ces résultats étaient très satisfaisants. Il fallait davantage encourager la création des pépinières en vue d'étendre au maximum les plantations de colatiers. Les tonnages disponibles s'en trouveraient ainsi améliorés et les fruits pourraient être vendus à un meilleur prix de revient.

La station agricole initiait, par ailleurs, les paysans aux méthodes de fermentation et de séchage de cacao. Partout à Man, Danané, Duékoué, Kouibly, des démonstrations de fermentation avaient été réalisées.

---

[1] A.N.S 2G.32.42 Côte d'Ivoire, service de l'agriculture, rapport agricole annuel, 1932, p.p 118-120

[2] A.N.S. 2G33.29 Côte d'Ivoire, rapports économiques, 1933, p.33

[3] *Idem*, p.p 72-74

[4] A.N.S. 2G33.29 Côte d'Ivoire, rapports économiques, 1933, p.33

[5] *Idem*

> « La préparation du cacao laissant beaucoup à désirer, des démonstrations de fermentation ont été faites à Man, Danané, Duékoué, Kouibly, Bohirou [1]»

Pour le séchage, la station conseillait, en attendant l'utilisation de séchoirs rustiques à air chaud plus adaptés, l'organisation de claies ou de toitures mobiles, la construction de cases pouvant abriter le cacao la nuit.

> « Le séchage, souvent défectueux, est amélioré par l'organisation de claies ou toitures légères mobiles, la construction de cases permettant la rentrée du cacao la nuit. Procédés encore incomplets en attendant l'organisation de séchoirs rustiques à air chaud.
> L'indigène est orienté vers la production d'un cacao de bonne présentation, bien fermenté, bien séché, exempt de fèves moisies[2] »

Ces procédés et nouvelles techniques initiés par les agents de l'agriculture et les techniciens de la station agricole devaient être promus et davantage renforcés. L'avènement de la société de prévoyance à partir de 1932 y contribua énormément.

1 – 3 – L'avènement de la société de prévoyance

La société de prévoyance de Man a vu le jour en 1932. Elle faisait partie de la dernière vague de société à voir le jour.

Il existait, en effet, à cette période 24 sociétés indigènes de prévoyance, de secours et de prêts mutuels agricoles en Côte d'Ivoire.

---

[1] A.N.S 2G 32.61 Côte d'Ivoire, service de l'agriculture, rapport agricole annuel, 1932, p.p 118-120

[2] A.N.S 2G 32.61 Côte d'Ivoire, service de l'agriculture, rapport agricole annuel, 1932, p.p 125-132

On en trouvait une dans chaque cercle à l'exception des cercles militaires de Guiglo et Batié – Bouna.

La première section autonome des sociétés indigènes de prévoyance a été créée en 1926 à Dabou. Mais, celle-ci est absorbée en 1931 par la société des lagunes. En 1927, apparaissent celles du Baoulé et de Soubré qui, comme la première, sont absorbées à leur tour par la société du Sassandra en 1932. Kong, Bassam et les lagunes sont créées en 1931. A partir de 1932, ces institutions sont étendues à l'ensemble du territoire, à l'exception de Gaoua dont la création intervient un an plus tard, soit en décembre 1933.

> « Il existe en Côte d'Ivoire 24 sociétés indigènes de prévoyance, de secours et de prêts mutuels agricoles. Une dans chaque cercle, à l'exception des cercles militaires de Guiglo et Batié – Bouna tenus par les éléments militaires. La section autonome de Dabou, absorbée en 1931 par la société des lagunes a été la première créée en 1926 ; puis viennent celle du Baoulé et la section de Soubré en 1927, absorbée par la société du Sassandra en 1932, celles de Kong, Bassam et des lagunes en 1931.
>
> Enfin en 1932, cet organisme était étendu à tous les autres cercles sauf Gaoua, dont la ociété n'a été fondée qu'en décembre 1933[1] ».

Instituées en Afrique Occidentale française (A.O.F) en 1910, les sociétés indigènes de prévoyances visaient aux termes du décret de 1910, quatre objectifs principaux :

- la constitution d'approvisionnement de graine en vue de pourvoir aux semailles aux époques convenables
- l'achat par les sociétaires d'instruments agricoles indispensables et de leur faire l'avance à titre de prêt.

[1] A.N.S 2G 33.29 Côte d'Ivoire, rapports économiques, 1933, p.99

- venir en aide, en cas de nécessité à leurs adhérents atteints par les maladies ou victimes d'accidents.
- prémunir contre les conséquences de la sécheresse, des inondations, des épizooties et autres fléaux naturels[1]

Malgré les aménagements intervenus en 1919 et 1923 tendant à la vulgarisation de l'institution et au maintien d'un contrôle effectif de l'administration, la société indigène de prévoyance n'a guère changé ses objectifs. Par delà la promotion du paysan, elle était un instrument important pour le développement de l'agriculture. A Man, la société indigène de prévoyance, de secours et de prêts mutuels agricoles débute effectivement ses activités en 1933 à l'instar de la plupart des sociétés de prévoyance de la colonie. En 1934, les budgets alloués aux sociétés de prévoyance connaissent une hausse. De '' *196.080 F*'' en 1933, le budget de l'institution d'entraide de Man est estimé en 1934 à '' *326.935 F*[2]''.

Avec ces moyens financiers confortables, les sociétés indigènes de prévoyance, de secours et de prêts mutuels agricoles, instruments de lutte contre les effets pervers de la crise boursière dont les conséquences avaient commencé à se faire sentir dans la colonie à partir des années 30, amorcèrent chacune selon ses besoins d'importants programmes d'équipement. La plupart se dotèrent d'un matériel moderne pour la préparation des produits. Elles ont également pu acheter, pour certaines, des camions en vue d'assurer le transport du lieu de production aux centres d'achats ; libérant ainsi de la servitude du portage les paysans qui se sont lancés dans l'exploitation des richesses du sol. Au 31décembre 1933, on pouvait compter au nombre du matériel acquis par la société indigène de prévoyance, de secours et de prêts mutuels agricoles de Man au titre du matériel pour l'exploitation de l'huile de palme, un véhicule, une moto-presse, un moto-concasseur.

---

[1] A.N.S. CAMPAL, *Répertoire sous-série Q fonds AOF*, Dakar, 2001, p.5

[2] A.N.S 2G 33.29 Côte d'Ivoire, rapports économiques, 1933, p.99

Elle disposait également pour le traitement du coton de 3 pompes. Le matériel agricole était composé de 4 charrues ; 2 herses et de 5 jougs[1].

Avec un tel équipement, la société de prévoyance pouvait dès 1934 se lancer pleinement dans les travaux agricoles. Deux plantations modèles de caféiers de 20 hectares sont créées. La première au kilomètre 7 de la route Duékoué – Guiglo. La seconde sur l'axe Man – Duékoué.

> « Deux plantations modèles de caféiers ont été créées par la société de prévoyance : la 1ère au km 7 de la route Duékoué – Guiglo en terre argilo humifère riche en oxyde de fer
> La 2e au km II de la route de Man – Duékoué est établie pour le défrichement de forêt en terre argilo-humifère profonde. 20 hectares sont plantés en robusta (Congo-belge)[2] ».

La société de prévoyance procédait, par ailleurs, à la distribution de bacs à cacao. Ces instruments permettaient aux paysans d'améliorer leur méthode de fermentation du cacao.

> « Dans tous les centres, le matériel hétéroclite habituellement employé fait place aux bacs à cacao répandus par l'intermédiaire des sociétés de prévoyance[3] ».

En 1932, *'' à Man, Danané, Duékoué, Kouibly, Bohirou, 6 bacs à fermentation ont été distribués*[4]*''*.

---

[1] *Idem*, confère tableau p.103

[2] A.N.S 2G 34.50 Côte d'Ivoire, service de l'agriculture, rapport annuel 1934, p.194

[3] A.N.S 2G 32.61 Côte d'Ivoire, service de l'agriculture, rapport agricole annuel, 1932, p.125

[4] *Idem*, p.109

En fait, toutes ces actions visaient un seul objectif, l'accroissement de la production agricole, seul moyen efficace pour faire face à la crise et redonner à l'économie et au commerce colonial une place de choix. Dans cet optique, il n'était pas rare de voir la mise en commun du savoir-faire des agents de l'agriculture, de la station agricole et de la société de prévoyance afin d'amener les populations à utiliser rationnellement les moyens et méthodes mis à leur disposition. En 1933, des séances de démonstrations communes avaient porté sur :

> « 1. l'emploi des engrais organiques
> 2. la taille portant sur la suppression des gourmands et un étalage sommaire
> pour essayer d'équilibrer et d'aérer le cacaoyer
> 3. la récolte des cabosses, la préparation du cacao et le séchage[1] ».

Les actions combinées des agents de l'agriculture, de la station agricole et de la société indigène de prévoyance, de secours et de prêts mutuels ont eu un impact réel sur l'agriculture. Nous y reviendrons. Mais pouvait-il en être autrement lorsque, à ce propos, les recommandations officielles étaient sans ambiguïté ? Par le développement de l'agriculture et par l'implication de " l'indigène" dans cet essor, on assurait du coup la vie et la survie du commerce colonial. Les ressources financières que le paysan allait tirer de la vente de ses productions allaient lui procurer le pouvoir d'achat qui faisait défaut et qui retardait subséquemment l'imposition du commerce européen.

En réalité les objectifs visés avaient été clairement définis et ne souffraient d'aucune ombre. Il s'agissait, premièrement, d'augmenter la production dans toute la mesure possible. Améliorer sans cesse, ensuite, la qualité de l'ensemble de la production. Enfin, réduire au minimum les prix de revient. A ce niveau, il fallait tout d'abord

[1] .N.S, 2G33.29, Côte d'Ivoire, rapports économiques, 1933, p.32

pousser à fond la production des cultures essentielles sur lesquelles reposait et doit reposer la richesse du pays, les unes développées très tôt, les autres à peine esquissées ou à entreprendre.

Les cultures secondaires et les cultures vivrières ne devraient pas être négligées car elles pouvaient constituer dans ce processus un moyen efficace de lutte contre la pauvreté notamment pour les populations autochtones.

Cette dernière disposition, apparemment anodine, était, pour ainsi dire, la clef de l'édifice. *''L'indigène''* disposant d'un pouvoir d'achat devenait à la fois un consommateur et un acheteur indispensable à la bonne marche du commerce européen. L'administration, elle-même, n'a pas manqué de le souligner en ces termes.

> « Nous travaillons ici dans un cycle fermé. Les importations sont fonction des exportations. L'indigène qui, ne l'oublions pas, est le gros consommateur, le gros acheteur par conséquent, n'achète que s'il a de l'argent. Vérité banale, puérile, sans doute, mais que beaucoup avaient perdu de vue (...) La politique suivie à l'heure actuelle lui permettra de reconstituer son avoir et par voie de conséquence sa puissance d'achat[1] ».

Pour atteindre au mieux ces objectifs, un arrêté est pris le 11 août 1933[2]. Celui-ci réorganisait les circonscriptions agricoles, non plus sur une base géographique, mais plutôt, sur les cultures principales qui les caractérisaient. Ainsi identifiait-on désormais 5 circonscriptions agricoles reparties comme suit :

---

[1] A.N.S 2G 33.29 Côte d'Ivoire, rapports économiques, 1933, p.p.88-89

[2] *Idem*

1 – circonscription du palmier à huile, du cocotier et du bananier
2 – circonscription du cacaoyer et du caféier
3 – circonscription de l'arachide
4 – circonscription du Karité
5 – circonscription du coton

Celle-ci en réalité se réduisait aux 4 circonscriptions ci-après.

La circonscription de l'arachide, du karité et du coton étant confondues.

« 1ère circonscription agricole

La première circonscription réunit les cercles de Assinie, Bassam, des lagunes, de Grand-Lahou, de Sassandra, de Tabou.

2e circonscription agricole

Circonscription du cacao et du café ; elle est constituée par les cercles de l'Indénié, de Bondoukou, de l'Agneby, du N'zi-Comoé, des Gouros, de Daloa, de Guiglo, de Man.

3e circonscription agricole

Circonscription dont la culture pivot est l'arachide, elle englobe les cercles des Tagouanas, du Baoulé, de Ouorodougou, d'Odienné, de Korhogo, de Battié, de Bobo-Dioulasso.

4e circonscription agricole

Circonscription du karité : elle est constituée par les cercles de Gaoua, Dédougou, Koudougou, Ouagadougou, Kaya, Tenkodogo [1]».

---

[1] A.N.S 2G 33.29 Côte d'Ivoire, rapports économiques, 1933, p.p.88-89

D'autres mesures allant dans le même sens avaient été également prises. Un arrêté en date du 11 août 1933 créait un organe de contrôle de la production et une conférence économique. La conférence économique devrait se charger de l'examen de la situation économique de la colonie et au besoin dresser des plans de campagne appropriés.

> « D'autres part dans le but de coordonner tous les efforts et de contrôler l'exécution du programme d'action économique, j'ai crée par arrêté du 11 août 1933, un contrôle de la production et une conférence économique qui se tiendra chaque année au chef-lieu de la colonie… Cette assemblée examinera la situation économique du pays et dressera le plan de campagne de l'année suivante[1] ».

En soutien à ces mesures, un cadre promotionnel a été initié en 1934. En effet, du 21 au 28 janvier 1934 (1) s'est tenue la première foire-exposition de la Côte d'Ivoire. Elle a duré jusqu'au 28 janvier inclus. Son succès a été des plus vifs. Elle a mis en contact les populations du Nord, du Sud, de l'Est et de l'Ouest. Exposants Européens et exposants ''indigènes'' avaient rivalisé de zèle. De nombreux stands d'une belle ordonnance et décorés avec goût avaient été édifiés. L'affluence était considérable. Pendant toute la durée de la foire, la foule était aussi dense, aussi curieuse de voir, aussi disposée à s'instruire et à se divertir. Les Européens en particulier avaient été agréablement surpris des manifestations d'une vitalité et d'une richesse qu'ils soupçonnaient certes mais dont ils étaient loin d'avoir mesurer l'importance. Une active propagande, et c'était un des buts essentiels de cette manifestation, avait été faite auprès des populations locales en faveur des procédés, des machines, et du programme agricole européens.

---

[1] AA.N.S 2G 34.50 Côte d'Ivoire, service de l'agriculture, 1934, p.p 172-194

Les résultats escomptés ne tardèrent pas à se produire. On pouvait s'en apercevoir à travers les observations de nombreuses autorités administratives.

> « J'ai pu me rendre compte, par la suite au cours de mes fréquentes tournées, dans toute la colonie de l'effet considérable que la foire-exposition produit sur l'esprit des indigènes. Ils y ont puisé comme un renouveau de forces et le désir de mieux travailler et de perfectionner leurs méthodes[1] ».

L'administrateur encouragea par ailleurs la création des villages de colonisation.

Par la création de ces villages, l'administration locale s'est surtout attachée à constituer un paysannat stable, à propriété individualisée, formule véritable de l'avenir économique et social de la colonie. Les villages de colonisation répondaient à un besoin urgent. En effet, la colonie comprenait deux parties distinctes. Une région Sud très fertile à population peu dense et une région Nord, pauvre mais peuplée. Le compartimentage entre les races et les tribus autrefois fixées dans les limites de leur cadre ancestral, n'était plus de mise devant la nécessité de la mise en valeur. Cette dernière exigeait une coordination de tous. Aussi fallait-il un *''brassage des races''*. Il a donc paru intéressant dans ces conditions de créer, dans certains cercles de la basse côte des villages groupant des *''indigènes''* de même race mais étrangers à la région. Ces villages avaient un double rôle. Fixer d'une part les paysans venus des régions du Nord et trop à l'étroit dans leur pays d'origine en des régions plus fertiles où ils trouveront des terres à leur convenance et des cultures rémunératrice et d'autre part attirer autour de ces noyaux fixes des populations de même origine qui pour une ou plusieurs saisons viendront louer leurs services.

---

[1] A.N.S 2G 33.29 Côte d'Ivoire, rapports économiques, 1933, p.89

Ces villages dont certains sont en voie de réalisation dans l'Indénié et dans le cercle de Bouaflé, constitueront des centres d'attraction où les nouveaux venus trouveront un même climat moral que leur pays d'origine.

Ces efforts déployés par l'administration tant à l'échelle de la colonie qu'au plan local ont sans aucun doute porté leurs fruits. Les résultats enregistrés à Man en témoignent éloquemment.

2. LES RESULTATS DE LA POLITIQUE AGRICOLE EN 1934 ET LES PERSPECTIVES

La politique d'intensification de la production agricole qui, après la première guerre mondiale a connu une phase d'accélération avec la vulgarisation de nouvelles cultures a enregistré ses résultats les plus significatifs entre 1932 et 1940. A la fin de l'année 1932, un inventaire des surfaces plantées donnait d'assez bonnes perspectives et pouvait laisser croire que les efforts de l'administration n'avaient pas été vains. En effet, les estimations officielles attribuaient aux planteurs Européens 290 hectares de caféiers, 30 hectares de cacaoyers et 40 hectares de colatiers. Ces chiffres jugés exacts démontraient bien le penchant des planteurs européens pour la culture du caféier.

Les *"plantations indigènes"* donnaient pour le caféier environ 50 hectares, cacaoyers 55 hectares, colatiers 1000 hectares. Les cultures vivrières n'étaient pas en reste. On estimait les rizières à environ 20.000 hectares et les autres cultures oscillaient également autour de 20.000 hectares.

« L'inventaire des surfaces plantées au 31 décembre, dans le cercle de Man, donne les chiffres exacts pour les plantations européennes et approximatifs pour les plantations indigènes :

Plantations européennes	- caféiers : 290 ha à 3x3	cultures délaissées
	- cacaoyers : 30 ha	
	- colatiers: 40 ha	
Plantations indigènes	- caféiers: 50 ha 2m x 2m	
	- cacaoyers 55 ha environ (recensé 61.032	
	- cacaoyers) colatiers 1.000 ha environ	
	- rizières 20.000 ha enviro	
	- cultures vivrières : 20.000 ha[1] »	

Dans la même année, on notait 4 tonnes environ de café exportés par les planteurs européens. Au niveau du cacao et de la cola, les exportations n'ont pu atteindre la tonne. Les exportations ont par contre été dans l'ensemble beaucoup plus importantes chez les planteurs indigènes. Les données officielles affichaient 1 tonne de café exporté ; 6 tonnes pour le cacao, 972 tonnes pour la cola ; 50 tonnes de riz, 2 à 3 tonnes pour l'huile de palme et 35 tonnes environ de palmistes.

[1] A.NS.2G 32.61Côte d'Ivoire, Service de l'agriculture, rapports conomiques, 1932, p.120

« Les exportations du cercle ont été pour :

Plantations européennes	- café…… …4 tonnes environ - cacao ……. 0 - cola ……....0
Plantations Indigenes	- café …………1 tonne enviro - cacao ………6 tonnes - cola ………972 tonnes - riz …………50 tonnes - huile de palme …2 à 3 tonnes - palmistes………..35 tonnes[1] ».

On observe sans difficulté, à travers ces données, l'implication effective des populations locales dans l'économie de plantations.

La politique visant à faire de *''l'indigène''* le pilier de l'économie et du commerce colonial se concrétisait ainsi progressivement. Les résultats enregistrés en 1932 ne laissaient donc aucun doute à ce sujet. Une estimation approximative des gains du planteur '' indigène'' relativement aux cours pratiqués pour ces différents produits dans le courant de l'année 1932 renforçait cette perception. En effet, le kilogramme de cola, pour les noix les plus grosses, variait entre 1f et 2f, 50 ; celui du café de bonne qualité oscillait entre 4f et 4f, 50. Le cacao beaucoup moins rémunéré s'achetait à 0f, 75 le kilogramme. Le prix du kilogramme de riz avoisinait parfois 0f ,35. L'huile de palme et les palmistes triés, denrées importantes parmi les productions *''indigènes''* se vendaient entre 0f, 10 et 1f le kilogramme.

[1]A.NS.2G 32.61Côte d'Ivoire, Service de l'agriculture, rapports conomiques, 1932, p.120

> « Les cours pratiqués pour les différents produits ont oscillé dans le courant de l'année dans les limites suivantes :
> - colas (grosses noix) …de 4f à 4f ,50 le kg
> - café (kouilou) ………de 4f à 4f, 50 le kg
> - huile de palme ………..de 0f, 80 à 1f, 00
> - palmistes triés ………..de 0f, 10 à 0f, 15
> - riz ………….. de 0f, 30 à 0f, 35 le kg[1] »

Si on peut supposer que les cultures nouvelles : café, cacao n'étaient pas encore à la portée du paysan le plus modeste en 1932 ; on peut admettre sans réserve que les cultures traditionnelles, cest-à-dire, le colatier, le palmier à huile, etc qui étaient largement répandues dans la région, le sont davantage avec les nouvelles méthodes imposées par l'administration. Dès lors, pouvons-nous vraisemblablement admettre un accroissement des sources de revenus du paysan ? Les propos du patriarche YODE SAHI de Gbêpleu nous apportent un élément de réponse :

> « Partout les blancs nous avait dit de faire des plantations. Tout autour de notre village, il y avait des plantations de colatiers. De nombreuses personnes dans ce village avaient des plantations de colatiers. Après la vente, on pouvait faire face à nos besoins[2] »

La période précoloniale n'a jamais fait cas de l'existence de telles plantations. Les traditions l'ont unanimement reconnu. Les plantations de cola ont été un fait colonial. Et les populations en fonction des témoignages ont semblé apprécier la mesure puisqu'elle leur permettait d'avoir de l'argent. Par exemple un panier de kola de

---

[1] A.N.S, 2 g 32.61, Côte d'Ivoire, service de l'agriculture, rapports économiques, 1932, p.120

[2] A.NS. 2G 32.61 Côte d'Ivoire, Service de l'agriculture, rapports économiques, 1932, p.118

15 kg procurait au vendeur, en prenant le cours le plus favorable en 1932, au moins 15 francs. 10 kg de riz ou d'huile de palme que les populations pouvaient avoir sans peine fournissaient au paysan dans la même proportion entre 8 et 30 francs.

Alors, si l'on tient compte de la politique de vulgarisation des nouvelles cultures dont ''l'indigène'' devrait être le principal animateur, l'on ne peut nier que les sources de revenus du paysan se sont accrues. Elles le seront davantage avec la vulgarisation du café dont le besoin se faisait pressant en métropole. Par exemple en 1933 le déficit dans l'approvisionnement de la France en café était énorme. La consommation de café estimée à plus de 200.000 tonnes n'était pourvue par l'ensemble des colonies françaises que dans une proportion atteignant à peine 20.000 tonnes. Il fallait combler ce déficit et ''l'indigène'' ne pouvait qu'être encouragé à la tâche. C'est donc à juste titre que l'administrateur observait en 1933 qu'un véritable engouement s'était emparé des *''colons européens'' et des populations indigènes pour la culture du caféier. C'est que les possibilités d'écoulement sont grandes. La consommation métropolitaine du café oscillait comme nous l'avions indiqué, entre 100 et 200.000 tonnes alors que la production des colonies françaises atteignait à peine 20.000 tonnes*[1]''

Les cours du café étaient d'autant plus favorables que dans la même année, ils enregistrèrent une hausse allant jusqu'à atteindre 6 francs le kilogramme. L'engouement observé par l'administrateur se rapportait également aux autres cultures. Les exportations de colas par exemple, dans la seule subdivision de Man ont été évaluées en 1933 à *''797t 035*[2]''.

L'augmentation croissante de la production agricole dans la région influait énormément sur les exportations de la colonie. En effet, les exportations à l'échelle de la colonie enregistrèrent une hausse sensible et continuelle à partir de 1930. Surtout en 1934. C'est qu'à partir de cette période, la région connut ses premières

[1] Yodé SAHI, 100 ans, patriarche résidant à Gbêpleu, propos recueillis à Gbêpleu en août 1998.

[2] A.N.S 2G 33.29 Côte d'Ivoire, rapports économiques, 1933, p.33

productions de café et de cacao ; et celles-ci furent prises en compte dans les statistiques officielles.

Un tableau récapitulatif des exportations du cacao et du café publié en 1934 donnait les renseignements ci-après :

Exportations du cacao et du café au cours des dix dernières années [1]

A partir de 1929, le tableau indique une progression fulgurante des exportations de café et de cacao jusqu'en 1934. La production est passée de 16.313.000 kg à 41.572.631 kg pour le cacao et de 405.292 à 2.604.558 kg pour le café. La période correspond effectivement à la période de production active du verger à Man. Mais, c'est surtout en 1934 que les résultats enregistrés à Man influencent les chiffres officiels. Une marge de progression de plus de 10.000.000 kg est enregistrée entre 1933 et 1934 pour le cacao. La production de café a presque doublé dans la même tranche d'année.

Un autre tableau publié dans la même année faisait un récapitulatif de la production des richesses spontanées (caoutchouc, colas) et des produits de culture (café, cacao, etc.) de 1900 à 1934. Les conclusions étaient nettes, les produits de culture ont connu un grand bon à partir de 1930 dépassant la barre des 10% pour atteindre 17% de la production agricole. Alors que 5 ans plutôt, soit en 1925, ces cultures ne représentaient que 5,5% de la production agricole. En 1934, l'équilibre tendait à se rétablir entre les productions spontanées estimées à 53,5% et celles de culture, 46,5%. Ces dernières par rapport à la totalité des exportations ont connu des progrès réels.

[1] A.N.S 2G 34.50 Côte d'Ivoire, service de l'agriculture, rapport annuel, 1934, p.34

ANNEES	CACAO EN KGS	CAFE EN KGS
1925	6.278.311	51.697
1926	6.838.986	116.619
1927	9.751.000	186.000
1928	14.493.000	296.000
1929	16.313.000	405.292
1930	20.329.000	445.000
1931	19.894.675	726.812
1932	25.776.263	1.327.425
1933	30.913.990	1.698.984
1934	41.572.631	2.604.558

« Ainsi donc les étapes suivies par la Côte d'Ivoire sont :

1900 - Produits spontanés ....22.853 tonnes
- Produits de culture ....24 tonnes
Soit - Produits spontanés 99,9%
- Produits de culture 0,1%
1905 - Produits spontanés .... .17.249 t
- Produits de culture .... .31 t
Soit - Produits spontanés 99,82%
- Produits de culture 0,18%
1925 - Produits spontanés ....112.337 t
- Produits de culture ....6.797 t
Soit - Produits spontanés 94,5%
- Produits de culture 5,5%
1930 - Produits spontanés ....114.198 t
- Produits de culture ....25.530 t
Soit - Produits spontanés 83%
- Produits de culture...............17%
1934 - Produits spontanés ....58.265 t
- Produits de culture...............51.017 t
Soit - Produits spontanés.............. 53,5%
- Produits de culture ....46,5%[1] »

[1] A.N.S 2G 34.28 Côte d'Ivoire, rapports économiques, 1934, p.10

Les produits de culture, par rapport à la totalité des exportations, ont donc progressé de 0,1% en 1900, à 0,18% en 1905 pour passer en 1925 à 5,5%, en 1930 à 17% en 1934 à 46,5%. Une seule chose est à retenir, l'économie de plantation s'imposait au fil du temps.

> « Aujourd'hui (1934) dans l'ensemble, le pays est acquis aux cultures nouvelles, l'intérêt, l'esprit d'initiative, le désir de s'élever ont largement contribué à leur diffusion[1] ».

Les productions de l'ouest de la Côte d'Ivoire notamment celles des cercles de Man n'ont pas échappé à l'œil vigilant de l'administrateur.

> « Les régions de l'ouest qui avaient vécu jusqu'ici repliées sur elles-mêmes en un isolement farouche, se mettent aussi à l'unisson, les plaines de Daloa, les vallées de Man, de Duékoué, de Danané et de Guiglo se couvrent de cultures de caféiers et de cacaoyers et le jour n'est pas loin où dans la colonie régnera le même entrain, la même ardeur au travail[2] ».

En définitive, la vulgarisation des nouvelles cultures, par conséquent, l'imposition de l'économie de plantation donnait aux populations locales une source de revenu additionnel, soit en tant que producteurs, soit en tant que manœuvres agricoles dans les grandes plantations européennes. Le total des travailleurs recrutés par voie contractuelle en 1933 et 1934 s'élevait dans le cercle de Man respectivement à 590 et 1345 individus[3].

---

[1] A.N.S 2G 34.28 Côte d'Ivoire, rapports économiques, 1934, p.16

[2] *Idem*

[3] A.N.S, 2G 34.28, op-cit

Par ce biais, " *l'indigène*" devenait un acteur économique de premier plan qui acquérait progressivement un pouvoir d'achat. Cette amélioration du niveau des revenus du paysan contribuait subséquemment à imposer lentement mais sûrement le commerce européen.

Une adaptation du niveau de l'infrastructure cependant, notamment relativement à la voirie et aux moyens d'évacuation devait accompagner ce mouvement.

II – UN EFFORT D'ADAPTATION DE L'INFRASTRUCTURE ROUTIERE ET DES MOYENS D'EVACUATION

Depuis l'avènement des premiers postes militaires dans la région, un effort d'équipement avait été entrepris en faveur des voies de communication.

Avec l'amélioration de la production et l'avènement de l'économie de plantation une plus grande adaptation des routes et des moyens de transport était nécessaire.

1 – LE PROGRAMME ROUTIER DE 1923

De nombreuses voies de communication existaient dans la région. Celles-ci avaient été construites ou aménagées pour répondre, dans un premier temps, au souci de la mise en œuvre d'une économie de type colonial. Les axes routiers Touba – Man – Danané et Man – Séguéla n'avaient d'autres objectifs que le désenclavement de la région à l'effet de la mettre en relation avec les centres déjà ouverts au commerce européen.

L'économie coloniale ayant connu des progrès notamment après la crise mondiale avec l'avènement des plantations, il fallait adapter l'infrastructure routière. La route étant un facteur de développement, elle devait donc favoriser la production. Pour l'administration, il fallait un plus grand nombre d'axes routiers automobiles. Ainsi, l'on accroîtrait la main d'œuvre agricole en procédant à un redéploiement de celle utilisée pour le portage à tête d'homme.

> « La multiplication des routes automobiles épargnes en effet, au profit de la production agricole, la main d'œuvre presque stérile accaparée précédemment par le portage à tête d'homme[1] ».

Car, il était admis que l'automobile pouvait en une journée exécuter l'ouvrage de 300 porteurs.

> « Un automobile fait en une journée l'ouvrage de 300 porteurs[2] »

Le programme de construction de route se poursuivait. Mais, on pensait de plus en plus à l'usage de l'automobile pour faciliter le transport et la collecte des produits. Il fallait à cet effet d'importants moyens financiers.

L'administration put dégager un crédit de 650.000 francs en 1923.

> « Le programme routier en cours depuis plusieurs années a été poursuivi sans arrêt en 1923. Un crédit de 650.000 francs a été prévu à cet effet[3] ».

L'administration fortement consciente de l'importance des routes dans la mise en valeur économique de la colonie n'entendait épargner aucune région.

---

[1] A.N.S 2G 25.16 Côte d'Ivoire, rapport d'ensemble, 1925, p.27

[2] A.N.S 2G 23.19 Côte d'Ivoire, rapport d'ensemble annuel, 1923, p.83

[3] *Idem*

Le rail notamment était indispensable à la région de l'ouest. Un effort important avait été entrepris dans ce domaine. En 1923, il existait 371 km de rail pour l'ensemble de la colonie. Malheureusement, l'ouest du pays en fut privé.

> « Les routes sont, en effet, une nécessité primordiale pour la mise en valeur de la colonie.
> La Côte d'Ivoire est grande et elle ne dispose encore que 371 km de rail pour 315.000 km carrés. Pendant des années encore, toute la région ouest sera privée de voies ferrées[1] ».

Pour permettre d'amener au rail les nombreux produits de la région, il fallait des routes praticables aux automobilistes dont 200 étaient déjà en service dans la colonie. Les 5000 km de routes carrossables dont disposait la colonie à cette époque étaient ainsi insuffisantes ; il en fallait davantage pour désenclaver l'ouest de la Côte d'Ivoire non encore pénétré par le rail.

> « Pour permettre d'amener au rail les produits si nombreux de cette région, il faut des routes praticables aux automobiles. La colonie possède déjà un réseau routier de 5000 km permettant l'emploi de ces véhicules.
> Le nombre d'automobiles en service est de 200[2] ».

Ces routes sont classées en 4 catégories. Celles de la première et la deuxième catégorie étaient celles qui étaient accessibles aux automobiles ; en tout temps pour les routes de la première catégorie grâce à leurs ponts en pierre ou en ciment ; en saison sèche seulement pour les voies routières de la seconde catégorie qui avaient des ponts

---

[1] A.N.S 2G 23.19 Côte d'Ivoire, rapport d'ensemble annuel, 1923, p.p. 83-86
[2] *Idem*

en bois faits avec les moyens du pays. Ces axes routiers représentaient 4.000 kilomètres[1].

Les routes de la troisième catégorie étaient surtout accessibles aux charrettes et, exceptionnellement aux automobiles. Elles reliaient les subdivisions administratives. Leur total est de 1.000 kilomètres.

Enfin, les routes de la quatrième catégorie n'étaient constituées que des pistes pour piétons. Elles reliaient entre eux les gros marchés locaux. On notait à ce niveau au moins 1.500 kilomètres de piste[2].

Toutes ces voies routières tiraient principalement leur importance du fait qu'elles répondaient à deux préoccupations majeures. Elles contribuaient d'une part à ouvrir un débouché vers la mer au Soudan méridional et reliaient les postes éloignés notamment la région de l'Ouest au rail d'autre part.

Conformément à ces objectifs, l'administration entreprit la construction des routes Bassam – Daloa – Man et Bassam – Bamako par l'Ouest. Ce projet se résumait en fait à une voie qui par Man devrait être prolongée jusqu'à Bamako. En 1923 les travaux de cette route étaient activement poussés.

> « Afin de relier la région de l'ouest au reste de la colonie, un gros effort a été accompli. La route Bassam – Daloa –Man est activement poussée. Elle doublera à l'ouest la route du soudan et permettra d'aller de Bassam à Bamako par l'ouest de la Côte d'Ivoire[3] »

Au premier janvier 1924, les statistiques indiquaient de bonnes perspectives dans l'évolution de cette route. Les embranchements septentrionaux notamment les tronçons Odienné – Touba long de 152 km et Touba – Man, 115 km étaient entièrement

---

[1] A.N.S 2G 23.19 Côte d'Ivoire, rapport d'ensemble annuel, 1923, p.p. 83-86

[2] A.N.S 2G 23.19 Côte d'Ivoire, rapport d'ensemble annuel, 1923

[3] *Idem* p.p 83-86

achevés. Une bonne partie des voies méridionales étaient également achevées. Il s'agissait notamment des tronçons Man –Duékoué, Duékoué – Daloa et Daloa – Issia long de 258 km. Les travaux étaient donc très avancés.

On pensait achever les 1.322 km de cette route au 1er trimestre 1924.

> « Nous indiquons ci-après la situation de cette route au 1er janvier 1924 :
> - Odienné – Touba 152 km terminé
> - Touba – Man 115 km terminé
> - Man – Duékoué 103 km terminé
> - Duékoué – Daloa 106 km terminé
> - Daloa – Issia 49 km terminé
>
> Total Bassam – Bamako : 1322 km
>
> Les travaux sont très activement poussés sur le tronçon restant à établir et tout fait prévoir que cette route sera terminée dans la les 1ers mois de 1924[1] ».

Route stratégique de premier choix, le tronçon inter-régional Bassam–Bamako par Man, au-delà de l'ouverture qu'elle offrait aux régions forestières enclavées permettait à la région de Man de s'ouvrir au port de Sassandra grâce à la route Gagnoa – Sassandra.

---

[1] A.N.S 2G 23.19 Côte d'Ivoire, rapport d'ensemble annuel, 1923, p.p 83-86

« Cette route aura une importance capitale au point de vue économique. La partie Sud de Dabou à Tiassalé puis Divo et Lakota va ouvrir une région jusque là isolée. Mais en outre la région de Daloa – Man est plus rapprochée de la mer que du chemin de fer. Elle trouvera un débouché vers le port de Sassandra grâce à la route Gagnoa – Sassanda (longue de 162 km) dont les travaux sont activement poussés[1] ».

[1] A.N.S 2G 23.19 Côte d'Ivoire, rapport d'ensemble annuel, 1923, p.p 83-86

Carte n° 6 LES PRINCIPAUX AXES ROUTIERS AMENAGES EN 1923

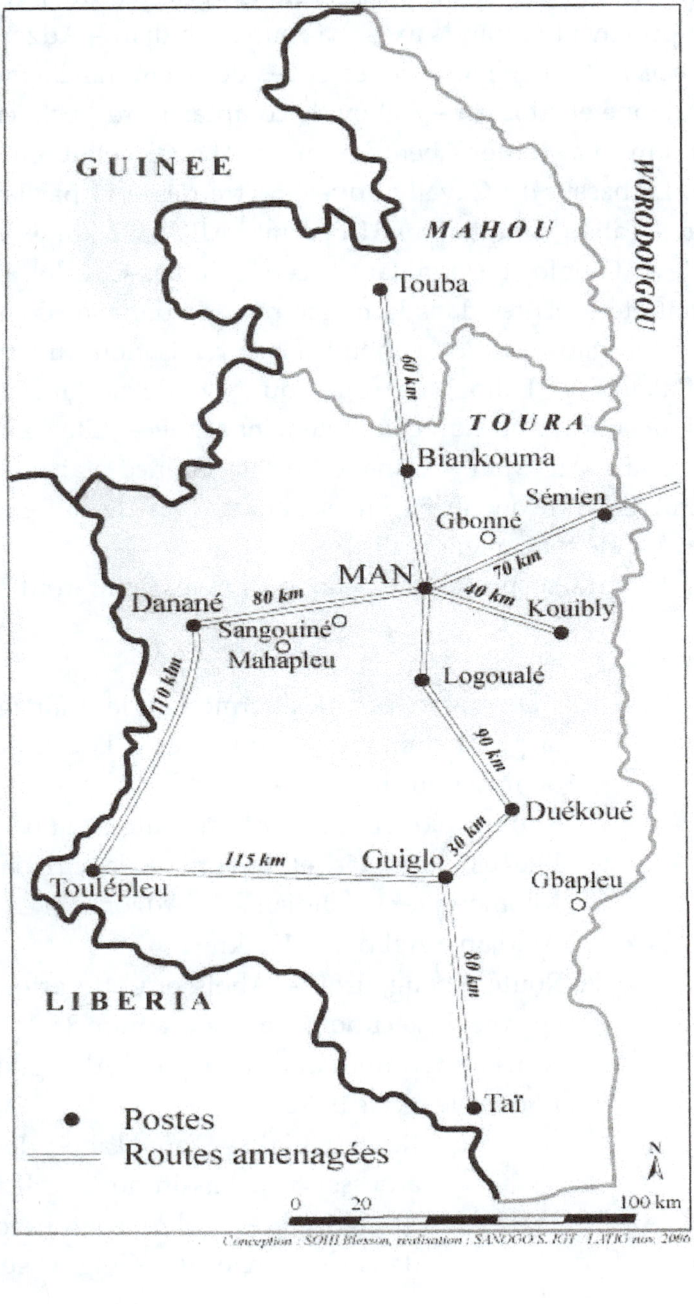

L'administration poursuivait ainsi ses efforts de construction de routes. En 1934, un programme à grande échelle visait l'ouverture de nouvelles voies dans l'ensemble des régions agricoles du pays. Le programme prévoyait 6 grands axes. La routes Abidjan – Adzopé ou *''route de la banane''*. Elle était achevée et ces deux embranchements : Abidjan – Adzopé et Abidjan – Agboville comptaient respectivement 112 et 130 km. La route Abengourou – Aboisso était en voie d'exécution. Le bassin du Cavally appelé à être desservi par la voie Guiglo – Taï – Tabou comptait au 31 décembre 1934, 92 km exécutés dans le cercle de Guiglo et 67 km dans le cercle du Bas-Cavally. 13 km de route avait été exécutés dans la même période dans le cercle des lagunes et 15 km dans celui de Lahou pour la réalisation du tronçon Tiassalé – Bakanda – Lahou. La route du N'zi devant mettre en relation N'douci et Brimbo était complètement achevée. Elle comptait 26 km. Enfin, la route Man – Danané vers la Guinée était en voie d'achèvement. Le tronçon de 56 km séparant Man de la frontière guinéenne ayant été totalement réalisé.

Voici tel que se présentait l'état de l'investissait routier en 1934.

> « De nouvelles voies permettant le drainage de la production ont été ouvertes à la circulation ou mises en chantier.
>
> 1. Route Abidjan – Adzopé ou route de la banane. Elle est terminée et ouverte à la circulation. Kilométrage : Abidjan – Adzopé 112 km Abidjan – Agboville 130 km
> 2. Route Abengourou – Aboisso. Cette artère est en voie d'exécution. Au 31 décembre 85 km sont terminés dans le cercle d'Abengourou, 17 dans le cercle d'Aboisso
>   a. Route Guiglo – Taï – Tabou destiné à desservir le bassin du Cavally. Au 31 décembre 92 km sont exécutés dans le cercle de Guiglo sur le

tronçon Guiglo –Taï et 67 km dans le cercle du Bas-Cavally sur le tronçon Tabou – Grabo.

3. Tiassalé – Bakanda – Lahou. Les tronçons exécutés comprennent 13 km dans le cercle des lagunes, 15 km dans celui de Lahou.
4. Route du N'zi. Complètement achevée, elle relie N'douci à Brimbo : 26 km Man – Danané vers la Guinée. Elle est entièrement terminée sur les 56 Kms qui séparent Man de la frontière[1] ».

2 – LA MOTORISATION DU TRANSPORT

En 1934, la colonie comptait exactement 1541 camions de moins de 3 tonnes, 6 camions de plus de 3 tonnes, 688 camionnettes et 42 tracteurs.

> « Sur le réseau routier de la colonie 1541 camions de moins de 3 tonnes, 6 camions au-dessus de 3 tonnes, 688 camionnettes et 42 tracteurs assurent le trafic des marchandises[2] ».

La motorisation du transport était ainsi évidente. A Man depuis 1920, l'automobile avait fait son apparition. La CICA assurait alors la liaison Man – Duékoué – Bouaké[3]. Un rapport établi en 1938 indiquait qu'un transporteur en l'occurrence M. LAVIGNE, faisait annuellement un bénéfice de 600.000 francs sur la ligne Man – Bouaké.

---

[1] A.N.S 2G 34.50 Côte d'Ivoire, service de l'agriculture, rapport annuel, 1934, p.15

[2] A.N.S 2G 34.50, op-cit

[3] ANCI, 1QQ 89 (1), 90 (1). Cercle de Man, rapport sur la situation économique et commerciale du cercle et de la subdivision de Duékoué, 1921-1923

> « M. LAVIGNE avait naguère l'adjudication du courrier disait réaliser, avec deux lignes, 600.000 frs de bénéfice annuellement[1] ».

L'apparition de l'automobile était, sans aucun doute, un point de rupture dans la vie économique de la colonie. Les transactions commerciales, par ce moyen, pouvaient désormais se faire avec célérité. La motorisation du transport, au fil des années, était certainement une révolution au passif des échanges traditionnels. Qui oserait alors qu'il en avait les moyens éviter le camion qui, du reste pouvait lui permettre de multiplier ses gains, porter encore des charges de plus de 50 kg sur la tête et parcourir à pied des trajets souvent supérieurs à plusieurs dizaines de kilomètres ?

Apprécions dans le passage ci-après, le travail harassant du dioula, commerçant de colas qui, au bout de son labeur, n'avait que 200 à 300 francs.

> « Ce sont les dioulas qui portent les kolas dans des paniers spéciaux, tressés par eux-mêmes. Ils marchent jour et nuit, sous des charges de 50, voire 80 kgs.
>
> Un dioula fort et rapide fait 50 km par jour avec une charge de 75 kg ou 75 km avec une charge de 50 kgs.
>
> En 15 ou 20 jours, il va de Man à Bamako. Des reposoirs, qui jalonnent la route, lui permettent de se décharger facilement. Il mange fort peu et entoure de soins les précieuses noix qui vaudront à l'arrivée jusqu'à 25 francs le 100. Il sait quel arbre de la forêt, puis de la savane, fournit les feuilles les plus protectrices. Les feuilles en cours de route, doivent être

[1] A.N.S 17G38.1 (126), rapport n°12, *la basse-Côte d'Ivoire (ouest)*, présenté par Mme SAVINEAU, Conseillère Technique de l'Enseignement à M. LE Gouverneur Général de l'AOF, 1938

> renouvelées trois ou quatre fois, les noix triées puis trempées, on peut estimer qu'au bout sa randonnée, le porteur a gagné de 200 à 300 frs[1] ».

Toute proportion gardée, on remarque là un chiffre d'affaire dérisoire comparé au bénéfice du transporteur LAVIGNE dont le montant annuelle s'élevait à 600.000 francs. Il y avait de quoi éviter la fatigue et vendre à la maison la plus proche.

Evidemment, les infrastructures étaient réalisées à dessein. Les routes aménagées et rendues accessibles à l'automobile notamment ne visaient autre chose que d'amener tout le monde à participer à la vie économique et au commerce colonial. Les dioulas dont la concurrence avait pendant longtemps été dénoncée par l'administration coloniale était les plus visée. Combien de temps encore allaient-ils s'encombrer de lourds fardeaux alors que s'offraient à eux désormais des moyens plus commodes ?

Le commerce européen se distinguait ainsi et s'imposait progressivement au détriment des échanges traditionnels.

III – L'ESSOR DU COMMERCE EUROPEEN

Les performances enregistrées dans l'agriculture et l'effort de modernisation des voies de communication et des moyens de transport ont donné au commerce un souffle nouveau. Le mouvement commercial, désormais plus accru, était fortement marqué par la prépondérance des maisons de commerce européen, de négociants citoyens français ou syro-libanais installés à leur propre compte. Avec ces différents groupes d'acteurs souvent fort nantis, le commerce d'exportation prend une ampleur sans précédent.

Malheureusement, en dépit des efforts fournis à fouiller les séries économiques des fonds d'archives de Côte d'Ivoire et du

---

[1] A.N.S 17G 381 (126), Op-cit

Sénégal, notamment celles de la série Q relatives aux affaires économiques et commerciales, nous n'avions pu disposer d'estimation sur les chiffres d'affaires réalisés par les maisons de commerce impliquées dans le trafic à Man. Les fonds disponibles au niveau des sous-préfectures et préfectures ne nous ont été d'aucune utilité parce que trop récents. Les témoignages oraux n'étant pas, de ce point de vue, plus parlants, on comprendra que nous nous contentions quelquefois de simples énumérations ou de statistiques globales. Nous aurions pu faire mieux si nous avions pu avoir accès à quelques archives privées. En effet, les informations se rapportant aux chiffres d'affaire, aux bénéfices, aux quantités de produits importés et exportés, aux stratégies commerciales, aux modes de gestion des entreprises, etc. relevaient de la discrétion des opérateurs économiques. Par conséquent, l'on ne pouvait les retrouver dans les archives administratives. Même si, sur certains sujets notamment les flux des importations et des exportations, les statistiques douanières pouvaient nous être d'un secours appréciable, ce travail aurait été une véritable gageure tant à cause de la fraude que de la mauvaise conservation des documents d'archive.

Or accéder à des archives privées n'est pas chose aisée. Les obstacles à franchir sont parfois si redoutables que le chercheur, malgré sa bonne foi, demeure impuissant. Ici, l'accessibilité de la documentation est conditionnée autant par la disponibilité des moyens matériels et financiers que par la volonté des dépositaires ou des propriétaires des fonds d'archives. Comme on le voit, les problèmes sont importants. Et le moindre, pour le chercheur ne bénéficiant d'aucun appui matériel et financier extérieur, n'est pas de se rendre en Europe à la recherche des fonds d'archives des anciennes compagnies coloniales. Cependant, aussi contraignantes qu'elles paraissent, ces difficultés peuvent être surmontées, pour peu que le chercheur ne s'abandonne pas à la résignation et qu'il accorde quelque intérêt aux parties non-officielles des journaux officielles. Celles-ci faisant quelquefois état de publication de société dans lesquelles l'on a souvent des renseignements inespérés. Notamment concernant la composition du capital social de l'entreprise, les attributions des différentes parties contractantes, la répartition des actions, le mode de fonctionnement des organes de décision, la nomenclature du conseil d'administration, etc. Ces informations peuvent toujours être mises à profit non seulement pour déterminer la taille et la puissance des entreprises mais également servir de base de classification entre les différentes sociétés européennes.

1 – UNE VARIETE D'ACTEURS

Basé presqu'exclusivement sur l'exportation des richesses naturelles de la région notamment le caoutchouc, la cola, les amandes de palmistes ; le commerce européen était jusqu'à la fin de la première guerre mondiale l'affaire des compagnies et maisons de commerce ou de leurs représentants. Les efforts consentis par l'administration après la guerre favorisèrent l'arrivée de nombreux autres négociants. Ainsi, retrouvait-on dans le commerce, à part les compagnies et maisons de commerce et leurs représentants, des commerçants citoyens français d'origine africaine et des syro-libanais installés à leur propre compte.

1 – 1 – Les compagnies et maisons de commerce

Depuis 1910 plusieurs compagnies de commerce et représentants de maisons de commerce exerçaient dans la région. La plupart installés dans les cercles voisins du Nord bénéficiant de la paix française, depuis plusieurs années, étendaient leurs opérations de collecte de caoutchouc sauvage et de noix de colas à Man. On avait par exemple dans ce commerce l'Africaine Française ; les maisons Dévès, Chaumet et Compagnies ; la société commerciale du soudan français dont les principales factoreries étaient basées à Touba et Odienné. D'autres maisons, propriétés familiales installées à Touba menaient des activités similaires dans la région. Les plus importantes étaient les maisons Cochez, Gobinet et frères ; les familles Luhan et Teissières, et De Tessières et Garde.

En 1920, on enregistrait de nouvelles compagnies à Man. Les activités tendaient à se diversifier mais dans le domaine commercial les principales activités restèrent l'exportation du caoutchouc.
La maison Bouhet[1] que les archives mentionnaient à cette date s'occupait de l'achat et de la revente du caoutchouc. La CICA (Société Commerciale et Industrielle de la Côte d'Afrique) avait ouvert dans la même année ses portes à Man. A côté de l'achat des produits du cru, elle était la première compagnie de transport de la région assurant la liaison Man – Duékoué – Bouaké[2]. Selon les sources orales de nombreux Européens, propriétaires de grandes plantations de café et de cacao identifiés dans le rapport adressé par le chef de postes de Man à l'inspecteur des affaires administratives en 1934[3], étaient pour la plupart, avant leur reconversion, des négociants. Il s'agissait en l'occurrence de Gaston Lavigne, Moncourt, Tery-Tranin, Niklaus, Wirth, Sajan-Miled et Vanbambeke.

A la vérité, il ne s'agissait point de reconversion. C'est que, à partir de 1930, les premiers plants de café et de cacao introduits dans la région avaient commencé à donner leurs premiers fruits. Le commerce s'enrichissait ainsi de nouveaux produits qui, ne tardèrent pas à s'imposer comme les produits phares du commerce d'exportation.

Les maisons de commerce européen et les commerçants européens s'intéressaient presqu'exclusivement à l'achat des produits d'exportation. Ils s'attachaient, le plus souvent parce que beaucoup plus nantis les services de petits commerçants locaux, qui assuraient régulièrement leurs livraisons. Cela ne se faisaient pas sans la complicité de l'administration qui favorisait, à cet effet, la venue des " colporteurs dioula " auxiliaires indispensables au commerce européen. On leur laissait le soin de la prospection et l'approvisionnement des magasins. Des témoignages recueillis à Man

---

[1] ANCI1QQ89 (1), 90 (1), Cercle de Man, rapport sur la situation économique et commerciale du cercle et de la subdivision de Duékoué 1921-1923

[2] *Idem*

[3] ANCI, *Monographie de Man*, 1943, renseignements à fournir à M. l'inspecteur des affaires administratives sur la subdivision centrale de Man

ont révélé qu'au début des années 1920 sous l'administrateur Rodrigue Raoul[1] de nombreuses cases avaient été construites à l'effet de les installer et leur permettre de jouer pleinement le rôle qu'on leur assignait.

> « L'installation des dioula a été favorisée afin de faire prospérer le commerce à Man. Ils étaient les principaux fournisseurs des blancs. Dans les années 20, l'administrateur Rodrigue avait fait construire 80 maisons et a fait venir les dioulas[2] ».

Les maisons de commerce fondaient leurs méthodes sur un réseau de comptoirs, de factoreries et de sous-factoreries[3] dans lequel les auxiliaires locaux qu'étaient les colporteurs jouaient le rôle déterminant de fournisseurs.

1-1-1 Des entreprises structurées

L'un des fondements du succès des compagnies et maisons de commerce européen tenait pour beaucoup à leur armature juridique. A défaut de ne pouvoir saisir la vitalité du commerce européen au travers du volume et de la valeur des exportations et des importations des entreprises pour les raisons évoquées ci-dessus, nous allons nous y essayer en mettant en relief leur type d'organisation. A ce sujet, il importe de distinguer les compagnies de commerce, sociétés anonymes fonctionnant avec toutes les structures requises, et les maisons de commerce, entreprises familiales dépendantes des grandes compagnies, qui quelquefois procédaient à des fusions en vue d'accroître leurs chiffres d'affaire.

Intéressons-nous en premier aux maisons de commerce. L'exemple dont nous avons pu disposer est celui de la maison De

---

[1] Rodrigue Raoul, chef de Man, 8 février 1921 – juin 1922 selon un document d'archive qui nous a été fourni par Mamery Soumahoro, commerçant né à Man en 1921

[2] Mamery SOUMAHORO, 81 ans, commerçant résidant à Man depuis 1921

[3] P. KIPRE, *Ville de Côte d'Ivoire 1893-1940,* op-cit, p.161.

Tessières et Garde, association de M. Louis Garde, commerçant établi à Kani et de M. Auguste de Tessières, commerçant également, résidant à Koroko dans le district de Touba. Cette union réalisée le 20 décembre 1910 et enregistrée par les services du lieutenant-gouverneur le 18 janvier 1911 était l'acte de naissance d'une société en nom collectif dont le champ des opérations allait très vite s'étendre à l'ensemble de la région de Man.

> « D'un acte sous seings privés, passé à Koroko le 20 décembre 1910, enregistré à Bingerville le 18 janvier 1911, il a été extrait ce qui suit : M. Louis Garde, commerçant à Kani (Côte d'Ivoire) d'une part ;
> et M. Auguste de Tessières, commerçant à Koroko (Côte d'Ivoire), d'autre part ;
> désirant former entre eux une société en nom collectif, en ont arrêté les conditions de la manière :
> Article premier. – Il y aura entre MM. Garde et de Tessières une société en nom collectif ayant pour objet le commerce des marchandises importées dans la colonie (Côte d'Ivoire) et l'achat des produits de la colonie[1] ».

Spécialisée dans l'exportation des produits du crû et important les biens manufacturés, la société de Tessières et Garde, à l'instar de toutes celles que nous avions identifiées dans les paragraphes précédents, s'était établie dans les régions soudanaises voisines bénéficiant déjà de la paix française. Notamment Séguéla, Touba, Odienné et plus loin au Soudan. Naturellement dans le cadre de leurs activités d'importateurs de produits européens, toutes ces entreprises avaient des contacts avec les plus importantes villes marchandes françaises où elles étaient en relation avec les

---

[1] ANCI, *JOCI*, 1915, Publication de société, p.75

compagnies commerciales les plus importantes. En fait, les maisons de commerce étaient dans la plupart des cas des démembrements des grandes compagnies pour lesquelles elles assuraient la sous-traitance. La maison De Tessières et Garde, elle, avait établie son siège social à Bordeaux où résidait la société CalsBerg et Cie qui la parrainait[1].

Un regard sur le capital social et les différents apports ayant permis sa constitution indiquait clairement qu'il s'agissait d'une entreprise de petite taille ne pouvant véritablement se passer des services des grandes compagnies. Le capital social constitué par les deux membres de la société, à raison de mille francs en numéraire pour Louis Garde et deux mille francs, dans la même espèce, pour Auguste de Tessières, n'excédait pas la somme de trois mille francs.

> « Le capital social est fixé à la somme de trois mille francs, composée :
> - De mille francs, en numéraire, formant l'apport de M. Garde ;
> - De deux mille francs, en numéraire, formant l'apport de Tessières[2] »

Un capital social presqu'insignifiant, comparé à celui des grandes compagnies. L'exemple de la société minière et foncière du Bandama était, à ce propos assez éloquent, même si cette société, spécialisée dans l'extraction minière, n'avait pas étendu son champ d'activité à la région de Man. Nous en parlons parce qu'à travers cet exemple, l'on peut se faire une idée de l'organisation et de la taille des compagnies telles que l'Africaine Française, la Société Commerciale du Soudan français et la Société Commerciale et Industrielle de la Côte d'Afrique (C.I.C.A) qui ont exercé d'importantes activités commerciales à Man, mais sur lesquelles nous n'avons malheureusement pas eu assez d'informations. En effet, la société minière et foncière du Bandama dont le siège social se

---

[1] ANCI, *JOCI*, 1915, Publication de société, p.75

[2] ANCI, *JOCI*, 1915, Publication de société, p.75

trouvait à Lyon avait un capital social estimé, en 1912, à 4.600.000 francs. Constitué essentiellement des apports de M. Philippot et du capital de la Kokumbo Ivory Coast Company Limited, une compagnie anglaise exploitant, au début du XXe siècle, l'or dans la région de Kokumbo.

> « Le capital social est actuellement de 4.600.000 francs et divisé en 46.000 actions de 100 francs chacune[1] ».

Ce capital se composait d'une part du capital originaire de 3.400.000 francs, divisé en 34.000 actions de 100 francs chacune, sur lesquelles 5.500 ont été attribuées à la « Kokumbo (Ivory Coast) Company Limited », en représentation de leurs apports, ainsi qu'il a été convenu entre les membres du conseil d'administration, et les 2000 actions de surplus ont été émises contre espèces à 3.400.000. Et d'autre part d'une augmentation de 1.200.000 francs, par l'émission contre espèce de 12.000 actions nouvelles, de cent francs chacune, décidée par l'assemblée générale extraordinaire du 9 août 1912[2].

Le conseil d'administration composée de grands banquiers, d'administrateurs, d'industriels achevait de convaincre sur la puissance financière de l'entreprise.

> « Pour ordre, il est rappelé que le conseil d'administration se compose actuellement de M. Julien HALPHEN, banquier, demeurant à Paris.
> M. Le Commandant Edmond NANTAS, demeurant à Lyon, …M. Jean VINCENT, rentier, demeurant à Lyon, …
> M. Henri FROT, industriel, demeurant à Neuilly[3] ».

---

[1] ANCI, *JOCI*, 1915, Publication de société, p.75
[2] *Idem*, p.126
[3] *Ibidem*

Avec un conseil d'administration de cette qualité et le capital social dont elle disposait, l'entreprise pouvait à tout moment étendre ses activités comme le stipulait ses statuts.

> « La société peut prendre toute participation et tous intérêts dans toutes compagnies, sociétés ou entreprises françaises ou étrangères[1] ».

Au-delà, on pouvait noter la clarté du statut qui définissait les attributions des parties contractantes et déterminait, avec précision, les tâches des différents organes de direction de l'entreprise notamment celles du conseil d'administration et de l'assemblée générale. L'objet de la société, le mode d'ouverture du capital, les obligations des actionnaires, la répartition des bénéfices, les procédures de dissolution et de liquidation y étaient également bien déterminés. Ces éléments qui apparaissaient clairement dans les statuts constituaient autant d'atouts pour la bonne marche de l'entreprise.

Cette structuration tant normative que financière était, pour ainsi dire, un avantage comparatif déterminant. Avec des objectifs et des moyens clairement définis, les compagnies de commerce européen ne pouvaient qu'être performantes. Mais, il fallait pour ce faire des méthodes et des stratégies commerciales appropriées.

1-1-2 Les méthodes et stratégies commerciales

Les méthodes et les stratégies mises en œuvre par les compagnies
et maisons de commerce européen n'ont sans doute pas été uniformes. Mais, elles ont toutes épousées, dans une certaine mesure, les formes de la collaboration avec l'administration. En effet, l'alliance entre les entreprises commerciales et l'administration a été profitable

---

[1]ANCI, *JOCI*, 1915, Publication de société, p.75

aux opérateurs économiques. Celle-ci leur a très tôt permis de prendre une part active aux
grands projets d'équipement de la colonie non seulement en tant que fournisseurs mais également comme conseils auprès des autorités notamment en matière de politique économique et fiscale. En fait, cette politique a justifié, au début de la période coloniale, l'autorisation de nombreux entrepôts fictifs dans la colonie notamment à Grand-Lahou. Ces entrepôts fictifs étaient, en effet, un avantage accordé par le service des douanes aux opérateurs économiques ne disposant pas encore de leurs propres installations de stockage de produits. Par ce système, la douane admettait à l'entrepôt dans les magasins du commerce toutes marchandises importées soumises aux droits de douane, d'importation, de consommation ou d'octroi de mer, à l'exception toutefois de celles atteintes d'avaries pour une durée de jouissance maximum d'un an[1]. Des dispositions similaires étaient également en vigueur au wharf de Bassam en 1924[2]. Un entrepôt destiné aux marchandises avait été mis à la disposition du commerce local en vue de faciliter les exportations. Les marchandises à exporter bénéficiaient d'une exonération de droits de magasinage pendant les quinze premiers jours de leur entrepôt.

Ainsi, ces facilités accordées aux entreprises commerciales, fruits de la collaboration avec l'administration, ont-elles favorisé l'élargissement du champ d'opération et le développement de nombreuses sociétés. La maison Devès, Chaumet et Cie, par exemple, autorisé à ouvrir un entrepôt fictif à Grand-Lahou en 1911[3] va très vite étendre et consolider ses activités à l'intérieur du pays. Jusqu'à la fin de l'année 1911, on la compte parmi les entreprises les plus

---

[1] ANCI, *JOCI*, 1896, Décret établissant l'entrepôt fictive à la Côte d'Ivoire, 12 mai 1896.

[2] ANCI, *JOCI*, 1925, p.2 ''Arrêté mettant à la disposition du commerce local, au wharf de Bassam, un entrepôt destiné aux marchandises à exporter''

[3] ANCI, *JOCI*, 1911, p.18, Arrêté autorisant la maison Devès, Chaumet et Cie à ouvrir des entrepôts fictifs à la Côte d'Ivoire.

entreprenantes du Cercle de Touba[1]. Le cas de l'Africaine française, présente également à Touba à la même époque, est des plus révélateur. Autorisée à ouvrir un entrepôt fictif à Grand-Lahou, le 29 décembre 1910[2], elle ne met pas du temps à scruter d'autres régions. Présente à Touba en 1911 où elle s'adonne à l'achat du caoutchouc et d'autres produits du crû, la compagnie est de plus en plus attirée par le district de Man. Mais en attendant, elle entreprend de s'investir dans l'exploitation minière. Le 2 mars 1911, l'Africaine française réussit à avoir l'autorisation de se livrer à l'exploitation des mines.

> « Article premier – L'autorisation personnelle de se livrer à l'exploration, à la recherche et à l'exploitation des mines à la Côte d'Ivoire est accordée sous le n°335 à la société anonyme « l'Africaine française » dont le domicile élu dans la colonie est Grand-Lahou, chez M. Maraval[3] ».

De nombreuses entreprises ont ainsi, grâce à une bonne collaboration avec l'administration, réussi à diversifier leurs activités.

Par delà l'administration, la stratégie des compagnies et maisons de commerce européen s'est appuyée, dans une large mesure, sur la collaboration des acteurs commerciaux locaux. Ces derniers devaient à la fois servir comme relais dans la diffusion des produits manufacturés et comme fournisseurs de biens agricoles recherchés dans les pays industrialisés.

En définitive, par ces méthodes, les entreprises commerciales européennes ont pu durablement imposer leur hégémonie en élargissant leur clientèle de sous-traitants au nombre desquels l'on comptait les syro-libanais.

---

[1] Confer, *Monographie du Cercle de Touba*

[2] ANCI, *JOCI*, 1911, p.125, Arrêté autorisant la société ''L'Africaine Française à se livrer à l'exportation, à la recherche et à l'exploitation des mines.

[3] ANCI, *JOCI*, 1911, p.125, Arrêté autorisant la société ''L'Africaine Française à se livrer à l'exportation, à la recherche et à l'exploitation des mines.

1-2- Les syro-libanais

Les documents d'archives ont mentionné leur présence à Man. Mais, c'est surtout des témoignages oraux que nous tenons les noms dont nous disposons. Ainsi selon, les sources orales de nombreux syro-libanais installés à Daloa, Grech, Abou, Zaïd, Cobti avaient des représentants à Man, qui s'intéressaient surtout au commerce des noix de cola. On parlait également d'un certain *"Soukaïr[1]"* qui se serait installé à Man après 1930 et se serait affirmé après quelques années comme l'un des plus grands négociants de café – cacao de la région.

Les syro-libanais sont décrits, en effet, comme des commerçants très solidaires disposant, quoique moins nantis que les compagnies européennes, d'importants moyens financiers. C'étaient par ailleurs à eux que les commerçants européens plus intéressés par l'achat des produits d'exportation laissaient la vente de détails.

> « Les commerçants européens semblent surtout intéressés par l'achat des produits d'exportation et laissent volontiers la vente de détails aux commerçants Syriens. Ils leur cèdent la marchandise en gros, avec une remise et à terme[2] »

On les décrivait également comme des commerçants très rusés. Moins exigeants que les Européens, ils étaient pour le moins perfides. Ils parlaient souvent indifféremment la langue du pays et cela attirait l'estime des populations. Ils faisaient crédit, leurs cibles privilégiées étaient les fonctionnaires indigènes, les manœuvres agricoles. En fait, le syro- libanais était prêt à vendre ses services, pour peu que, le client ait un revenu. Il ouvrait donc des boutiques partout où les populations pouvaient gagner de l'argent. Cela peut nous amener à admettre une multiplication des boutiques

---

[1] Maméry SOUMAHORO, op-cit

[2] ANS, 17G 38.1 (126), op-cit

appartenant à des commerçants Syro-libanais à Man avec l'avènement du café et du cacao.

Par ces méthodes, les Syro-libanais avaient beaucoup de succès auprès de la clientèle indigène.

D'une manière générale, les autochtones avertis préféraient vendre et acheter aux Européens qui traitaient les affaires brutalement mais franchement, qu'aux Syriens moins exigeants mais perfides. La petite clientèle, au contraire, appréciait les gentillesses du Syrien.

> « il parle la langue indigène, fait crédit, prête au besoin, mais se rattrape...Cet astucieux commerçant se montre aussi plein de complaisance pour les fonctionnaires indigènes, dont la signature vaut un paiement. A celui qui hésite devant un article coûteux, il insinue : " *vous n'êtes pas obligé de payer* ". L'acheteur signe un bon qui l'engage au-delà de ses possibilités[1] ».

Les Syro-libanais étaient de plus en plus nombreux dans les centres, et ouvraient des boutiques partout où les *"indigènes"* gagnaient quelque argent. Il est évident qu'ils contribuaient ainsi à stimuler la production, à répandre le confort.

A Man jusqu'en 1940, selon Maméry Soumahoro mis à part les magasins des compagnies de commerce européen sur 10 boutiques, 6 au moins appartenaient aux Syriens. On les retrouvait à la fois comme de nos jours dans la distribution de produits européens.

> « C'est avec eux qu'on achetait les tissus, pergal et autres ; et dans l'achat de produits d'exportation[2] ».

---

[1] A.N.S 17 G38, 1 (126), Op-cit

[2] MAMERY SOUMAHORO, Op-cit

Les syro-libanais contribuaient ainsi fortement au développement des échanges et surtout à l'expansion du commerce européen. Ils étaient d'importants relais du commerce européen tout comme certains commerçants africains, citoyens français.

1-3- Les commerçants africains

Les sources orales nous ont donné quelques noms ont été les noms les plus cités.

> « SAO Zacharia, Fassibly Bakayoko, l'adjudant Braka Diallo, Sidy Doumbia, Lassiné Diaby[1] »

La plupart citoyens français, ces africains étaient de par leurs origines des commerçants. Ils s'occupaient généralement de l'achat et de la vente de cola. Leurs réseaux étaient ceux des échanges traditionnels. Ils se déplaçaient eux-mêmes dans les hameaux et convoyaient leurs produits vers le Nord via Touba, Odienné. Les pays sahéliens notamment le Mali, le Niger, la Mauritanie et le Sénégal constituaient les pays d'exportation exclusifs des marchandises des commerçants africains. Par un système d'alliance établi de longue date, ils arrivaient toujours à s'approvisionner. L'ouverture de la région au commerce européen, à partir de 1916 marque une étape décisive dans la transformation de leurs activités. En effet, l'administration coloniale qui avait reconnu leur compétence s'employait à faire d'eux des auxiliaires du commerce européen. La modernisation des infrastructures routières et des transports notamment l'apparition de l'automobile en 1920 ; la création des postes de douane et le développement de l'économie de plantation, qui ont favorisé l'installation dans la région, comme nous l'avions noté, de nombreux commerçants et maisons de commerce européen et de Syro-libanais, beaucoup plus nantis, ont obligé l'Africain à vendre ses services. En tant que coursier, la plupart travaillait à approvisionner les grandes compagnies européennes. Cependant,

---

[1] MAMERY SOUMAHORO, Op-cit

quelques uns parmi eux ont pu se défaire de la tutelle des grands groupes et travailler à leur propre compte.

Le cas de SAO Zacharia, citoyen français d'origine sénégalaise est à ce propos assez éloquent.

Sao Zacharia de son vrai nom Sow Sacria Moustapha est né à Saint-Louis du Sénégal en 1894, il arrive en Côte d'Ivoire peu avant la fin de la première guerre mondiale. D'abord agent de commerce, il s'installe en 1919 à son propre compte à Man. Pendant deux ans, il travaille seul. En 1921, il s'associe à un autre sénégalais, Dieye Mamadou, traitant comme lui. La société qu'ils forment alors est en rapport avec les maisons de commerce de Grand-Bassam ; elle se développe rapidement grâce au commerce de la Kola. Sao fait vendre directement ses produits au Sénégal ; moyennant une commission versée en nature, il commercialise aussi les Kolas de certains dyula de Man. Citoyen français, il bénéficie de toutes les facilités pour transporter ses produits par des porteurs de la région. Au moment où la crise se fait sentir, Sao installe des succursales à Danané, Duékoué et possède à Man plusieurs maisons que l'administration loue. En 1923, il faisait un chiffre d'affaires de 200.000 F ; en 1934, la crise fait tomber le chiffre à 80.000 F. Pour parer aux difficultés de la crise, Sao élargit ses activités économiques au transport de voyageurs, il achète donc deux camions de transport. Etant le plus ancien électeur de la chambre de Man, il jouit, d'une grande autorité dans les milieux d'affaires du cercle, on le voit, en 1932 mobiliser tous les traitants du cercle, pour s'élever contre la taxe d'octroi imposée sur les exportations de kola au Sénégal.

En 1936, ses affaires retrouvent leur niveau de1923 ; il ouvre alors une nouvelle boutique à Guiglo.

En 1939, il est l'un des deux premiers commerçants du cercle de Man il possède une véritable chaîne de boutiques dans toute la région de Man où il vend toutes sortes de produits manufacturés[1].

---

[1] Zié GNATO et Gbazah VRIH, " *Les commerçants sénégalais en Côte d'Ivoire de 1880 à 1970*" in KIPRE P. et
HARDING, *Commerce et commerçants en Afrique de l'ouest (Côte d'Ivoire,* Paris, Harmattan, 1992, p.p 251-259

Maison de commerce ; particuliers, citoyens français d'origine européenne ou africaine ; commerçants Syro-libanais étaient les principaux groupes qui animaient le commerce colonial.

Réduit à quelques acteurs, représentants de compagnies installées à Touba et Odienné en 1910, le commerce colonial s'est développé au fil des années.

Progressivement, jusqu'à la veille de la seconde guerre mondiale, maisons de commerce et commerçants particuliers s'installaient à plein temps à Man.

Le cercle s'enrichissait ainsi de nouveaux acteurs et devenait un pôle commercial où la concurrence entre traitants avait lieu au grand jour.

2 – LE MOUVEMENT COMMERCIAL

D'une façon générale, depuis la fin de la première guerre mondiale, le mouvement commercial a connu un bond quantitatif. Plusieurs raisons expliquaient cette évolution. Les plus importantes avaient trait à la politique de vulgarisation agricole et d'équipement initié, à grand frais, par l'autorité coloniale.

Celle-ci aura permis, en plus d'accroître le pouvoir d'achat des paysans, l'augmentation de la main d'œuvre, facteur déterminant dans le développement d'une activité commerciale efficiente. Les manœuvres et les ouvriers de tous métiers, employés dans les chantiers, dépensaient leur pécule, en partie pour leur bien-être. Cet argent ainsi diffusé dans le trafic local contribuait, sans aucun doute, à son essor et favorisait surtout le commerce d'importation. En 1934, on comptait par exemple plus de 260[1] manœuvres agricoles salariés régulièrement employés dans les plantations européennes de café et de cacao ; et plus de 300 non-déclarés. Ces derniers étaient bien souvent sous-payés mais disposaient tout de même d'un revenu. Ajoutons à ces manœuvres agricoles, les personnels des postes ; on avait une population flottante dotée d'un pouvoir d'achat réel fort utile à l'essor du commerce. Cet indice était déterminant et ne

---

[1] ANS, 2G. 34.50, op-cit

pouvait être ignoré comme facteur de développement du commerce colonial.

Ce d'autant plus que, le salariat contribuait énormément à la diffusion du numéraire européen dont la pénurie avait été identifiée au début comme un handicap majeur à surmonter pour imposer le commerce européen. Cet argument n'a pas échappé à l'administration qui justifiait ainsi, en 1925, les progrès faits par le commerce européen.

> « il faut tenir compte également de l'augmentation de la population flottante sans cesse grandissante ; manœuvres, ouvriers de tous métiers, terrassiers venant des colonies voisines et employés soit par le service (...)
> Une grosse proportion de ces manœuvres nourries généralement par les employeurs, sont salariés et peuvent ainsi disposer au bout d'un certain temps d'un pécule assez important qu'ils dépensent en partie pour leur bien être.
> La diffusion de tout cet argent dans le commerce local favorise incontestablement le trafic à l'importation[1] ».

Le trafic largement favorisé par l'élargissement du pouvoir d'achat dans la région mettait en circulation une diversité de biens d'importation.

Produits alimentaires, conserves, farine, riz, sucres, boisson ; produits de toilette, lingerie, matériaux de construction et mécaniques constituaient l'essentiel des biens importés. En 1923, un rapport établissait ainsi la liste des produits d'importation dans le cercle.

> « Les produits d'importation : conserves alimentaires, farines, riz, sucres, tabacs en

[1]ANS, 2G. 34.50, op-cit

> feuilles fabriquées, vins bières et limonades, alcools, eaux de vie, liqueurs, matériaux, fer, sels (marins et gemme), savons, fils de coton, guinées et similaires, autres tissus de coton, vêtements confectionnés, machines et mécaniques, voitures automobiles, etc.[1] ».

Naturellement ces produits étaient distribués par les maisons de commerce européen. Celles-ci les vendaient en gros notamment aux syro-libanais qui se chargeaient de la vente de détail. Les commerçants européens étaient surtout intéressés par l'achat de produits d'exportation.

> « Excepté dans les grands centres où les indigènes achètent des matériaux de :!boissons alcooliques, les commerçants européens semblent surtout intéressés par l'achat des produits d'exportation et laissent volontiers la vente de détail aux commerçants Syriens. Ils leur cèdent la marchandise en gros avec une remise et à terme[2] ».

Les produits d'exportation n'ont pas changé ; la part la plus importante était constituée de produits naturels : peaux d'animaux sauvages, ivoires, caoutchouc, palmistes, cola, bois, etc.

Cependant, à partir de 1930, de nouveaux produits notamment le café et le cacao firent leur apparition et s'imposèrent dans les exportations à Man.

Les statistiques relatives aux importations et aux exportations du cercle ne sont malheureusement pas nombreuses. Cependant, on a pu noter que l'essor de l'activité commerciale à Man notamment à la

---

[1] ANS, 2G. 34.50, op-cit

[2] Idem

veille du second conflit mondial n'a pas manqué d'influencer le mouvement commercial à l'échelle de la colonie.

Nous ne saurions à la vérité indiquer dans quelle proportion cette influence s'est faite. Mais, il nous semble certain que les statistiques officielles en ont tenu compte eu égard à la qualité des infrastructures réalisée dans la région. A titre d'illustration, Man a abrité l'une des plus importantes stations agricoles de la colonie. De nombreuses voies de communication mettant la région en relation avec le rail par Bouaké et Dimbokro y ont été réalisées, ainsi à l'instar des autres régions notamment celles du sud, l'ouest et particulièrement la région de Man a bénéficié d'importants programmes de développement. Ces actions entreprises partout, avaient été si efficaces que, la colonie réalisa, à partir de 1924, des performances inédites au niveau des importations et des exportations.

En 1924, en effet, le mouvement commercial de la colonie s'évaluait à 188.992.546 francs. En 1925, celui-ci s'élevait à 223.261.888 francs. Une comparaison objective laissait apparaître une plus-value de 34.269.342 francs intéressant pour 28.987.578 francs les importations et 5.281.764 francs les exportations.

> « le mouvement commercial de la colonie s'est élevé pendant 1925 à la somme de 223.261.888 francs dépassant de 34.269.342 francs celui de la période correspondante de 1924 qui n'avait atteint que 188.992.546 francs. Cette plus-value intéresse les importations pour 28.987.578 francs et les exportations pour 5.281.764 francs[1] ».

Le mouvement commercial restait favorable aux importations quoique parfois influencé par la mauvaise conjecture économique mondiale. En 1933 par exemple, la valeur des importations était de

[1] A.N.S 2G 25.16 Côte d'Ivoire, rapport d'ensemble, 1925

93.907.000 francs contre 88.926.000 francs en 1932 ; ce qui représentait une augmentation de 4.981.000 francs, soit 5,7%.

> « La valeur des importations a été de 93.907.000 contre 88.926.000 francs en 1932 présentant une augmentation de 4.981.000 francs soit 5,7%[1] ».

Un regard sur les principaux produits d'importation confirmait cette tendance. Les conclusions des rapports étaient sans équivoques *''Ces chiffres sont presque tous en augmentation sur ceux de l'année précédente[2].''*

Et ces chiffres étaient les suivants :

> « Les éléments principaux de nos importations sont les suivants :
> - Matériaux de construction : ...11.122 tonnes
> - Métaux ....6.490 tonnes
> - Sels ....7.083 tonnes
> - Farine..........................1.208 tonnes
> - Vins.........................14.037 hectolitre
> - Tissus et fils...............261.564 quintaux
> - Essences.................29.227 quintaux[3] »

La courbe des importations était constamment ascendante ; c'est dire

les progrès du commerce européen dans la colonie.

Malgré les disproportions naissantes entre le coût de la vie et le taux des salaires qui, entraînaient quelquefois un fléchissement des importations, comme on a pu le constater en 1938, la croissance était indéniable et poursuivait sa marche ascendante au niveau des valeurs. En effet, en 1938, la valeur des importations était estimée à

---

[1] ANS, 2G 33.30, Côte d'Ivoire, rapport économique, 1933

[2] Idem

[3] Ibidem

305.918.000 francs. L'année précédente elle s'évaluait à 292.396.000 francs. Les exportations ont également connu des hausses considérables. En 1937, elles s'évaluaient à 324.396.000 francs. L'année suivante, elles atteignaient 380.135.000 francs.

> « Les importations ont (...) légèrement fléchi passant de 122.024 tonnes à 117.981 conséquence inévitable du coût de la vie dont la disproportion avec le taux des salaires entraîne une diminution de la consommation. On constate par contre pour les valeurs un accroissement considérable ; elles atteignent, en effet, le chiffre de 305.918.000 francs contre 292.396.000 francs pour les exportations[1] ».

Les exportations à partir de 1938 étaient dominées par les produits dits *'' chers''* : cacao, café, banane, etc.

> « L'accroissement en valeur des exportations s'explique par le fait que la sortie des produits chers, tels que cacao, café, banane ont été supérieure à celle de l'année dernière alors qu'on ne note une régression que dans celle des produits à cours peu élevé[2] ».

Les produits de cueillette déclinaient ainsi progressivement au profit du café – cacao, produits prédominants à Man depuis 1934.

Ces données frappent certes par leur caractère général et englobant. Mais, elles ne demeurent pas moins crédibles, toutes proportion gardée, pour expliquer les avancées du commerce européen au niveau des différents cercles de la colonie. Car, elles ne sont rien d'autre que la somme des efforts fournis par chaque cercle.

---

[1] ANS, 2G 33.30, Côte d'Ivoire, rapport économique, 1933

[2] ANS, 2G 38.30, Côte d'Ivoire, rapport économique, 1938

Et de ce point de vue, la région de Man n'était pas la moins entreprenante.

Ces performances étaient donc sans aucun doute également celles des différentes régions et plus particulièrement celles de la région Man.

Le commerce européen a fait d'énormes progrès à Man. Mais s'est-il réellement imposé au point de faire disparaître toute trace des échanges traditionnels ?

Cette interrogation nous amène à nous intéresser au trafic local

3 – LE TRAFIC LOCAL

En 1923, un rapport administratif relatif au trafic intérieur soulignait l'importance du commerce qui se faisait par caravane. Il en déduisait ainsi l'importance des échanges traditionnels, qui ont toujours mis en relation les populations soudanaises venues du nord et les autochtones Wê et Dan. Ainsi parallèlement au commerce colonial, les échanges traditionnels avaient également cours. Ils se poursuivaient malgré la présence des postes douaniers, les soudanais du nord échangeaient contre des noix de cola des bœufs, du sel, des pagnes, etc. la taxe de circulation sur les colas étant estimée en moyenne à 500.000 francs par an, l'administration évaluait à 2.000 tonnes les exportations officielles de colas. Cependant, comme les caravaniers utilisaient des chemins détournés pour éviter les postes de douane, l'administration ne disposait d'aucune statistique sur les échanges traditionnels. Mais, elle ne doutait pas que près de la moitié du trafic de cola échappait à son contrôle.

> « Les statistiques de la douane ne donnent aucun renseignement sur l'importance du commerce qui se fait par caravanes à l'intérieur de la colonie. Le commerce traditionnel a lieu du Nord au Sud et réciproquement par échange des produits différents. De la région soudanaise viennent des bœufs, du sel, des pagnes. La forêt fournit qu'une seule marchandise – fort précieuses – ses colas. La taxe de circulation est moyenne de 500.000 francs par an. Ce qui donne une quantité de 2.000 tonnes. Mais une quantité importante de 50% environ, échappe au contrôle[1] »

Cet extrait de rapport est assez éloquent et démontre bien la persistance des échanges traditionnels. En 1923, la région de Man était avancée dans le programme de vulgarisation de l'économie de plantation. L'administration encourageait les paysans à créer des plantations de cola aux alentours des villages et à vendre leur récolte aux maisons de commerce européen qui occupaient progressivement le terrain. Malgré ces injonctions et les efforts entrepris dans le domaine de l'équipement et la diffusion de la monnaie française, de nombreuses populations restèrent attachées aux méthodes d'échange traditionnel. Les témoignages oraux recueillis sur le terrain étaient nombreux qui indiquaient que les paysans avaient pendant longtemps préféré les méthodes anciennes. Pour certains, les échanges de produits se faisaient dans la région jusqu'en 1960 voire après la période des indépendances.

[1] Mamery SOUMAHORO, Op-cit

> « Même avec l'arrivée des grands commerçants, les dioula continuent toujours le commerce de la cola.
> Même jusqu'à présent. Ils achètent de la cola et l'exporte en grande quantité vers Bamako[1] ».

De toute évidence, témoignages oraux et rapports administratifs se rejoignaient sur la question. Les échanges traditionnels ont survécu à l'avènement du commerce colonial. Plusieurs raisons ont été évoquées pour expliquer cette situation parmi lesquelles figuraient en bonne place le poids des traditions. Nous y reviendrons plus largement dans les chapitres
suivants. Nous pouvons bien admettre que jusqu'en 1940, les méthodes d'échanges traditionnels avaient toujours cours et le trafic se poursuivait parallèlement au commerce colonial. On assistait ainsi contrairement à la volonté de l'administration à une juxtaposition de fait de deux modes d'échange antagonistes. Car l'un visait à faire disparaître l'autre. Les échanges traditionnels n'avaient certes pas disparu jusqu'en 1940, mais une interrogation demeurait tout de même.

Quelle était désormais la part de ces échanges dans ce nouveau paysage ? Pendant combien de temps encore ces pratiques anciennes allaient-elles résister aux mutations en cours ?

Si l'on ne pouvait répondre avec exactitude à cette question, il était cependant aisé d'imaginer que par rapport aux contraintes imposées par l'autorité, les échanges traditionnels régressaient au fil des années à mesure que l'économie de plantation gagnait du terrain et la monnaie française s'imposait dans les transactions sur les marchés locaux. On observait par exemple, déjà en 1918, ces transformations à Kouibly où l'administration avait imposé aux populations un nouveau marché.

---

[1] Mamery SOUMAHORO, Op-cit

> « Le marché de Kouibly a pris une certaine importance. La plupart des indigènes du Nord de la subdivision, des habitants de Man et de Séguela, de nombreux dioulas qui ne connaissaient autrefois que les marchés de Man et Sémien fréquentent actuellement celui de Kouibly. D'un autre côté, Ouobés et Guérés commencent à connaître la valeur de l'argent et si certains acceptent, encore, les échanges beaucoup d'entre eux exigent le paiement des denrées et produits en argent[1] ».

Plus " *l'indigène*" s'habituait à la monnaie française, plus le commerce européen progressait. Or les progrès du commerce colonial induisait la disparition progressive du système d'échange de produits ; essence, ultime des échanges traditionnels, après l'interdiction des monnaies anciennes. Jusqu'en 1940, les plantations qui étaient suffisamment répandues dans la région et à la création, desquelles les paysans avaient été fortement encouragés par l'administration, étaient d'importantes sources de revenus financiers. Si les échanges traditionnels subsistaient encore en 1940, ils ne pouvaient être pour le moins que défigurés ; infiltrés qu'ils étaient par des instruments et des méthodes étrangers.

De telles mutations qui allaient en s'amplifiant et qui, au fil du temps, tendaient à imposer de façon définitive le commerce européen avaient forcement de nombreuses conséquences. Celles-ci seront l'objet de notre prochain chapitre.

---

[1] A.N.C.I 1 QQ 101/18 Cercle de Touba, rapports sur la situation économique et commerciale des postes de Touba, Man, Kouibly, 1987.

TROISIEME PARTIE :

COMMERCE ET TRANSFORMATIONS SOCIO-POLITIQUES ET ECONOMIQUES : QUELLES PERSPECTIVES D'ADAPTATION?

Le commerce colonial qui a connu un essor certain depuis 1920 est, à la veille de la seconde guerre mondiale, une activité dont la prépondérance dans la région ne souffre plus d'aucun doute. Une économie de type capitaliste s'est, en effet, progressivement imposée au détriment des anciens rapports d'échanges communautaires.

Cette transformation lente mais pernicieuse du paysage économique laisse exsangue la société traditionnelle. Elle est également à l'origine de nombreuses mutations sociales, politiques et économiques directes ou indirectes.

Nous essayerons, dans un premier chapitre, de faire un premier bilan en tenant compte du cadre chronologique. Nous adoptons, par ailleurs, un ordre d'exposition thématique qui ne sera pas forcément chronologique.

Une vision panoramique des mutations engendrées par l'imposition du commerce colonial éclaire, de prime abord, sur la profondeur des bouleversements intervenus dans les fondements et les structures de la société traditionnelle. On note, à ce niveau, une désagrégation des normes anciennes, avec en prime, la désarticulation des systèmes et la dégradation du schéma d'autorité. L'éviction des autorités traditionnelles et la mise sous tutelle de l'espace politique ne peuvent donc être qu'une conséquence logique de la mise à mal du tissu social. La société traditionnelle est, pour ainsi dire, ébranlée dans ses fondements et ses structures. Mais ces bouleversements ne sont pas que socio-politiques, ils sont également d'ordre économique.

Au plan économique, le fait le plus marquant est inévitablement la création de la région économique. Les questions qui, à ce niveau, nous ont intéressé ont essentiellement trait à la présentation de la région économique, elle-même, et au dynamisme des activités économiques initiées en vue de soutenir le développement du commerce colonial.

Outre, la naissance de la région économique, l'uniformisation des circuits d'échanges, l'apparition de nouvelles formes de solidarité, la disparition progressive de certaines activités économiques anciennes notamment le travail des métaux sont également citées pour illustrer les mutations économiques provoquées par l'essor du commerce colonial.

Mais pouvions-nous appréhender tous ces faits sans avoir, au préalable, jeter un regard critique sur les incidences des échanges précoloniaux notamment celles du commerce ancien du cola sur la région ? Le commerce précolonial du cola n'a-t-il pas enregistré la participation d'acteurs extérieurs à la région ? Ces échanges anciens qui ont mis en relation les peuples forestiers avec les populations venues des savanes septentrionales ont, sans aucun doute, eu de nombreuses conséquences. Celles-ci méritent biens d'être relevées, même sommairement, non seulement, comme nous l'avions relevé, pour mieux situer l'impact de l'action coloniale, mais aussi et surtout, trouver de meilleures perspectives ayant comme fondement, une lecture critique du système économique ancien et du système d'exploitation capitaliste instauré par le biais de la colonisation française. Nous relevons ici quelques aspects parmi les plus importants. Au plan économique, nous insistons sur l'apparition de nouvelles techniques de production. Au niveau social, à côté des considérations d'ordre démographique, nous relevons également quelques changements sociaux. Les changements culturels et politiques n'ont pas été occultés. Au niveau culturel, l'enrichissement de la langue est de loin le facteur le plus important. Au plan politique, nous insistons davantage sur le renforcement du pouvoir politique à travers la création des marchés.

Le second chapitre est consacré à une analyse théorique sur les perspectives pour une meilleure adaptation des cadres africains aux valeurs nouvelles imposées par le biais du commerce colonial. Nous appuyant sur une analyse du système économique traditionnel, notre réflexion essaie de déterminer des leviers pouvant s'adapter ou être adaptés aux conditions de l'économie de type capitaliste. A ce propos, il nous a semblé nécessaire de mettre en rapport la civilisation traditionnelle et le concept actuel de développement. Par cette analyse, nous essayons de mettre en relief quelques principes et valeurs anciennes, aujourd'hui à même d'être des vecteurs importants de développement.

CHAPITRE I

LES MUTATIONS SOCIO-POLITIQUES ET ECONOMIQUES A LA VEILLE DE LA SECONDE GUERRE MONDIALE

L'essor du commerce européen implique, d'une façon générale, le développement de l'économie coloniale. Les résultats obtenus ont été possibles grâce aux efforts entrepris notamment dans les domaines de l'agriculture et des travaux publics. Les mutations qui en ont résulté sont donc le fruit d'un ensemble de facteur qu'on ne saurait, à la vérité, individualiser. Nous nous attèlerons cependant à mettre en relief, les conséquences directes ou indirectes liées à l'avènement du commerce européen. Mais bien avant, nous essayerons d'évaluer les conséquences des échanges précoloniaux notamment celles du vieux commerce du cola sur la région. Cette évaluation nous semble nécessaire pour bien cerner les innovations de la présence française. Ainsi serions-nous amené à relever, au plan économique, les nouvelles techniques de production. Au niveau social, nous nous intéressons aux conséquences démographiques et aux changements sociaux provoqués par les échanges précoloniaux. L'enrichissement de la langue et les effets des marchés sur le renforcement du pouvoir politique vont nous permettre, en dernier ressort, d'établir les conséquences culturelles et politiques du vieux commerce du cola dans la région.

I – LES INFLUENCES DU COMMERCE PRECOLONIAL DU COLASUR LA REGION DE MAN

Les échanges précoloniaux ont favorisé, ainsi que nous l'avions relevé, l'ouverture de la région aux influences soudanaises et ont suscité des transformations économiques, sociales et politiques souvent immédiates.

1- LES TRANSFORMATIONS ECONOMIQUES

Ces mutations étaient multiformes et variées. Les plus importantes, c'est-à-dire, celles dont les effets étaient directement perceptibles, avaient trait à l'apparition de nouvelles techniques de production.

1-1- L'apparition et la diffusion de nouvelles techniques de production.

Les produits manufacturés d'origine soudanaise exerçaient un attrait indéniable sur les populations de la région. Cette attirance favorisa par contrecoup l'apparition d'un artisanat local. Le souci des forestiers ici, était de limiter leur dépendance vis-à-vis de leurs partenaires commerciaux soudanais. Pour atténuer la consommation passive de biens importés, les peuples forestiers se mirent à l'ouvrage. Ils entreprirent, après avoir apprécié, les articles venus du nord, de fabriquer eux-mêmes des biens de leur propre crû. Le phénomène se propagea dans la région certainement à des périodes différentes. Car le processus de diffusion de ces techniques était sans doute fonction de l'intensité des relations d'échange avec les peuples soudanais.

Parmi les nombreuses techniques acquises, le travail du fer était de loin le plus important. Eu égard à l'importance des productions d'origine métallique dans les transactions commerciales.

1-1-1 Le travail du fer.

Le travail du fer ne semblait pas être totalement ignoré par les Wê et les Dan. De nombreuses traditions, ainsi que nous l'avions souligné, ont fait état de l'origine soudanaise de certains sous-groupements Wê et Dan. Le '' *Baon*[1]'' qui signifie en wobé '' *homme venu de loin*'' et par extension ''dioula'' serait selon les traditions orales venu de la région de Séguéla ; et y aurait acquis la technique du travail du fer avant son installation à Sémien.

Les traditions ont également révélé en pays dan, le cas de la tribu ''*Manlé*'' jugée très proche des Mahou du Bafing. Les migrations de ces peuples - antérieures au XVIIe siècle – laissaient croire que certaines populations forestières avaient une connaissance ancienne du travail du fer. De toute évidence, même si l'on admettait cette hypothèse, du fait de la pauvreté des sols de la région en minerais ferrugineux – comme l'a souligné le capitaine Laurent en 1911[2] - le travail et l'exploitation du fer n'ont pu prospérer. Les échanges commerciaux dont l'essor étaient indéniables au XVIIIe siècle, ont été un vecteur déterminant dans la diffusion du travail du fer. Dans la mesure où les biens métalliques et notamment les ''*sombé*'' produits spécifiquement soudanais étaient des productions de valeur dans les transactions. Le ''*sombé*'' servait par exemple comme monnaie de compte. SEHI SOUMAHORO notable à Sémien, le soulignait si bien en ces termes :

> « Nous achetions le sombé avec les Dioula. Eux connaissaient bien le travail du fer. Leur terre en était riche. C'est aussi chez eux qu'on achetait avant les outils pour nos cultures[3] ».

---

[1] Sehi SOUMAHORO, né vers 1922, notable à Sémien. Propos recueillis le 24 août 1998.

[2] ANCI, Monographie de Man 17S/D, monographie du Cercle de Man, <u>op-cit</u>

[3] Sehi SOUMAHORO propos recueillis à Sémien, le 24 août 1998

Cette observation est également partagée par les documents d'archives, comme l'atteste ici, cet extrait de la monographie du cercle de Touba.

> « Ce sont les forgerons de la région de Touba qui fabriquaient les sombés, tiges de fer aplaties aux extrémités ... et qui servent encore aujourd'hui de monnaie dans toute la zone forestière ouest de la Côte d'Ivoire[1] ».

Utilisé comme matière première, le sombé servit à fabriquer des outils et des armes de facture Wê ou Dan. L'objectif économique qui sous-tendait l'entreprise valorisa le métier de forgeron. En pays Wê, des lignages entiers se consacrèrent à cette activité.

L'exemple le plus parlant était de loin celui des *''Blaon[2]''*. Ils étaient reconnus de tous comme les maîtres du travail des métaux. Si bien qu'ils se présentaient parfaitement comme des hommes de caste auprès desquels, l'on pouvait apprendre le métier de forgeron. Leurs services, selon les témoignages, n'étaient pas gratuits. Celui qui avait besoin d'un outil leur apportait la quantité de fer nécessaire. Généralement, le bénéficiaire du service offrait au fabricant, en guise de paiement, de la volaille, du vin de palme, de la nourriture selon la qualité du travail. Les outils issus du travail des forgerons étaient aussi divers que variés.

Il s'agissait pour l'essentiel d'instruments aratoires, houes, haches ; d'armes blanches, couteaux, pointes de lance, etc.

Ces productions intervenaient dans différents secteurs d'activité. L'agriculture était de loin le plus grand bénéficiaire. Mais, on avait également la cordonnerie où le perce-bois était l'outil le plus prisé. Les produits de la forge servaient également dans le domaine

---

[1] ANCI, Monographie de Man 17S/D, *Monographie du Cercle de Touba*, op-cit, p.5

[2] Sous-groupement ''Baon'', spécialisé dans le travail du fer en pays Wobé. Les ''Blaon'' était également les initiateurs et les dépositaires de la société initiatiques des panthères dont les objets métalliques taillés comme de véritables griffes leur conféraient les attributs du fauve.

de la culture. De nombreuses danses utilisaient les grelots, les clochettes, etc. Pareil pour la chasse et la défense où sabres, fer de lance, couteaux étaient des instruments fort usités.

Le travail du fer a, pour ainsi dire, eu un grand impact sur la production. D'autres techniques notamment la filature et le tissage n'ont certainement pas connu la même importance que le travail du fer ; mais, ils n'étaient pas moins un héritage des échanges précoloniaux.

1-1-2 Le tissage

La filature et le tissage furent certainement parmi les nombreuses techniques introduites dans la région par le biais des échanges. Mais, les traditions orales n'en ont pas abondamment fait cas. Les témoignages les plus explicites ont seulement fait état de ce que, la cotonnade provenait essentiellement des régions soudanaises. Le métier à tisser était, pour ainsi dire, méconnu dans la région. Et sur la question, l'éclairage est apporté par les documents d'archive.

> « Les Dans, Touras et Guéré n'ont, pour ainsi dire, aucune industrie. Ils ne connaissent même pas l'élémentaire métier à tisser le coton, et se procurent uniquement par voie d'achats les quelques lambeaux d'étoffe qui leur sont nécessaires[1] ».

Si les sources orales sont muettes sur la question, cette circonspection est sans doute due à la pénétration tardive de l'industrie du tissage dans la région. En effet, l'on ne mentionnait par ailleurs nullement la présence de plants de coton, matière première agricole indispensable à cette industrie. La question mérite une étude approfondie. Sinon de nos jours, il n'est pas rare de retrouver dans certains villages de la région, notamment ceux à proximité des

[1] ANCI, Monographie de Man 17S/D, *Monographie du Cercle de Man*, op-cit, p.28

territoires soudanais, des tisserands de métier, fabricants des célèbres tenues traditionnelles wê et dan.

A la vérité, les régions soudanaises sur lesquelles, témoignages oraux et documents d'archive étaient unanimes ont été pour les peuples forestiers des modèles en matière de production de tissus. L'industrie du tissage répandu dans la quasi-totalité des villages soudanais environnants et largement favorisée par la culture du coton fournissait aux différents marchés des bandes de pagne dont la qualité et la solidité étaient aux dires du colonisateur sans pareilles.

> « L'industrie du tissage a également un très grand développement. Tous les villages ont leur métier à tisser et certains en possèdent jusqu'à 30. La culture du coton réussit très bien et réclame peu de soins. Les femmes fabriquent le fil de coton et le teignent en grande partie avec l'indigo. Les hommes tissent alors les bandes de 10 centimètres de largeur au minimum qui cousues ensemble forment les pagnes rayés blanc et bleu qui jouissent d'une faveur très grande, légitimée d'ailleurs par leur solidité exceptionnelle[1]».

A vrai dire, le tissage et la filature ne semblent pas avoir suivi l'essor du travail du fer. Les traditions orales et les documents d'archive n'ont, pour l'époque, fait mention d'aucune activité de tisserands locaux. Ces activités couplées avec celle de la teinture seront adoptées un peu plus tard. Mais, aujourd'hui elles sont loin d'être de simples souvenirs.

Les techniques soudanaises ont, en définitive, été nombreuses à être introduites dans la région. A elles seules, elles peuvent être

[1] ANCI, Monographie de Man 17S/D, *Monographie du Cercle de Touba*, op-cit, p.11

l'objet d'une thèse. Elles ont eu de nombreux impacts dans la vie économique, surtout dans le domaine agricole.

1.2 *Un essor dans l'agriculture.*

Les échanges précoloniaux ont entraîné, par delà, l'émergence de nouvelles techniques d'importantes mutations dans l'agriculture. Ces transformations qui ont, pour le moins, contribué à valoriser la production agricole avaient principalement trait à la mise en valeur de nouvelles matières premières, ainsi qu'à l'avènement de nouveaux procès de chasse et d'élevage.

1-2-1 <u>La mise en valeur de nouvelles matières Premières</u>

Dans le cadre du trafic précolonial, de nombreuses matières végétales qui naguère, dans le contexte exclusif des échanges intracommunautaires, n'avaient aucune vocation économique acquirent, pour certaines, une valeur d'usage, pour d'autre, une valeur d'échange. Les exemples les plus parlants concernaient l'utilisation des feuilles de jonc et du rotin notamment dans le commerce du cola. Les feuilles de jonc qu'on retrouvait, selon les témoignages en abondance dans les endroits marécageux en zone forestière et préforestière servaient, dans les relations d'échanges anciens, à l'emballage des provisions de colas. Cet emballage était d'autant plus important qu'il constituait un élément clé, sans lequel la conservation du cola ne pouvait se faire. Or, il fallait maintenir la fraîcheur du fruit pour en conserver sa valeur d'échange. Comme en témoigne ici cet extrait de rapport adressé au gouverneur général de l'A.O.F.

> « Les fruits doivent être trempés 2 heures, on les ouvre, on sort les noix et on les écorche. Mais ce n'est là que le petit côté d'une industrie qui consiste surtout à conserver aux noix leur fraîcheur pendant la route, jusqu'au lieu de consommation…il sait quelle herbe de la forêt…fournit les feuilles les plus protectrices[1] ».

Les feuilles de jonc avaient une vocation économique particulière parce qu'aucune autre feuille ne pouvait valablement les remplacer dans la conservation du cola. Cette utilité sur laquelle les témoignages oraux étaient unanimes, leur conférait un rôle économique à au moins deux niveaux. D'abord comme élément de conservation du cola, et ensuite, comme bien d'échange pour les populations dont les régions en abondaient.

Les paniers de cola étaient les plus souvent confectionnés avec le rônier, plante issue de la famille des palmiers, qu'on retrouvait naturellement en abondance dans la région, surtout dans les territoires Zoho, actuelle circonscription de Facobly. La flexibilité du rotin et sa durabilité en faisaient un article essentiel. A défaut des feuilles de jonc, on utilisait dans certains territoires des feuilles de rônier pour l'emballage du cola et de l'arachide. Il s'agissait là d'un palliatif qui, ne donnait pas pour autant moins aux populations, une source de revenus additionnels. A côté de la valorisation de ces matières premières, le trafic précolonial a également favorisé l'introduction et la promotion dans la région de plantes dont les plus importantes ont été, au niveau des cultures vivrières, l'arachide.

A ce propos, les premiers constats des administrateurs étaient assez éloquents et montraient bien que, les populations locales commençaient à s'adonner à la culture de l'arachide ; certes timidement, mais avec conviction. Car en se limitant aux alentours

[1] A.N.S 17G3.81 (126), Rapport Savineau sur la condition de la femme en A.O.F, décembre 1937

des villages, les populations intégraient progressivement la culture dans leurs habitudes.

> « L'arachide n'est qu'à peine connue. On n'en trouve que des plantations insignifiantes à proximité de quelques villages[1]».

Concernant les cultures spéculatives, le coton, matière première indispensable à la fabrication des pagnes, a semblé intéresser les populations de la région. Mais, cette culture a dans son expansion davantage prospérée en zone préforestière.

Ces plantes favorisées par les échanges précoloniaux ont certainement eu un impact sur la production. Les chiffres constituant le talon d'Achille des traditions orales, nous ne sommes pas en mesure d'en fournir. Toutefois, nous pouvons raisonnablement admettre une augmentation de la production agricole. Les échanges ont également contribué à l'avènement de nouveaux procès d'élevage et de chasse.

1-2-2. L'avènement de nouveau procès d'élevage et de chasse.

Le bœuf était un produit du commerce précolonial. Cet animal à forte valeur marchande était dans les échanges anciens un produit spécifiquement d'exportation soudanaise. Les traditions orales autant que les archives coloniales sont formelles sur la question. Le témoignage du capitaine Laurent dans cet extrait de la monographie du cercle de Man est, à ce propos, fort éloquent.

> « S'il se fait une consommation relativement importante de bœufs, tous sans exception sont d'importation soudanaise[2] ».

---

[1] A.N.S, 17G 381 (126), Rapport d'ensemble (n°18) présenté à Monsieur le Gouverneur-Général de l'A.O.F par Mme SAVINEAU, Conseillère Technique de L'Enseignement.

[2] ANCI, Monographie de Man 17S/D, *Monographie du Cercle de Man*, op-cit, p.27

En effet, la forêt, zone naturellement hostile à élevage de gros bétail, du fait de l'extrême humidité du climat et de l'exubérance du couvert végétal, facteurs de prolifération d'insectes nuisibles, ne pouvait abriter ce type de cheptel.

Les régions les plus propices à l'élevage des bœufs étaient donc celles des savanes avoisinantes. A Touba et dans les centres environnants notamment Séguéla, Maninian, Odienné, l'élevage des bovidés constituait une activité florissante. Les conditions y étaient favorables puisque les pluies abondantes assuraient aux bêtes d'importantes provisions de nourritures dans les prairies durant toutes l'année. L'élevage concernait différentes races de bœufs. Mais, les deux plus importantes étaient les bœufs de petite taille d'origine peulh du Fouta-Djalon, et ceux à Bosse venant des régions soudanaises.

> « Les indigènes du cercle de Touba et surtout ceux des principaux centres se livrent à l'élevage des bovidés et obtiennent des résultats vraiment satisfaisants, en particulier dans les régions très arrosées où les pâturages abondants subsistent toute l'année. La race du pays qui semble provenir du croisement de la petite race du Fouta-Djallon et de celle des bœufs à bosse hauts sur pattes du soudan, possède beaucoup de qualités. Elle est parfaitement acclimatée et se reproduit facilement, elle est composée d'animaux sains et vigoureux et fortement charpentés[1] ».

Contrairement aux régions soudanaises voisines, comme nous l'avions souligné, l'élevage est presque impossible en zone forestière. Les populations avaient de la peine à s'y essayer tant les conditions naturelles étaient défavorables.

---

[1] ANCI, Monographie de Man 17S/D, *Monographie du Cercle de Man*, Op-cit, p.16

> « L'élevage des bovidés, entre autre, n'y est pas pratiqué…d'ailleurs (ils) meurent rapidement au Sud du Bafing[1] ».

Dans des conditions aussi repoussantes, l'on comprenait aisément que les populations de la forêt, ainsi que l'a révélé le capitaine Laurent, furent astreintes à l'achat et à la consommation immédiate.

> « Les indigènes du cercle ne font pas l'élevage, on trouve bien chez les Touras et les Dans quelques bœufs qui ont été achetés au moyen de cola… mais ces animaux, destinés à la consommation immédiate, ne sont l'objet d'aucun soin, ce ne sont d'ailleurs la plupart du temps, que des mâles. Chez les Guérés, les bovidés semblent extrêmement rares[2] ».

Le bœuf introduit dans la région dans le cadre des échanges précoloniaux acquis, très tôt, par la force des choses, une fonction sociale évidente chez les peuples forestiers. Celle-ci se percevait notamment dans les pratiques cérémonielles et religieuses. Le bétail constituait une matière prépondérante dans les échanges sociaux, surtout, au niveau des couches sociales les moins aisées. Il permettait, à l'occasion des cérémonies, d'atteindre les groupes les plus éloignés. L'abondance de la viande, élément le plus convoité à l'occasion des repas pouvait permettre d'étendre la manifestation à la tribu entière. De ce fait, le bœuf ne tarda pas à entrer dans la catégorie des biens de prestige. C'est-à-dire, ceux dont la possession conférait inéluctablement, un rayonnement social certain. Le bœuf devenait ainsi un élément de catégorisation sociale. Et les témoignages étaient

---

[1] ANCI, Monographie de Man 17S/D, *Monographie du Cercle de Touba,* op-cit, p.12
[2]ANCI, Monographie de Man 17S/D, *Monographie du Cercle de Man,* op-cit, p.16

nombreux qui attestaient que le bœuf comptait pour beaucoup dans le patrimoine des hommes les plus aisés de la société. Subséquemment, de nombreux chefs de villages et de tribus abritant les marchés les plus influents de la région s'adonnèrent à ce type d'élevage, nonobstant, les conditions hostiles relevées par les premiers administrateurs. Naturellement, ces expériences ne purent prospérer au cœur de la forêt, comme l'ont souligné à plusieurs reprises, les rapports du capitaine Laurent. Mais, à la périphérie, dans les zones préforestières notamment celles de Sémien, à la limite du pays Koyaka[1], et en pays Dan au nord du district de Man, à la frontière du monde Mahou, elles ont connu un succès relativement satisfaisant. Mais, ce type d'élevage était souvent le fait de Malinké installés dans ces régions. Car les échanges avaient également donné lieu à de nombreux déplacements de populations.

> « A Sémien, beaucoup parmi nos parents avaient pu acheté des bœufs avec les Dioula de Séguéla, de Sifié… On les gardait pour qu'ils se reproduisent avec l'aide des Dioula venus s'installer chez nous[2] ».

En somme, même si l'élevage se pratiquait à un stade qu'on pourrait qualifier d'embryonnaire, il ne demeurait pas moins une conséquence des échanges précoloniaux. Tout comme la chasse au fusil.

En effet, le piège était dans la région, la technique la plus utilisée ; et la pratique la plus courante était la chasse au filet.

> « Les chasseurs en fil, encerclaient la broussaille avec des grands filets. Muni d'instruments en fer, chacun, faisait du bruit. Les animaux

---

[1] Population d'origine soudanaise habitant la région de Séguéla

[2] Klango SOUMAHORO, notable né à Sémien vers 1940, propos recueillis à Sémien le 24 août 1998.

> étourdis par ce vacarme assourdissant, entraient désespérément dans les mailles des filets, et se faisaient ainsi prendre[1] ».

Le nouveau procès de la chasse était en relation avec la diffusion du fusil en pays wê et dan. Et, l'un des facteurs à la base de cette activité était la présence dans les villages des forgerons capables de réparer ces fusils.

> « On trouve… dans les villages des forgerons, médiocres artisans ne sachant que réparer grossièrement les fusils et instruments agricoles[2] ».

La mobilité du chasseur était un avantage certain qui lui permettait de se procurer beaucoup plus de gibier.

En définitive, les transformations d'ordre économique favorisées par les échanges précoloniaux sont nombreuses. Elles ne sauraient être dans ce cadre exhaustive. On pourrait tout aussi bien parler de l'épargne, du désir d'enrichissement, de l'accumulation. Car, compte tenu de la rareté des biens d'origine soudanaise, on ne se contentait pas uniquement de consommer. On pensait de plus en plus à la constitution de réserves en prévision des situations imprévues, qui exigeaient quelquefois des dépenses importantes. Il fallait, en somme prévoir des cas de décès, de maladies, etc inhérent à la vie. La société ne pouvait en être épargnée, tout comme elle n'a pu échappé aux influences du commerce.

---

[1]Klango SOUMAHORO, notable né à Sémien vers 1940, propos recueillis à Sémien le 24 août 1998.

[2] ANCI, Monographie de Man 17S/D, *Monographie du Cercle de Man,* Op-cit, p.27

2- LES MUTATIONS SOCIALES

Les mutations sociales ne sauraient, à la vérité, se distinguer des effets économiques des échanges précoloniaux. Nous avons toutefois établi cette différence en vue de mettre en relief les changements sociaux.

2-1. *Les changements démographiques*

Nous nous contenterons ici d'évoquer l'augmentation de la population d'une part et d'autre part, sa mobilité.

2-1-1 L'augmentation de la population.

L'étude de la démographie précoloniale est confrontée aux problèmes statistiques. Ces difficultés sont d'autant plus importantes que les traditions orales ne peuvent valablement fournir d'évaluations chiffrées. Nous nous en tiendrons donc ici, exclusivement, aux estimations fournies par les documents d'archives, même si celles-ci ne couvrent pas, comme nous l'aurions souhaité l'ensemble de la région. Ces chiffres approximatifs qui peuvent cependant utilement nous servir comme indice de référence prouvent indéniablement que les échanges ont largement contribué à l'accroissement de la population. Les premières informations fournies sur la démographie de la région relèvent, de façon laconique, une faible densité de la population à travers une évaluation des habitations par village. Selon le capitaine Laurent qui, dès 1905, avait signalé sa présence dans la région, les villages des zones périphériques notamment ceux des Toura contenant " *300 à 400 cases*[1]" étaient largement plus grands et par conséquent, plus peuplés que ceux entièrement forestiers où l'on ne dénombrait que 150 cases.

[1] ANCI, Monographie de Man 17S/D, *Monographie du Cercle de Man*, op-cit, p.12

> « Les villages de la forêt plate n'ont aucune originalité : tous petits ; les plus grands ont 150 cases[1] »

La monographie de Touba est, à ce propos, beaucoup plus explicite et nous éclaire davantage avec des données précises.

> « On peut évaluer à 60.000 le nombre d'indigènes Malinkés du cercle de Touba, dont environ la moitié appartiennent à la tribu des Diomandés[2] ».

Les précisions apportées plus loin permettent de comprendre, en fait, que la population autochtone était, en réalité, moins importante en nombre que les populations étrangères venues dans la région pour divers motifs dont les plus importants semblent être surtout d'ordre économique et religieux.

La population du cercle de Touba appartient dans sa totalité à la race soudanaise. Mais, il faut distinguer les tribus considérées comme autochtones et celles dont la venue dans le pays est relativement récente.

Les tribus considérées comme autochtones sont les Siénamanas, qu'on appellerait aujourd'hui sénoufo, issus du district d'Odienné. On a également parmi les autochtones les Dan et les ''Ouémés'' apparentés aux Toura.

Les Siénamanas au nombre de 15.000 environs sont repartis dans les cantons, du Noholou et Zana situés à l'Est d'Odienné.

Les Dan au nombre de 3.500 sont repartis dans les cantons du Santa et dans quelques villages du canton Mahou : Silakoro, Booni, Nzo et Saala. Les Ouémés sont représentés par un millier d'individus dans le canton du Touradougou[3].

---

[1] ANCI, Monographie de Man 17S/D, *Monographie du Cercle de Man*, op-cit, p.12
[2] ANCI, Monographie de Man 17S/D, *Monographie du Cercle de Touba*, op-cit, p.9
[3] ANCI, Monographie de Man, 17S/D, *Monographie du Cercle de Touba*, 1911, op-cit, p.8

C'est à ces groupes reconnus partout comme autochtones de la région que de nombreux groupes tous d'origine soudanaise viendront progressivement s'ajouter au fil des siècles. Ce peuplement qui s'est fait par vagues successives a été diversement motivé. Les principales raisons généralement mises en avant par les documents d'archives pour les justifier sont, pour la plupart, d'ordre religieux. Mais, en réalité, on n'avait pas besoin d'assez d'efforts pour appréhender les motivations d'ordre économique qui du reste sont de loin les plus importantes eu égard aux richesses qu'on rencontrait dans la zone forestière.

Ainsi donc, en dehors des tribus autochtones et malinké, le cercle de Touba a enregistré l'arrivée de quelques familles de religion musulmane venue dans la contrée dans le courant ou la fin du XVIIIe

siècle[1] dans un but de prosélytisme religieux. Les principales sont : les Bakayoko, originaires de Tombouctou qui comprennent environ 3.000 individus dans le canton Koro ; les Fadiga, originaires des environs de Ségou comprenant 6.000 individus à Guintéguéla et Férentéla ; les Touré, originaires de Sangara qui comptent 2.000 individus à Sokourala et Madina, enfin les Saranohoro venus de Kong sont au nombre de 300 répartis dans plusieurs villages du canton Mahou[2].

Ces migrations qui ont eu pour cadre le Mahou, n'ont pas épargné, comme l'ont relevé les documents d'archive, les régions forestières, zones de prédilection du colatier. Les témoignages les plus significatifs des visées des populations malinké en direction de la forêt, nous ont été laissés par PERSON à travers les actions de conquête des Féren-Kamasi, installés à Férentela. Ces derniers avaient entrepris, après avoir conquis le pays Dogo, la conquête de la rive forestière du Bafing occupée par les populations dan.

Alternant diplomatie et actions guerrières, les conquérants conduits par Vasè réussirent à nouer de nombreuses alliances qui leur permirent non seulement de placer sous leur dépendance

[1] ANCI, Monographie de Man, 17S/D, *Monographie du Cercle de Touba*, 1911, op-cit, p.8
[2] *Idem, p.9*

certains chefs de tribu locaux notamment Togba Gémi du Glösé, mais aussi surtout de contrôler le marché colatier de Blölé, en plein cœur de Man.

> « Vasè qui se transporta à Mandougou, à l'extrême fin du siècle, domina tout le Mahou et ouvrit une phase de son histoire en traversant le Bafing pour amorcer la conquête du pays Da… en compagnie de Génwiya Témi, le chef de Té, il vainquit le Glösé de Togba Gémi, qui contrôlait alors le marché kolatier de Blölé dans les montagnes de Man[1] ».

A partir de ces incursions et des alliances qui s'établirent par la suite, les régions forestières devinrent des zones d'immigrations malinké. Les alliances commerciales se développèrent ainsi, et, il n'existait pratiquement plus aucun marché où l'on ne pouvait rencontrer d'élément malinké.

Ces relations étaient si prospères qu'elles ont constitué un facteur essentiel dans l'accroissement et la mobilité de la population.

2-1-2. <u>La mobilité de la population</u>

Les échanges précoloniaux ont favorisé de nombreuses migrations. Principalement motivées par le trafic du cola, elles ont connu deux formes distinctes. On distinguait d'une part les migrations périodiques, liées au rythme des marchés hebdomadaires et d'autre part, les migrations définitives favorisées le plus souvent par les alliances matrimoniales.

Les migrations périodiques procédaient, comme nous l'avions relevé, du rythme des marchés qui avaient lieu généralement une fois par semaine, et à l'occasion, rassemblaient des populations venues d'horizons divers, de tribus ou de contrées voisines. Sur les marchés

---

[1] Y. PERSON, *Samori, une révolution Dyula,* <u>Op-cit,</u> p.570

affluaient non seulement vendeurs et acheteurs, mais tous ceux qui voulaient profiter de ces moments de grand rassemblement pour des rencontres personnelles ou tout simplement pour changer d'aire. Ces déplacements auxquels s'associaient parfois des groupes entiers d'individus étaient donc aussi des moments d'évasion auxquels hommes, femmes et enfants participaient toutes les semaines. La rotation des marchés parce qu'elle rompait la monotonie ajoutait un attrait particulier à ces déplacements hebdomadaires. Partout dans la région, il existait un cycle de marchés périodiques. KIPRE Pierre, nous révèle ici le cas de Danané.

> « Dans la région de Danané par exemple existent déjà des cycles de marchés périodiques, les marchés de Togouapleu (le samedi), Oua (le dimanche), Flampleu existaient avant 1906[1] ».

Un autre cycle dans la localité de Sémien entraînait des va-et-vient de populations entre Sifié et Man. Comme en témoigne ici Méïté Mamadou, notable à Sifié.

> « Avant lorsqu'on quittait Sifié, la première escale était à Sémien, il y avait un gros marché. Après Sémien… on faisait une escale à Koua. C'est à Koua qu'on ralliait Man[2] ».

La mobilité de la population eut de nombreuses conséquences qui, à elles seules, peuvent être l'objet d'une étude approfondie.

En somme, c'est au niveau sociologique que les changements provoqués par les échanges ont été les plus variés. Nous nous contenterons d'en évoquer quelques uns.

---

[1] P. KIPRE, *Ville de Côte d'Ivoire 1843-1940*, Op-cit, p.195

[2] Mamadou MEITE, 97 ans notable à Sifié, commerçant

2-2. *Les changements sociaux*

Il ne s'agit ici nullement d'un bouleversement de la société traditionnelle mais d'une adaptation aux apports nouveaux favorisés par les échanges précoloniaux de biens et services.

2-2-1- Le renforcement de la richesse

Les échanges dans le cadre du commerce précolonial ont mis en circulation de nombreux biens et services. Ceux-ci notamment le sombé, les pagnes, le bétail ont été intégrés aux mœurs locales. Et pour certains sont devenus des biens de prestige parfois indispensables à la célébration des alliances matrimoniales nécessaires à la survie de la société. Le processus d'accumulation qui en a résulté, sous-tendu par le désir de s'enrichir, entraîna l'émergence d'une classe d'hommes riches. La notion de richesse, par ailleurs fort relative, est davantage renforcée du point vue de sa contenance. Les témoignages ont unanimement admis une adjonction d'éléments nouveaux au contenu de la richesse. Jadis limitée au nombre de femmes, de dépendants, aux disponibilités des greniers, la richesse s'est, pour ainsi dire, ''enrichit'' de biens et produits d'origine soudanaise. Ainsi le nombre de pagnes, de bœufs, par exemple, est-il devenu un facteur déterminant la richesse. Plusieurs fonctions étaient attachées à la richesse. De prime abord, la richesse facilitait les alliances matrimoniales. La possession d'un bien en abondance ou la possession d'une diversité de biens pouvait garantir le mariage. La possession de la richesse permettait donc de se marier et d'avoir plusieurs épouses. Cette relation n'était pas absolue dans la mesure où d'autres facteurs tels que l'amour, la beauté pouvaient intervenir dans le mariage. Cependant, la relation entre la richesse et le rang social était absolue. La société Wê et dan assuraient aux aînés la responsabilité de dépositaires des biens. De cette charge qui faisait d'eux des hommes riches, ils tiraient leur autorité sur le groupe. La richesse permettait ainsi à ces hommes de faire face à leurs obligations vis-à-vis du groupe domestique. Par ailleurs, elle permettait à ceux qui en disposaient d'élargir leur autorité au-delà de leur lignage d'origine. Il n'était pas rare de voir en certaines circonstances, un chef de tribu ou un chef de village prendre entièrement en charge le paiement de la compensation matrimoniale d'un tiers. Nouant ainsi avec ce dernier, un lien de dépendance. Dans un tel cas, le bénéficiaire pouvait manifester le désir d'intégrer le lignage de l'âme généreuse lui ayant apporté ce soutien. Par ce procédé, l'homme riche étendait son influence et celui de son groupe domestique.

Les échanges précoloniaux ont certainement eu des conséquences sociales beaucoup plus importantes notamment concernant l'institution de la compensation matrimoniale et l'avènement des différentes formes de mariages comme l'a souligné ZUNON Gnobo[1] dans une étude consacrée à la région de Daloa. Nous pensons nous y consacrer ultérieurement. Car elles méritent bien une étude approfondie. Toutefois, il nous faut relever ici la valorisation du métier de commerçant, la réorganisation des lignages, les effets sociaux des marchés et les changements de vie matérielle.

2-2-2 – La valorisation du métier de commerçant

La valorisation du métier de commerçant fut, sans aucun doute, l'une des conséquences les plus importantes de l'implantation du commerce du cola à Man. Les peuples Wê et Dan qui jadis avaient presque en aversion les déplacements incessants ont dû s'habituer à la mobilité inhérente à toute activité commerciale. La sédentarité caractéristique de l'agriculture régressa au fil du temps. Les populations parcouraient les marchés hebdomadaires à la recherche de clients pouvant acheter à meilleurs prix leurs paniers de cola. Le commerce du cola, au début assimilé à une activité pratiquée par les *''Dioula''*, c'est-à-dire les *''étrangers''*, enregistra dans son processus de développement la participation des populations locales. Partout, les témoignages ont reconnu l'implication des hommes et dans une moindre mesure des femmes. Les charges à porter étaient si importantes et les distances parfois si longues et périlleuses que, la

---

[1] GJ. ZUNON, *Les échanges dans la région de Daloa du milieu du XIXe siècle à 1939*, Op-cit

tâche convenait davantage aux hommes. Le fait marquant ici était que le commerce s'imposait progressivement comme une activité de subsistance au même titre que l'agriculture. Les témoignages n'ont certes pas fait cas de populations Wê ou dan vivant exclusivement du commerce, mais l'image du commerçant dans la société s'est beaucoup améliorée. Vu que son action était déterminante dans le processus d'acquisition de biens rares. Biens à la base de la réorganisation des lignages et de la mobilité sociale.

2-2-3 La réorganisation des lignages

L'organisation des échanges précoloniaux a vu la participation de toutes les couches sociales sans exclusion. Dans le commerce du cola notamment la cueillette, le ramassage, le stockage, le portage touchaient des prestataires de tout âge. La vente procurait des biens en dehors des filières lignagères. Tout le monde, même les dépendants parvenaient à se procurer, par ce moyen, des biens domestiques pouvant leur permettre, à plus ou moins long terme, de s'émanciper. Le commerce devenait ainsi comme l'a souligné ZUNON, un canal de promotion sociale ouverte dans la mesure où il permettait aux individus économiquement faibles d'accéder à de meilleures conditions de vie, à plus de responsabilité, rien que par la promotion individuelle.

On assistait ainsi souvent à une désarticulation des groupes domestiques. Le phénomène était également perceptible au niveau des foyers où les coépouses se préoccupaient davantage de disposer de leur propre patrimoine.

Il était bien pour chacune de disposer de biens domestiques et agricoles pouvant permettre de tenir ses obligations culinaires et sa propre parcelle de culture. Parce qu'il n'était pas exclu que chaque coépouse ait son propre grenier.

En définitive, la réorganisation des lignages ne signifiait nullement une désarticulation du système ancien. Seulement, on notait un certain souci d'autonomie ; cependant extrêmement limité. Car les besoins de protection et d'alliance restèrent encore très forts.

2-2-4 Les influences sociales des marchés

Les marchés en intensifiant les échanges marchands ont participé au renforcement des contacts entre individus de différentes contrées et entre diverses communautés. Implicitement, le marché se présentait comme un instrument de paix puisqu'il rassemblait des hommes de divers horizons souvent soucieux d'échanger de nouvelles ou tout simplement désireux de s'évader. Tous ceux qui profitaient de ces avantages tenaient à la préservation de cette paix indispensable à la tenue du marché. Ainsi, les marchés favorisaient-ils une éducation aux mœurs sociales, au respect du bien communautaire. Devenus des lieux de rencontres privilégiés où les toilettes et la parade tenaient une place de choix, les marchés contribuèrent énormément au raffinement des mœurs.

Les marchés ont eu un impact social certain. Partout dans la zone sylvestre, ce rôle leur a été reconnu.

> « Les marchés n'étaient pas que des institutions économiques. Leurs fonctions sociales furent dominantes. Ils suscitaient la cohésion périodique en dépit des particularismes villageois. Ils contribuèrent à briser l'isolement caractéristique des sociétés sylvestres. Comme centres d'information, ils furent un facteur d'ouverture sur l'extérieur[1] ».

2-2-5 L'enrichissement des conditions de la vie matérielle.

Cet enrichissement tenait surtout à la transformation des modes vestimentaires, à l'amélioration des objets domestiques. Comme nous l'avions relevé, les produits industriels soudanais étaient très prisés et entraient pour beaucoup dans la catégorie des

[1] GJ. ZUNON, Op-cit, p.307

biens rares. Mais l'importance de ces produits résultait surtout des transformations qu'ils ont apporté dans les habitudes des peuples forestiers. Par exemple, au niveau de l'habillement, les Wê et les Dan avaient une expression si pauvre qu'on aurait dit qu'ils étaient presque dans le dénuement avant l'avènement des échanges avec les soudanais. L'industrie du tissage était ignorée. Wê et Dan ne se revêtaient selon de nombreux témoignages que d'étoffes d'écorce, de tabliers en peau ou en nervures de raphia. Dans les villages, il n'était pas rare de voir les jeunes gens se promener nus. Les hommes, les femmes et les grandes filles portaient généralement des cache-sexe. Le reste du corps n'était pas toujours une priorité. Il restait le plus souvent à l'air libre. Les échanges avec les soudanais ont favorisé la diffusion des pagnes, des bandes de coton, des boubous dans la région.

Ces relations d'échange ont également enrichi et diversifié la collection des ustensiles Wê et dan. Malgré l'existence d'un artisanat local dans ce domaine, les exportations soudanaises favorisèrent la diffusion d'une variété de poterie de toute taille. Leur qualité première notamment pour les ustensiles de grande taille était surtout leur capacité à conserver l'eau potable. On notait également les écuelles parmi les produits les plus prisés.

En somme, les apports de l'artisanat soudanais ont été importants dans la région. Ils ont énormément contribué à l'amélioration des conditions de la vie matérielle des peuples forestiers. Ces influences ont également été d'ordre culturel et politique.

4. LES CHANGEMENTS CULTURELS ET POLITIQUES

Les échanges précoloniaux ont eu également un impact certain aux niveaux culturel et politique. Ces incidences, aussi diverses que variées, ne peuvent être totalement relevées. Cependant, nous essayerons de dégager, dans cet ensemble hétérogène, les aspects les plus saillants.

Au plan culturel, nous relevons l'enrichissement de la langue et le développement du bilinguisme. Au niveau politique, nous insisterons sur le rôle des marchés dans le renforcement du pouvoir politique.

3-1 L'enrichissement de langue

Les échanges précoloniaux ont mis en relation différents peuples. Dans la région de Man, les contacts réguliers avec les populations Mandé-nord ont favorisé de nombreux emprunts à la langue malinké. Il est à relever que de nombreux peuples forestiers partageant les frontières soudanaises pratiquaient déjà le bilinguisme. A l'extrême nord de la région, dans le secteur de Sémien, les populations Wê parlaient, comme nous l'avions relevé, indifféremment la langue malinké. Dans le Manlé, les populations d'origine dan à la limite du monde Mahou étaient en grande majorité bilingues. A l'intérieur, nos informateurs ont fait cas - et nous avions pu le constater nous-même lors de nos recherches sur le terrain - de ce que des populations Wê et dan voisines parlaient indifféremment les deux langues. La plupart des villages sur l'axe Man-Sémien notamment Seupleu, Zouatta en étaient de parfaites illustrations. Plus au nord, on retrouvait des ensembles Wê-Toura. Les populations Toura de Gbonné, voisines des Wê de Sémien parlaient aussi parfaitement l'une et l'autre langue. Ces exemples peuvent être multipliés. Le fait ici est historique. Il procédait davantage des mouvements migratoires des différents peuples que des échanges commerciaux. Mais à l'intérieur, les échanges marchands ont été pour beaucoup dans l'enrichissement de la langue. Les produits d'origines soudanaises diffusés partout sur les marchés forestiers ont tous conservés leurs appellations malinké. Par exemple à Kouibly, Facobly et Danané, dans ces régions forestières reculées, le nom *''sombé''* désignant en malinké cette tige de fer qui servait comme monnaie dans les transactions n'a pas varié. Wê et Dan forestiers le désignait par le même terme. Ces emprunts, facteurs d'enrichissement de la langue se ressentaient également dans la désignation des marchés. Le suffixe *''Do''* en Yacouba ou Wê désignant le marché n'était qu'une simple copie de *''lô''* en malinké. Ces exemples peuvent être multipliés. L'étude des influences linguistiques mérite d'être approfondie. Nous ne saurions ici faire œuvre de linguiste. Il nous faudra davantage d'aptitude et certainement beaucoup plus de temps de recherche. Il nous fallait cependant relever cet aspect. Dans la même foulée, on peut aussi s'interroger sur l'impact de certains produits notamment des fusils à l'occasion des manifestations de réjouissance ou des cérémonies funéraires. Dans les cérémonies funéraires par exemple, le fusil était utilisé surtout pour son grand bruit. On s'en servait pour annoncer, à ces occasions, l'arrivée d'un illustre personnage.

Les pagnes, les bœufs participaient également de la vie culturelle. Tous ces produits ont introduit des changements qui méritent d'être étudiés. La tâche est immense, nous ne pouvions donc en quelques lignes faire le bilan des incidences culturelles des échanges précoloniaux.

3.2 La création des marchés et le renforcement du pouvoir politique

La création des marchés contribua au renforcement du pouvoir des chefs, propriétaires des lieux d'échanges marchands. Le propriétaire fondateur avait un rôle prépondérant dans la vie de cette institution. Il supervisait la police du marché. Le propriétaire du marché avait la charge de régler les différends entre les individus d'une part, et les villages d'autre part. Cette tâche lui conférait une réelle autorité sur de nombreuses populations et lui assurait subséquemment, un rayonnement au-delà des limites de son village. En clair, le marché se déroulait sous son autorité et sa réussite était fortement liée aux efforts matériels et psychologiques qu'il mettait en œuvre. Au XIXe siècle, l'accroissement de l'importance des marchés allait de pair avec le renforcement du pouvoir des chefs, propriétaires de marché. Nos informateurs nous ont rapporté le cas de Bahi[1] à Miembly. Une femme dont l'autorité s'est étendue sur de nombreux villages dans cette zone forestière. On a également rapporté le cas de Monkey, chef de Té, qui a vu son autorité et son prestige s'étendre à toute la zone de Biankouma grâce à la renommée de son marché. Fascinant par son intelligence, les chefs des contrées voisines n'hésitaient pas à venir le consulter. Ces exemples étaient nombreux qui donnaient l'impression qu'on évoluait vers des pouvoirs centralisés. Bahi, par exemple, rendait la justice dans toute la tribu Gbéon[2]. Elle était consultée sur toutes les questions se rapportant à la vie de la tribu. Elle effectuait de nombreux déplacements pour régler certains différends. Mais, il s'agissait surtout d'un pouvoir de fait. On était encore loin des chefferies. Cependant, l'on ne peut nier que les marchés ont dans une certaine mesure contribué à étendre l'autorité des chefs fondateurs. Cela a été indéniablement un facteur important de renforcement du pouvoir politique.

En définitive, l'on constate que les conséquences des échanges précoloniaux sur la région de Man se répartissent par secteur. L'économie domestique n'a fondamentalement pas été transformée. L'on a plutôt assisté à une cohabitation de l'auto-subsistance et des échanges commerciaux. Toutefois, on peut admettre de nombreux acquis notamment dans le domaine économique. Le travail des métaux, l'avènement des monnaies et des marchés, etc. Ainsi donc au moment où apparaissait le colonisateur, un dynamique trafic mettait en relation la zone forestière et le monde soudanais. Pour la région de Man, ces échanges ont été des moments d'enrichissement. Débarrassés de toutes contraintes, ces relations avaient cours dans le strict respect des volontés et des besoins des différentes parties. Les rapports d'échanges n'étaient donc nullement déséquilibrés.

[1] Fondatrice du marché de Kouibly

[2] Actuelle région de Kouibly

L'économie coloniale en s'implantant va négliger ces rapports et rovoquer de profonds bouleversements dans la société traditionnelle.

II – UNE SOCIETE EBRANLEE DANS SES FONDEMENTS ET DANS SES STRUCTURES

En 1934, un rapport de l'administration faisait observer relativement aux performances économiques et commerciales réalisées l'apparition d'institutions et de valeurs nouvelles dans la société *"indigène"*. Entre autres valeurs invoquées, l'autorité mettait en relief la sécurité des déplacements suite à la création de nouvelles voies routières et de voies ferrées, l'introduction de nouvelles cultures, l'ouverture de nouveaux marchés, la création de courants commerciaux, l'émancipation des jeunes de la tutelle ancestrale, la genèse de nouvelles formes de solidarité engendrées par les obligations administratives et les exigences des institutions coopératives, l'organisation de bassins économiques autour des axes d'évacuation et la naissance d'une propriété foncière individuelle.

Toutes ces valeurs nouvelles ont amené dans la masse indigène un bouillonnement profond qui a abouti insensiblement à la destruction des vieilles notions de solidarité tribale, de fraternité, de communauté, et poussé à l'avènement d'un régionalisme économique basé sur les notions nouvelles de territoire et d'intérêts communs sur l'unification des cultures d'exportation et la dépendance des mêmes routes d'évacuation.

> « Des valeurs nouvelles se sont fait jour la société indigène…. La sécurité des déplacements (routes et voies ferrées), l'introduction de cultures nouvelles, l'ouverture de nouveaux marchés, la création de courants commerciaux, l'émancipation des jeunes de la tutelle ancestrale. La genèse de nouvelles formes de solidarité : solidarité administrative (obligation des responsabilité communes

> devant l'impôt et les prestations) solidarité coopérative (création de société de prévoyance jouant le rôle de coopérative de production), organisation, cristallisation autour des axes d'évacuation de véritables bassins économiques, naissance d'une propriété foncière individuelle[1] ».

L'administrateur évoque ainsi les mutations en cours dans la société traditionnelle. Un certain nombre de transformations sont mises en relief. Celles-ci peuvent se répartir en deux principaux groupes : les mutations sociopolitiques et les transformations d'ordre économique. Si l'on ne peut mettre en doute l'impact des actions de l'administration sur les populations autochtones, il nous semble tout même exagéré de voir déjà en 1934 certaines transformations sociopolitiques telles que l'émancipation des jeunes de la tutelle ancestrale et la destruction des notions de tribus et de race. On peut comprendre l'empressement de l'administrateur puisqu'il s'agissait là d'un objectif colonial à atteindre à court terme, les valeurs traditionnelles basées sur les principes communautaires étant considérées comme de véritables entraves à la mise en valeur coloniale.

C'était le but de l'acculturation que l'enseignement notamment devait contribuer à imposer. Il fallait donc débarrasser "l'indigène" de ses *"vieilles valeurs"* et lui inculquer de nouvelles, plus aptes à favoriser la productivité dans le nouveau système capitaliste. Toutefois, il faut bien se rendre à l'évidence que la région après trois décennies qui ont vu la mise en œuvre de nouveaux mécanismes et de nouvelles structures d'exploitation ne pouvait conserver intactes ses valeurs sociales.

---

[1] A.N.S. 2G 34.26 Colonie de Côte d'Ivoire, rapport économique 1934

1. LE BOULEVERSEMENT DES NORMES ANCIENNES

D'une façon générale, le système économique traditionnel visait fondamentalement la satisfaction des besoins sociaux des populations, besoins sociaux dans lesquels le mariage tenait une place de choix.

> « En fait, la finalité sociale constitue l'objectif majeur des activités économiques. De façon plus simple, transactions commerciales et activités terriennes sont les seuls moyens qui contribuent à honorer toutes les obligations de mariage[1] ».

En effet, le comportement de l'agent économique traditionnel était mu essentiellement par le désir de satisfaire des besoins d'ordre social et politique. Par le biais des échanges par exemple, le paysan visait l'acquisition de biens rares, c'est-à-dire de produits d'origine soudanaise (cotonnades, objets de parure, sel gemme) qui pour la plupart sont les principaux éléments de la dot.

Dans un témoignage recueilli en 1972, GUEU Dogbeu, interrogé par CHERIF Mamadou, expliquait les échanges précoloniaux et leurs objectifs. Il en ressort que les relations commerciales répondaient aussi bien à un besoin de complémentarité entre tribus voisines ou éloignées qu'à la nécessité de réunir tous les objets nécessaires à la réalisation des alliances matrimoniales.

GUEU Dogbeu rapportait, en effet, que les forestiers pratiquaient les échanges commerciaux bien avant que les Français n'imposent de nouvelles formes de relations commerciales. Naturellement, à cette époque la monnaie telle que présentée par les Européens n'existait pas. Mais, il existait des produits tels que la noix de cola qui servait comme moyen de paiement. En fait, n'appréciant guère les longs déplacements, les populations préféraient se rendre

[1] M. CHERIF, *L'ouest de la Côte d'Ivoire (Haut-Cavally) et la pénétration française*, Op-cit, p.324

sur les marchés les plus proches, notamment ceux qu'abritaient chaque ensemble clanique. Les marchés les plus importants étaient nombreux. On pouvait citer Oua, Bounta, Blossé, Flampleu, Danané, Man, etc. Cependant, les marchés les mieux fréquentés étaient ceux du Nord, auxquels accédaient facilement les Dioulas. Il n'empêche pourtant, que certains Dan figuraient dans toutes les caravanes marchandes qui assuraient les relations avec le Soudan où les principaux produits de la région étaient écoulés. Notamment les noix de colas, le riz, l'huile de palme, le manioc etc. qui étaient échangés en toute confiance contre les bracelets de cuivre, les tissus, le sel et tous les autres produits soudanais. Les querelles n'étaient pas très nombreuses, elles n'existaient même presque pas, car si l'on n'acceptait pas les transactions, on pouvait les refuser. En fait, les meilleures affaires se faisaient dans les cases. Cette façon de faire dépendant de la qualité des relations qui existaient entre le marchand et l'acheteur. Ainsi, il arrivait que la veille du jour de marché, certaines transactions étaient déjà faites.

Si le rôle des forestiers paraissait effacé dans ces transactions, les produits qu'ils recevaient jouaient, en revanche un rôle capital dans la société puisqu'ils permettaient la réalisation des mariages, en particulier le paiement de la dot.

En somme, autant, il était nécessaire de satisfaire les besoins sociaux, autant l'on était contraint par ceux à finalité politique. De ce fait, ces biens rares produits essentiellement d'origine soudanaise acquis dans les échanges avec les peuples malinké servaient également dans ces sociétés lignagères à assurer l'autorité des aînés. Selon le principe de la séniorité, il incombait aux aînés la charge d'administrer le groupe et d'en assurer la survie. Il leur revenait par conséquent la responsabilité des mariages qui, en plus d'être pour des communautés exogames comme celles de l'ouest un moyen indispensable de se perpétuer, constituaient un facteur essentiel de leur équilibre. Les témoignages sur la question furent nombreux et concordants. LOUA Jacques notable à Biankouma ramenait le sujet à l'organisation même de la famille en pays dan.

> « Le chef de la famille est le plus âgé du groupe. Il a un rôle de gardien du patrimoine familial et de conseiller.
> Il est le principal coordonnateur des activités de la famille. La responsabilité du mariage d'un membre de la famille lui incombait. Voilà pourquoi, il assurait la garde des biens du groupe[1] ».

Cette organisation impliquait donc nécessairement une répartition des tâches dans le groupe. Les aînés qui occupaient les fonctions de direction avaient sous leur responsabilité les jeunes. Ces derniers avaient surtout un devoir d'obéissance. Ils constituaient la force de travail et le rempart de sécurité du groupe. Ce dernier rôle était, en effet, la source des obligations des aînés à leur endroit.

> « Les jeunes ont une place importante dans notre société. Ils sont les bras valides de la famille. Les jeunes travaillant pour la famille. Ils sont à la disposition des vieux ; ils exécutent les travaux champêtres et assurent également la sécurité de la famille. C'est pourquoi, une fois dans le besoin, les jeunes bénéficient de l'attention de leurs parents[2] ».

Ces témoignages recueillis en pays dan étaient pratiquement identiques à ceux que nous avons pu retenir chez le Wê, dans le Mahou et dans le Worodougou.

FAHE POHO, septuagénaire interrogé à Facobly expliquait les rapports familiaux comme les liens unissant les descendants d'un

---

[1] LOUA Jacques, notable né vers 1927 à Biankouma. Propos recueillis à Biankouma-village, le samedi 3 août 2002.

[2] Kessé DIOMANDE, chef de village de Biankouma, né vers 1932, Biankouma le samedi 3 août 2002.

même ancêtre, liens dans lesquels les aînés avaient à charge la direction du groupe et les cadets un devoir d'obéissance.

> « La descendance était linéaire. Ceux qui descendent du même grand-père constituent une famille. Le plus âgé du groupe dirige la famille. Celle-ci pouvait regrouper plusieurs cases, plusieurs maris, plusieurs hommes. Seul, l'aîné était le chef du groupe familial. Dans cette organisation, il revenait au chef la garde et la gestion des biens de la famille, biens acquis dans les échanges avec les Dioula. Il s'agissait des pagnes, des bracelets et autres objets de parure, du sel, etc. lorsque le chef de famille vient à décéder son remplaçant est choisi parmi les plus âgés du groupe. Et ce dernier reçoit en héritage tous les biens matériels et humains laissés par son prédécesseur [1]».

Le témoignage de El Hadj Medoua BAMBA âgé de plus de 80 ans, notable à Touba allait également dans le même sens. Les sociétés lignagères à quelque différence près obéissaient aux mêmes principes notamment concernant l'organisation de la structure familiale.

> « Ici (Touba), on parle de grande famille. Le chef de famille est l'aîné du groupe. C'est lui qui coordonne toutes les actions et les activités de la famille. Les mariages, les règlements de litiges, l'organisation de funérailles, etc, toutes ces questions ne peuvent être abordées et réglées sans son avis. Une famille est composée

---

[1] Christophe FAHE POHO, notable à Séably, né vers 1927, propos recueillis à Séably, sous-préfecture de Facobly, le vendredi 9 août 2002

de plusieurs foyers. Mais tous reconnaissent un seul chef ; l'aîné du groupe[1] ».

Une constante s'impose et se dégage clairement lorsqu'on observe l'organisation sociale des peuples lignagers de l'ouest forestier relativement à la structuration de la cellule familiale : les aînés jouaient les premiers rôles et étaient renforcées dans leur pouvoir par les honneurs que leur conféraient les attributs de dépositaires des biens du groupe. CHERIF Mamadou a résumé cette réalité en ces termes :

> « L'autorité y appartient à un chef qui est l'homme le plus âgé ; sa dignité se transmet après sa mort à son frère cadet puis successivement à tous les frères et ensuite au plus âgé de la génération (...). Le chef de famille est le dépositaire des biens[2] ».

Cette charge conférait ainsi au chef tous les pouvoirs de ces attributs.
Ceux-ci étant à majorité nourris par l'usufruit des activités terriennes principales occupations des populations Wê et dan, et par les biens issus des relations commerciales avec les peuples voisins du Nord. De façon plus simple, on pourrait dire que les activités agricoles et les transactions commerciales constituaient des bases indispensables à l'équilibre social. Par conséquent toutes actions visant à les saper provoquait inéluctablement des bouleversements dans la structure sociale traditionnelle.

---

[1] El hadj Medoua BAMBA né vers 1915 à Téko, notable à Touba. Propos recueillis à Touba, le lundi 05 août 2002.

[2] M. CHERIF, *L'Ouest de la Côte d'Ivoire (Haut-Cavally) et la pénétration française 1896-1920*, op-cit, p.276

1-1- La désarticulation des systèmes traditionnels.

Les échanges traditionnels autorisaient des systèmes de redistribution dans lesquels les chefs de famille pouvaient prélever des richesses dans le groupe. Car, eux seuls étaient les dépositaires des biens acquis dans les échanges commerciaux. Il leur incombait par conséquent, comme nous l'avions dit plus haut, de redistribuer ces biens sous forme de service d'ordre économique ou d'assistance en une quelconque situation. A cette institution, s'ajoutait le système du troc qui rendait les échanges plus faciles. Ces différents systèmes à la vérité ne disparurent pas d'un coup à l'avènement des premiers postes de colonisation ; même si nous admettons que les premières perturbations dataient de cette époque. Il est également moins certain qu'en 1940, les systèmes anciens aient entièrement été désarticulés. Une certitude s'imposait cependant, le commerce européen et au-delà, l'économie coloniale dans sa globalité avait fait d'énormes progrès. Si bien que, comme nous l'avions fait remarquer dans les chapitres précédents, l'économie de plantation avec de nouvelles cultures notamment le café et le cacao avait été introduite partout dans la région. L'inventaire des surfaces cultivées donnait, par exemple, au 31 décembre 1932 pour les plantations européennes 290 hectares de caféiers et 30 hectares de cacaoyers ; pour les "plantations indigènes" environ 50 hectares de caféiers et 55 hectares de cacaoyers[1]. A côté de ces plantations, la région comptait à la même période 1040 hectares de plantation de colatiers[2].

Outre la vulgarisation des cultures, on avait également l'accroissement du nombre de maisons de commerce européen, l'installation de commerçants syro-libanais ; conséquences immédiates de l'ouverture, en 1916, de la région aux produits de fabrication européenne.

---

[1] A.N.S. 2G. 32.61 Côte d'Ivoire, service de l'agriculture, rapports économiques, 1932, p.120

[2] *Idem*

Tous ces progrès impliquaient forcément la vulgarisation de la monnaie européenne et l'intégration des populations locales dans les différents circuits économiques.

> « Les importations sont fonction des exportations. L'indigène qui, ne l'oublions pas, est le gros consommateur, le gros acheteur par conséquent n'achète que s'il a de l'argent[1] ».

L'avènement en 1920 des compagnies de transport automobile, les chiffres d'affaires de certains commerçants dont notamment ceux du Français d'origine sénégalaise SAO Zacharia qui, en 1934, malgré la crise affichait 80.000 francs comme chiffres d'affaires étaient autant d'indices démontrant la vitalité de l'économie et du commerce colonial. Vitalité quasiment impossible selon l'administrateur ci-dessus sans une participation, sinon une intégration réelle des populations locales. Nous pouvons le reconnaître, dans cette situation, il était difficile pour les paysans, malgré leur bonne foi, de conserver leurs anciennes habitudes. Les nouveaux rapports issus du système économique capitaliste favorisèrent davantage la propriété et l'initiative individuelle. A ce propos, les premières ruptures avaient été introduites dans le système de production collective traditionnelle en 1917 par les injonctions de l'administration qui recommandait la création de plantations de colatiers aux alentours des villages et surtout la possession d'au moins 5 plants par case habitée.

> « Des kolatiers ont été en semis, plus souvent en boutures à proximité des villages et à raison de 5 plants par case habitée[2] ».

Les prémices de la propriété privée, de l'individualisme avaient été ainsi jetés. Et ils sont allés en s'intensifiant. Parle-t-on

---

[1] A.N.S. 2G 33.29 Côte d'Ivoire, rapports économiques, 1933, p.104

[2] ANS, 2G32.61, Côte d'Ivoire, service de l'agriculture, rapports économiques, 1932, op-cit, p.120

encore aujourd'hui de séniorité au sens où on l'entendait avant la colonisation ? Les aînés ont-ils encore les attributs qui jadis leur conféraient pouvoir, honneur et prestige ?

La difficulté, ici, est de dater la rupture. Est-ce avant 1940 ou après ? Dans tous les cas, on pourra retenir que l'une des conséquences de l'avènement du système économique et commercial européen aura été la désarticulation des systèmes traditionnels.

Les fonctions des marchés précoloniaux n'ont, par ailleurs, pas été épargnées. Jadis, ces institutions n'étaient pas que des lieux d'échanges marchands. Ils servaient également de lieux de rencontre où des questions d'ordre social pouvaient être discutées entre alliées. De nombreuses alliances matrimoniales ont vu le jour à ces occasions. Les marchés étaient, à cet effet, des lieux de prédilection de certaines pratiques sociales courantes dans la région telles que les enlèvements de femmes. Dans certains cas, les marchés étaient de véritables symboles d'expansion culturelle et sociale. La renommée d'un village ou d'une tribu pouvait se mesurer à l'animation de son marché. *''Semien-lô''* par exemple signifiait respectivement en langue Wê et malinké *''marché de Sémien''*. Ces notions avaient fini par intégrer le système calendaire et chaque jour de la semaine portait le nom d'un marché important dans la région. Jusqu'à présent, les populations de la région continuent de désigner le samedi comme le jour du marché de Sémien.

Malheureusement, de nombreux marchés précoloniaux importants ne purent résister à l'avènement de la colonisation, à l'imposition de nouveaux marchés dits *''marchés du commandant ''* que les populations étaient contraintes d'approvisionner. Cette dernière mesure mit fin à l'existence de certains anciens marchés déjà fortement ébranlés par les travaux forcés et autres corvées administratives. Ce fut par exemple le cas de celui de Té ; marché aux limites du monde soudanais qui a été fortement appauvri par la cour faite aux commerçants dioula dont l'installation à Man a été favorisée par l'administration vers 1918. Tous les circuits commerciaux étaient ainsi orientés vers Man, nouveau pôle économique de la région.

> « Les blancs ont détruit Té avec les travaux forcés. Cela a fait fuir de nombreuses personnes. Après, on nous obligeait à aller vendre nos produits à Man[1] ».

Les rapports administratifs ne disaient pas autre chose. Pour imposer en 1915 le nouveau marché du poste de Kouibly, l'administration usa de contrainte.

> « Les indigènes des environs furent d'abord contraints d'assister au marché du dimanche et d'apporter quelque chose à vendre[2] ».

En vue d'accompagner ces mesures, il fut fortement interdit aux populations locales toute création de marché sans autorisation préalable de l'administration.

En définitive, si ces facteurs n'ont pu faire disparaître le marché, ils l'ont à tout le moins vidé de sa substance sociale. Les marchés n'étaient plus désormais des lieux où pouvaient se faire en toute quiétude le troc et les nombreuses pratiques sociales telles que les rapts de femme qui naguère étaient courants.

1-2. La dégradation du schéma d'autorité

La bonne marche du système de production traditionnel découlait en grande partie du pouvoir de contrôle que détenaient les vieux ; or ce pouvoir était fondé essentiellement sur l'accaparement par ces derniers des biens à usage matrimonial, biens acquis, comme nous l'avions révélé, dans les échanges marchands avec les populations des régions soudanaises. Sombé, pagnes et objets de parure en étaient les principales composantes. Le Sombé par exemple, tige de fer aux extrémités recourbées avait valeur de monnaie. Il facilitait, à ce titre, les transactions et sa possession donnait l'assurance d'un échange certain. Par ses qualités, cette monnaie

---

[1] Naman DIOMANDE, Chef de canton Thé, Op-cit

[2] A.N.CI 1QQ60 (2), rapports d'ensemble pour l'année 1915, poste de Kouibly

ancienne constituait un élément souvent indispensable dans la dot. Cependant, la présence des monnaies africaines constituant une sorte de limite de pouvoir de l'autorité coloniale, l'administration s'attela très tôt à les faire disparaître. De l'arrêté du 23 août 1895[1] prohibant la circulation de manilles dans la colonie, cette lutte aboutit en mai 1915 à l'interdiction de la fabrication et de la circulation des Sombés et de toutes autres monnaies métalliques indigènes.

> « Article premier : A compter du 1er mai 1915, la fabrication et la circulation des Sombés et de toutes autres monnaies métalliques indigènes sont interdites dans la colonie[2] ».

La monnaie française se substituait ainsi aux monnaies locales qui traditionnellement entraient dans la composition de la dot. Ce changement perturba sérieusement l'ancien schéma, dans la mesure où, il visait à vulgariser un bien qui naguère était la propriété exclusive des aînés. Le schéma traditionnel, en effet, n'admettait nullement un émiettement de la propriété. Les biens appartenaient au groupe et les aînés en assuraient la gestion. Le commerce et plus généralement l'économie coloniale ne pouvait, en réalité, s'accommoder d'un système où l'individu prisonnier du groupe ne pouvait pleinement s'assumer comme acteur économique autonome. Ce d'autant plus que, le système capitaliste introduit par le colonisateur avait pour fondement la propriété privée dont l'une des vertus essentielles était de faciliter la circulation des biens.

L'individu au centre du système avait ses biens pour lui et pouvait en user à sa convenance. Voilà pourquoi en 1934, l'administration se réjouissait de '' *l'émancipation des jeunes de la tutelle*

---

[1] Yayat d'ALEPE, ''L'imposition de la monnaie française en Côte d'Ivoire au début du XXe siècle'' *Godo-Godo*, op-cit, p.89

[2] A.N.C.I 1QQ42, Colonie de Côte d'Ivoire, Cabinet du gouverneur, interdiction de la circulation des monnaies indigènes (Manille et Sombé), introduction des billets de banque et propagande en faveur de leur circulation, 1910-1919

ancestrale[1]'' et constatait dans le même temps avec satisfaction les effets de son action '' *qui aboutit insensiblement à la destruction des vieilles notions de tribus et de race,*'' qui empêchaient l'initiative individuelle. En autorisant et en favorisant l'initiative individuelle aux plans économique et commercial, l'autorité coloniale portait gravement atteinte à l'autorité des vieux. Le principe traditionnel de la séniorité ne pouvait dans ces conditions que s'effriter. La vulgarisation de nouvelles formes de richesses contribua au fil du temps à libérer l'individu du groupe. En effet, l'on se rappelle encore qu'à partir de 1917, l'administration avait imposé la création de plantations de colatiers et de caféiers aux alentours des villages. Ces recommandations visant à imposer l'économie de plantation ne pouvaient mieux répondre à leurs objectifs qu'avec l'implication effective et sans exclusive de toutes les populations paysannes. On encouragea alors les propriétés individuelles ; indices déterminant la réussite de la nouvelle politique agricole et qui lentement, sous l'effet des obligations sociales nouvelles, favorisaient l'émergence de l'individualisme. Dans une société en pleine urbanisation, l'usufruit de l'activité économique servait désormais davantage à satisfaire des besoins personnels qu'à entretenir ou à maintenir la cohésion d'un groupe et, encore moins, à assurer les attributs d'une quelconque autorité. Cette mutation n'a pas échappé à l'œil du colonisateur qui observait en 1933, seize ans après avoir imposé les plantations de colatiers et les caféiers aux populations, que le système des cultures collectives avait été abandonné faisant place à des propriétés familiales ou individuelles dont les promoteurs se réservaient strictement les bénéfices.

> « Le système des cultures collectives a été abandonné ; les plantations sont faites maintenant par les familles ou par des

---

[1] ANS, 2G 34.28, Colonie de Côte d'Ivoire, rapport économique, 1934

> individus isolés qui s'en réservent les revenus[1] ».

Un autre aspect et non des moindres de l'ébranlement de la société traditionnelle est la chute des autorités traditionnelles et l'uniformisation des espaces commerciaux.

2. L'EVICTION DES AUTORITES TRADITIONNELLES ET L'UNIFORMISATION DES ESPACES COMMERCIAUX.

Cette situation fut, en grande partie, due à l'aboutissement des opérations de conquête militaires. Celles-ci entamées, dès 1896, à partir du poste de Touba aboutirent en 1906, 1908, 1911, 1912 respectivement à la création des postes de Danané, Man, Sémien et Kouibly. Dès lors, l'autorité coloniale put mettre en place différents institutions et mécanismes politiques, financiers et économiques. Au plan politique, pendant et après la période de conquête, ce fut l'institution du cercle militaire du Haut-Cavally qui passa définitivement à l'administration civile en juin 1921. Au plan juridique ensuite, un ensemble de règlements organisait les droits et les devoirs des populations. Enfin, on organisait dans cet espace politique unifié au moyen des armes et assujetti aux mêmes contraintes administratives les instruments d'un espace économique homogène. Ainsi furent établies les règles de l'unification de l'espace économique qui, au-delà de leur aspect formel, se présentaient comme les moyens et les conditions d'imposition du capitalisme européen devant progressivement supplanter et faire disparaître les modes de production traditionnels. L'institution de l'impôt et des postes de douane, la vulgarisation de l'économie de plantation, l'imposition de cultures nouvelles telles que le café et le cacao, la création des *''marchés du commandant''*, la prohibition des monnaies africaines et l'introduction puis l'imposition des signes monétaires français en furent les principaux instruments.

---

[1] A.N.S. 2G 33.29 Côte d'Ivoire, rapport économique, 1933, p.123

L'espace économique et commercial ainsi uniformisé (car désormais avec les instruments ci-dessus évoqués, sous autorité unique et dans un système de type capitaliste) entamait profondément le pouvoir des autorités traditionnelles. Naturellement en tant qu'autorités, les chefs traditionnels veillaient à la bonne marche des institutions économiques et commerciales. Leur rôle était déterminant dans les activités commerciales notamment en tant que propriétaire ou fondateur de marché. Ce titre leur conférant la responsabilité du maintien de l'ordre et de la sécurité sur les lieux d'échanges marchands, faisait d'eux des personnages clés dans la vie de ces institutions et au-delà dans la vie de la communauté villageoise toute entière. La réussite d'un marché que l'on mesurait à l'affluence qu'il entraînait et à la diversité des groupes qu'il attirait ; était en général imputée à l'influence et à l'audience de son propriétaire. De nombreux chefs de la région ont dû leur renommée au marché qu'ils avaient au sein de leur communauté et qu'ils présidaient. Monkey[1] par exemple fondateur du marché de Té, dans la région de Biankouma, a pu étendre son influence aux régions voisines grâce au rayonnement de son marché. Présenté comme un homme d'une grande intelligence, les marchands et acheteurs d'origine Mahou, Wê ou Dan qui venaient nombreux faire des affaires à Té n'hésitaient pas à le consulter pour bénéficier de ses conseils avisés. A kouibly également la tradition a retenu le nom de Bahi[2], une femme comme fondatrice de marché de noix de colas de Miembly. Nous sommes là en face d'un cas unique et les traditions ont rapporté que cette femme jouissait d'une forte audience auprès de ces contemporains. C'est dire que le marché, par delà son caractère économique, était perçu comme un signe distinctif de l'autorité ou de l'influence politique des chefs traditionnels. Par conséquent, la mise sous tutelle de ces institutions signifiait clairement l'éviction de ces autorités. Or l'avènement des premiers postes en 1906 et l'imposition progressive des *''marchés du commandant''* consacraient la

---

[1] A.N.S. 2G 34.28 Colonie de la Côte d'Ivoire, rapport économique, 1934.

[2] Naman DIOMANDE, Op-cit

prépondérance européenne dans la région. La transformation des circuits et leur orientation vers les nouveaux marchés des postes balayaient définitivement l'autorité des fondateurs et imposaient celle du commandant. Pour renforcer ces mutations, on avait pris soin d'interdire toute création de marché sans l'autorisation de l'administration. Le marché devenait ainsi, un facteur d'attraction des populations vers les postes qui devaient les familiariser avec l'élément européen, ses institutions et son mode vie.

En somme, au plan socio-politique, l'avènement de l'économie et du commerce a provoqué d'importants bouleversements. La désarticulation des systèmes et l'ébranlement de l'autorité politique traditionnelle nous ont semblé être les effets les plus perceptibles. Qu'en est-il au plan économique ?

III – LA NAISSANCE DE LA REGION ECONOMIQUE

La notion de région économique en réalité, au début, n'avait peut être pas été pensée. A l'avènement des premiers postes militaires, l'on ne pensait qu'à l'exploitation des richesses naturelles du pays. La mise en valeur agricole qui introduit les notions de ''circonscription agricole'' n'intervint que bien plus tard.

> « Venu tout d'abord avec la simple pensée de tirer les ressources exclusivement de l'exploitation des produits naturels (bois, ivoire, dépouilles d'animaux sauvages, caoutchouc, huile et amande de palme, karité) ; le colon, selon la forte expression des défricheurs canadiens s'est peu à peu mis à ''faire de la terre[1] ».

Une région économique naquit ainsi avec la politique de mise en valeur agricole du territoire. Elle se confondait, dès lors, avec la *''circonscription agricole''* et avait ses spécificités propres. Véritable

[1] Nanan DIOMANDE, chef de canton Thé, op-cit

vecteur de la mise en valeur coloniale, l'avènement de la région économique a mis en lumière d'importantes notions notamment, celles de territoires et d'intérêts communs dans la mesure où l'exploitation agricole reposait sur les mêmes cultures d'exploitation et les mêmes circuits commerciaux.

A l'origine de la naissance de la région économique se trouvait le gouverneur RESTE qui, en 1931, détermina lui-même, dans une circulaire les contours et le contenu de ce vaste programme de développement de l'agriculture dans la colonie.

1. LA CIRCULAIRE DU GOUVERNEUR RESTE, 1931

La *"circulaire sur l'intensification de la production agricole et pastorale en Côte d'Ivoire*[1]*"*, ainsi qu'elle a été libellée, a été publiée par le gouverneur Reste, alors lieutenant-gouverneur de la colonie de Côte d'Ivoire, le 4 avril 1931, après une tournée générale qui, selon ses propres termes, l'a conduit *"des rives de l'océan aux savanes de la Haute-Volta et des frontières de la Gold-Coast à celles du libéria*[2]*."* Adressée *"à Messieurs les chefs du service de l'agriculture et du service zootechnique, à Messieurs les Inspecteurs des Affaires Administratives, à Monsieur l'Inspecteur du travail, à Monsieur l'Inspecteur des textiles et à Messieurs les commandants de cercle*[3]*"*, les instructions étaient précises et elles étaient accompagnées d'un programme global d'exécution dont les objectifs et les priorités, clairement définis, se résumaient aux trois axes identifiés ci-dessous.

- Une esquisse de la géographie économique de la Côte d'Ivoire indiquant, pour chaque cercle, les cultures principales à identifier, améliorer ou introduire et les animaux domestiques devant faire l'objet d'un élevage rationnel ;
- Pour chacune des cultures les plus importantes, les grandes lignes de notre programme agricole et les points sur lesquels votre

[1] Joseph GOULA GBEHI, 70 ans petit-fils de Bahi fondatrice du marché de Miembly.

[2] A.NS. 2G34.28 Colonie de la Côte d'Ivoire, rapport économique, 1934 et pastorale en Côte d'Ivoire" p.p 224-243

[3] ANCI, *JOCI* (*Journal Officiel de Côte d'Ivoire*) 1931, "Circulaire sur l'intensification de la production agricole" pp.224-243

action auprès des cultivateurs indigènes devra particulièrement s'exercer ;

- Les moyens mis à votre disposition pour permettre de donner à la production indigène ces *"formes modernes*[1]".

Le plan général de mise en valeur relevait ainsi trois étapes majeures. L'inventaire des potentialités agricoles par région, la programmation des cultures et la présentation des moyens.

1.1 L'inventaire des potentialités agricoles par région et la désignation des principales cultures d'exportation

Au début des années 30, les effets de la crise boursière de 1929 s'amplifiant, la question de la baisse générale des prix, l'impact le plus perceptible de la crise, devenait, au fil des jours, une préoccupation majeure pour l'administration. Celle-ci recommanda pour y faire face le renforcement du programme agricole entamé depuis quelques années

> « Loin de restreindre la production, la crise actuelle nous commande de l'accroître le plus possible. La baisse des prix doit être compensée par un apport sans cesse accru de produits[2] ».

Pour accomplir efficacement cette œuvre, il fallait procéder à l'inventaire des potentialités agricoles de chaque région. Bien entendu, cela en vue d'opérer les ajustements nécessaires, en identifiant les cultures vivrières et les produits d'exportation à mêmes de répondre aux besoins de la Métropole. Dans cette perspective, l'administration identifia formellement trois zones économiques distinctes.

---

[1] A.N.C.I, *J.O.C.I (Journal Officiel de Côte d'Ivoire)*, 1931, " Circulaire sur l'intensification de la production agricole

[2] *Idem*

1-1-1 La zone littorale

Elle était décrite comme une zone rocheuse à l'ouest et sablonneuse
dans sa partie orientale. Fortement influencée par les vents marins, eux-mêmes actionnés par les courants marins du Golfe de Guinée, la zone littorale bénéficiait de l'apport des fleuves de l'intérieur.

> « Comoé, Agnéby, Bandama, Sassandra, Cavally charrient des masses énormes d'alluvions qui viennent se heurter aux sables de l'océan[1] »

Ces apports si déterminants favorisaient, concernant les produits de rentes, deux cultures spécifiques : le colatier et le palmier à huile. Le manioc et la patate constituaient l'essentiel des cultures vivrières. Concernant l'élevage, le rapport mentionnait des *''Bovidés de petites tailles, parqués dans les cocoteraies ou les palmeraies*[2]*.''*

Malgré cette variété de produits, l'administration opta pour l'intensification de la culture du palmier à huile. En effet, le palmier à huile présentait de loin les meilleures perspectives d'exploitation.

On notait surtout qu'il avait un rendement très élevé. Il faisait au moins 40 kilogrammes de fruits par arbre[3]. Ce qui était largement supérieur au rendement constaté dans certaines colonies notamment au Dahomey et en Guinée. En effet, en se basant sur les chiffres indiqués, la palmeraie de la Côte d'Ivoire pourrait produire chaque année 1.680.000 tonnes de fruits et donner environ, déduction faite de l'huile consommée sur place, 94.000 tonnes d'huile et 268.000 tonnes de palmistes, livrables à l'exportation. Au total, 362.000 tonnes d'huiles et de palmistes.

---

[1] A.N.C.I, *J.O.C.I*, 1931, Op-cit

[2] *Idem*

[3] *Ibidem*

Au-delà de ces potentialités de rendement énormes, le palmier à huile offrait des matières premières de valeur à l'industrie métropolitaine.

L'huile de palme, comme on le sait, présente un très gros intérêt non seulement pour l'industrie des matières grasses notamment les savonneries et les stéarineries mais encore comme carburant. En fait, on l'utilisait déjà sur certains bateaux fluviaux au Congo belge notamment, et son emploi est susceptible de se généraliser. En tout, cas, on pensait à court terme, qu'elle allait prendre à côté du mazout, une place prépondérante.

L'administration ne se faisait cependant pas d'illusion, ces objectifs ne pouvaient être atteints qu'avec le concours actif des populations et la création de nouvelles plantations. L'action de "l'indigène" dans cette entreprise était d'autant plus importante qu'elle permettait un meilleur entretien des palmeraies ''*noyées dans la friche arbustive ou arborescente*[1].''

Des efforts adéquats devraient donc être déployés afin de mettre fin à la saignée financière causée par la mauvaise tenue des palmeraies.

> « Du fait de la mauvaise exploitation de ses palmeraies, la Côte d'Ivoire perd chaque année des millions de francs[2] ».

Par ailleurs, on pensait également, par ce biais, juguler la concurrence anglaise, belge et hollandaise, de plus en plus pressante sur le marché international.

> « à l'heure actuelle, la plupart des nations coloniales poussent à la culture intensive du palmier à huile (Angleterre, Belgique,

---

[1] A.N.C.I, *J.O.C.I*, 1931, Op-cit, p.227

[2] *Idem*

> Hollande) et nous font une concurrence des plus âpres[1] ».

Les directives administratives ne souffraient ainsi d'aucune nuance. Elles s'articulaient autour de deux axes principaux. Augmenter la production d'une part et d'autre part, améliorer la qualité des produits. Pour l'augmentation de la production, les actions devaient essentiellement porter sur la conservation des palmeraies naturelles ; la création des plantations nouvelles par l'aménagement, l'entretien et l'extension des peuplements naturels ; enfin, la rénovation des palmeraies. Cette dernière action visait '' *à substituer, peu à peu, aux palmiers naturels des plants d'un rapport plus élevé*[2]*.*''

On s'activait, par conséquent, à produire à la station expérimentale de la Mé des plants sélectionnés à hauts rendements.

En tout cas, toutes les recherches que l'on y menait était orientées dans le sens d'obtenir, par sélection, un palmier à même de fournir des fruits répondant à la composition suivante :

60% de pulpe
20% d'amande
20% de coque

Contrairement au palmier commun dont les proportions étaient d'environ :

30% de pulpe
20% d'amande
50% de coque

La différence entre les deux types de palmier était nette. Car les fruits à 60% de pulpe donnent 2 fois plus d'huile que les fruits de palmiers connus[3].

Ainsi, en vue de rendre ces performances plus profitables, on projetait aussi l'industrialisation de la production. Parce que les

---

[1] A.N.C.I, *J.O.C.I*, 1931, Op-cit, p.227
[2] A.N.C.I, *J.O.C.I*, 1931, Op-cit,p.228
[3] A.N.C.I, *J.O.C.I*, 1931, Op-cit, p.227

méthodes indigènes pour l'extraction de l'huile ne permettaient d'obtenir que 8 à 10% du poids des fruits[1] alors qu'avec des moyens mécaniques d'extraction (usines) le rendement serait double.

La production oléifère est donc fonction du développement du machinisme. Pressoirs à huile, dépulpeurs et concasseurs devaient être, à cet effet, davantage vulgarisés. Il fallait doter sans tarder les agriculteurs de ces appareils. Les procédés anciens, comme nous l'avons souligné, ne pouvaient perdurer. Ils ont fait leur temps et il était nécessaire d'avoir recours à des méthodes plus appropriées. C'est-à-dire plus modernes et plus productives.

En définitive, dans l'ensemble, la vulgarisation et l'exploitation du palmier à huile nécessitaient des mesures appropriées. Et l'administration n'entendait pas lésiner sur les moyens pour atteindre ces objectifs. A côté du palmier à huile, elle pensait également à l'extension des cocoteraies. A ce sujet, le gouverneur Reste comptait particulièrement sur le dévouement des commandants de cercle de la zone littorale, ''terre d'élection'' du cocotier.

> « Les commandants de cercle auront intérêts à établir eux-mêmes, avec la collaboration du service de l'Agriculture, les pépinières et les plantations qui, reparties entre les villages, resteront néanmoins sous le contrôle de l'Administration[2] ».

Les crédits nécessaires devaient leur être alloués pour l'achat immédiat des graines et l'établissement des pépinières. Le cocotier par le coprah et la fibre qu'il donne était d'un excellent rapport et l'administration devait tirer d'énormes profits à le répandre dans la colonie et à entreprendre son exploitation à une large échelle.

---

[1] *Idem*, p.228

[2] A.N.C.I, *J.O.C.I*, 1931, Op-cit, p.229

1.1.2 La zone sylvestre

L'administration la présentait comme une zone d'aspect varié recouvrant " *plus de 100.000 kilomètres carrés*[1]." Zone de grande forêt coupée de clairière, elle s'étendait à l'Est et à l'ouest "*jusqu'au 8° degré de latitude Nord*[2]."

Tirant profit d'un climat équatorial, la zone sylvestre était favorable à de nombreuses cultures tant vivrières qu'industrielles. Parmi les cultures d'exportation, on distinguait le palmier à huile, le ricin. Caféier, cacaoyer, quinquina, plante à parfum, kolatier et bananier, classés dans la catégorie des cultures dites "*riches*" étaient appelés, à plus ou moins court terme, à se substituer aux cultures d'exportation traditionnelle. Riz, manioc, igname, patate, mil constituaient l'essentiel des cultures vivrières. On faisait également allusion à l'élevage. Mais celui-ci n'allait concerner que le petit bétail, chèvres, moutons, porcs, volaille. Tout comme la zone littorale, on prévoyait dans la zone sylvestre un programme agricole spécial tendant à mettre en valeur les denrées d'exportation les plus favorables. Aussi, les mesures prises pour le développement de la culture du palmier à huile restaient-elles valables dans le cadre de la mise en valeur de la zone sylvestre. Mais les efforts les plus déterminants devaient être consacrés à la vulgarisation des "*denrées coloniales*" notamment à la culture du caféier et à celle du cacaoyer. Pour le gouverneur Reste, la promotion de ces nouvelles cultures pouvait, le plus rapidement possible, combler le déficit des exportations en direction de la Métropole.

En effet, la France importait annuellement pour sa consommation 170.000 à 180.000 tonnes de café[3]. Par exemple en 1929, on avait 5.267 tonnes[4]. La Côte d'Ivoire pouvait donc se lancer hardiment dans la culture du café, sûre de trouver en France un excellent débouché pour ses récoltes.

---

[1] *Idem,* p.228

[2] *Ibidem*

[3] A.N.C.I, *J.O.C.I,* 1931, Op-cit, p.229

[4] *Idem*

Ce programme dont la réalisation était, au premier chef, conditionnée par une collaboration franche et efficace des commandants de cercle, ne pouvait se concrétiser sans des mesures d'accompagnement appropriées. Celles-ci devaient être mises en œuvre en suivant les recommandations ci-après :

1°) étendre dans toute la mesure du possible les plantations existantes.

2°) créer de nouvelles plantations dans tous les terrains favorables

3°) utiliser pour les plantations : l'Arabica ; le Robusta ; l'Excelsa ; le Libéria-Indénié.

4°) avoir recours comme arbre d'ombrage au palmier à huile dans la zone d'habitat de ce palmier et aux légumineuses dans les autres régions.

5°) veiller au bon entretien des plantations

6°) apprendre aux indigènes à tailler les caféiers

7°) leur apprendre à lutter contre le scolyte, le borer et l'hemileia vastatrix.

8°) créer des pépinières au chef lieu des cercles et des subdivisions et dans les cantons

9°) faire l'éducation des indigènes, en ce qui concerne la préparation du café.

Ces mesures étaient également valables pour le cacaoyer qui, tout comme le caféier, devait constituer pour la colonie ''*une source considérable de revenus*[1]''. On pensait aussi combler le déficit dans l'approvisionnement de la Métropole.

En effet, la France consommait annuellement 40.000 tonnes de cacao. On a pu noter respectivement en 1928 et 1929 une consommation annuelle de 38.354 tonnes et 41.497 tonnes. Alors que les colonies françaises lui ont fourni 33.365 tonnes en 1929[2].

---

[1] A.N.C.I, *J.O.C.I*, 1931, p.232

[2] *Idem*, p.233

1.1.3 La savane

Au dessus de la zone forestière, la savane s'étendait '' *de la lisière de la forêt aux confins de la Haute-Volta*[1]''. La savane se présentait comme la zone de prédilection de l'élevage.

> « Région très favorable à l'élevage : bovins de grande et moyenne taille, chèvres, moutons, porcs[2] ».

A côté des produits d'élevage, on notait une variété de cultures agricoles vivrières et industrielles. Riz, maïs, sorgho, mil, arachide, igname, patate, coton, sisal, kapock, karité, etc.

En tenant compte des besoins de la France, l'accent devait être porté sur la culture du coton. Beaucoup plus rémunératrices, les exportations de coton en direction de la métropole connaissaient un déficit, pour le moins énorme. Alors que la consommation métropolitaine était estimée, au bas mot à 350.000 tonnes, les colonies ne fournissaient qu'à peine 10.000 tonnes. Conséquence, '' *nous sommes à la merci de l'étranger pour une matière première qu'alimente une industrie faisant vivre plus de 600.000 ouvriers*[3]''.

Ce déficit dû essentiellement au conditionnement défectueux des balles et à la mauvaise qualité des espèces devait nécessairement être résorbé. Et les moyens pour y parvenir étaient connus. Ils ont été révélés dans un programme comportant trois grands points.

Le premier point concernait la localisation des espèces. Celle-ci devait permettre d'obtenir d'une part les rendements le plus élevé ; chaque espèce devant être cultivée là où l'habitat était le meilleur ; d'autre part assurer l'homogénéité des produits livrés au commerce, d'autant que les diverses espèces ne se trouvaient plus mélangées.
Le deuxième se rapportait à l'éducation des cultivateurs autochtones. Il regroupait un ensemble de recommandations qu'il fallait scrupuleusement respecter. Celles-ci suggéraient la cueillette de la bourre sur l'arbuste au lieu d'attendre qu'elle soit tombée à terre ; le

---

[1] *Ibidem,* p.230

[2] *Idem*

[3] A.N.C.I, *J.O.C.I,* 1931, p.232

ramassage de la bourre en la séparant des débris de feuilles ou des brindilles. Ces deux premières recommandations suggéraient en même qu'il ne fallait pas mêler le coton cueilli et le coton ramassé. Les prescriptions portaient également sur le séchage et la conservation du produit. A ce niveau, on notait qu'il fallait soigneusement sécher le coton en l'étendant sur des nattes, puis en l'enfermant dans des paniers ou mieux des sacs très propres.
Enfin, le troisième et dernier point avait trait à l'amélioration de procédés culturaux. Il recommandait particulièrement la pratique du buttage et des assolements, l'emploi des engrais verts et des amendements ; et le recours aux cultures intercalaires, en vue d'augmenter les bénéfices.

En clair, ces mesures devaient d'une part aider à l'accroissement des quantités fournies, et d'autre part, améliorer la qualité.

En définitive, les potentialités agricoles par région favorisaient, dans une large mesure, le développement de l'agriculture. Mais avec quels moyens devait-on atteindre ces objectifs ?

1.2 Le répertoire des moyens

Le développement de l'agriculture impliquait nécessairement la mise en œuvre de moyens appropriés. Pour ce faire, l'administration coloniale ne manquait pas d'initiatives. Elle comptait à la fois sur les structures d'appui technique et les institutions agricoles.

1-2-1 Les structures d'appui technique

Il s'agissait essentiellement des services de l'agriculture, des stations agricoles et des services zootechniques.

1.2.1.1. Le service de l'agriculture

Ce service disposait d'un personnel composé de moniteurs agricoles "indigènes" dirigés par des agents d'agriculture européens. Les agents d'agriculture étaient, en fait, appelés à être les conseillers des commandants de cercle, acteurs principaux de la mise en valeur agricole de la colonie.

> « Les agents d'Agriculture vous diront si les terrains que vous avez choisis conviennent ou non aux cultures projetées et s'il y a lieu, ils rechercheront avec vous un emplacement favorable[1] ».

Les moniteurs d'agriculture, eux, avaient à charge, sous la supervision des administrateurs, la surveillance des travaux d'aménagement. Notamment le tracé des pépinières, les semis des graines, le piquetage des plantations, la mise en place des plants etc. En fait, la responsabilité, à court terme, des moniteurs étaient d'amener les cultivateurs à maîtriser les différentes techniques agricoles.

> « Les moniteurs doivent, pour reprendre une phrase connue, travailler à se rendre « inutiles »[2].

1.2.1.2. La station agricole

Institution de recherche et d'expérimentation, la station agricole devait fournir une partie des plants et des graines nécessaires à la création ou l'extension des plantations. Par ailleurs, la station agricole devait jouer le rôle d'institution de formation aux techniques agricoles pouvant accueillir régulièrement des stagiaires.

1.2.1.3. Le service zootechnique

Il se chargeait de la production animale. Les agents du service zootechnique examinaient les troupeaux, vaccinaient les animaux et donnaient aux éleveurs, tous les conseils et renseignements utiles. A côté de cette tâche de prévention, ils leur incombaient la lutte contre les épizooties.

---

[1] ANCI, *JOCI*, 1931, p.230

[2] ANCI, *JOCI*, 1931,p.240

Ainsi se présentaient les structures d'appui technique et leurs missions. Les institutions agricoles, elles, ne venaient qu'en appoint.

1-2-2 Les institutions agricoles

Les plus connues étaient les sociétés indigènes de prévoyance, la foire-exposition et les primes à la plantation. On assignait à ces institutions la tâche de motiver et d'inciter à la production.

1-2-2.1 La société indigène de prévoyance

Elle visait l'encadrement des paysans et la promotion de la vie coopérative.

> « Plus d'efforts dispersés, plus d'entreprises livrées au hasard[1] »

Par la solidarité, les membres de la société indigènes de prévoyance, de secours et de prêts mutuels agricoles devaient pouvoir surmonter leurs difficultés et contribuer à l'amélioration de leurs conditions de travail.

1-2-2.1 Foire-exposition et primes à la antation

Instruments, par excellence, de motivation, foire-exposition et primes à la plantation devaient témoigner de l'intérêt que l'administration accordait au développement économique de la colonie. La foire-exposition prévue chaque année à Abidjan avait trois buts principaux.

- Mettre en contact les producteurs, éleveurs, artisans avec les consommateurs et les agents du commerce d'exportation et d'importation européen.
- Permettre une active et utile propagande pour la vulgarisation des méthodes de travail.

---

[1] A.N.C.I, *J.O.C.I*, 1931, op-cit, p.240

- Faire connaître les productions de l'art local notamment les statuettes, les masques, l'ameublement, etc.

Tout comme la foire-exposition, les primes à la plantation devaient être accordées annuellement aux planteurs les plus méritants. On projetait aussi l'institution de *''primes à l'emploi de moyens mécaniques d'extraction de l'huile de palme et de préparation de café*[1]''.

Le gouverneur Reste avait, pour ainsi dire, une vision complète du développement économique de la colonie. Un programme agricole aussi ambitieux, doublé d'objectifs et de moyens clairement définis, ne pouvait que produire les résultats escomptés.

2 . L'AVENEMENT DE LA CIRCONSCRIPTION DU CACAOYER ET DU CAFEIER ET L'AUGMENTATION DE LA PRODUCTION AGRICOLE

La circonscription du cacaoyer et du caféier a été instituée par l'arrêté du 11 août 1933. Cet arrêté visait la réorganisation des circonscriptions agricoles non plus sur la base de la situation géographique – telle que présentée par le gouverneur Reste – mais désormais sur les principales cultures d'exportation qui les déterminaient. Sur cette nouvelle base, cinq (5) circonscriptions agricoles furent créées. Il s'agissait notamment des circonscriptions du palmier à huile ; du cocotier et du bananier ; du cacaoyer et du caféier ; de l'arachide, du karité, et enfin celle du coton.

2.1 Une région hétérogène

Le cercle de Man appartenait à la deuxième circonscription agricole, celle dite du café et du cacao qui regroupait en outre les cercles de l'Indénié, de Bondoukou, de l'Agnéby, du N'zi-Comoé, des Gouros, de Daloa et de Guiglo.

---

[1] A.N.C.I, *J.O.C.I*, 1931, Op-cit, p.241

« 2e circonscription agricole
Circonscription du cacao et du café, elle est constituée par les cercles de l'Indénié, de Bondoukou, de l'Agnéby, du N'zi-Comoé, des Gouros, de Daloa et de Guiglo[1] ».

Une observation attentive, nous permet de relever que la circonscription agricole du caféier et du cacaoyer appartenait, dans l'ancien découpage des territoires économiques, à la zone dite *''sylvestre''*. Zone de grande forêt et de forêts galeries s'étendant de la frontière Est à la frontière Ouest de la colonie sur plus de 100.000 km².

« D'aspect varié, grande forêt coupée de clairières, ou forêt clairsemée, elle couvre plus de 100.000 kilomètres carrés ; elle s'étend à l'Est et à l'Ouest jusqu'au 8° degré de latitude Nord[2] ».

Telle que présentée, la circonscription agricole du caféier et du cacaoyer réunissait une mosaïque de peuples. Les cercles de l'Indénié, de Bondoukou, de l'Agnéby, du N'zi-Comoé, regroupant en majorité des populations d'origine akan, comprenaient une variété d'ethnies. Notamment Agni, Abron, Attié et Abbey. Deux grands groupes ethniques se partageaient les cercles des Gouros, de Daloa, de Guiglo et de Man. Le cercle de Man et celui des Gouros étaient en majorité habités par des populations d'origine Mandé-Sud notamment les Dan ou Yacouba et les Gouros ou Kouéni. Les Krou étaient essentiellement à Daloa, à Guiglo et une partie à Man. Les populations les plus connues de ces régions étaient les Bété et les Wê. Un seul lien rassemblait ces peuples aux origines aussi diverses que

[1] A.N.S, 2G 34.50, Colonie de la Côte d'Ivoire, Service de l'Agriculture, rapport annuel, 1934
[2] ANCI, *JOCI*, 1931, op-cit, p.225

variées ; la richesse des terres qu'ils occupaient. Et l'administration en avait, pour le moins, une claire conscience.

> « Zone, à climat équatorial, riche en humus, se prêtant admirablement à la culture des grands produits d'exportation[1] ».

Naturellement par le terme *" grands produits d'exportation"*, on pensait à la culture du caféier et du cacaoyer. Mais, de façon générale aux denrées coloniales qui se prêtaient fort bien à un climat de type équatorial.

La répartition des régions économiques, non plus sur une base géographique mais en tenant compte des principales cultures d'exportation, se justifiait d'autant plus qu'elle permettait de redynamiser les cultures coloniales. En fait, l'administration entendait surtout accentuer la politique de vulgarisation agricole entamée activement depuis la fin de la première guerre mondiale. Dans cette perspective, elle entreprit également la redynamisation des services de l'agriculture en procédant à la création de nouvelles structures d'aide à la production : les stations agricoles et les sociétés de prévoyance, de secours et de prêts mutuels agricoles.

La société de prévoyance sur laquelle nous reviendrons a été, par ailleurs, à l'origine d'une nouvelle forme de solidarité coopérative. Par ailleurs, l'administration prêta une oreille attentive à l'équipement des différents cercles constituant cette circonscription agricole. Ainsi pour la conduite des travaux agricoles, de nombreux cadres furent formés dans chaque cercle. L'école de vulgarisation agricole de Soubré reçut en 1929, plus de 60 stagiaires venus des subdivisions administratives des Gouros, de Man, de Guiglo et de Daloa.

---

[1] *Idem*

" Gouros........................20
Man..........................12
Guiglo 15
Daloa ....20[1]"

De nouvelles voies permettant le drainage de la production et mettant en relation les différents chefs-lieux de la circonscription agricole ont été ouvertes à la circulation. Ce fut le cas de la route *"Guiglo-Taï-Tabou destinée à desservir le bassin du Cavally[2]"*.

On a aussi la *"route du N'zi[3]"* appelée à désenclaver le N'zi-Comoé en passant par N'douci. Les efforts de l'administration firent très vite concluants. Les résultats ne se firent pas longtemps attendre. On assista très tôt à un accroissement sans précédent de la production agricole.

2.2 Des performances remarquables

Elles concernaient à la fois la production vivrière et les denrées d'exportation. Au niveau des cultures vivrières malgré la rareté de données chiffrées réelles, les rapports administratifs ont pu noter un véritable progrès. En 1932, par exemple, on estimait à près de 20.000 hectares les surfaces rizicoles ; ce qui favorisa une production de 50 tonnes de riz[4]. On notait également 2 à 3 tonnes d'huile de palme et environ 35 tonnes de palmistes.

La production au niveau des cultures d'exportation allait en progressant. Dans les premières années de production effective, en 1932 par exemple, on enregistra une récolte de 4 tonnes de café[5] chez les planteurs européens.

---

[1] ANCI, *JOCI*, 1931, op-cit, p.225

[2] A.N.S, 2G32.61, Cote d'Ivoire, Service de l'Agriculture, rapport agricole annuel, 1932

[3] A.N.S, 2G34.50, Colonie de la Côte d'Ivoire, Service de l'agriculture, rapport annuel, 1934.

[4] ANS, 2G 32.61, Côte d'Ivoire, op-cit, p.120

[5] *Idem*

Les planteurs *"indigènes"* purent obtenir dans la même année une tonne de café et 6 tonnes de cacao[1]. Par ailleurs, les plantations européennes, les premières à être vulgarisées dans la région ont été très vite supplantées par celles des populations autochtones. En effet, les statistiques officielles, donnaient en 1932 au total 360 hectares de surfaces cultivées, caféiers, cacaoyers et colatiers confondus pour les planteurs européens. Alors que celles des propriétaires autochtones étaient estimées 1.105 hectares[2].

En 1934, les efforts d'intensification des cultures dans la région se sont poursuivis, notamment concernant la culture du caféier. Et de nombreux paysans y furent associés. 1.592.224 plants ont été contrôlés et mis en terre. A Man, les plantations familiales des villages comptaient plus de 600.000 plants ; à Danané, on en dénombrait au moins 250.000.

> « Le gros effort d'intensification de culture du caféier amorcé en 1933 a été poursuivi en 1934. 1.592.224 plants contrôlés ont été mis en place. En voici la répartition : Subdivision de Man
> Plantations familiales de villages 613.357
> Planteurs isolés 156.212
> - Société de prévoyance 22.000
> - Plantation de ferme à mi-fruit .9.000 800.569
>
> Subdivision de Danané
> - Plantations familiales des villages 273.565
> - Plantations des fermes à mi-fruit 3.500
> - Plantations en bordure route Guinée .12.000
>
> 289.065[3] »

---

[1] *Ibidem*

[2] A.N.S 2G32.61, Côte d'Ivoire, Service de l'agriculture, rapports économiques, 1932, p.120

[3] A.N.S 2G32.61, Côte d'Ivoire, Service de l'agriculture, rapports économiques, 1932, p.120

Cet effort d'intensification des cultures spéculatives à Man entrait, en fait, comme nous l'avions souligné dans un programme d'action élaboré en 1931[1] et étendu à l'ensemble de la colonie. Celui-ci visait principalement quatre objectifs majeurs :

- étendre et renouveler les plantations de cacaoyers
- intensifier la culture du caféier
- développer les cultures du cotonnier et du sisal
- introduire le sésame

De façon générale, l'administration entendait par ce programme réduire le déficit au niveau des exportations entre produits spontanés et produits de culture. Il s'agissait, en effet, de favoriser les produits de culture par rapport aux produits spontanés. Ce programme fut si bien mené que trois ans après, en 1934, un tableau récapitulatif des exportations donnait une marge de 46,5% aux produits de culture. Le tableau indiquait clairement dans ses conclusions un progrès réel des produits de culture dans les exportations. De 0,1% en 1900, ils sont passés à 46,5% des exportations en 1934.

> « Les produits de culture par rapport à la totalité des exportations ont donc progressé. De 0,1% en 1900 à 0,18 en 1905 ; pour passer en 1925 à 5,5% en 1930 à 17%, en 1934 à 46,5%[2] ».

Les productions ont donc augmenté et les régions de l'ouest y ont pris une part importante comme l'a reconnu l'administrateur lui-même en 1934 :

> « Les régions de l'ouest qui avaient vécu jusqu'ici repliées sur elles-mêmes en isolement farouche, se mettent à l'unisson. Les plaines de Daloa, les vallées de Man, de Duékoué, de Danané et de Guiglo se couvrent de cultures de

[1] A.N.S, 2G32.61, Op-cit
[2] A.N.S, 2G32.61, Op-cit

caféiers et de cacaoyers, et le jour n'est pas loin où dans toute la colonie règnera le même entrain, le même esprit, la même ardeur au travail[1] ».

La production a progressé. Et les populations compte tenu de la nature même des denrées produisaient davantage pour l'exportation que pour leur consommation propre. Nous y reviendrons. Cependant, il nous faut souligner que même les produits vivriers traditionnellement exploités pour la consommation domestique n'échappaient pas à la vente ou à une sorte d'expropriation qui consistait à payer des contributions en nature notamment pour le ravitaillement de la main d'œuvre agricole des plantations européennes. Si bien que quelquefois, on assistait à des pénuries comme le soulignait un chef de village de la région dans cet extrait de rapport élaboré en 1937 par Mme SAVINEAU, conseillère technique de l'enseignement.

> « Autrefois, on avait beaucoup de riz et on mangeait bien. Maintenant, on cultive plus et on manque de nourriture parce qu'il faut fournir à l'administration qui ravitaille les manœuvres des planteurs européens, parce que les dioula achètent pour la basse-côte, parce qu'il passe beaucoup de voyageurs[2] ».

L'augmentation de la production avait également comme corollaire la dépendance des mêmes axes d'évacuation.

---

[1] A.N.S 2G34.50 Côte d'Ivoire, Service de l'agriculture, rapport annuel, 1934

[2] A.N.S. 2G34.28 Côte d'Ivoire, rapport économique, 1934, p.8

3. L'UNIFORMISATION DES CIRCUITS COMMERCIAUX

L'amélioration de la production allait de pair avec la création et le renouvellement des routes commerciales. Différents programmes routiers avaient donc été initiés à cet effet. Celui de 1923, avait vu l'aménagement des axes Touba-Man-Séguéla. Le second programme initié à partir de 1932 projetait la création d'une route mettant en relation la Basse-Côte avec le Nord de la colonie en passant par l'ouest.

Il s'agissait en réalité de relier Bassam à Bamako en passant par Man. Cette route stratégique visait principalement l'ouverture des régions de l'Ouest et du Nord sur la mer. Par un embranchement Gagnoa-Sassandra, ces régions enclavées avaient accès au port de Sassandra. Et les rapports étaient assez éloquents sur l'importance de cette voie commerciale.

> « Cette route aura une importance capitale au point de vue économique. La partie Sud de Dabou à Tiassalé puis Divo et Lakota va ouvrir une région jusque là isolée.
> Mais en outre la région Daloa-Man est plus rapprochée de la Mer que du chemin de fer. Elle trouvera un débouché vers le port de Sassandra grâce à la route Gagnoa-Sassandra (longue de 162 km) dont les travaux sont activement poussés[1] ».

Ce programme routier fut achevé en 1924. En 1934, un autre programme routier fut initié ; cette fois, il s'étendait à l'ensemble de la colonie. Ce programme à grande échelle visait essentiellement l'ouverture de nouvelles voies dans les principales régions agricoles de la colonie. Il a vu dans la région l'ouverture de la route Man-Danané vers la Guinée[2].

---

[1] A.N.S 17G3.81 (126), Rapport Savineau sur la condition de la femme en A.O.F, décembre 1937. 10 – La basse – Côte d'Ivoire (ouest)
12 – La basse – Côte d'Ivoire (ouest)

[2] A.N.S 2G34.28, op-cit

Ces nombreux aménagements routiers entrepris par l'autorité visaient en fait deux objectifs majeurs. La région de Man devrait d'une part être reliée au rail par l'axe Man-Seguéla-Bouaké ; et d'autre part avoir une ouverture sur la mer. L'axe Man-Bassam répondait à ce dernier objectif. En clair, les circuits commerciaux ont été réduits. Il n'existait désormais plus que deux axes d'évacuation dont dépendait l'ensemble de la région. Cette dépendance des mêmes routes d'évacuation eut de nombreuses conséquences. Et les moindres n'étaient pas selon les rapports l'organisation des villages *"autour des axes d'évacuation de véritables bassins économiques"* et la *"naissance d'une propriété foncière individuelle*[1]*"*.

Le constat de l'administration exprimé ci-dessus traduit l'implication des populations locales dans le développement des produits de culture. On avait noté dans les villages la vulgarisation des plantations familiales qui progressivement amenaient à l'individualisme. Mais au-delà, l'uniformisation des voies d'évacuation entraîna la délocalisation de certains villages vers les axes commerciaux. Les témoignages ont été nombreux qui indiquaient par exemple que des villages tels que Douimbly, Zouatta, Siembly, Bibita qu'on retrouve aujourd'hui sur l'axe Man-Séguéla n'avaient pas toujours tenu les sites qu'ils occupent actuellement. Un peu en retrait, les populations ont préféré se rapprocher de la route pour mieux profiter de ses commodités. Ces exemples étaient nombreux.

Toutes les voies ouvertes ont eu les mêmes effets sur les populations. Exportant les mêmes produits, liées par les mêmes voies d'évacuation, les populations furent contraintes à la solidarité coopérative. La création des sociétés indigènes de prévoyance n'avait pas d'autres objectifs.

---

[1] A.N.S 2G34.50 Côte d'Ivoire, Service de l'agriculture, rapport annuel, 1934, p.15

4. L'APPARITION DE NOUVELLES FORMES DE SOLIDARITE

Un rapport administratif indiquait en 1934 qu'à la suite des efforts de mise en valeur de nouvelles normes avaient vu le jour dans la colonie. Parmi ces valeurs nouvelles figuraient en bonne place *"la genèse de nouvelles formes de solidarité : solidarité administrative (obligation des responsabilités communes devant l'impôt et les prestations), solidarité coopérative (création de société de prévoyance jouant le rôle de coopérative de production[1])"*.

Nous n'allons pas nous étendre sur les solidarités administratives ; même si dans une certaine mesure, elles ne sont pas exemptes de tout lien avec l'économie et le commerce colonial. Nous les considérons davantage comme les conséquences directes de l'action politique européenne.

La solidarité coopérative est par contre, quant à elle, une conséquence majeure du désir de l'autorité coloniale d'imposer le système de production capitaliste. Système dans lequel, la production est toute entière destinée, en premier lieu, à la commercialisation. Cette solidarité coopérative devant reposer entièrement sur les sociétés de prévoyance, avait très tôt, été souhaitée dans la région de Man. En effet, déjà, en 1915 de nombreuses correspondances adressées au cabinet du gouverneur justifiaient le bien fondé de la création de cette institution. Le riche argumentaire qui avait été développé pour convaincre l'autorité centrale faisait d'abord de la société de prévoyance une institution ayant comme objectif premier la constitution de réserves de grains. A cet objectif primordial, s'ajoutait également l'augmentation du cheptel et la vulgarisation des produits de culture ; ce dernier objectif devant s'accompagner de l'acquisition d'un matériel approprié.

> « La constitution de réserves de grains doit être le principal but de cette société, l'augmentation du cheptel, la mise en valeur du pays par

---

[1] A.N.S 2G34.50 Côte d'Ivoire, Service de l'agriculture, rapport annuel, 1934, p.15

l'achat de machines agricoles : concasseurs, égreneuses, presses à coton sont également les grandes lignes qui devraient à mon avis, guider pour la formation de cette mutuelle[1] ».

La constitution de réserves de grains était ainsi aux yeux de l'administration un objectif de première nécessité, ce d'autant plus qu'elle permettrait de compenser les mauvaises récoltes ou de faire face aux pénuries qu'on enregistrait le plus souvent dans les zones où les cultures n'étaient pas encore poussées. Comme cela a été fait à Kouibly en 1915 pour couvrir les besoins des populations en riz.

> « ....dans le district de Kouibly où l'indigène est encore paresseux et imprévoyant, une distribution de "Paddy" a du être faite par mes soins en 1915 à certains villages qui n'avaient plus de semences, dans cette région, la constitution de greniers rendrait de grands services[2] ».

Contrairement à Kouibly, l'utilité des graines de réserves ne se faisait pas sentir à Touba et à Man. Les saisons étant assez régulières et les populations locales assez prévoyantes pour garder des semences en quantité suffisantes.

Cependant, s'il se produit une mauvaise récolte, l'utilité des greniers pourrait se faire sentir.

L'expérience de distribution de provisions était, pour ainsi dire, un exemple pertinent qui devait mener l'autorité centrale à adhérer à l'idée de créer une société de prévoyance à Man. D'autres raisons et non des moindres justifiaient, par ailleurs, la volonté de créer une société de prévoyance indigène. La région comprenait plusieurs zones de spécialisation agricole. Par exemple, la partie

---

[1] A.N.C.I, 1RR10, XVIII-10-51/4 Colonie de Côte d'Ivoire, Cabinet du Gouverneur, correspondances, rapports au sujet de la création des sociétés indigènes de prévoyance, de secours et de prêts mutuels agricoles, 1914-1916

[2] ANCI, 1QQ90 (1),

Nord de Man et le district de Touba étaient des zones naturelles de production du coton. Kouibly, Facobly et toute la partie Sud de Man étaient très favorables au palmier à huile.

Pour ces zones de spécialisation agricole, l'utilité d'une société de prévoyance consisterait à installer les équipements techniques nécessaires à leur exploitation. L'installation d'une usine d'égrenage permettrait d'égrener et de presser le coton de Touba et des régions au Nord de Man ; l'achat de concasseurs permettant de traiter les palmistes rendrait les plus grands services aux régions de Kouibly et Facobly.

> « Pour Kouibly et Man, l'achat de concasseurs permettant de traiter les palmistes serait également d'une grande utilité[1] ».

La mutuelle pourrait également être un important facteur d'amélioration des transports, puisque l'augmentation de la production pour répondre à ses objectifs devra fortement être suivi de l'amélioration de la voirie et des moyens d'évacuation. Et l'administrateur n'a pas perdu de vue cet aspect.

On relavait que la mutuelle pourrait acheter des voitures à bras robustes et faciles à réparer sur place, qui après un léger apprentissage permettrait aux populations de profiter des routes carrossables qu'elles ont faites pour le transport de leurs produits. A ce propos, l'on notait que la route Man-Séguéla pourrait sans grosses difficultés être améliorée et rendue pratiquement carrossable pour des voitures à bras chargées à 200 à 250 kilos[2].

Ce fut ainsi que l'administration locale présenta les principaux objectifs de la société de prévoyance. Les commodités matérielles

---

[1] A.N.C.I, 1RR10, XVIII-10-51/4 Colonie de Côte d'Ivoire, Cabinet du Gouverneur, correspondances, rapports au sujet de la création des sociétés indigènes de prévoyance, de secours et de prêts mutuels agricoles, 1914-1916

[2] A.N.C.I, 1RR10, XVIII-10-51/4 Colonie de Côte d'Ivoire, Cabinet du Gouverneur, correspondances, rapports au sujet de la création des sociétés indigènes de prévoyance, de secours et de prêts mutuels agricoles, 1914-1916

existaient. Mais, il fallait rassurer l'autorité centrale sur les sources de financement disponibles.

Cet aspect d'une importance capitale devait être relevé ; et, il fallait impérativement démontrer que la région elle-même avait les ressources nécessaires pour financer cette entreprise. Les budgets des sociétés de prévoyance devant en partie être issus des cotisations des sociétaires eux-mêmes. Sur la question, l'administration locale ne manquait pas d'arguments,

Elle indiquait qu'une cotisation de 0f,25 par imposable était nécessaire pour mener à bien cette œuvre. Le taux fixé paraissait abordable pour les populations du cercle particulièrement celles des districts de Man et de Touba. Mais, l'administration avait quelques appréhensions concernant les populations de Kouibly qui payaient encore assez difficilement l'impôt.
Or comme l'une des conditions *''sine qua non''* pour la constitution de ces mutuelles était que tous les indigènes sans exception en fassent partie, il était tout à fait convenable d'accepter les cotisations en nature. Ainsi tout au moins pour la première année, il fallait tolérer les cotisations en nature des habitants de Kouibly. Mais ces cotisations devaient être composées *''presque exclusivement de riz*[1]*.''*

La pertinence des arguments tranchait en fait avec les réalités du quotidien. En 1915, de nombreux efforts restèrent encore à faire notamment en matière d'équipement. La région était encore sous autorité militaire. On a donc dû attendre jusqu'en 1932 pour mettre en place une société de prévoyance, de secours et de prêts mutuels agricoles à Man. Cependant, avant cette période, l'administration à travers la redistribution de produits vivriers avait initié les populations à cette nouvelle forme de solidarité coopérative. La naissance de la société de prévoyance en 1932 n'était donc qu'un prolongement de ces actions.

---

[1] A.N.C.I, 1RR10, XVIII-10-51/4, Op-cit

En 1932, la société de prévoyance qui avait un budget de *''196.080*[1]*''* avait pu acheter un important matériel pour la préparation des cultures.

Ainsi pour l'exploitation de l'huile de palme disposait-elle d'un véhicule, d'une motopresse et d'un moto-concasseur. Elle disposait également de 3 pompes pour l'exploitation du coton et de 4 charrues, 2 herses et 5 jougs[2] pour les autres tâches agricoles. Avec ce matériel et ces moyens financiers, la société de prévoyance créa, dès 1934, deux plantations modèles de caféiers de 20 hectares[3]. Quelques temps avant, elle avait entrepris la distribution de bacs à cacao.

> « Dans tous les centres, le matériel hétéroclite habituellement employé fait place aux bacs à cacao répandus par l'intermédiaire des sociétés de prévoyance[4] ».

Elle s'impliqua également activement dans les séances de démonstration sur l'emploi des engrais organiques, la suppression des gourmands, la récolte des cabosses, etc, en collaboration avec les autres services de l'agriculture.

Une société aussi active tirait indéniablement partie de l'intégration de l'élément indigène. Il ne pouvait d'ailleurs nullement en être autrement puisque depuis 1910, l'administration qui avait perçu l'importance des cotisations auxquelles étaient contraints les *''indigènes''* avait progressivement développé le principe de l'adhésion obligatoire. En 1915, un décret abrogeant celui de 1910 consacrait ce principe. Désormais l'adhésion à la société de prévoyance était obligatoire pour les *''indigènes''*. Dans le même temps, ce décret affirmait l'autorité du commandant de cercle sur l'institution.

---

[1] A.N.S 2G33.29 Colonie de la Côte d'Ivoire, Rapport économique, 1933, p.99

[2] *Idem*

[3] *Ibidem*

[4] *Ibidem*

> « L'administration jugeant que ''les sociétés ne s'établissent et ne prospèrent que sur l'initiative et l'impulsion des administrateurs[1] ».

Les ''indigènes'' étaient en quelque sorte la cheville ouvrière des sociétés de prévoyance. Leur apport était donc déterminant et Man ne fut à ce propos nullement une exception. Obligés d'être mutualistes, ils apprenaient à leur dépends cette nouvelle forme de solidarité coopérative où seuls étaient privilégiés les intérêts de l'Européen. Cette incongruité ne sera-t-elle pas dans les années 40 l'une des bases du réveil nationaliste ? Peu importait que *''les indigènes''* y trouvassent leur compte. Réduits au rôle d'exécutants, ils devaient contribuer à l'essor de l'économie coloniale et à l'imposition définitive du commerce européen. Dans ce cadre, toute activité concurrente était à proscrire. Ainsi contraintes, les populations durent abandonner progressivement de nombreuses habitudes anciennes. Parmi celles-ci, on notait certaines activités industrielles.

5. LE DECLIN DU TRAVAIL DES METAUX

Le travail des métaux était, en réalité, dans les sociétés Wê et dan l'une des résultantes majeures des contacts avec le monde soudanais. Témoignages oraux et rapports administratifs sont unanimes sur la question. SEHI SOUMAHORO notable à Sémien était formel :

> « Nous achetions le sombé avec les Dioulas. Eux connaissaient bien le travail du fer. Leur terre en était riche. C'est aussi chez eux qu'on achetait avant les outils pour nos cultures[2] ».

---

[1] A.N.S 2G34 50 Côte d'Ivoire, Service de l'agriculture, Rapport annuel, 1934, p.194

[2] A.N.S 2G32.61 Côte d'Ivoire, Service de l'agriculture, Rapport agricole annuel, 1932, p.125

Les rapports administratifs abondaient dans le même sens. L'ensemble des sols des régions soudanaises voisines notamment les districts de Touba et Séguéla était présenté comme ferrugineux. La teinte rouge de l'argile et du granite qui en étaient les principales structures ne laissait aucun doute sur leur richesse en minerai de fer comme le rapporte ici cet extrait de la monographie de Touba.

> « Le sol du cercle de Touba est en général formé par une argile rouge ferrugineuse à la surface de laquelle viennent affleurer d'énormes blocs de granite. Le conglomérat ferrugineux ou latérite abonde sous forme détritique ou le plus souvent de blocs de grosseur moyenne. Le quartz paraît dans quelques endroits. La principale et peut être la seule richesse minérale est le minerai de fer qui fait l'objet d'une industrie assez développée[1] ».

Plus loin, le rapport identifie comme principale activité industrielle indigène l'extraction et le travail du fer. Les ''Noumous ou forgerons'' étaient décrits comme d'habiles artisans dont les productions étaient variées et très prisées, houes, haches, couteaux, pointes de flèches, et surtout sombés étaient quelques unes de leurs fabrications les plus recherchées. Le sombé notamment avait valeur de monnaie dans toute la grande région forestière. Mais cette monnaie traditionnelle a été très vite frappée d'interdiction.

> « L'industrie indigène la plus développée est celle de l'extraction et du travail du fer. Elle est pratiquée par les forgerons ou Noumous. Le fer est extrait du minerai au moyen de hauts fourneaux chauffés au charbon de bois ; il est

---

[1] Propos recueillis à Sémien, le 24 août 1998, Sehi SOUMAHORO, né en 1922, notable, Chef comité de Sémien.

> coulé dans des moules cylindriques en argile que l'on brise pour en retirer le lingot de fer. Le fer est alors transformé par le forgeron en houe, couteaux, pointes de flèches, etc, etc.
> Ce sont les forgerons de la région de Touba qui fabriquaient les sombés, tiges de fer aplaties aux extrémités (...) et qui servent encore aujourd'hui de monnaie dans toute la zone forestière ouest de la Côte d'Ivoire. Leur fabrication est maintenant interdite[1]».

Ainsi donc, les régions soudanaises étaient les principales pourvoyeuses de métaux de la zone forestière. Les constatations du capitaine Laurent alors chef de poste de Man en 1911 concernant la pauvreté des sols en minerai de fer étaient assez éloquentes. Ses conclusions étaient sans ambiguïté.

Il notait que l'un des caractères les plus saillants des massifs dan était la forme mamelonnée des principales protubérances et l'existence de nombreux dômes. Cette disposition provient de la tendance qu'avait le granite à s'altérer par écaille concentriques.

Le massif était en effet constitué de granite ayant une structure ordinairement typique. Cependant, en certains endroits, il prenait une texture nettement rubanée et passait insensiblement au gneiss. Très souvent le massif était traversé par des filons dont le trajet était jalonné à la surface par d'énormes blocs arrondis et souvent entassés les uns sur les autres. Nulle part, même dans les vallées profondes, on ne trouvait de terrains sédimentaires anciens. On ne notait également aucune richesse minérale.

> « On ne rencontre même pas, sauf sur certaines terrasses Sahéliennes, les grés ferrugineux horizontaux si communs

---

[1] ANCI, Monographie de Man 17S/D, *Monographie du Cercle de Touba*, op-cit, p.4

> dans les régions avoisinantes : Touba, Séguéla[1] ».

L'administrateur confirme ses observations plus loin en indiquant avec un peu d'exagération que les populations dan, toura et wê n'avaient *''aucune industrie''*. Il admit tout de même qu'il existait quelques *''forgerons''* furent-ils *''médiocres''*.

> « Les Dans, Touras et Guérés n'ont, pour ainsi dire, aucune industrie. Ils ne connaissent même pas l'élémentaire métier à tisser le coton, et se procurent uniquement par voie d'achats les quelques lambeaux d'étoffe qui leur sont nécessaires. On trouve dans les villages des forgerons, médiocres artisans ne sachant que réparer grossièrement les fusils et instruments agricoles, et des potiers qui tournent des récipients ou canaris en terre[2] ».

Ces propos quelque peu nuancés du capitaine Laurent ont le mérite de nous appuyer dans l'analyse selon laquelle, le métier de forgerons dans la région de Man était l'une des conséquences des contacts avec les soudanais. En effet, de nombreux témoignages reconnaissaient le fait. Le travail du fer était une importation que les populations forestières devaient à leurs voisins soudanais. Cela expliquait sans doute pourquoi pour l'administrateur elles n'étaient que de *''médiocres artisans ne sachant que réparer grossièrement les fusils et instruments agricoles''*. Naturellement, au regard de l'importance des métaux dans la vie socio-économique des peuples forestiers le travail du fer eut été forcément adopté.

Quiconque avait la maîtrise de ce minerai disposait inéluctablement d'un pouvoir certain. De nombreux forestiers se mirent ainsi à l'ouvrage. A Sémien par exemple, certains groupes

---

[1] ANCI, Monographie de Man 17S/D, *Monographie du Cercle de Touba*, op-cit, p.4

[2] ANCI, Monographie de Man 17S/D, *Monographie du Cercle de Man*, op-cit, p.8

sociaux en avaient fait leur affaire. C'était le cas de la société initiatique des *''Blaon ou hommes-panthères*[1]''. Ces derniers avaient appris le travail du fer et s'en servaient pour mettre en exergue leurs attributs de guerriers intrépides. Ils rendaient cependant, d'énormes services à la communauté villageoise puisqu'ils avaient appris et maîtrisaient également les techniques de production d'instruments agricoles. La nature du sol ne leur permettant pas de pratiquer l'extraction, les Blaon se contentaient du sombé qu'ils acquéraient par voie d'achat. Dans les ateliers de refonte qu'on retrouvait un partout dans les villages wê, ils transformaient la tige de fer en instruments de toutes sortes : haches, couteaux, pointes de flèches, etc.

De toute évidence, le travail des métaux demeurait une activité secondaire pour les groupes forestiers. La principale activité économique étant l'agriculture. Cependant, le métier de forgeron aurait pu davantage se répandre si très tôt, en 1915, l'administration n'avait interdit la fabrication des monnaies traditionnelles. Cette mesure dont l'objectif était d'imposer la monnaie française a eu d'énormes conséquences. Et les moindres n'étaient pas l'abandon des foyers de fabrications industrielles traditionnels.

> « Lorsque le blanc a imposé sa monnaie, ceux qui fabriquaient les sombés ont arrêté la fabrication. Le commandant y veillait avec beaucoup de soin[2] ».

Souvent, lorsque la répression ne portait pas les fruits escomptés, l'administration usait de persuasion comme en témoigne cet extrait de rapport :

> « J'ai envoyé le représentant du canton du Nafana dans les centres de fabrication des sombés pour expliquer aux 6 ou douze intéressés la perte qu'ils subissent du fait de

---

[1] ANCI, Monographie de Man 17S/D, *Monographie du Cercle de Man*, op-cit, p.28

[2] Sehi SOUMAHORO, notable à Sémien, Op-cit

> leur fabrication et pour leur interdire de le continuer[1] ».

La disparition souhaitée des foyers de fabrication ne se réalisera sans doute jamais puisque ces ateliers existent encore de nos jours dans les régions malinké. Une chose est cependant sûre, le développement de cette activité dans les zones forestières a été freiné. Aujourd'hui, ce ne sont plus que de vieux souvenirs.

En définitive, l'avènement du commerce colonial a eu de nombreuses conséquences. Celles que nous avons relevées ne sont guère exhaustives. Nous n'en avions pas la prétention. Peut-être jamais l'on ne saura la profondeur réelle de ces bouleversements. Une chose est cependant, pour le moins sûre, ces mutations sont irréversibles. Elles conditionnent aujourd'hui toutes les politiques de développement. Toutefois, n'est-il pas possible de prendre appui sur les systèmes économiques précoloniaux pour améliorer le développement actuel de nos économies ? La réponse à cette question passe nécessairement par une analyse des finalités de l'activité économique traditionnelle, notamment des échanges.

Telle est la trame principale de cet ultime chapitre.

---

[1] Victor SEA TAPE, notable à Sémien, né en 1919, propos recueillis à Sémien, le 24 août 1998.

HAPITRE II

ORGANISATION ECONOMIQUE ET COMMERCIALE TRADITIONNELLE ET QUESTIONS DE DEVELOPPEMENT APRES L'AVENEMENT DE L'ECONOMIE COLONIALE

> « L'identification des structures et du fonctionnement de la société précoloniale est un préalable indispensable à la connaissance scientifique de la civilisation traditionnelle. Elle ne saurait cependant suffire à l'élaboration rationnelle d'une théorie de la culture en Afrique noire et à la mise en œuvre d'une praxis appropriée aux conditions actuelles de notre développement[1] ».

Cette affirmation de Christophe WONDJI se justifie bien parce que l'impérialisme européen a favorisé de nouvelles mœurs et valeurs qui, dans la plupart des cas, s'opposent aux réalités anciennes. Le capitalisme introduit dans les sociétés africaines par le biais de la colonisation et qui tend à s'imposer partout dans le monde aujourd'hui a de nombreuses exigences que seule une réactualisation des structures économiques précoloniales ne peut satisfaire.

Toutefois, une meilleure connaissance des réalités anciennes et des contradictions issues des contacts extérieurs s'avèrent

[1] C. WONDJI, '' L'organisation économique et politique de la société traditionnelle et les problèmes de développement de l'Afrique contemporaine'', *Godo-Godo,* Bull, I.H.A.A.A, 1981, n°7, p.1

indispensables pour appréhender au mieux les questions nouvelles du développement. Telle est la trame principale de notre analyse. Notre démarche consistera à partir des structures fondamentales d'organisation économique et commerciale traditionnelle des peuples wê et dan pour distinguer les principes vitaux et les valeurs essentielles qui présidaient à leur animation et à leur fonctionnement interne. Les acquis de cette analyse nous permettrons, en dernier ressort, de dégager les pistes possibles pour une meilleure approche de développement. Mais bien avant, un rappel succinct de l'impact de l'économie moderne sur les activités économiques traditionnelles nous permettra de saisir au mieux les fondamentaux de cette économie victime de l'impérialisme européen.

I – L'IMPACT DE L'ECONOMIE MODERNE SUR LES ACTIVITES ECONOMIQUES ANCIENNES

La recherche effrénée du profit et la promotion de l'individualisme, caractères principaux de l'économie moderne, ont énormément influencé la marche des activités économiques traditionnelles. Les effets les plus remarquables de cette action se situaient à plusieurs niveaux. Sans être exhaustif, nous allons nous intéresser au déclassement de certains produits agricoles et à l'introduction de nouvelles techniques et méthodes d'exploitation.

1. LE DECLASSEMENT DE CERTAINS PRODUITS AGRICOLES.

Ce déclassement était, en réalité, une des conséquences majeures de la crise économique des années 30. En effet, l'administration coloniale confrontée à la dure réalité de la chute des prix des matières premières agricoles sur le marché international envisagea, dès 1931, comme solution à cette mauvaise conjoncture économique une augmentation de la production.

> « Les nécessités de l'heure actuelle nous font un impérieux devoir d'augmenter la production dans toute la mesure du possible[1] ».

En effet, la crise que traversait le monde entier et qui affectait si durement le marché des matières premières, avait ouvert bien des yeux. Il était apparu très nettement que l'ère de la cueillette avait pris fin et que dans les colonies la mise en valeur méthodique et raisonnée du sol devait être poursuivie et disciplinée avec ténacité et opiniâtreté.

Ainsi, devenait-il nécessaire voire même vital de tirer le plus possible profit des potentialités économiques, somme toute, importante de la colonie. S'il apparaissait, à cet effet, judicieux de poursuivre la politique de vulgarisation des cultures coloniales (cacao, café, bananier) et d'exploitation des produits d'exportation naturels (caoutchouc, palmier à huile, kolatier, etc.) ; l'on se demandait de plus en plus comment tirer profit des cultures vivrières, si familières aux populations *"indigènes"*. Subséquemment, l'intérêt porté aux cultures vivrières s'accru. Et l'administration n'entendait pas lésiné sur les moyens. Plus jamais, l'on devait avoir de pénurie dans la production des cultures vivrières.

En fait, il s'agissait pour l'administration de les développer le plus possible de façon à ce que les marchés locaux soient toujours largement approvisionnés. En effet, la bonne alimentation des indigènes, forces indispensables à l'exploitation du pays devait être désormais premier plan des préoccupations. Ce volet apparaissait ainsi comme l'un des chapitres les plus importants de l'action sociale. L'avenir de la race y était, pour ainsi dire, intimement lié. D'autant que, les autorités administratives au plus haut niveau, pensaient, à juste titre, que les populations sous alimentées résistaient moins aux maladies et étaient la proie de toutes les endémies.

Toutefois, si pourvoir à l'alimentation des *" indigènes"* comme le prévoyait l'administration coloniale, apparaissait tout à fait

[1] A.N.C.I, *J.O.C.I*, 1931, p.225

objective, cette raison n'était nullement, pour autant, la seule ayant intéressée les Européens. L'une des raisons et non des moindres tenait à l'utilisation de certaines des denrées vivrières notamment le maïs et le manioc comme des plantes industrielles. Avec la crise, la métropole s'étant aperçue des bénéfices industriels qu'elle pouvait en tirer, entreprit de les vulgariser. Cette action à l'origine du déclassement des cultures vivrières précitées induisait, en même temps, un traitement spécial à leur profit. Comme on le remarquait déjà dans la circulaire du gouverneur Reste publiée en 1931. Dans le grand II relatif à *''l'intensification de la production agricole et pastorale''*, subdivisé en sept (7) paragraphes, on distinguait nettement les *''plantes industrielles''* (paragraphe *''F''*) et les ''cultures vivrières'' (*paragraphe ''G[1]''*)

Ces ''plantes industrielles'' sélectionnées comme matières premières devant alimenter l'industrie européenne servaient en premier, pour ce qui est du maïs et du manioc, aux distilleries et féculeries.

> « Le manioc n'a jusqu'ici été cultivé que pour les besoins locaux. Or il est de plus en plus demandé par l'industrie européenne de la distillerie et de la féculerie[2] ».

Concernant le manioc, on notait que les besoins du marché de la métropole étaient si importants que les colonies ne fournissaient qu' *''à peine le 1/6e du tapioca vendu en France[3]''*.

La production des colonies Françaises estimées, en 1929, pour le manioc à *''42.998 tonnes[4]''* et pour le tapioca – fécule extraite de la racine de manioc séchée et réduite en flacons – à *''2.416 tonnes[5]''* était,

---

[1] Confère '' circulaire sur l'intensification de la production agricole et pastorale en Côte d'Ivoire'', *J.O.C.I*, 1931, p.237

[2] *Idem*

[3] A.N.C.I, *J.O.C.I*, 1931, Op-cit

[4] A.N.C.I, *J.O.C.I*, 1931, Op-cit

[5] *Idem*

pour le moins, insuffisante non seulement pour le marché métropolitain mais également pour les autres marchés d'Europe. Alors que la culture était jugée " *très rémunératrice*". Pour sa vulgarisation, les consignes étaient claires. Elles concernaient les deux variétés les plus répandues dans la colonie.

> « 1° Le manioc noir dont la tige est noire et qui donne la meilleure farine
> 2° Le manioc blanc dont la tige est grisâtre et qui fournit le plus de tubercules[1] ».

Mais pour une vulgarisation plus efficace, l'administration recommanda la politique de l'assolement et surtout la sélection des espèces identifiées ci-dessus.

> « Le manioc épuisant le sol, ne doit pas, à moins qu'on n'ait recours à des amendements, être cultivé plusieurs années de suite dans le même champ… D'autre part, il y a intérêt à sélectionner les espèces les plus riches en fécule, à rendement élevé et à éliminer toutes les autres[2] ».

Les recommandations concernant la production du maïs étaient tout aussi rigoureuses. Toutes les conditions identifiées par l'administration pour l'épanouissement de cette plante se retrouvaient partout dans la colonie.

Mais malheureusement, la culture du maïs n'occupait pas en Côte d'Ivoire la place qu'elle devait avoir. Les terrains qui lui convenaient, comme nous le soulignions, ne manquaient cependant pas et les conditions climatiques étaient tout à fait favorables. Le maïs, originaire de l'Amérique du Sud, demandait en effet de la chaleur, de la lumière, un sol profond, meuble, fertile.

---

[1] A.N.C.I, *J.O.C.I*, 1931, Op-cit

[2] *Idem*

Le déficit dans l'approvisionnement de la métropole était également important. Estimé en 1929 à 662.000 tonnes, il fut comblé grâce aux fournisseurs américains, roumains et argentins.

> « La France importe annuellement pour sa consommation de 700 à 800.000 tonnes de maïs.
> 688.000 tonnes en 1928
> 819.000 tonnes en 1929
> Les envois des colonies françaises ont atteint 157.000 tonnes en 1929, laissant une marge de 662.000 tonnes fournies par l'étranger (Etats-Unis, Roumanie, République argentine)[1] ».

Consciente que *'' la Côte d'Ivoire pourrait contribuer pour une large part à l'approvisionnement du marché métropolitain[2]''*, l'administration organisa la sélection et la distribution des semences. Les maïs durs furent privilégiés. Ils étaient certes moins farineux mais résistaient mieux aux attaques des insectes. Ils étaient donc *''plus faciles à conserver et à transporter[3]''*.

L'application effective de ces différentes mesures contribua énormément à l'accroissement de la production agricole. En intensifiant au bénéfice de l'industrie européenne la production de maïs et de manioc, l'administration coloniale transformait des cultures naguère produites pour les besoins domestiques des populations en *''plantes industrielles''* destinées presqu'exclusivement à l'exportation. Ce déclassement rendu nécessaire par la crise s'appliqua aussi, dans une certaine mesure, à la culture du riz. Le riz ne fut certes pas, en priorité, destiné à l'exportation. Mais, on pensait qu'à court terme, il pouvait nourrir les exportations en direction des colonies voisines.

---

[1] A.N.C.I, *J.O.CI*, 1931, Op-cit

[2] *Idem*

[3] *Ibidem*

> « Elle (la culture du riz) présente un très gros intérêt non seulement au point de vue de la nourriture des indigènes mais encore des possibilités d'exportation vers les pays voisins qu'elle peut offrir[1] ».

A l'instar des autres cultures sur lesquelles l'administration fondait beaucoup d'espoir, les conditions de développement de la riziculture furent clairement identifiés. Les perspectives les plus prometteuses se trouvaient, selon les rapports, dans la vulgarisation de la riziculture irriguée.

> « Le but à atteindre est d'amener peu à peu l'indigène à faire de la culture irriguée[2] ».

La Côte d'Ivoire était bien dotée, sous le rapport des eaux courantes. Les vallées de certaines rivières ou fleuves pouvaient être aménagées en vue de la riziculture.

En somme, le déclassement avait pour but premier d'accroître la production agricole. Les résultats n'ont pas manqué comme nous avons pu le relever dans les chapitres précédents. Toutefois, l'augmentation de la production, ainsi que nous l'avions souligné, ne profita pas paradoxalement aux populations *''indigènes''*. L'objectif n'était-il pas d'approvisionner l'industrie métropolitaine ? Les exportations de produits agricoles ont occasionné à l'intérieur de la colonie de nombreuses pénuries. Les témoignages étaient légion comme l'illustre ici ces propos recueillis en 1937 dans la région de Man par Mme Savineau, conseillère technique de l'Enseignement.

> « Autrefois, on avait beaucoup de riz et on mangeait bien. Maintenant, on cultive beaucoup plus et on manque de nourriture par

[1] A.N.C.I, *J.O.C.I*, 1931, p.238
[2] *Idem*

> ce qu'il faut fournir l'administration qui ravitaille les manœuvres des planteurs européens ; parce que les Dioula achètent pour la Basse-Côte ; parce qu'il passe beaucoup de voyageurs[1] »

Le riz et au-delà toutes les cultures considérées comme des ''plantes industrielles'' étaient l'objet de spéculations multiformes.

> « A propos du riz fourni aux planteurs, M. Tranin ajoute que tous n'en obtiennent pas et qu'il a dû exiger sa part du stock que M. Pal répartissait selon ses préférences. M. Pal aurait en outre revendu 0,80 à des commerçants d'Abidjan 17 tonnes de riz achetées à 0,60 et stockées à Danané[2] ».

Les stocks disponibles étaient ainsi quelquefois frauduleusement vendus aux commerçants les plus offrant. Si bien que les pénuries étaient fréquentes. On imaginait dès lors les conséquences de tels actes sur les couches sociales les plus vulnérables. La conclusion laconique mais très expressive de l'interlocuteur de Mme Savineau permettait d'entrevoir des effets pour le moins désastreux.

> « Tout ce riz s'en va, on ne fait pas de grenier de réserve[3] ».

Tant que la métropole bénéficiait de l'augmentation de la production agricole aucun réajustement pouvant améliorer la situation de '' l'indigène'' n'était nécessaire. Au besoin, il fallait

---

1 A.N.S, 17G.381 (126) Rapport de Mme Savineau, Conseillère Technique de l'Enseignement présenté à Monsieur le Gouverneur général de l'A.O.F, p.35

2 *Idem*

3 A.N.C.I, *J.O.C.I*, 1931, Op-cit

imaginer les stratégies les plus efficaces pour atteindre des chiffres de production records. La voie requise pour parvenir à cet ultime objectif était, sans doute, l'introduction de nouvelles techniques et méthodes d'exploitation.

2. LA VULGARISATION DE NOUVELLES TECHNIQUES ET METHODES D'EXPLOITATION

> « L'évolution économique des temps modernes pousse vers la culture de plus en plus intensive, car la culture seule est en état de fournir régulièrement, sans à coup, à l'industrie et au commerce, les matières premières dont ils ont besoin[1] ».

Cette pensée du gouverneur Reste étayait admirablement la volonté de l'administration coloniale de faire de l'agriculture la base du développement économique de la colonie. Cette option imposa non seulement l'introduction de cultures nouvelles mais aussi et surtout favorisa la modernisation des moyens et techniques d'exploitation agricole. L'agriculture intensive impliquait pour l'administration l'abandon par le paysan des *''instruments dont se servaient ses pères et qu'il confectionne lui-même[2]''*.

Parce que *''seul un outillage perfectionné et l'emploi raisonné des amendements peuvent permettre d'obtenir de la terre le maximum de rendement[3]''*.

En clair, il fallait progressivement procéder au remplacement des instruments archaïques. Les charrues, les extirpateurs, les herses, les rouleaux semoirs, le tracteur firent leur apparition dans les exploitations, soit par le soin de l'administration elle-même, soit par

---

[1] A.N.C.I, *J.O.C.I*, 1931, Op-cit

[2] *Idem*

[3] *Ibidem*

le truchement des sociétés de prévoyance. Même si ces instruments furent pendant longtemps hors de portée des masses paysannes dans leur grande majorité, ils n'ont pas, pour autant, moins contribué à la transformation des activités économiques traditionnelles.

Les activités d'exploitation agricole, comme nous l'avions vu étaient aussi nombreuses que variées. Pour les cultures les plus importantes, les méthodes ont été adaptées. A ce propos, les exemples les plus marquants ont sans doute été la création des plantations de palmier à huile et de kolatier. Plantes jadis abandonnées au seul soin de la nature. Les techniques de bouture et de greffage apprises aux paysans et la distribution des plants sélectionnés ont favorisé le développement de ces plantations au détriment des cultures vivrières.

Des efforts remarquables furent aussi entrepris dans le domaine de l'hydraulique agricole. Dès 1931, l'administration avait identifié dans ce domaine d'excellentes possibilités.

Elle avait noté que la colonie possédait un réseau fluvial très dense. Les fleuves autant que les rivières parcouraient l'ensemble du territoire. Tanoé, Bia, Comoé, Mé, Agnéby, Bandama, Go, Boubo, Mouni, Ourou, Sassandra, Davo, Hé, Néro, Tabou, Cavally et leurs innombrables affluents étaient les plus connus. Plusieurs rapports en avaient fait cas en suggérant les possibilités d'exploitation qu'ils offraient.

Dans le cadre de la mise en valeur agricole, l'on pensait davantage à la mise en œuvre de canaux de drainage ou d'amenée des eaux qui permettraient d'irriguer en toute saison de nombreuses terres. On entendait ainsi les rendre beaucoup plus fertiles.

Dans leur grande majorité, les cours d'eau ont effectivement servi à la mise en valeur agricole. Pour desservir les régions les moins favorisées, on avait pensé au *''creusement de puits munis de norias ou d'appareils de pompage puissants*[1]*''*.

---

[1] A.N.C.I, *J.O.C.I*, 1931, Op-cit

En définitive, il apparaît ici aisément que l'administration coloniale n'a pas lésiné sur les moyens dans la mise en valeur agricole de la colonie. Cet effort, même si l'on ne peut, en réalité, cerner toutes ses conséquences sur les activités économiques anciennes, a de façon sûre et certaine contribué à imposer durablement l'agriculture comme la base de cette économie moderne en gestation. L'agriculture n'était certes pas par le passé une activité secondaire mais, il convient de le reconnaître, elle a plus que jamais été imposée par une transformation méthodique des structures économiques traditionnelles. Un regard sur ces dernières nous permettra de nous en convaincre davantage.

II - LES STRUCTURES ECONOMIQUES TRADITIONNELLES FONDAMENTALES

L'économie précoloniale wê et dan présentait des caractéristiques structurelles particulières. Celle-ci reposait en grande partie sur deux caractères essentiels : la primauté des activités agricoles et l'existence partout de mode de propriété collective.

1. UNE PREEMINENCE DES ACTIVITES AGRICOLES

L'agriculture était d'abord favorisée par la nature. En effet, les nombreux rapports administratifs faits par les premiers explorateurs des régions wê et dan ne tarissaient pas d'éloges sur les faveurs de la nature. De la description du paysage à la présentation de la nature du sol et de la végétation, en passant par l'analyse des éléments du climat et les observations sur les cours d'eau, les rapports ne faisaient de façon générale nullement cas d'une quelconque hostilité. Le paysage à majorité dominé par un relief moyen de 800 à 1000 mètres débouchait dans sa partie méridionale sur un espace plat dominé par une végétation de forêt.

> « Le cercle du Haut-Cavally se présente sous deux aspects nettement distincts : du Nord du 7°15 environ au 8°, il est couvert d'un massif montagneux confus, d'un relief moyen de 800 à 1000 mètres ; au sud au contraire, c'est d'une façon générale la forêt plate[1] ».

Les sols majoritairement issus de l'altération des massifs montagneux étaient très riches et fertiles. Néanmoins, l'érosion des sommets y provoquait l'amenuisement de sols qui ne se prêtaient plus qu'aux cultures céréalières moins exigeantes. Le climat y présentait une certaine homogénéité. Il bénéficiait d'une importante pluviométrie et les températures étaient pour la plupart constantes. Elles variaient entre 28 et 30°

> « Les caractéristiques du climat du Haut-Cavally sont la constance de la température maxima de chaque jour de l'année (28° à 30° centigrades) et l'extrême humidité de l'atmosphère résultat de la nature du sol et de l'abondance des pluies[2] ».

Enfin, l'espace rayé par trois principaux cours d'eau à savoir le Cavally, Sassandra et Nuon relayés par de nombreux affluents en différents endroits du territoire donnait à l'hydrographie une importance certaine et achevait de convaincre sur les potentialités agricoles plus que toute autre activité humaine. Mais ces dernières activités, nous l'avions vu, n'étaient que des activités d'appoint. L'agriculture a donc toujours été l'activité principale des populations forestières du Haut-Cavally. Il s'agissait essentiellement d'une agriculture de subsistance basée sur la production des cultures

---

[1] ANCI, Monographie de Man 17S/D, *Monographie du Cercle de Man*, op-cit, p.6

[2] ANCI, Monographie de Man 17S/D, *Monographie du Cercle de Man*, op-cit, p.6

vivrières. Les produits en étaient nombreux et variés. On avait des féculents notamment banane, manioc, patate, etc.

On avait également d'importantes productions céréalières : maïs, mil et surtout le riz. Le riz était de loin la céréale la plus répandue dans la région. Il constituait l'une des principales cultures des paysans wê et dan. Le cycle agricole largement dominé par la culture du riz était assez long. Il s'étendait pratiquement sur dix mois.

> « Le riz est abondamment cultivé… Il est semé en avril – mai et récolté en novembre[1] ».

Les productions vivrières étaient exploitées en même temps que certaines richesses naturelles. Le palmier à huile qu'on retrouvait en abondance dans la région alimentait l'industrie de fabrication d'huiles végétales très prisées.

Le colatier également poussait spontanément dans la région. Ces fruits recherchés dans les zones soudanaises servaient essentiellement aux échanges.

Les populations s'adonnaient aussi aux activités manufacturières. Elles n'ignoraient pas les métiers du fer, de la poterie, de la vannerie etc. Mais, les productions étaient assez faibles. Ces métiers n'occupaient nullement à plein temps le paysan.

On notait, en définitive, une prépondérance des activités agricoles vivrières. Celles-ci constituaient en fait la base réelle de cette économie précapitaliste. Leur finalité se résumait à la production de biens primaires indispensables à la consommation journalière de la communauté. Les activités d'appoint qu'elles favorisaient, les échanges notamment ne visaient d'autres objectifs que la satisfaction de besoins à caractère socioculturel. Les préoccupations d'ordre économique ou productif étaient totalement ignorées.

---

[1] ANCI, Monographie de Man 17S/D, *Monographie du Cercle de Man*, op-cit

2. UNE PREEMINENCE DE LA PROPRIETE COLLECTIVE

Les activités agricoles vivrières s'exécutaient au sein de la communauté notamment dans le cadre de la famille. La propriété était collective. La famille constituait la cellule économique de base. Elle déterminait par conséquent les modes et les rapports de production. Les lignages faisaient donc autorité dans les modes de production et la distinction entre aînés et cadets alimentait les rapports de production comme l'a souligné Christophe WONDJI dans son analyse consacrée aux sociétés lignagères de l'ouest ivoirien.

> « Les modes de production dominants sont lignagers et les rapports de production principaux opposent les chefs de famille (ou aînés) aux cadets [1]».

Mais cette contradiction n'était pas antagoniste parce que la structure sociale et l'idéologie donnaient la possibilité à chaque cadet de devenir un aîné.

Ainsi les aînés avaient-ils en charge la garde du patrimoine familial notamment celui issu des échanges. Cette responsabilité leur conférait sans doute un certain monopole sur le groupe. Mais, il ne s'agissait, comme l'a souligné Wondji, nullement d'autre chose que d'une accumulation de trésors destinés à satisfaire des besoins sociaux et culturels et non d'une accumulation susceptible d'apporter une amélioration d'ordre économique

La production se faisait dans le groupe et pour le groupe. Les échanges dans la communauté visaient l'acquisition de denrées nécessaires à la consommation immédiate. Les échanges de biens complémentaires qu'on enregistrait dans les relations avec les peuples voisins répondaient surtout à certaines exigences sociales et

---

[1] C. WONDJI, '' L'organisation économique et politique de la société traditionnelle et les problèmes du développement dans l'Afrique contemporaine'', Op-cit, p.3

culturelles parmi lesquelles le paiement de la dot indispensable à la célébration du mariage.

Nous notons en définitive, que l'économie précoloniale, était fondamentalement une économie vivrière basée sur la production de biens élémentaires indispensables à la consommation immédiate de la communauté. La propriété était collective et les rapports de production se situaient au sein de la famille. Les activités de production agricole et les activités d'échanges qu'elles entraînaient visaient principalement la satisfaction des besoins d'ordre social et culturel.

La satisfaction des besoins d'ordre économique qui sont le plus souvent les principaux indicateurs du développement dans le système capitaliste était totalement ignorée. Comment alors concilier dans ce cas civilisation traditionnelle et développement ?

III – CIVILISATION TRADITIONNELLE ET DEVELOPPEMENT

L'imposition d'une économie de type capitaliste révèle très tôt, avec une certaine acuité, la question du développement comme objectif primordial à atteindre. Notion nouvelle qui résulte de l'extraversion de nos économies.

1. UNE ECONOMIE EXTRAVERTIE

Les efforts entrepris dans la région à la fin de la première guerre mondiale en vue d'accroître la production agricole, fondement indispensable à la vitalité du commerce et à la diffusion de la monnaie française, ont eu comme conséquence majeure l'orientation des flux vers l'extérieur. Comme mentionné précédemment, l'uniformisation des voies commerciales entraînait systématiquement la primauté de la direction sud. Les produits convoyés vers la côte soit par le chemin de fer via Bouaké, soit par la voie routière avaient une seule destination finale ; la métropole. Ainsi par delà les liens politiques déjà existants, l'administration liait économiquement la colonie. A la dépendance politique s'ajoutait désormais lentement mais savamment une dépendance économique. D'où la satisfaction de l'autorité coloniale qui, en 1938, annonçait avec fierté un accroissement en valeur des exportations.

> « On constate ... pour les valeurs un accroissement considérable ; elles atteignent en effet le chiffre de ...380.135 francs contre 324.396.000 francs pour les exportations[1] ».

Les exportations en direction de la métropole étaient constamment en progrès. De 324.396.000 francs comme recette en 1937, elles ont été estimées l'année suivante à 380.135.000 francs. Le flux des importations lié à celui des exportations participait également à l'affermissement de cette dépendance. Les marchés locaux furent donc progressivement envahis par de nouveaux produits européens. Et les populations ne mirent pas assez de temps à s'habituer à ces nouvelles productions industrielles auxquelles elles-mêmes reconnaissaient par ailleurs de nombreuses qualités. FAHE POHO appréciait ainsi la qualité des récipients européens.

> « Les gobelets européens ont remplacé les nôtres. En plastiques ou en aluminium, ils étaient beaucoup plus durables parce que résistants au choc[2] ».

La qualité des produits européens a ainsi été un important facteur d'intégration. Cette intégration des produits étrangers autant que l'accroissement des exportations de produits agricoles en direction de la métropole a été le ciment de la dépendance vis-à-vis de l'extérieur. Ce dirigisme économique malheureusement perpétué après les indépendances influence négativement jusqu'à présent le développement de nos économies.

---

[1] A.N.S 2G38.30 Côte d'Ivoire, rapport économique, 1938

[2] Christophe FAHE, né en 1927 à Séably. Propos recueillis le août 2002

2. LA QUESTION DU DEVELOPPEMENT

La question du développement selon les points de vue dominants se confond intiment à la croissance. Et le revenu par habitant a été pendant longtemps l'indicateur privilégié de cette croissance. Aujourd'hui, force est de reconnaître que cette notion mathématiquement exprimée par le P.N.B (Produit National Brut) ne suffit plus à déterminer le développement. Le développement s'est enrichi de nouveaux concepts qui tiennent compte des caractères fondamentaux du sous-développement.

Dans cette perspective, le développement suppose l'élimination ou la prise en compte des causes du sous-développement. Sur ces derniers, l'unanimité se fait autour de trois axes essentiels. Il s'agit premièrement et naturellement de la faiblesse du revenu national, caractère fondamental du sous-développement qui pendant longtemps a fait autorité. Deuxièmement, les inégalités dans la distribution des fruits de la croissance et de l'accès aux prestations sociales. Enfin, troisièmement la dépendance envers le monde industrialisé notamment la puissance colonisatrice.

En clair, le développement signifie aujourd'hui d'une part, l'accélération de la croissance, et d'autre part, la lutte contre la pauvreté. Il implique donc une rationalisation de la redistribution des richesses, un accès équitable aux avantages sociaux et la réduction sinon l'élimination de toutes les formes de dépendance. Une vision africaine c'est-à-dire un point de vue prenant en compte les spécificités africaines telles que nous les avons envisagées dans notre étude, peut trouver dans la perception généralement admise aujourd'hui de nombreux points de convergence. Dans cet élan, le développement signifiera clairement l'élimination des perturbations, des disfonctionnements hérités de la colonisation. En effet, la colonisation et sans doute plus loin la traite négrière ont énormément perturbé les structures traditionnelles. Le cas de la région de Man illustre éloquemment ce que partout les peuples africains ont subi.

Au plan sociopolitique l'éviction des autorités traditionnelles a favorisé un bouleversement irréversible des normes anciennes. Les systèmes traditionnels fondamentalement affectés ont inéluctablement conduit à une dégradation du schéma d'autorité. Au niveau économique, le poids des réformes a conduit à une aliénation profonde des populations. L'économie de plantation bâtie autour du café et du cacao, l'imposition de la monnaie européenne ont à jamais lié le sort de la colonie à la métropole. Cette dépendance économique qui est allée en s'amplifiant a atteint des proportions si fortes que toute velléité de remise en cause passe pour un acte de sédition à l'égard des puissances dominatrices.

Tous ces bouleversements ont favorisé l'apparition de sociétés africaines hybrides où valeurs traditionnelles et principes occidentaux sont en perpétuel conflit. Le développement consisterait donc dans un premier temps, à lutter contre ces perturbations. Cette option sous-tend clairement donc la prise à compte de ces déséquilibres comme faisant partie de notre histoire. La conscience objective de cette responsabilité seulement amènerait ensuite à la maîtrise de notre destin dans une relation non plus de dépendance vis-à-vis de l'extérieur mais de franche collaboration et de partenariat.

A cet effet, nous pensons comme Christophe WONDJI que le développement consiste donc à amorcer un nouveau processus historique sur la base de l'héritage social de cette histoire des relations entre l'Afrique Noire et les civilisations extérieures, notamment celle de l'Europe occidentale. Il vise ainsi à reconstruire une nouvelle civilisation africaine libérée des déséquilibres et des tensions issus de la traite et de la colonisation. Il doit inaugurer une histoire nouvelle où l'Afrique retrouve la maîtrise de son destin mais en relation avec les autres civilisations.

En outre, dans le fond, la notion de lutte contre la pauvreté qui met en avant une meilleure redistribution des richesses et l'accès équitables aux prestations sociales rejoint sans nul doute les principes traditionnels de répartition des biens. La communauté traditionnelle en ce qui concerne l'ouest forestier n'admet nullement une quelconque privatisation des moyens de production. La terre, moyen essentiel de production n'est pas privatisable. Elle appartient au groupe même si les aînés ont une certaine ascendance sur les autres membres de la famille. Cette contradiction n'est qu'apparente. Elle n'est aucunement antagoniste dans la mesure où la structure sociale et de façon générale l'idéologie autorise la mobilité. Les cadets peuvent devenir à leur tour des aînés. Cette organisation répond tout simplement à un souci d'ordre politique dans la mesure où il ne s'agit pas de sociétés anarchiques.

Au-delà, les biens appartiennent à la communauté. Les aînés en assurent une meilleure répartition. Ainsi la satisfaction des besoins sociaux constitue un facteur de cohésion qui détermine la vie du groupe. La redistribution des richesses est donc un socle important du système social traditionnel. Elle en constitue même l'une des valeurs fondamentales. Alors peut-on améliorer le développement actuel de nos économies en s'appuyant sur ces systèmes anciens ?

3 – VALEURS ANCIENNES ET DEVELOPPEMENT ECONOMIQUE

La restructuration des circonscriptions agricoles en 1933 et notamment la création de la circonscription du cacaoyer et du caféier à laquelle était incorporée la région de Man a favorisé à l'échelle de la colonie de véritables régions économiques. Ces nouveaux pôles de développement agricole fortement appuyés par des structures techniques et d'encadrement telles que les stations agricoles et les sociétés de prévoyance, de secours et de prêts mutuels agricoles ont donné un véritable coup de pousse à l'éclosion d'une économie de marché.

En effet, les résultats escomptés ne se firent pas attendre, les productions vivrières et surtout les denrées d'exportation, le café et le cacao notamment enregistrèrent d'importants progrès. Partout les populations produisaient conformément aux directives administratives davantage pour la commercialisation que pour la consommation domestique. Cette situation était d'autant plus favorable aux maisons de commerce européen et aux commerçants syro-libanais qu'ils avaient fini par imposer leur monopole.

Financièrement plus nantis, ces grands opérateurs économiques, les maisons de commerce européen notamment se sont aliénés les services des commerçants traditionnels. Les objectifs de l'activité économique étaient détournés. Ces nouveaux acteurs économiques constitués en véritables groupes de pression avaient désormais seuls le contrôle de l'activité économique et commerciale. Avec eux, de nouvelles notions apparaissent qui mettent en avant la compétition, la concurrence, l'accumulation et surtout la rentabilité économique. Les indicateurs de référence déterminant la vitalité de l'activité économique ne sont guère plus que la qualité et la quantité de la production.

Et contrairement aux principes traditionnels, on ne produisait plus pour satisfaire les besoins vitaux de la communauté. Encore moins pour sa préservation et pour sa conservation. L'organisation et les finalités de l'activité économique avaient changé. Les principes qui pendant longtemps avaient sous-tendu l'économie ancienne ont été abandonnés. Du point de vue de l'organisation, la collectivité ne fait plus autorité dans l'exploitation des moyens de production et dans la jouissance des biens produits. La finalité de la production, comme nous l'avions souligné, vise davantage le bien être individuel.

Les valeurs anciennes et le nouveau système économique imposé par la colonisation sont ainsi en de nombreux points incompatibles. A l'évidence, le système traditionnel est inadapté au nouveau contexte économique. Les finalités de la production n'étant pas d'ordre spécifiquement économique dans le système ancien, l'on a pu remarquer quelques faiblesses au niveau des forces productives. Cette dernière insuffisance ne saurait être un avantage dans le système capitaliste vu que désormais la qualité et la quantité de la production sont des normes de référence. Toutefois, le système traditionnel mettait en relief des principes et des valeurs qui méritent amplement d'être réhabilités au profit de nos économies actuelles.

IV - PRINCIPES ET VALEURS TRADITIONNELLES COMME VECTEURS DE DEVELOPPEMENT

La norme des principes et des valeurs économiques traditionnelles se réduisaient à une idée maîtresse : la production au service de la communauté. Contrairement au nouveau système économique dans lequel l'individualisme fait autorité. Organisée dans le cadre de la famille ou du village, la vie économique ne visait dans le système ancien que la satisfaction des besoins et des aspirations de ces communautés. L'un des tous premiers réajustements à faire devrait donc tendre à la revalorisation des structures traditionnelles de base que sont la famille et le village.

1. LES COMMUNAUTES RURALES DE BASE PRINCIPALES RAMPES DU DEVELOPPEMENT

Les groupes d'intérêt imposés à l'époque coloniale orientent encore aujourd'hui plus qu'hier la vie économique selon leurs intérêts au détriment de ceux des masses rurales grâce auxquelles ils ont émergé. Une réorganisation de nos économies actuelles à partir des communautés rurales de base notamment les lignages villageois et les villages redynamisés et soutenus par des structures d'encadrement technique et scientifique appropriées est indispensable.

Cette politique de développement rural est d'autant plus nécessaire que les collectivités villageoises constituent encore le ferment de notre civilisation originelle ; le socle sur lequel nos Etats doivent prendre appui pour un développement qui tienne compte de nos spécificités et qui mette en avant le principe traditionnel de solidarité. Naturellement, il va sans dire que l'agriculture doit être davantage valorisée. Mais comme il ne s'agit nullement d'un repli sur soi, la production doit être aussi industrielle et de qualité grâce à l'ouverture sur l'extérieur. Les communautés rurales doivent être de véritables pôles de développement.

Elles doivent être les premières bénéficiaires de la croissance dont elles sont par ailleurs les principales initiatrices ; parce que c'est à partir de ces communautés de base que l'on peut réellement apprécier et corriger les contradictions du système auquel nos économies ont été astreintes. En fait, les communes urbaines qui elles mêmes sont des créations coloniales ne peuvent être des vecteurs fiables de développement. Malheureusement, le constat est que partout les villes ont pris un ascendant sur les campagnes. Le village doit retrouver sa place. Le développement doit partir du village, des communautés rurales. Dans le système traditionnel, le bénéfice des activités économiques et commerciales était en priorité pour la communauté. Les biens acquis grâce aux échanges servaient à la vie de la communauté. La production dans la communauté était donc destinée à la communauté. Or la ville, telle qu'imposée par la colonisation n'admet pas toujours ce schéma de redistribution. Au contraire, elle valorise l'initiative personnelle et l'individualisme. La minorité privilégiée a souvent des intérêts qui s'opposent radicalement à ceux des masses.

Il est aujourd'hui plus que nécessaire d'inverser la tendance. Il faut rééquilibrer le développement de nos économies en permettant aux communautés rurales de base de jouer pleinement leur partition dans le développement de nos sociétés. Mais pour ce faire, il faut également réhabiliter certaines valeurs politiques anciennes notamment celles ayant trait au principe de la représentation.

2. LA REHABILISATION DES VALEURS POLITIQUES.

La nature du pouvoir dans les sociétés lignagères de l'ouest Ivoirien, comme nous l'avions relevé, est d'abord celui des aînés. Les anciens ou les seniors assurent l'autorité en premier dans le cadre de la famille. L'individu appartient toujours à une famille et c'est en son sein qu'il assume sa vie sociale. A ce niveau l'individu quelque soit son rang est un acteur de la vie familiale. C'est-à-dire qu'il est partie prenante dans les décisions qui engagent la vie et la survie de la famille. La famille est ainsi le premier cadre de concertation et la structure de base dynamique de la vie sociale.

> « Le chef de famille est l'aîné du groupe. C'est à lui que revient la responsabilité

> de coordonner toutes les actions et les activités de la famille.
> Toutes les questions sont débattues sous sa responsabilité avec la participation de tous les membres de la famille[1] ».

A l'échelle du village, un conseil des anciens réunit tous les chefs de famille. Le conseil des anciens est en fait l'organe de gestion qui guide et oriente la vie politique, économique et sociale de l'ensemble de la communauté villageoise. Le chef de ce conseil est le chef du lignage fondateur du village. Ce dernier assure le rôle de chef de village. Il coordonne à ce titre les activités du conseil. Mais les décisions prises au sein de cette structure et qui engagent la vie de toute la communauté émane de l'ensemble des chefs de familles composant le village.

Le conseil de village est un cadre de concertation plus large dans lequel s'expriment les représentants des différents groupements constitutifs de la société. Les principes de la représentation et de la concertation favorisés par les consultations préalables à toute prise de décision sont des valeurs politiques essentielles du système traditionnel.

Cela est valable dans l'ensemble des sociétés traditionnelles africaines qu'elles soient non-étatiques ou étatiques. Ces principes sont d'autant plus importants qu'ils permettent d'éviter l'arbitraire. Aujourd'hui nos sociétés peuvent en tirer de réels profits. Les nombreuses initiatives politiques, économiques et sociales en faveur du développement prises à l'intérieure ou à l'extérieur gagneraient à s'imprégner davantage de ces réalités africaines pour avoir l'adhésion populaire qui le plus souvent fait défaut.

Un projet de développement viable doit sa caution définitive à la masse. Dans cette perspective les communautés rurales doivent constituer des relais indispensables.

---

[1] Diomandé NAMAN, Chef du canton Thé, né en 1933. Propos recueillis à Thé, S/P Biankouma en août 2002

CONCLUSION GENERALE

Que retenir au terme de cette étude ? L'étude du commerce colonial en vue d'aider à une meilleure compréhension des changements socio-culturels imposés aux populations ivoiriennes et plus particulièrement à celles de l'Ouest de la Côte d'Ivoire eu égard aux enseignements que nous pouvions en tirer a été une expérience fort intéressante. En effet, parmi les nombreuses actions initiées dans le cadre de la colonisation et qui ont servi de paravent à la transformation de la société traditionnelle, le commerce colonial peut s'enorgueillir de sa place.

En réalité, contrairement aux attentes, le commerce européen ne visait nullement une quelconque amélioration des conditions de la vie de "l'indigène". Les efforts déployés par l'administration dans les domaines politique, économique et social visaient uniquement l'enrichissement de la Métropole en favorisant subséquemment son développement industriel. Le sort des autochtones préoccupait très peu l'administration. Ses conditions de vie encore moins.

Les rares fois où l'autorité coloniale a semblé s'en préoccuper notamment en affichant sa volonté d'accroître les revenus financiers du paysan, c'était uniquement dans le but de l'amener à être un consommateur de produits européens. En fait, le commerce européen naissant avait besoin d'agents économiques – d'acheteurs et de consommateurs notamment dans le cadre du commerce d'importation –pour assurer sa croissance.

Et les populations locales de loin les plus nombreuses dans la structure démographique de la localité devaient activement y contribuer. Il n'y avait pas d'autres alternatives, l'administration était obligée de s'appuyer sur les autochtones pour le développement du commerce européen.

Mais ceux-ci ne pouvaient être des agents économiques viables que s'ils disposaient d'un pouvoir d'achat minimum. L'autorité coloniale s'y employa. Toutefois, il ne s'agissait aucunement, au risque d'en faire un concurrent, de faire prospérer "l'indigène" au point de vue matériel. Encore moins d'améliorer ses conditions d'existence.

L'avènement et le développement du commerce européen ne visaient, en définitive, qu'à faire du paysan un auxiliaire dévoué et zélé. Les ruptures subséquentes contrastaient très souvent radicalement avec les habitudes anciennes. Les conditions de vie devenues plus austères inclinaient à penser, à juste titre, que l'autochtone avait du mal à s'adapter aux nouveaux rapports d'échanges.

Avant de nous étendre, un peu plus, sur les conséquences de l'imposition du commerce européen, intéressons-nous, un temps soit peu, à la stratégie qui a permis à l'autorité coloniale d'atteindre ce résultat. En effet, par une démarche méthodique et empreinte de réalisme, l'administration coloniale a réussi à retourner à son avantage une économie de type précoloniale dont les fondamentaux étaient loin des valeurs capitalistes émergentes.

A l'origine de l'imposition du commerce européen dans la région de Man se trouvaient, à partir de 1898, les missions Woelfel-Mangin et Hostains d'Ollone. En une quinzaine d'année, plus précisément de 1898 à 1913, l'œuvre de pénétration opérée par ces missions se solda par d'importants acquis qui facilitèrent la création des premiers postes militaires. Ces postes installés à dessein sur les sites des marchés précoloniaux les plus prestigieux devaient, à court terme, détourner les flux des anciens courants d'échanges marchands. La stratégie de conquête consistait à ce moment à prendre en compte l'existant dans la mise en œuvre du commerce colonial. On se demandait alors comment capitaliser les acquis de la vie économique précoloniale ? La question à elle seule exigea un programme d'actions méthodiques et vigoureuses que l'administration exécuta de façon concomitante. Nous en avons retenu trois principalement. La première fut la phase d'installation effective des postes militaires.

Ces postes, appelés à devenir les futurs centres urbains et par conséquent à être les poumons de la vie économique et commerciale ont d'abord servi de centres de collecte, d'enregistrement et de diffusion d'informations. Les monographies qui y ont été produites

diffusaient en priorité les informations d'ordre économique. Les renseignements d'ordre sociologique ou ethnologique avaient également pour but de faciliter
l'exploitation économique. Parce que, l'administrateur au fait des réalités de la région pouvait orienter beaucoup plus habilement les efforts d'exploitation et de mise en valeur.

Les postes militaires ont donc, dans un premier temps, produit les documents stratégiques indispensables à l'exploitation économique et commerciale avant de devenir par la suite de véritables pôles commerciaux. Mais ce dernier rôle ne pouvait être pleinement tenu sans un programme actif de vulgarisation agricole. La revalorisation de l'agriculture constitua ainsi la seconde phase.

Rendu nécessaire par la crise économique provoquée par la première guerre mondiale, crise matérialisée par la rareté du numéraire, ce programme avait un double objectif.

Au plan strictement agricole, il entendait d'une part réduire la dépendance vis-à-vis des productions naturelles en vulgarisant au maximum la plantation et d'autre part promouvoir de nouvelles cultures notamment le caféier et le cacaoyer.

Au niveau structurel, on entendait donner des fondements solides au commerce colonial. Car, pensait-on, le commerce ne pouvait prospérer sans une agriculture forte capable de renforcer le pouvoir d'achat du paysan. En définitive, l'économie de plantation devait permettre non seulement de juguler la crise économique mais aussi et surtout faire du paysan un acteur économique à même de participer à la vie du commerce européen. Plusieurs canaux furent mis en place pour réaliser cet ambitieux programme agricole. Il s'agissait dans l'ensemble d'institutions spécialisées à vocation agricole. Le service de l'agriculture, la première structure à voir le jour devait à la fois s'occuper de l'encadrement des paysans et du renforcement de leurs capacités et aider à vulgariser les cultures et les méthodes nouvelles.

La station agricole, structure d'appui technique, était chargée d'élucider toutes les questions se rattachant à ces cultures notamment leur adaptation au milieu, la mise en œuvre de techniques culturales appropriées, la détection et l'éradication d'éventuels cas de maladies.

Enfin, la société de prévoyance était l'instrument de la nouvelle solidarité coopérative indispensable à un développement équilibré de l'agriculture dans la région. Elle devait par la constitution de réserves de graines, par les dotations en matériels agricoles et par l'entraide mutuelle, amener "l'indigène" partout où il se trouvait à être un véritable agent économique capable de participer à la vie et au développement du commerce colonial.

Cette politique agricole a très vite été concluante. En 1934, l'équilibre était presque parfait entre les exportations des produits de cultures et celles des richesses naturelles. Alors qu'en 1925, soit environ une décennie avant, sur l'ensemble du territoire, les produits de culture ne représentaient que 5,5% des exportations. La mise en valeur agricole de la région et partant, de l'ensemble de la colonie était indéniable. Ce succès amena, en 1933, l'administration à entreprendre une réorganisation des régions économiques. On procéda à une nouvelle répartition des régions économiques non plus sur une base géographique mais selon les principales cultures d'exportation. La circonscription agricole du caféier et du cacaoyer, circonscription à laquelle appartenait la région de Man, figurait en bonne place parmi les cinq nouvelles régions économiques créées. L'activité commerciale s'en trouva dès lors énormément influencée. Les exportations autant que les importations se comptaient par milliers de tonnes. L'un des fondements et non des moindres de cette réussite a été la politique des travaux publics initiée concomitamment. Cette ultime phase du programme mis en œuvre par l'autorité coloniale a visé essentiellement le renouvellement des infrastructures économiques. Concrètement il s'agissait d'aménager les routes existantes et d'en créer de nouvelles, de construire de nouveaux marchés et de promouvoir de nouveaux moyens de transport. Cette politique d'équipement qui a débuté effectivement en 1912 s'est poursuivie sans relâche sur près de trois décennies. En 1923, la majeure partie des chantiers étaient achevés et l'automobile avait fait son apparition sur les routes depuis environ trois ans. Pour couronner ces efforts, l'administration mit en place un cadre normatif sans précédent. Ainsi l'institution des droits de place, les taxes sur les transactions, la prohibition des monnaies africaines étaient-elles quelques unes des exigences de la nouvelle réglementation.

Toutes ces actions initiées et sous-tendues par une volonté politique sans faille ont, comme nous l'avions relevé, porté leurs fruits. La prépondérance du commerce européen à la veille des années 40 ne souffrait plus d'aucune contestation. Le café, le cacao et les autres cultures imposées ont fini par corrompre gravement le système économique et commercial ancien. La production était désormais prioritairement destinée à la commercialisation. Les anciens réseaux d'alliance sur lesquels se fondaient les échanges précoloniaux ont progressivement disparu au profit des maisons de commerce européen, des magasins et boutiques de syro-libanais ou de citoyens français d'origine africaine. Jusqu'en 1940, les rares circuits commerciaux traditionnels encore orientés vers les régions soudanaises notamment ceux de la cola, qui laissaient croire à une certaine juxtaposition de deux types de commerce n'étaient, en réalité, plus que de piètres survivances. Complètement dénaturés, ces circuits anciens avaient du mal à échapper aux innovations introduites par le colonisateur notamment à l'usage des signes monétaires européens. En fait, le triomphe du commerce européen à partir de cette période était indéniable. Il allait en s'amplifiant jusqu'aux indépendances.

D'une façon générale, le commerce colonial triomphant présentait au moins trois principales caractéristiques. Il s'agissait, en premier, d'un commerce porté presqu'exclusivement – du moins à es débuts – sur les productions à fortes valeurs marchandes.

En effet, les premières entreprises commerciales européennes qui ont étendu leurs champs d'action à la région ne s'intéressaient qu'à l'exploitation des produits dits riches. Notamment le caoutchouc et les noix de cola. On pensait également à l'exploitation du bois. Mais compte tenu de la faiblesse de l'infrastructure existante, l'exploitation bois a été quelque peu retardée.

La politique d'équipement qui a suivi et qui a favorisé une meilleure exploitation des richesses naturelles, n'a eu d'effet que de renforcer l'option prise par le commerce européen. La construction des voies de communication, des marchés, à la suite de la création d'un réseau de postes militaires appelés à devenir de grands centres urbains ; la mise en place des services techniques et l'adoption d'une nouvelle réglementation ont permis non seulement à l'autorité coloniale de développer la production et la commercialisation des richesses naturelles notamment par l'extension de la culture du colatier mais aussi de favoriser l'émergence de nouvelles cultures de rente.

Ces nouvelles cultures que sont le caféier et le cacaoyer vont insuffler un dynamisme nouveau à l'économie d'une façon générale mais plus particulièrement au trafic extérieur à partir des années 30. Elles constituent à partir de cette période et dans une large mesure, l'essentiel des exportations de la région. Les producteurs autochtones et Européens poussent si activement ces cultures nouvelles que la région est baptisée "circonscription du café et du cacao"

La seconde caractéristique est relative à la structure même du commerce colonial. Celle-ci présente tant au niveau des échanges extérieurs que dans le trafic intérieur une organisation par réseaux s'appuyant eux-mêmes sur des comptoirs, des factoreries et des sous-factories. Si l'on admet une classification selon la taille financière des acteurs du commerce, on retrouve dans un premier réseau, les compagnies et maisons de commerce européen. Elles sont les plus nanties financièrement.

Les compagnies et maisons de commerce européen sont les principaux acteurs du commerce colonial. Depuis 1910, on notait la présence dans la région de nombreuses compagnies de commerce et représentants de maisons de commerce originaires des plus importants centres commerciaux métropolitains notamment Bordeaux, Lyon, Marseille, etc. Installées au départ sur les côtes, elles ont essaimé progressivement vers l'intérieur de la colonie surtout dans les contrées soudanaises fortement acquises à la paix française.

L'Africaine Française ; les maisons Dévès Chaumet et Compagnies ; La société commerciale du soudan français dont les principales factoreries étaient basées à Touba et Odienné s'occupaient, ainsi que nous l'avions souligné, de la commercialisation du caoutchouc sauvage et des noix de cola. D'autres maisons, généralement propriétés familiales, vont leur emboîter le pas. Les plus importantes étaient les maisons Cochez, Gobinet et frères ; les familles Luhan et Teissières ; la maison De Teissières et Garde.

Toutes ces compagnies et maisons de commerce étendaient de façon progressive leurs opérations à la région forestière de Man jugée très riche. Jusqu'en 1920, la région était inondée et on enregistra même de nouvelles compagnies : la maison Bouhet et la Compagnie Commerciale et industrielle de la Côte d'Afrique (CICA). Au nombre des particuliers, on notait en l'occurrence Gaston Lavigne, Moncoourt, Tery-Tranin, Niklaus, Wirth, etc. Leurs activités tendaient à se diversifier. La CICA par exemple avait ouvert une ligne de transport Man-Bouaké. Mais dans le domaine commercial, leurs principales activités restèrent l'exportation des richesses naturelles et la commercialisation du café et du cacao à partir des années 30.

Au niveau des importations, les compagnies et maisons de commerce européen étaient les principales pourvoyeuses de produits européens dans la région. Il s'agissait essentiellement de matériaux de construction, de métaux. On avait également comme produits alimentaires le sel marin, la farine, le vin etc. le textile était également très prisé parmi les produits d'importation européenne. D'autres produits utilitaires notamment les produits cosmétiques, les bougies, le pétrole, etc figuraient au nombre des marchandises d'importation.

D'une façon générale, les compagnies et maisons de commerce européen s'intéressaient presqu'exclusivement à l'achat des produits d'exportation et laissaient volontiers la vente de détails aux syro-libanais ou aux commerçants français d'origine africaine.

Ces derniers constituaient ainsi une autre catégorie d'acteurs commerciaux tout aussi indispensables à la vie du commerce colonial.

Les Syro-libanais constituaient un réseau d'intermédiaires. Installés pour la plupart dans les grands centres de redistribution, ils ont progressivement investi les autres centres. Grech, Abou Zaïd, Cobti, Soukaïr qu'on retrouvait à Man vers 1930, sont dans leur grande majorité, venus de Daloa. Moins nantis que les compagnies européennes et financièrement plus robustes que les commerçants français d'origine africaine, les Syro-libanais tout comme les particuliers Sénégalais s'occupaient de la sous-traitance. Ils tenaient de nombreux magasin dans la région et s'occupaient, comme nous l'avons indiqué, de la vente de détail. En retour, avec l'aide des fournisseurs locaux, ils livraient les produits d'exportation aux comptoirs des grandes compagnies européennes.

Les opérations des particuliers français d'origine africaine ne se distinguaient pas réellement de celles des Syro-libanais. Ces derniers, pour la plupart, anciens agents des maisons de commerce européen s'adonnaient aux activités d'exportation en direction des pays soudanais. Ils allaient eux-mêmes sur le terrain et collectaient les produits surtout les noix de cola qu'ils se chargeaient d'évacuer eux-mêmes à travers leur propre réseau.

Cependant, qu'il s'agisse des compagnies et maisons de commerce européen, des syro-libanais ou des commerçants français d'origine africaine, l'on retiendra qu'ils ont été les principaux acteurs du développement du commerce colonial. Par leurs méthodes et grâce à leur puissance financière, ils ont réussi à phagocyter les petits acteurs locaux dépaysés par la transformation des structures du commerce ancien. Dans ce triomphe du commerce colonial, l'administration y a une part prépondérante.

La complicité entre l'administration et les entreprises commerciales a été, pour ainsi dire, la marque de l'une des caractéristiques les plus importantes du commerce colonial.

En effet, l'alliance entre les entreprises commerciales et l'administration a été fort profitable aux opérateurs économiques.

Très tôt, ces entreprises se sont vues non seulement confier les grands projets d'équipement mais également le rôle de conseil auprès de l'autorité notamment en matière économique et fiscale. L'une des manifestations concrète de cette collaboration a été l'institution des entrepôts fictifs.

Ces entrepôts ont permis à de nombreuses entreprises commerciales ne disposant pas encore de leurs propres installations de stockage de produits de bénéficier de ceux de la douane. Par cette institution, les services de la douane admettaient dans leurs entrepôts toutes les marchandises importées à l'exception de celles atteintes d'avaries pour une durée de jouissance maximum d'un an. On notait des dispositions similaires au wharf de Bassam où les marchandises à exporter bénéficiaient d'une exonération de droits de magasinage pendant les quinze premiers jours de leur entrepôt.

Ces quelques exemples étaient autant d'avantages accordés aux entreprises et qui ont favorisé le développement du commerce colonial au détriment des échanges traditionnels. Les conséquences de ce fait ont malheureusement été nombreuses. Nous en retiendrons ici celles qui nous ont semblé les plus importantes eu égard à l'impact qu'elles ont eu sur la vie des populations autochtones.

Le triomphe du commerce européen a, en effet, été à l'origine de nombreuses mutations sociales, politiques et économiques directes ou indirectes. D'autant que dans le système économique traditionnel le comportement de l'agent économique était essentiellement mu par le désir de satisfaire des besoins d'ordre social et politique.

Ainsi, au niveau socio-politique, l'on assista à un véritable bouleversement des normes anciennes.

En effet, les échanges traditionnels autorisaient des systèmes de redistribution dans lesquels les chefs de famille, c'est-à-dire, les seniors pouvaient prélever des richesses sur le groupe. Car l'on leur reconnaissait la qualité de dépositaires des biens rares – produits d'origine soudanaise – acquis dans les échanges commerciaux. Ces biens redistribués sous formes de service d'ordre économique ou d'assistance en une quelconque situation étaient, par conséquent, le fondement de leur autorité sur le groupe.

Par ailleurs, la bonne marche du système de production traditionnel découlait dans une large mesure du pouvoir de contrôle que détenaient les aînés. Ces prérogatives fortement liées au système ancien de vie communautaire pouvaient perdurer tant que tous les fondements du système capitaliste étaient encore chantier. Mais lorsque l'économie de plantation, la monnaie européenne, les compagnies et maison de commerce s'imposent et favorisent l'émergence d'un nouveau système où propriété privée et individualisme font autorité, la société traditionnelle se trouve confrontée à une crise qui la laisse pour le moins exsangue. Contrairement aux habitudes anciennes, l'individu était désormais au centre du système social possédant ses biens propres et pouvant en user à sa convenance.

C'est cependant au niveau économique que les changements ont été plus radicaux. Les marchés qui assuraient la renommée et le prestige de certains chefs locaux ont tous soit été délocalisés soit restructurés et placés sous les ordres de l'autorité coloniale. Ce faisant, on évinçait ainsi les chefs traditionnels garants de ces institutions de référence dans le cadre de la vie communautaire. Car les marchés devenus de véritables institutions sociales participaient pour beaucoup non seulement à la reproduction de la société mais aussi à la pérennisation de certaines de ses valeurs.

L'uniformisation des espaces commerciaux qui s'en suivit et la naissance de la région économique sonnèrent définitivement le glas de l'ancien système dans lequel les échanges répondaient presqu'exclusivement au souci de satisfaire les besoins de la communauté et se distinguaient par leur caractère égalitaire. C'est-à-dire le respect de l'intérêt des différentes parties.

Désormais, les populations n'avaient plus de choix. Elles dépendaient des mêmes circuits commerciaux et étaient liées par les mêmes obligations. Ce qui primait, ce n'était pas leurs préférences. Elles devaient tout simplement exécuter les prescriptions. Les plus importantes tâches consistaient alors à l'approvisionnement et à l'animation ''marchés du commandant''. Mais bien avant, elles devaient s'atteler à la culture des productions indispensables aux exportations. Notamment les vieilles cultures naturelles ; colatiers ; palmier à huile ; mais surtout le caféier et le cacao.

En fait, la culture et l'exploitation des produits riches se faisaient au détriment des cultures vivrières, on ne pouvait donc s'étonner des famines qu'occasionnait cette situation. Jadis pouvait-on penser un seul instant à produire uniquement en vue de la commercialisation sans se préoccuper de la satisfaction des besoins domestiques ?

En plus le déclassement de certaines cultures notamment le riz contribua à aggraver les difficultés des populations qui se voyaient ainsi privées de denrées indispensables à leur alimentation. En tout cas, des ponctions importantes étaient faites sur leurs stocks pour satisfaire l'administration. On imaginait alors la peine du paysan dont la récolte s'inscrivait dans un cycle annuel.

Au-delà de la paupérisation des masses paysannes, les contraintes qui étaient les leurs dans le cadre de l'animation du commerce extérieur contribuèrent à les lier définitivement aux cultures nouvelles qu étaient le caféier et le cacaoyer. Les paysans se sont, pour ainsi dire, vue obligés d'être et de demeurer des producteurs de café et de cacao. Tout comme les colonies dans lesquelles ces productions ont été expérimentées et ont enregistré des résultats concluants. De façon plus triviale, la région et partant l'ensemble de la colonie a été confinée, à son corps défendant, au rôle exclusif de producteur de matière première indispensables au développement industrielle de la Métropole et de débouché de biens manufacturés qui, plus que tout, devaient davantage servir à l'aliénation des populations.

C'est cet héritage qui paradoxalement va constituer la base des politiques de développement autonome de nombreux Etats africains dès leur accession à l'indépendance.

Les résultats escomptés restent naturellement difficiles à atteindre tant le capitalisme hérité de l'impérialisme européen s'accommode encore mal aux réalités économiques africaines traditionnelles. Si les structures économiques anciennes fortement attachées aux activités agricoles primaires et à la propriété collective ne semblent pas adaptées aux conditions actuelles de développement de nos économies, leur connaissance reste cependant indispensable à une meilleure adaptation des politiques de développement actuelles. Certains principes et valeurs traditionnels doivent aujourd'hui nécessairement être pris en compte notamment la production au service de la communauté à travers une implication plus forte des communautés rurales et les principes de représentation et de concertation indispensables à une intégration des masses aux projets et programmes de développement.

De toute évidence, par-delà les analyses théoriques, qui du reste gagneraient à être renforcées en élargissant la base des réflexions à l'ensemble des systèmes sociaux et politiques ivoiriens, cette étude nous permet de comprendre les mécanismes tant politiques qu'économiques qui ont rendu possible la mise en œuvre d'un commerce colonial dans une région réputée inhospitalière. Nous pensons avoir esquissé une étude régionale qui peut-être nous amènera un jour, après avoir réussi une histoire économique globale étendue à l'ensemble des colonies de l'A.O.F, à déterminer ou du moins à apporter le concours de la science historique à l'élaboration de politiques de développement intégré pouvant sortir nos économies actuelles des pesanteurs qui les maintiennent dans le sous-développement. Toutefois, la démarche et la méthode du colonisateur telles que présentées dans ce travail peuvent déjà, à plus d'un titre, inspirer nos gouvernements actuels. Aucune action ne relève du hasard. Toutes les actions sont le fruit d'une planification préalable. La circulaire sur l'intensification de la production agricole et pastorale, bréviaire de l'action coloniale à partir de 1931 en est un exemple éloquent. L'entreprise coloniale d'exploitation a d'abord consisté à l'évaluation des potentialités économiques par région notamment dans les domaines de l'agriculture et de l'élevage ; deux domaines offrant les meilleurs atouts dans un contexte de crise aiguë. L'évaluation ayant permis de déterminer les points d'encrage nécessaires, l'on pouvait passer à l'étape suivante, celle de l'exécution ou de la mise en application effective. Naturellement dans cette phase, il fallait relever les difficultés d'application et trouver les moyens adéquats pour les surmonter. Cette dernière action induisait une troisième phase qui était le renforcement des capacités à l'effet de maximiser les rendements.

Cette démarche pensée et toujours empreinte de réalisme et de pragmatisme a permis d'imposer durablement les points de vue de l'Européen. A preuve, l'économie de type capitaliste reste toujours en vigueur. Et, l'agriculture telle que façonnée par l'administration coloniale demeure encore la base du développement de nombreux pays africains.

Toutefois, ces transformations aussi importantes qu'elles paraissent ne sont nullement indélébiles. S'étant imposées à un ordre ancien, elles peuvent à leur tour être modifiées. Ce d'autant plus que la colonisation qui les a engendré n'est plus en vigueur. Evidemment, l'on pourrait invoquer le néocolonialisme. Cette thèse n'est certainement pas à négliger. Mais le néocolonialisme aussi pervers qu'il soit n'est pas insurmontable. Cela pour peu que les dirigeants africains en prennent conscience. A cet effet, les organisations sous-régionales et continentales actuellement en pleine mutation peuvent au travers de l'intégration y contribuer efficacement. En plus, les monopoles coloniaux acquis ne sauraient longtemps résister à la mondialisation. En conséquence, l'Afrique doit, aujourd'hui plus que jamais, en toute responsabilité, penser elle-même son développement en tirant non seulement profit de ses valeurs traditionnelles mais aussi en s'appuyant sur les acquis positifs de la période coloniale.

La colonisation a révélé que tout processus d'exploitation et de mise en valeur obéit toujours à une planification rigoureuse et réaliste. Rigoureuse parce qu'elle doit mettre en œuvre les principes élémentaires du cycle de maturation d'un projet. A savoir la détermination des objectifs, l'identification des difficultés et des moyens appropriés pour les surmonter. Réaliste parce que la connaissance du terrain est un préalable impératif. Concrètement, l'on pourrait dire que les missions d'exploration ont préparé le succès de la colonisation. Aujourd'hui en pensant au développement de l'Afrique, nous, en tant qu'Africains, sommes-nous suffisamment au fait de nos réalités ? Avons-nous suffisamment exploré nos réalités nouvelles pour en déterminer les subtilités et mieux les comprendre et les capitaliser ? Dans ce sens, il nous apparaît important, au terme de notre propos d'ébaucher quelques perspectives susceptibles d'aider à la réadaptation et à la redynamisation de la vie économique de la région. Par souci d'efficacité, nous nous en tiendrons spécifiquement au commerce. En fait, si l'action coloniale a visé à imposer le commerce européen, elle n'en a pas moins contribué à renforcer la vocation agricole de la région de Man. En effet, l'agriculture base fondamentale de la vie économique des peuples forestiers a connu un développement certain grâce aux actions conjuguées du service de l'agriculture, de la station agricole et de la société de prévoyance. Aujourd'hui encore, plus de trois quart de siècle après, les efforts entrepris par ces institutions agricoles coloniales continuent de porter leurs fruits. La région compte actuellement parmi les plus grandes régions agricoles du pays. La redynamisation du commerce qui emploie la quasi-totalité des productions agricoles pourrait bien emprunter les voies de la réhabilitation des circuits commerciaux précoloniaux. Si les marchés les plus importants pour certains produits tels le café et le cacao se trouvent encore malheureusement outre atlantique, il n'en est pas de même pour de nombreuses productions notamment dans le secteur émergent du vivrier.

En effet, ces productions peuvent, du fait de leur caractère périssable, davantage intéresser le commerce régional. En réalité, nous pensons que ce type de commerce doit être aujourd'hui davantage valorisé. Et le souvenir des relations commerciales de la région avec le soudan doit pouvoir servir de ciment à la coopération inter-régionale. A une échelle plus grande, ces relations pourraient consolider l'indispensable coopération Sud-Sud vue actuellement par de nombreux spécialistes comme l'une des voies les plus sûres du développement de l'Afrique et partant, de celui de l'ensemble des pays du tiers-monde. Cependant pour être viable, la coopération commerciale inter-régionale devra bénéficier d'une volonté politique nationale. Dans ce cadre, les institutions décentralisées devraient jouir d'une plus grande autonomie. Concernant spécifiquement la région de Man, les villes frontalières du Libéria, de la Guinée, et plus au Nord, celles du Mali et du Burkina-Faso devraient constituer de véritables partenaires non seulement au niveau commercial mais également dans les autres secteurs d'activité économique. Le développement tant recherché ne pourrait-il pas d'abord et avant tout passer par le voisin ?

SOURCES
ET
BIBLIOGRAPHIE

I – **SOURCES ORALES**

Nous avons privilégié la démarche intensive. Les questions ont porté autant sur l'histoire politique et sociale que sur la vie économique et commerciale précoloniale. Nous avons également porté une attention particulière à la période coloniale.

1. ENQUETES ORALES

a- Sémien

- KLANGO SOUMAHORO, né en 1933 à Sémien
  - Issu d'une famille de commerçants
  - Durée de l'entretien : 1 heure à Sémien (à domicile) le 24 août 1998.
- SEA TAPE Victor, né en 1919 à Sémien. Petit-fils du fondateur du marché de Sémien
  - Notable à Sémien, connu pour ses actions de conciliateur
  - Durée de l'entretien : 13 heures à 14 heures 20 minutes
  - Date et lieu : le 24 août 1998 à Sémien (domicile)
- SEHI SOUMAHORO, planteur né en 1922
  - Entretien réalisé le 24 août 1998 à Sémien à domicile de 15 heures 45 minutes à 16 heures 40 minutes.

b- Kouibly

- GOULA GBEHI JOSEPH, 70 ans, petit-fils de Bahi, fondatrice du marché de
  Miembly (Kouibly). Issu d'une famille de commerçants.
  - Entretien réalisé à Kouibly, à domicile, le samedi 5 septembre 1998 de 16 heures 20 minutes à 16 heures 55 minutes.
- KARABOUE YAYA, né vers 1920 à Kouibly, originaire de Séguéla. Il est issu d'une famille de commerçants. Il est commerçant lui-même.

- Entretien réalisé à Kouibly (à domicile) de 12 heures 25 minutes à 13 heures 10 minutes le 5 septembre 1998.

c- Man

- BATOUA MADELEINE, originaire de Logoualé entretien réalisé à domicile à Duékoué, le 17 août 2002. ménagère de plus de 50 ans.
- YODE SAHI, 100 ans, patriarche résidant à Gbêpleu, (Man)
  - Entretien réalisé au domicile du patriarche à Gbêpleu, le lundi 7 septembre 1998 de 18 heures 40 minutes à 19 heures 40 minutes.

d- Danané

- MAMERY SOUMAHORO, planteur, né en 1921 à Man. Petit-fils de commerçant, il
  réside à Man au quartier DOUGOUBA II.
  - Entretien réalisé à domicile le mardi 9 juillet 2002 de 17 heures 10 minutes à 18 heures 30 minutes.
- OMEPIEU BANGBEU, né en 1935 à Danané. Notable à Petit-Danané
  - Entretien réalisé au domicile du chef de village de Petit-Danané le mardi 8 septembre 1998 de 18 heures 20 minutes à 19 heures 30 minutes.
- TOKPA GONDO, né en 1926 à Danané. Chef de village de Petit-Danané.
  - Entretien réalisé à domicile à Petit-Danané le mardi le 8 septembre 1998 de 18 heures 20 minutes à 19 heures 30 minutes.

e - Biankouma

- Entretien collectif réalisé le samedi 3 août 2002 à Biankouma (Biankouma-village) au domicile du chef de village de 8 heures à 9 heures 30 minutes.
  - DIOMANDE KESSE, chef de village de Biankouma, né le 01-01-1932 à Biankouma.

- LOUA JACQUES, né vers 1927, notable à Biankouma
- MANIGA BLE JEAN, né en 1926 à Biankouma, notable

- Entretien collectif réalisé à Thé, sous-préfecture de Biankouma au domicile du chef de canton le dimanche 4 août 2002 de treize heures cinq minutes à 14 heures 15 minutes.
  - DIOMANDE MANAN, chef de canton Thé, né le 01-01-1933.
  - SELE BLE, notable à Thé, plus de 70 ans.

f- Touba

- Entretien collectif réalisé à Touba, au domicile du patriarche MEDOUA BAMBA, le lundi 5 août 2002 de 10 heures 40 minutes à 11 heures cinquante minutes.
  - FADIGA FAMOUSSA, chef de village de Touba, né vers 1930 à Touba.

  - El Hadj MEDOUA BAMBA, né vers 1915 à TEKO, notable à Touba, reconnu comme un érudit.

- Entretien collectif réalisé à SIFIE au domicile du chef de village, le mercredi 07 août 2002 de 7 heures 45 minutes à 9 heures.

g- Séguela

- MEITE MEFIKA, chef de village de SIFIE, né le 12-01-1921 à Sifié
- MEITE MAMADOU, 97 ans, notable à Sifié, ancien commerçant.
- MEITE VASSOULEYMANE, notable, chef de terre de Sifié, né vers 1921.

- Entretien collectif réalisé à Tiény-Séably sous-préfecture de Facobly au domicile de Fahé POHO Lambert, notable, le vendredi 9 août 2002 de 8 heures 55 minutes à 10 heures.

h- Facobly

- BLESSON BERTIN, originaire de de Klangbolably, sous-préfecture de Facobly. Entretien réalisé à Man, le 20 août 2002. planteur âgé de plus de 60 ans.
- BOUAKPE ALBERT, né vers 1925 à Séably, notable.
- BOHOU MARIE, né vers 1945 à Séably, petite fille du chef de canton.
- FAHE POHO CHRISTOPHE, né en 1927 à Séably instituteur à la retraite, notable.
- OULAÏ BLO SIELOU DENIS, né vers 1923, notable planteur à Séably.

  La liste des interviewées n'est pas exhaustive. Il s'agit ici de nos interlocuteurs principaux. Nous n'avions pu retenir toutes les personnes qui, présentes lors des entretiens, ont explicité quelquefois les propos de nos informateurs.

II – SOURCES D'ARCHIVES

1. ARCHIVES NATIONALES DE COTE D'IVOIRE (A.N.C.I)

1.1 Série KK, Travaux publics et transports

- 1 KK 1 Côte d'Ivoire, Programme des grands travaux, Rapport du député
  Barthélemy sur les projets de mise en valeur des colonies françaises 1922.
- 2 KK 1 Côte d'Ivoire, Répartition par cercles des crédits destinés à l'assainissement des centres urbains, 1908-1909.
- 2 KK 2 Côte d'Ivoire, loi relative aux plans d'extension et d'aménagement des villes, 1919.
- 3 KK2 Côte d'Ivoire, Rapports sur l'état des voies de communication, 1909-1920.
- 3 KK5 Côte d'Ivoire, Correspondance a/s des routes caravanières dans la région militaire de l'Ouest, 1912.
- 3 KK12 Côte d'Ivoire, Circulaire à M.M les administrateurs et commandants a/s de la construction des routes, 1914.

- 3 KK 14 Côte d'Ivoire, Projet de circulaire pour le réseau routier de la Côte d'Ivoire.
- 3 KK 16 Côte d'Ivoire, Correspondance a/s de l'aménagement du réseau routier de la Côte d'Ivoire, 1914-1915
- 3 KK 29 Côte d'Ivoire, Notes a/s des crédits à accorder pour les routes, 1915.
- 7 KK 1 Côte d'Ivoire, Arrêtés, correspondances relatifs au service automobile dela Côte d'Ivoire, 1918-1920
- 7 KK 5 Côte d'Ivoire, Correspondance relative au service automobile de la Côted'Ivoire.

1.2 Série QQ, Rapports économiques

- 1 QQ 12 Colonie de la Côte d'Ivoire, Cabinet du Gouverneur, Correspondance relative aux moyens à mettre en œuvre pour développer les productions coloniales en vue d'en approvisionner la Métropole.
- 1 QQ 20 Colonie de la Côte d'Ivoire, Cabinet du Gouverneur, Correspondance échangée entre le Gouverneur, l'administrateur du cercle du N'zi Comoé et Président de la Chambre de Commerce au sujet des procédés malhonnêtes employés par les maisons de commerce de Dimbokro pour l'achat des produits, 1921-1923
- 1 QQ 23 Colonie de la Côte d'Ivoire, Affaires économiques : 1er Bureau ; Correspondance relative à l'exploitation et à la vente du caoutchouc.Arrêté déterminant les conditions dans lesquelles seront admis à circuler les caoutchoucs pendant la période d'interdiction de la saignée des essences du latex, 1923-1927.
- 1 QQ 24 Colonie de la Côte d'Ivoire, Affaires économiques : 3e Bureau.Correspondance échangée entre le Gouverneur, le Président de la Chambre de Commerce et les sociétés européennes au sujet des possibilités d'entrer en rapport d'affaires avec les maisons de commerce installées en Côte d'Ivoire, 1924-1925.

- 1 QQ 25, Colonie de la Côte d'Ivoire, Affaires économiques, 1er BureauCorrespondance échangée entre le Gouverneur général de l'A.O.F et le Gouverneur de la Côte d'Ivoire relative aux demandes d'emploi et divers renseignements commerciaux sollicités de l'extérieur par des personnes et des sociétés commerciales, 1924-1927.
- 1 QQ 30 Colonie de la Côte d'Ivoire, Cabinet du Gouverneur, Correspondance échangée entre le Président de Chambre de Commerce, les établissements commerciaux et le Gouverneur au sujet de diverses affaires commerciales, Procès verbaux de séance de la Chambre de Commerce de Côte d'Ivoire, 1911-1912 ; 1922-1922
- 1 QQ 40 Colonie de la Côte d'Ivoire, Cabinet du Gouverneur, Bulletins mensuels de la Chambre de Commerce de Côte d'Ivoire.
  Procès verbaux de la Chambre de Commerce, 1926-1928.
- 1 QQ 42 Colonie de la Côte d'Ivoire, Cabinet du Gouverneur, Interdiction de la circulation des monnaies indigènes (Manilles, Sombés…)Introduction des billets de banque et propagande en faveur de leur circulation, 1910-1919.
- 1 QQ 55 Colonie de la Côte d'Ivoire, Cabinet du Gouverneur, Correspondances relative au mouvement commercial en Côte d'Ivoire, 1911-1916.
- 1 QQ 50 Colonie de la Côte d'Ivoire, commerce général : mouvement desimportations et des exportations, 1899-1913.
- 1 QQ 57 Colonie de la Côte d'Ivoire, Cabinet du Gouverneur, Mouvement commercial de la Côte d'Ivoire, 1918
- 1 QQ 58 Colonie de la Côte d'Ivoire, Services des douanes, Mouvement commercial de la Côte d'Ivoire : rapport et tableaux généraux des exportations et des importations, 1921.
- 1 QQ 75 Colonie de la Côte d'Ivoire, réglementation des

marchés, 1913-1921.

- 1 QQ 90 Colonie de la Côte d'Ivoire, Cercle de Man, Rapports sur la situation économique et commerciale du cercle et de la subdivision de Duékoué, 1921-1923.
- 1 QQ 90 Colonie de la Côte d'Ivoire, Cercle de Touba, Rapports sur la situation économique et commerciale générale du cercle et des postes de Kouibly, Touba et de Man, 1915-1916 ; 1919-1921.
- 1 QQ 92 Colonie de la Côte d'Ivoire, Cercle du Haut-Cavally, Rapport sur la situation économique et commerciale d'ensemble des secteurs : Ouobé-Guéré, Dan-Guéré, Moyen-Cavally et Haut-Cavally. Postes : Guiglo, Duékoué et Buyo, 1915-1919
- 1 QQ 93 Colonie de la Côte d'Ivoire, Cercle du Haut-Cavally, Rapports sur la situation économique et commerciale d'ensemble des : secteurs Ouobé-Guéré, Dan-Guéré, Moyen-Cavally et Haut-Cavally. Postes : Guiglo, Duékoué et Buyo, 1915-1919

1.3 <u>Série EE, Politique générale</u>

- 1 EE (8) Politique générale, Côte d'Ivoire cabinet du Gouverneur.XXI-37-9 dossier relatif à la création du cercle de Man et du Moyen-Cavally, 1921.
  XX35-32, pacification de l'ouest, Haut-Bandama, Haut-Sassandra, Haut-Cavally, pays Dida.
  Rapports militaires d'ensemble et instruction, 1910-1914.
- 1EE (4) Cabinet de la région militaire, instruction, décision et correspondance relative à la politique de désarmement et de la pacification du Sassandra et du Haut-Cavally, 1914.
- 1 EE (5) Région militaire, cercle du Haut-Cavally et du Haut-

Sassandra, compte rendu des opérations effectuées pendant les années 1914-1915

- 1 EE 53 Cercle du Haut-Cavally.
  (1) Rapport mensuel (juin - mai) 1914
  (2) Rapport définitif d'ensemble sur les troubles survenus dans le Haut-Cavally en juillet 1909.
- 1 EE53 (3-11) Conquête du Haut-Cavally, 1910-1915
  (3) Colonne du Yaro, 1910-1911
  (4) Colonne du Bandama, 1911
  (5) Opération dans la région de Danané, 1911
  (6) Opération dans la région de Man, 1911
  (7) Opération dans le Haut-Cavally, 1911-1913
  (8) Rapports de la conquête du Haut-Cavally, 1911-1913.
  (9) Rapport spécial militaire sur les opérations entreprises dans le cercle du Haut-Cavally en vue de la pénétration et de la pacification, 1911
  (10) Rapport sur les opérations entreprises entre Cavally et Sassandra, 1911-1912
  (11) Rapport politique, administratif et militaire sur les opérations entreprises pour la soumission des pays conquis et la pénétration du reste du cercle, 1912-1913.

1.4 Série RR, agriculture, service zootechnique et forêts

- 1 RR 5 XI-38-271, Colonie de la Côte d'Ivoire, service de l'agriculture, Rapports d'ensemble et Correspondances relatifs au plan de la campagne agricole pour l'année, 1912 ; 1911-1913.
- 1 RR 10XVIII-10-51/4, Colonie de la Côte d'Ivoire, Cabinet du Gouverneur, Correspondances, Rapports au sujet de la création des sociétés indigènes de prévoyance, de secours et de prêts mutuels agricoles, 1914-1916

- 1 RR 14-VI12-216, Colonie de la Côte d'Ivoire, Cabinet du Gouverneur, Correspondance relative à l'intensification de la production agricole pour ravitailler la Métropole 1916-1918.
- 1 RR 18-IV-25-64, Colonie de la Côte d'Ivoire, Cabinet du Gouverneur, Rapport d'ensemble sur la situation agricole économique et politique de la Côte d'Ivoire, 1918.
- 1 RR 21-IV-8-34, Colonie de la Côte d'Ivoire, service agricole, rapport d'ensemble sur la situation agricole en Côte d'Ivoire, 1918-1919.
- 1 RR 29-XI-35-381, Colonie de la Côte d'Ivoire, service de l'agriculture, rapport d'ensemble sur la situation agricole de la Côte d'Ivoire, 1923.
- 1 RR 30-XI-38-274, Colonie de la Côte d'Ivoire, service agricole, rapports et arrêtés relatifs aux structures agricoles.
  Journaux officiels de l'A.O.F relatifs à l'exportation des produits agricoles, 1922-1925.
- 1 RR 78, Colonie de la Côte d'Ivoire, Cabinet du Gouverneur, rapports, circulaires et correspondances relatifs à la culture, à la commercialisation et au contrôle du caoutchouc en Côte d'Ivoire, 1905-1913.
- 1 RR 90, Correspondances et rapports relatifs à l'exportation du caoutchouc en A.O.F, 1905-1915.
- 1 RR 100, Rapports, circulaires et correspondances portant sur les cultures des noix de cola, 1911-1918.
- 1 RR 161-A1 Télégramme et lettres adressés au Gouverneur par les administrateurs des cercles du Haut-Cavally, de Lahou, du Bas-Cavally au sujet de l'exploitation du bois par les autochtones, 1912.
- 1RR 12-XI-42-311. Colonie de la Côte d'Ivoire, service de l'agriculture, arrêtés, décisions, décrets et statuts du Gouverneur au sujet de l'agriculture en Côte d'ivoire, 1908/1912-1913/1918
- 1 RR 14 –VI-12-216. Colonie de la Côte d'Ivoire, Cabinet du Gouverneur, Correspondance relative à l'intensification de la production agricole pour ravitailler la Métropole, 1916-1918.

- 1RR 15 –XI – 47-478. Colonie de la Côte d'Ivoire, service agricole, rapport sur la situation agricole indigène, 1917-1918.
- 1RR 18 – IV – 25-65. Colonie de la Côte d'Ivoire, Cabinet du Gouverneur, rapport d'ensemble sur la situation agricole, économique et politique de la Côte d'Ivoire, 1918.
- 1RR 21 – IV – 8-34. Colonie de la Côte d'Ivoire, service agricole, rapport d'ensemble sur la situation agricole en Côte d'Ivoire, 1918-1919
- 1RR 22 – IV – 7-19. Colonie de la Côte d'Ivoire, rapport générale annuel sur la situation agricole en Côte d'Ivoire, 1918-1919
- 1 RR 29 – XI – 35-381. Colonie de la Côte d'Ivoire, service de l'agriculture, rapport d'ensemble sur la situation agricole de la Côte d'Ivoire, 1923.
- 1 RR 30 – XI – 38-274. Colonie de la Côte d'Ivoire, service de l'agriculture, rapports et arrêtés relatifs aux structures agricoles. J.O de l'A.O.F relatif à l'exportation des produits agricoles, 1922-1925.

1.5 A.N.C.I Journal Officiel de la Côte d'Ivoire (J.O.C.I)

- *J.O.C.I,* 2e année, août 1896, p.p 5-6

  Circulaire aux administrateurs au sujet des rapports politiques et Economiques
- *J.O.C.I,* mars 1897, p.p 2-3

  Arrêté instituant une commission chargée de fixer annuellement la valeur locale des marchandises importées et exportées.
- *J.O.C.I,* 31 mars 1907

  Etudes, notes, renseignements, p.92

  La région de Kong en 1906 (Extrait de rapports de Monsieur l'administrateur DELAFOSSE).
- *J.O.C.I,* 15 octobre 1910, p.470

  Situation économique et agricole du district de Touba pendant le 2e semestre, 1910.

- *J.O.C.I,* 15 septembre 1907, p.470
  Commerce de la colonie de Côte d'Ivoire en 1907, 1er semestre p.280.
- *J.O.C.I,* 31 mai 1910, questions économiques.
  Les massifs montagneux du Nord-Ouest de la Côte d'Ivoire (extrait de la géographie, XX, 15 octobre 1909, p.207, Auguste Chevalier), p.p 223-225
- *J.O.C.I,* 1916,
  20 février, n°137, arrêté relatif à l'interdiction du commerce européen divers secteurs du cercle militaire du Haut-Cavally, P.87 14 juin, n°425, arrêté ouvrant au commerce divers secteurs du Haut-Cavally, p.255.
- *J.O.C.I,* 1921
  31 décembre 1920, arrêté réorganisant les cercles du Haut-Cavally, Touba, Odienné et Kong, p.46
- *J.O.C.I,* 31 janvier 1914, p.42
  Décision portant nouvelle organisation du cercle militaire du Haut-Cavally.
- *J.O.C.I,* 17 avril 1914, p.227
  Arrêté portant suppression du poste militaire de Man.
- *J.O.C.I,* 28 février 1911 p.101
  Arrêté interdisant au commerce européen la région militaire de l'ouest.

- *J.O.C.I,* 30 septembre 1906
  " Un nouveau procédé de coagulation du latex de Funtumia elastica" par A. Chevalier (publié dans le journal d'agriculture tropicale)
- *J.O.C.I,* 1er mars 1890, p.p 5-6
  Extrait du rapport de Monsieur le chef de bataillon Donnat, Commandant le cercle de Touba.
- *J.O.C.I,* 15 février 1899, p.3
  Extrait d'un rapport de l'administrateur NEBOUT commandant le cercle du baoulé.
- *J.O.C.I,* 15 novembre 1906, p.p 366-369

Instruction de Monsieur l'administrateur DELAFOSSE commandant de la région de Kong aux commandants de cercle et de district de la région.

- *J.O.C.I,* 15 mars 1899, p.p 2-5.
  La culture des plantes à caoutchouc.
- *ANCI,* Circulaire sur l'intensification de la production agricole et pastorale en Côte d'Ivoire, J.O.C.I, 1931 (n°8), p.224
- *ANCI,* Arrêté portant organisation des chambres d'agriculture et d'industrie en A.O.F J.O.C.I, 1925 (n°14), p.323
- *ANCI,* Arrêté promulguant en A.O.F le décret du 9 mars 1925. institution des chambres d'agriculture et d'industrie, J.O.C.I, 1925 (n°10), p.223
- ANCI, *J.O.C.I,* 1896, Décret établissant l'entrepôt fictif à la Côte d'Ivoire. Décret portant réglementation sur la recherche et l'exploitation des mines dans les colonies et pays de protectorat de l'Afrique continentale, autres que l'Algérie et la Tunisie.
- ANCI, *J.O.C.I,* 1903, p.5, Circulaire du Gouverneur général p.i à Messieurs les
  Administrateurs et Commandant de cercle des territoires de la Sénégambie-Niger
- ANCI, *J.O.C.I,* 1911, p.98, Circulaire à Messieurs les Administrateurs, Commandants de cercle au sujets de la monographie des cercles.
- ANCI, *J.O.C.I,* 1911, p.18, Arrêté autorisant la maison Devès, Chaumet et Cie à
  ouvrir des entrepôts fictifs à la Côte d'Ivoire
  P.125, n°110 Arrêté autorisant la société anonyme « l'Africaine Française », à se livrer à l'exploration, à la recherche et à l'exploitation des mines.
  N°601. Arrêté autorisant la société commerciale de l'ouest africain à ouvrir des entrepôts fictifs à la Côte d'Ivoire
- ANCI, *J.O.C.I,* 1915, p.125, Société minière et foncière du bandama , Publication de société
- ANCI, *J.O.C.I,* 1925, p.2, n°999A Arrêté mettant à la disposition

du commerce local, au wharf de Bassam, un entrepôt destiné aux marchandises à exporter.

1.6 Monographies et documents imprimés

- ANCI, Monographie de Man 17S/D, *Monographie du Cercle de Man* par le Capitaine Laurent, 1911

- ANCI, *Monographie du Cercle de Séguéla,* 1904.
- ANCI, *Monographie des Diolas de Danané,* 1906
- ANCI, Monographie de Man 17S/D, *Monographie du cercle de Touba,* 1911
- BINGER, *Du Niger au Golfe de Guinée en passant par le pays de KONG et le MOSSI,* Paris, hachette, 1892, 414 p.

2. ARCHIVES NATIONALES DU SENEGAL (A.N.S)

2.1 Série G, Politique et administration générale (sous-série 5G et 17 G)

- 5G.59 Cercle de Touba, Politique indigène
  Rapports de reconnaissance du lieutenant Laurent, chef de poste Danané, mort du Sergent HITTOS, 1905-1907.
- 5G.60 Cavally (frontière franco-libérienne). Incidents de frontières et politique indigène (1909-1910).
- 5G.61 Cavally (frontière franco-libérienne) Politique indigène (1912-1918)
- 5G.62 Cercle de Mankono, Politique indigène (1902-1907), Rapport de mission de Sassandra à Séguéla.
- 5G.68 Politique générale, Correspondances et rapports 1 et 2. Situation politique. 3. Tournée du Gouverneur général en Côte d'Ivoire ; instructions, 1910.
- 17G40 Notes et circulaires

Lettres au sujet de la politique coloniale en A.O.F

- (23) 17G161 Numéro spécial du bulletin " l'armée d'Afrique" noël 1927.
  Articles sur l'effort militaire.
  - L'organisation administrative et territoriale
  - L'agriculture
  - Le plan de mise en valeur
  - La situation financière
  - L'enseignement
  - Les services sanitaires et médicaux
  - La situation politique
- (28) 17G168 Indigénat
  1. Mesures générales concernant le régime de l'indigénat
     - décrets et arrêtés 1877-87
     - textes réorganisant l'indigénat 1926
     - mesures de grâces et abolition de l'indigénat (1944-1946) exemplaire de "l'A.O.F." du 8 mars 1946.
- 17G254 (108) Préparation de la conférence des Gouverneurs généraux. tudes financières et renseignements statistiques commerciaux.
  1. Etudes financières : coupures de presse extraites de " L'information".
     - Questions financières d'ordre général (novembre 1932 – août 1933).
     - Entreprises et sociétés (activités, résultats d'exploitation, avril 1932 – février 1935).
     - Entreprises et sociétés d'A.O.F (Compagnie française de l'Afrique Occidentale)
  2. Conférence économique coloniale (1934)
     Résumé A – Plan de développement économique
     B – Importation des produits d'origine française aux colonies
     C – Crédit
  3. Renseignements statistiques

- Etats récapitulatifs des exportations des principaux produits (1931-1933)
- Statistiques douanières (recettes) 1933-1935
- Tableaux statistiques des principaux produits exportés : Côte d'Ivoire, Haute Volta, Dahomey, Guinée, Sénégal, Soudan et Mauritanie, 1928-1934
- Statistiques des exportations 1934-1936
- Répartition du montant des taxes de sauvegarde des produits coloniaux perçues en France (1935), crédits spéciaux et primes à l'exportation, bilans, 1935.

- 17G256 (108) Conférences des gouverneurs (suites) 1936. Préparation de la conférence.

1. Rapports de la Côte d'Ivoire
    a. Allègement de la fiscalité coloniale
    b. Réduction des charges budgétaires
    c. Développement des productions locales et revalorisation
    d. Programme des travaux publics.

- 17G258 Conférence des Gouverneurs généraux (1936) notes et rapports.
    1. Notes sur l'économie aux colonies (26 p)
    2. Rapport sur la fiscalité coloniale (28 p)
    3. Rapport sur l'organisation des services administratifs et la compression des dépenses (33 p).
    4. Rapport sur le développement du commerce franco-colonial (21 p)
    5. Rapport sur le fond d'équipement colonial (518)
    6. Vœux émis à la conférence des Gouverneurs généraux
    7. Vœux adoptés
- 17G381 (126) Rapport SAVINEAU sur la condition de la femme en A.O.F décembre 1937.
    10. La basse – Côte d'Ivoire (ouest)
    12. La basse – Côte d'Ivoire (ouest)

2.2 Sous-série 2G Rapports politiques et administratifs, rapports des services : douane, agriculture, finance, travaux publics, santé

- 2G3.20 Côte d'Ivoire, rapport d'ensemble sur la situation générale de la colonie de la Côte d'Ivoire en 1903, Bingerville, Imprimerie du Gouverneur, 1905, 170 p.
- 2G65.23 Côte d'Ivoire, Services des travaux publics et des mines, rapport annuel d'ensemble, 8 p.
- 2G5.27 Côte d'Ivoire, rapport d'ensemble sur la situation générale de la colonie de la Côte d'Ivoire en 1905, 174 p.
- 2G7.14 Côte d'Ivoire, rapport d'ensemble sur la situation générale, 165 p. 2G10.28 Côte d'Ivoire, service de l'agriculture rapport annuel, 11 p.
- 2G13.29 Côte d'Ivoire, rapport d'ensemble
    1. Situation politique et administrative, 12 p.
    2. Situation économique (douane) 17 p.
    7. Agriculture, 90 p.
    12. Travaux publics, 9 p.
- 2G20.17 Côte d'Ivoire, Affaires économiques, bulletins de renseignements économiques mensuels : juillet, novembre, décembre.
- 2G23.19 Côte d'Ivoire, rapport d'ensemble annuel 202 p.
- 2G25.6 Côte d'Ivoire, Affaires économiques, rapports économiques mensuels : janvier, février, avril à décembre.
- 2G25.16 Côte d'Ivoire, rapport d'ensemble.
    1. Situation politique, 8 p.
    2. Services financiers : exécution du budget, trésor, douane.
    3. Situation économique et commerciale 28 p.
- 2G25.25 Côte d'Ivoire, Service de l'agriculture, rapports agricoles semestriel.
    1. Semestriel, 12 p.
    2. Annuel, 77 p.
- 2G27.31 Côte d'Ivoire, Service de l'agriculture, rapport agricole annuel, 68 p.

- 2G28.4 Côte d'Ivoire, Affaires économiques. Notices économiques trimestriels et annuels.
- 2G29.10 Côte d'Ivoire, Rapport politique annuel, 24 p.

- 2G29.42 Côte d'Ivoire, service de l'agriculture, rapport annuel, 182 p.
- 2G30.1 Côte d'Ivoire, Affaires économiques, rapports trimestriels et annuels.
- 2G30.44 Côte d'Ivoire, service de l'agriculture, rapport agricole annuel 104 p.
- 2G31.11 Côte d'Ivoire, rapport politique annuel, 44 p.
- 2G32.35 Côte d'Ivoire, Affaires économiques, rapport économique annuel, 28 p.
- 2G31.52 Côte d'Ivoire, Service de l'agriculture, rapport annuel, 82 p.
- 2G32.17 Côte d'Ivoire, rapport politique annuel 108 p.
- 2G32.61 Côte d'Ivoire, Service de l'agriculture, rapport agricole annuel, 146 p.
- 2G32.63 Côte d'Ivoire, Affaires économiques
  Notices et rapports économiques trimestriels et annuel.
    1. Notices trimestrielles (1er, 2e) 69 et 58 p.
    2. Rapport annuel, 155 p.
- 2G34.7 Côte d'Ivoire, Rapport politique annuel, 263 p.
- 2G34.28 Côte d'Ivoire, Affaires économiques, rapports économiques semestriels et annuel.
- 2G34.50 Côte d'Ivoire, Service de l'agriculture, rapport annuel, 253 p.
- 2G35.6 Côte d'Ivoire, Affaires économiques, Notices et rapports économiques trimestriels et annuel.
- 2G36.31 Côte d'Ivoire, Rapport politique annuel, 126 p.
- 2 36.42 Côte d'Ivoire, Affaires économiques, rapport économique annuel, 77 p.
- 2G37.13 Côte d'Ivoire, Affaires économiques, Notices et rapport économique trimestriel et annuel.
- 2G38.28 Côte d'Ivoire, Rapport politique annuel, 328 p.

- 2G38.30 Côte d'Ivoire, Affaires économiques, Rapport économique annuel, 109 p.
- 2G39.38 Côte d'Ivoire, Affaires économiques, rapport économique annuel, 86 p.
- 2G40.8 Côte d'Ivoire, Affaires économiques, rapport économique annuel, 62 p.
- 2G41.22 Côte d'Ivoire, Rapport politique et social annuel, 123 p.
- 2G44.23 Côte d'Ivoire, Rapport politique annuel, 149 p.
- 2G45.119 Côte d'Ivoire, Production industrielle, rapport annuel d'activité 31 juillet
  1944, 1er août 1945. Abidjan, le 21 août 1945, 17 p.
- 2G46.28 Côte d'Ivoire, Rapport politique annuel, 63 p.
- 2G46.67 Côte d'Ivoire, Affaires économiques, rapport économique annuel, 29 p.
- 2G47.23 Côte d'Ivoire, Rapport politique annuel, 100 p.
- 2G48.55 Côte d'Ivoire, Affaires économiques, rapport économique annuel, 55 p.
- 2G50.27 Côte d'Ivoire, Affaires économiques, rapport économique annuel, 77 p.

<u>Série Q : économie</u>

- Q 52 Régime commercial de l'AO.F (1905-1918)
  Répression des fraudes dans la vente et la fabrication des marchandises, libertés du commerce, régime des patentes, loi sur les sociétés.
- Q 53 Régime commercial de l'A.O.F (1917)
  Réglementation des cartes de circulation.
- Q 56 Mesures économiques prises en raison de l'état de guerre (1914-1917)
  Taxation, réquisitions, déclaration des stocks, constitution de réserves familiales de graines, etc.
- Q 61 Société de prévoyance et de prêts mutuels (1910-1919).
  Création.

Sources imprimées

- SARRAUT Albert, *La mise en valeur des colonies françaises,* Paris, Payot et Compagnie, 1923, 375 p.

III – **BIBLIOGRAPHIE**

1. INSTRUMENTS DE TRAVAIL

Il s'agit pour l'essentiel d'ouvrages à caractère économique. Ouvrages nécessaires à une meilleure connaissance des termes techniques indispensables à une étude d'ordre économique.

- BREMOND (J), GELEDAN (A), *Dictionnaires économique et social,* Paris, Hatier, 1995, 480 p.
- *Encyclopédia Universalis,* Vol.5, p.p 502-510
- FLOUZA (D), *Economie contemporaine,* Paris, P.U.F, 1914, 520 p.
- IGT, *ATLAS de l'ouest de la Côte d'Ivoire*
- VITAUX (P), DOULOUROUX (A), *Histoire des douanes ivoiriennes,* Abidjan, IPNET, 1990, 360 p.

1. ETUDES SUR LES SOCIETES DE LA REGION DE MAN

- BOUABRE (P) " L'excision en pays Dan, " *Fraternité – Matin,* (Abidj), 2 septembre 1980, n°4755, p.9
- MARIE (A) " Parenté, échange matrimonial et réciprocité. Essai d'interprétation à partir de la société Dan et quelques autres sociétés de la Côte d'Ivoire", *L'homme,* N°3, Tome XII, p.p 5-46
- SCHWARTZ (A) " Forme de mariage et stratégie sociale dans la société Guéré traditionnelle", *Cahier ORSTOM,* série sciences humaines, Volume VIII, N°2, 1971, p.p 221-231.

'' Univers économique traditionnel et évolution du système de production Guéré (ouest de la Côte d'Ivoire)'', *Cahier ORSTOM,* série sciences humaines, Volume VIII, N°3, 1971.

- SCHWARTZ (A) ''Tradition et échanges dans la société Guéré (Côte d'Ivoire)'', *Mémoire ORSTOM,* N°52, Paris, 1971, 259 p.
- SCHWARTZ (A), '' Un terroir forestier de l'ouest ivoirien : Ziombli. Analyse socio-économique'', *Et. rur,* (Paris), jan-sep 1970, N°37-38-39, p.p 266-280
- TIABAS (A) '' Masque en pays Guéré'', *Annales Univ.Abidj,* série F, ethno-socio, 1978, tome 7, p.p 85-90.

2. ETUDES GENERALES D'INTERET METHODOLOGIQUE AVEC INDICATION SUR LA REGION DE MAN

- BERRON (H), '' Impression d'une ascension aux Monts Nimba'', *Annales Univ. Abidj,* Série G, Géographie, 1974, Tome VI, p.p 289-296.
- CHERIF (M), *L'ouest de la Côte d'Ivoire (Haut-Cavally) et la pénétration française 1896-1920),* Thèse de 3e cycle, Paris, 1973, 453 p.
- GONNIN (G), *Rapports entre Mandé et peuples forestiers et préforestiers de l'ouest de la Côte d'Ivoire à travers les traditions orales Tura (milieu du XVIIIe siècle début XXe siècle),* Thèse de Doctorat 3e Cycle, Paris VII, 1986, 386 p.
- KIPRE (P) *Ville de Côte d'Ivoire 1893-1940,* Abidjan, NEA, Tome I et II, 1985, 290 et 238 p.

- KIPRE (P) et HARDING, *Commerce et commerçants en Afrique de l'ouest (Côte d'Ivoire)*, Paris, Harmattan, 1992, 327 p.
- PERSON (Y), *Samori, une révolution dyula*, Dakar, IFAN, 1975, 2361 p.
- République de Côte d'Ivoire, Ministère du plan, *Etude générale de la région de Man*,Tome II, " Rapport de synthèse économique", Abidjan, NEA, 1963, 230 p.

3. ETUDES SPECIALISEES D'INTERET METHODOLOGIQUE

Ces études nous ont doublement intéressé. Elles ont été pour nous à la fois d'excellents travaux du point de l'exploitation des traditions orales et des méthodes d'analyse d'un sujet.

- BRAIBANT (P), *La crise économique de 1929 en Côte d'Ivoire et ses conséquences sociales et politiques*, Paris, Université de Paris VII, 1974, 327 p.
- DIABATE (H), " Quelques causes de déperdition et de formation dans l'utilisation des sources orales : l'exemple du Sanvi", *Recherche, Pédagogie et culture*, Paris, jan-fév 1979, n°39, p.p 2-6.
- DOMERGUE (D), *La Côte d'Ivoire de 1912 à 1920. influence de la 1ère guerre mondiale sur l'évolution politique, économique et sociale*, Thèse de 3e cycle, Toulouse, Université de Toulouse le mirail, 2 Vol, 627 p.
- EKANZA (S.P), " Le Moronou à l'époque de l'administrateur Marchand. Aspects physiques et économiques.", *Annales Univ. Abidj*, Série I, Hist, 1981, Tome IX, p.p 55-70.
- GBAGBO (L), " Note sur la mise en place des structures coloniales d'exploitation économique de la Côte d'Ivoire (1899-1908)", *Godo-Godo*, Bull de l'I.H.A.A.A, janv 1977, n°3 p.p 75-89.

- PERROT (C.H), " A la recherche de l'histoire de l'Afrique : les traditions orales.", *Recherche, Pédagogie et culture,* Paris, janvier – fév 1979, n°39 p.p 6-11.
- TRIAUD (J.L), KODJO (N) et EKANZA (S.P), " Notes sur Arrah. Chronologie et succession dynastique à Arrah ; le commerce à Arrah à l'époque précoloniale ; quelques éléments sur l'organisation politique dans l'Ahua, région d'Arrah. "*Annales Univ. Abidj,* Série I, Hist, 1975, tomme III, p.p 141-160
- ZUNON (G.J), *Les échanges dans la région de Daloa du milieu du XIXe siècle à 1939,* Thèse de Doctorat de cycle, Paris VII, 1980, 554 p.
- WONDJI (C), " Commerce du cola et marchés précoloniaux dans la région de Daloa", *Annales Univ. Abidj,* Série I, Hist, 1972, Tome 1, p.p 33-61.
- WONDJI (C), " L'organisation économique et politique de la société traditionnelle et les problèmes du développement dans l'Afrique Contemporaine", *Godo-Godo,* Bull de l'I.H.A.A.A (Abidj), 1981, n°7, p.p 1-11
- YAYAT D'ALEPE, " La crise du caoutchouc de cueillette en Côte d'Ivoire, *Godo-Godo,* Bull de l'I.H.A.A.A, 1982, n°8 p.p 1-25.
- YAYAT D'ALEPE, " L'imposition de la monnaie françaises en Côte d'Ivoire au début du XXe siècle", *Godo-Godo,* n°10, juin 1988, 244 P, p.p 81-89.
- YAYAT D'ALEPE " La prolifération des marchés du commandant en Côte d'Ivoire", *Annales Univ. Abidj,* série I, Tome XVIII, 1985, 259 P, p.p 183-205.

4. ETUDES D'INTERET METHODOLOGIQUE ET DE CONNAISSANCES GENERALES

- ANOUMA (R.P), *L'impôt de capitation et le travail forcé en Côte d'Ivoire, 1901-1946*, Aix en Provence. Université d'Aix Marseille I, 1987, 4 Vol. doctorat ès Lettres, 1050 p.
- ANOUMA (R.P), '' Les sociétés indigènes de prévoyance, la caisse centrale de crédit agricole mutuel : organisation, fonctionnement et rôle en Côte d'Ivoire jusqu'à la veille de la 2e guerre mondiale'', *Annales. Univ. Abidj*, série I, Histoire, 1977, tome V, p.p 55 - 80
- ASIWAJU (A.I), '' Le contrôle par coercition : une étude du régime de l'indigénat dans l'administration française d'Afrique de l'ouest (1887-1946)'', *Bull IFAN*, série B, sci-hum, Dakar, janvier, tome 41, n°1, p.p 35-71.
- COQUERY (V.C), '' La mise en dépendance de l'Afrique noire. Essai de périodisation 1800-1970'', *Cah. Et.afr*, Paris, 1976, Vol XVI, n°6162, p.p 7-58
- DECRAENE (P),'' Afrique noire contemporaine et mutations sociales'' *R .Fr. Et. Polit. Afr.*, Paris, août 1974, n° 104, p.p 92 -105.
- DIABATE (H), *Mémorial de la Côte d'Ivoire*, Abidjan, édition Ami, 1987, tome I, 290 p.
- DIARRASSOUBA (V.C), MEMEL FOTE (H), '' L'Afrique et la problématique du futur '' *Cah. Ivoir. Rech . Éco . Soc*, Abidjan, juin 1975, n°6, p.p 7-55.
- EKANZA (S.P), '' L'oppression administrative en Côte d'Ivoire (1908-1920), *Bull IFAN*, série B, sci hum, Dakar, juillet 1975, t 37, n°3, p.p 667-684.
- GBAGBO (L), '' L'installation de l'administration coloniale en

Côte d'Ivoire (1899-1908)'' *Godo -Godo,* Bull de l'I.H.A.A.A, 1981, n°6, p.p 1-18.

- KIPRE (P), '' Les facteurs de l'intégration économique dans l'histoire de la Côte d'Ivoire (1889 – 1973) '' *Godo -Godo,* Bull de l'I.H.A.A.A, 1981, n°6, p.p 19-35
- M'BRA EKANZA (S.P), *Colonisation et sociétés traditionnelles, un quart de siècle de dégradation du monde traditionnel ivoirien 1893-1920.,* Aix en Provence. Universités de Provence, 1972, 2 volumes, Thèse de 3e cycle, 669 p.
- MEILLASSOUX (C), *Anthropologie économique des Gouros,_* Paris, La Haye, Mouton, 1964, 377 p.
- SEMI – BI ZAN, *La politique coloniale des travaux publics en côte d'Ivoire (1900 – 1940),* Paris, Université de paris VII, Thèse de Doctorat de 3e cycle, 1973, 358 p.
- SYLLA (L), '' La sociologie au service du développement'', *Annales .Univ. Abidj* série D, Lettres, 1977, t 10, pp 9 - 30
- TERRAY (E), *Une histoire du royaume abron du Gyaman des origines à la conquête coloniale,* Thèse de Doctorat d'Etat, Paris, 1984, 3 tomes, 2062 p.
- TOKPA (L. J), *La main-d'œuvre agricole indigène dans les plantations coloniales en Côte d'Ivoire,* Thèse de Doctorat 3e cycle, Université d'Abidjan, 1992, 868 p.
- ZINSOU (J. V), *L'administration coloniale en côte d'Ivoire 1850 – 1922,* Thèse de 3e Cycle, Aix-en-Provence, 1973, 448 p.

ANNEXES

ANCI, Monographie de Man 17S/D, monographie du Cercle de Touba, 1911
(Version reproduite et texte original)

I - SITUATION ET LIMITES DU CERCLE

Le Cercle de Touba compris entre les 8° et 10° de latitude Nord est situé au Nord-Ouest de la colonie de la Côte d'Ivoire. Il est limité au Nord par la frontière de la colonie du Haut-Sénégal et Niger (Cercle de Bougouni) et à l'Ouest par celle de la Guinée Française (Cercle de Kankan et de Beyla à l'Est il voisine avec le Cercle de Korhogo et de Mankono, au Sud il est limité par le Cercle militaire du Haut-Cavally.

La forme générale du Cercle est celle d'un couloir, s'étendant du Nord au Sud sur une longueur de 300 kilomètres et d'une largeur moyenne de 150 kilomètres, mais beaucoup plus réduit en son milieu et s'élargissant comme une porte ouverte à deux battants à chacune de ses extrémités. Cette forme privilégiée du Cercle de Touba permet aux routes de Kankan, Siguiri, Bougouni, Sikasso d'y converger au Nord pour, après l'avoir traversée, rayonner dans le Sud vers Séguéla, Touna, Man et Danané.

Malgré la superficie de près de 50.000 kilomètres carrés le Cercle de Touba possède grâce au mouvement commercial de la route qui le traverse, une réelle unité de vie.

II - RENSEIGNEMENTS HISTORIQUES FORMATION DU CERCLE

Organisation politique, administrative et judiciaire indigène qui a précédé immédiatement l'exercice de notre autorité.

La région occupée par le Cercle de Touba formait avant notre arrivée un certain nombre de provinces ou de cantons comprenant des indigènes d'origine ou de familles distinctes.

Dans le district actuel de Touba, la province la plus importante était celle du Mahou, altération du nom du village de Mandougou, peuplée presqu'uniquement de Diomandés, elle comprenait 4 cantons : le Kandessi chef-lieu Sienko, le Sinassi, chef-lieu Dioman, le Toubako chef-lieu Mandougou et Fahamossi chef-lieu Fouèna. La province de Kaoua était divisée en deux cantons, celui de Kaoua proprement dite et celui de Bô, composé de Ouaninou et de 4 villages Diomandés. Enfin la Santa, le Teni, le Touradougou, le Koro, le Borotou et le Barala formaient déjà des cantons indépendants. Tous ces cantons sans être en état de guerre ouverte les uns contre les autres, réglaient le plus souvent leurs différends les armes à la main.

Dans le district actuel d'Odienné la famille des Touré prétendait au moment de notre arrivée, exercer une autorité sur le pays tout entier. C'est vers 1840 que Kaba Touré partit du Nafana avec une bande de guerriers, ravagea le canton du Toron, du Sienko et du Folo, fonda Odienné avec les captifs prisonniers de guerre et dévasta les cantons de Massala et de Barala. A sa mort en 1858, son fils aîné Moktar Touré vint à la tête d'une colonne jusque dans le district de Touba et fit de nombreux prisonniers dans les cantons de Koro et du Mahou. A sa mort en 1873, son frère Amadou continua son œuvre de conquête et de pillage dans les cantons du Noholou, du Fouladougou et du Zona puis il s'attacha à la fortune de Samory et le suivit jusqu'en 1898. Pendant son absence son frère Moriba Touré le remplaça dans le commandement du pays, lutta jusqu'à notre arrivée dans le Noholou qui refusait de reconnaître son autorité.

Il certain que pendant cette période de luttes intestines entre cantons, l'organisation administrative était en fait inexistante. Le principal rôle du chef de canton et des chefs de village se résumait dans l'organisation de la défense proprement dite et dans le ravitaillement en armes et en munitions.

L'organisation judiciaire ne comportait pas la nomination de magistrat. La justice était rendue, selon la gravité de cas, par le chef de famille, le chef de village ou le chef de canton. Le plaideur mécontent portait son affaire devant le juge plus puissant que le précédent, et en fait, l'exécution des jugements n'était possible que vis-à-vis des individus qui, par leur situation sociale, ne pouvaient s'y opposer.

En réalité le juge jouait surtout le rôle d'un colonisateur cherchant moins à rendre une sentence qu'à une entente entre les parties en réduisant la demande de la partie lésée aux conditions habituelles fixées par la coutume.

CONQUETE - PACIFICATION

Le premier Européen qui visita le pays fût le Français RENE CAILLE qui partit de Frétown le 22 Mai 1827 sous le déguisement arabe et sous le nom d'Abd-Allah, traversa le Fouta-Djallon et par Kouroussa et Kankan arriva à Samatiguila le 16 Juillet et à Tiémé le 15 Août. Etant tombé malade il y séjourna 5 mois avant de gagner Tombouctou et le Maroc.

La conquête et la pacification de la région du Cercle de Touba date de notre lutte contre Samory. En 1893 la colonne Combes, chassant Samory du Ouassoulou entrait à Odienné et s'avançait jusqu'à Koro. En 1896, le capitaine Vuillemet partit de Beyla avec 50 tirailleurs, vint à Touba rejoignit Koro et rentra à Beyla par le Barala. Le 6 février 1897, le lieutenant Blondiaux avec 25 tirailleurs quitta Beyla pour Touba, d'où il effectua des reconnaissances géographiques vers l'Ouest jusqu'à Mankono et vers le Sud, sur la rive droite du Bafing. A son retour à Touba il construisit le poste actuel et en Janvier 1898 le Capitaine Ristori s'y installa définitivement.

En Octobre 1897, à la suite des pourparlers engagés entre le Capitaine Ristori, qui commandait alors la région de Beyla, et Moriba Touré chef du Kabadougou, une section de tirailleurs commandée par un lieutenant, fut envoyée à Odienné avec mission d'y construire un poste destiné à relier Tombouctou, Kankan et Touba qui venait d'être créé.

D'Octobre à fin Décembre le chef du détachement se heurta à un refus formel de la part de Moriba Touré, lorsqu'il voulut construire un poste. L'arrivée du capitaine Ristori venu de Beyla avec une compagnie de tirailleurs, fit changer d'avis le chef d'Odienné.

Le 1er Janvier 1898 la résidence d'Odienné fut créée avec le capitaine Conrard comme chef. Celui-ci arriva à Odienné le 15 Janvier et le 20 Février la construction du poste était achevée.

Peu après la construction des postes de Touba et Odienné, on apprit que Samory ayant quitté le Djimini fuyait vers l'Ouest de la colonie. La colonne du Commandant Lartigue partit d'Odienné le 6 juillet 1898 prit Touba pour base d'opérations, rejeta les sofas de Samory sur la rive droite du Bafing et après le combat de Doué obligea l'Almamy à fuir presque seul dans la région du Haut-Cavally où le sergent Bratière et le capitaine Gouraud le faisaient prisonnier à Guélémou le 29 septembre 1898.

La prise de Samory produisit un effet considérable sur les populations de la région et marque la fin de la conquête. A Odienné cependant, l'attitude de Moriba Touré nécessita son arrestation qui eut lieu le 24 mars 1899 ; déporté à Bafoulabé, puis à Bingerville il vient de rentrer à Odienné après 12 ans de détention.

Le territoire du Cercle de Touba fut organisé en Cercle dès l'année 1898. A cette époque, il est formé des circonscriptions de Touba avec les postes de Touba et de Séguéla ; et d'Odienné avec les postes d'Odienné et de Tombougou. Le Cercle dépend alors de la Région Sud du Soudan Français.

En Janvier 1900 le Cercle de Touba est rattaché au territoire de Kong dépendant provisoirement du 2ème territoire du Soudan et définitivement de la Côte d'Ivoire en avril 1900.

En Juillet 1900 le Cercle est réduit aux districts de Touba et d'Odienné c'est-à-dire à ses limites naturelles.

En 1901 le Cercle est morcelé par la création du Cercle de Kong. Le district d'Odienné est rattaché à la circonscription du Bandama et le district de Touba fait partie de la circonscription de Séguéla.

En Octobre 1905 le Cercle de Kong devient la région de Kong ; la circonscription de Bandama prend le nom de Cercle de Korhogo et celle de Séguéla Cercle de Séguéla.

En Janvier 1908 la région de Kong est supprimée et le Cercle qui la formaient deviennent indépendant. Le Cercle de Séguéla est lui-même dédoublé pour former les cercles de Mankono et de Touba. Ce dernier comprend outre le poste de Touba ceux de Man et de Danané qui viennent d'être fondé dans la région du Cavally.

En Mars 1910, les postes de Man et de Danané forment le Cercle du Haut-Cavally et les districts de Touba et d'Odienné sont de nouveau réunis pour former le Cercle de Touba tel qu'il constitué aujourd'hui.

ORGANISATION POLITIQUE, ADMINISTRATIVE ET JUDICIAIRE ACTUELLE

L'organisation politique actuelle se rapproche le plus possible de celle qui existait avant notre occupation. Nous avons en général morcelé les cantons, moins pour diminuer l'autorité de leurs chefs que pour éviter les conflits entre des fractions indigènes d'aspirations différentes. Ainsi dans le district de Touba les 4 cantons du Mahou ont du être divisée en 15 groupes devant l'impossibilité de réunir sous la même autorité, les Diomandés conquérants du pays et Musulmans moins nombreux et d'installation récente, mais possédant un degré de civilisation bien supérieur aux précédents.

Dans le district d'Odienné, les provinces conquises par Kaba Touré et ses fils ont repris après notre ocupation leur indépendance et le

Kabadoudougou qui englobait presque toute la région est actuellement réduit à Odienné et à ses environs.

Le Cercle de Touba est divisé en 28 cantons qui sont composés eux-mêmes de51 groupes indépendants ayant chacun à leur tête un chef responsable, chargé de la transmission et de l'exécution des ordres de l'Administration.

L'organisation administrative du Cercle de Touba comprend un Administrateur Commandant le Cercle, un chef de poste à Touba avec un commis en sous ordre remplissant les fonctions d'agent spécial ; un chef de poste à Odienné avec un commis en sous-ordre faisant fonction d'agent postal.

Le personnel indigène comprend un écrivain expéditionnaire, deux interprètes et un agent politique à Touba, un interprète à Odienné.

L'assistance médicale indigène est assurée par un médecin des troupes coloniales hors-cadre, un infirmier indigène à Touba et un second à Odienné.

Un commis auxiliaire du cadre local et 2 surveillants assurent le service des Postes et Télégraphe de Touba. Touba est desservi par la ligne télégraphique qui relie la Côte d'Ivoire à la Guinée par Beyla. Les lignes de Touba à Odienné et de Touba à Man actuellement en construction seront achevées avant la fin de 1911.

Un instituteur adjoint du cadre local dirige l'école d'Odienné ; enfin 20 gardes à Touba et 15 à Odienné assurent la police du Cercle.

L'organisation judiciaire actuelle est réglée par le décret du 10 Novembre 1903, qui a maintenu les coutumes indigènes mais en confiant leur application à des tribunaux de village, de province et de Cercle.

Le tribunal du village est chargé des affaires du village en tant que conciliation et simple police. En réalité, les chefs de village n'exercent que leurs attributions de juge conciliateur et ne songent point à utiliser leur droit de rendre un jugement suivi d'une peine, ils préfèrent en laisser la responsabilité et l'exécution au Tribunal de province.

Le tribunal de province est composé de trois juges pris parmi les principaux chefs du district. Il existe un tribunal de province à Touba et un autre à Odienné. Ils connaissent de tous les délits et sont extrêmement fréquentés par les indigènes qui viennent y porter leurs différends. Les jugements des tribunaux de province sont toujours susceptibles d'appel devant le Tribunal de Cercle.

Le Tribunal du Cercle siège à Touba, il est présidé par l'administrateur assisté de 2 notables indigènes. Il juge en dernier ressort les appels de tribunaux de province et en premier et dernier ressort toutes les affaires criminelles. Le jugement du Tribunal de Cercle portant une condamnation égale ou supérieure à 5 ans d'emprisonnement sont soumis à l'homologation de la chambre spéciale de la cour d'appel de l'Afrique Occidentale Française siégeant à Dakar.

RENSEIGNEMENTS GEOGRAPHIQUES

Configuration du terrain

La configuration du terrain du Cercle de Touba est difficile à établir d'une façon précise. Il n'existe pas, en effet, de ligne de partage des eaux bien déterminée entre les affluents du Niger et ceux du Sassandra. Le relief est caractérisé par un grand nombre de dômes,blocs granitiques surgissant inopinément du sol, ou collines isolées et sans relation entre elles.

Ces dômes sont sur certains points suffisamment rapprochés pour donner l'impression d'un massif mais - dit M. l'Administrateur Henry Hubert, dans son étude sur le relief de la boucle du Niger - ''cette impression n'est acquise que par suite du rapprochement des dômes, qui n'en demeurent pas moins isolés les uns des autres et parfois même distants de plusieurs kilomètres''.

Les groupements les plus importants sont : celui du Moholou à l'Est d'Odienné ou prennent naissance les affluents du Bani, du Sassandra et du Bandama, celui de Mahandougou dont les ramifications vers le Nord et vers le Sud servent de frontière entre la Côte d'Ivoire et la Guinée, enfin celui qui partant de Beyla sépare les vallées de la Férédougou et du Bafing, couvre les fleuves dans le Touradougou, en un système chaotique, série de pics qui atteignent de 800 à 900 mètres.

En dehors de ces accidents du relief, le terrain est constitué par un plateau assez élevé, s'inclinant très légèrement vers le Sud et vers le Nord véritable plaine aux larges ondulations au fond desquelles s'écoulent lentement les affluents du Niger et du Sassandra.

NATURE DU SOL

Le sol du Cercle de Touba est en général formé par une argile rouge ferrugineuse à la surface de laquelle viennent affleurer d'énormes blocs de granite. Le conglomérat ferrugineux ou latérite abonde sous forme détritique ou le plus souvent de blocs de grosseur moyenne. Le quartz paraît dans quelques endroits. La principale et peut être la seule richesse minérale est le minerai de fer qui fait l'objet d'une industrie assez développée.

HYDROGRAPHIE

Le Cercle de Touba est arrosé par un grand nombre de rivières appartenant à deux bassins différents, au Nord celui du Niger, au Sud celui du Sassandra.

Au Nord trois rivières importantes sortent du massif du Noholou. Ce sont le bafing, le Bago et le Baoulé qui forment le Bani affluent du Niger. Le caractère général de ces rivières et de leurs affluents est d'être dépourvus d'eau courante pendant une certaine partie de l'année et de voir ensuite leur lit déborder sur plusieurs centaines de mètres pendant la saison des pluies.

Le bassin du Sassandra qui s'écoule vers le Sud est beaucoup plus important par le nombre des rivières qui le forment et par le volume d'eau que celles-ci roulent d'une façon régulière pendant toute l'année.

Le Sassandra et ses principaux affluents le Bafing et le Boa sont pourvus d'eau courante toute l'année grâce sans doute à l'abondance des pluies mais surtout à cause de l'importance des massifs montagneux presque tous boisés, qui alimentent leur débit. Le régime des crues y est par voie de conséquence assez régulier, le volume d'eau augmentant progressivement pour atteindre son maximum vers la fin de la saison des pluies.

En ce qui concerne l'utilisation des cours d'eaux en vue de la navigation, elle ne serait possible pour les affluents du Niger qu'à la saison des crues et sur des biefs très courts, au contraire le Sassandra, la Boa et le Bafing pourraient être aménagés et rendus navigables sur une partie importante de leurs cours, pendant la plus grande partie de l'année. Malheureusement, les indigènes du Cercle n'ont jamais cherché à utiliser les voies fluviales et ils ne savent ni construire, ni manœuvrer une pirogue. Aussi l'étude de la navigabilité des cours d'eaux ne pourra-t-elle être entreprise que lorsque des indigènes exerçant depuis longtemps le métier des piroguiers consentiront à venir s'établir dans le Cercle.

CLIMATOLOGIE

Le climat du Cercle de Touba se rapproche dans la partie Nord du climat tropical et dans la partie Sud du climat humide de la forêt. Une brise assez forte soufflant du Sud-Ouest la plus grande partie de l'année rafraîchit la température, sauf pendant la saison sèche où l'harmattan souffle du Nord-Est par intermittence et produit une température chaude mais sans humidité pendant le jour et un refroidissement appréciable pendant la nuit. La période vraiment désagréable est la saison de transition entre la saison sèche et celle des pluies pendant laquelle l'atmosphère est particulièrement lourde.

Le régime des pluies n'est pas identique dans tout le Cercle. Dans le bassin du Sassandra et de ses affluents, on peut dire, d'une façon générale qu'il pleut pendant sept mois chaque année que dans la région d'Odienné, il ne pleut que pendant cinq mois sur douze.

La température moyenne de l'année est de +26° centigrades, les maxima dépassent rarement +30°, les minima varient entre +20° et +24°.

L'humidité atmosphérique très basse quelquefois en saison sèche atteint son maximum pendant les mois de Juillet et de Septembre.

Il est assez difficile de fixer les saisons d'une façon immuable, cependant en tenant compte des variations qui se produisent suivant les années et les régions, on peut distinguer trois saisons :

La saison sèche de Novembre à Mars

La saison chaude de Mars à Mai

La saison des pluies de Mai à Novembre

Pendant la saison sèche, il se forme souvent des véritables trombes de vents non suivies de pluies. Les tornades, au contraire, sont caractérisées par une poussée d'air très violente précédent la pluie où la grêle ; elles proviennent généralement de l'Est et ont lieu surtout à la saison chaude devançant l'époque des cultures, elles causent, quoique toujours très violentes, des dégâts matériels peu importants. Enfin pendant la saison des pluies malgré l'abondance des chutes d'eau, les orages sont fréquents.

VEGETATION

L'aspect de la végétation dans le Cercle de Touba est celui d'une savane boisée. Exception doit être fait pour les forêts en miniature qui servent de ceinture à certains villages ainsi que pour les galeries forestières qui recouvrent les bords de la plupart des cours d'eau, au moins sur la majeure partie de leurs cours. Il convient aussi de réserver une mention spéciale à la bande de forêt qui borde la rive gauche du Bafing sur 4 ou 5 kilomètres ; elle rappelle tout à fait comme aspect et comme espèces végétales la forêt dense continue des Cercles au Sud.

En dehors des régions forestières peu étendues, la savane boisée qui recouvre la presque totalité du terrain est composée d'une végétation d'herbe et d'arbustes très développée d'où émergent un grand nombre d'arbres de belle venue.

L'exploitation des bois est actuellement impossible à cause des difficultés d'évacuation, mais certains bois sont utilisés dans le pays pour la menuiserie. Les principaux sont le Caïlcédra, le Vène, le Linké et le Guen.

Les indigènes se servent de la fibre des feuilles du palmier raphia pour confectionner des sacs, des hamacs et de la corde. Ils utilisent aussi les fibres du tambi, ligne très résistante indispensable pour la construction des toitures.

Plusieurs arbres très communs produisent des graines contenant une forte proportion de matière grasses. Les principaux sont le karité qui donne le beurre végétal, mais dont la zone est limitée au Nord d'Odienné ; le Gobi où arbre à savon et le Finzan dont la graine fournit une huile d'alimentation très fine.

Enfin la brousse renferme encore des arbres à fruits comestibles tels que le Nélé qui fournit le Soumbara, condiment très apprécié des indigènes, le Ntaoa, le Sousou, le Touro, le Gangourou et le kolo.

La végétation herbeuse est représentée en majeure partie par une sorte de roseau qui dans les vallées et les plaines bien arrosées atteint facilement 3 mètres de hauteur pendant la saison des pluies ; incendiées pendant la saison sèche, ces étendues d'herbes fournissent dès les premières pluies d'excellents pâturages pour les troupeaux.

Les plantes vénéneuses ne font pas défaut. Ce sont le Tali ou bois rouge dont l'écorce prise en infusion est un poison violent. Le Strophantus, arbuste dont les graines écrasées servent à empoisonner les flèches. Le Téphrosia dont les feuilles pliées et jetées dans l'eau étourdissent les poissons qui remontent à la surface ; c'est le procédé de pêche le plus usité.

Ce qui frappe le plus l'Européen dans l'aspect général du pays, c'est le peu d'extension de la superficie cultivée par rapport à la superficie cultivable. Ce rapport peut être évalué approximativement à, 1/20. Les causes de cet état des choses proviennent des procédés primitifs de culture employés par les indigènes et surtout du peu de densité de la population, inférieure partout à 5 habitants par kilomètre carré.

FAUNE

La faune du Cercle de Touba est abondante et variée. La faune terrestre comprend des singes de différentes tailles, le chimpanzé, le cynocéphale ou Bakel et des singes verts, noirs ou gris. Le lion est rare, mais il se rencontre dans le massif montagneux du Noholou. La panthère est assez répandue et se trouve dans toutes les régions, ainsi que le chat-tigre. La grande hyène tachetée est très commune et vient rôder la nuit autour des villages. Beaucoup d'indigènes possèdent des chiens domestiques généralement de couleur fauve. L'éléphant tend à disparaître, mais il en existe encore un certain nombre qui dévastent les plantations qu'ils traversent. Différentes sortes d'antilopes dont la plus grande est le Koba se trouvant en général près des plantations ; il en est de même du lièvre d'une taille inférieure à celui d'Europe. Néanmoins aussi les rats et souris et parmi les reptiles l'iguane, différentes espèces de lézards, le caméléon et les serpents dont les plus dangereux sont la vipère noire et la vipère cornue. Signalons encore les insectes, tels que les termites ou fourmis blanches, les grillons, la sauterelle et les chenilles et enfin les araignées, les scorpions et les vers.

La faune aérienne comprend des chéiroptères et de nombreuses variétés d'oiseaux dont la poule, la pintade, la perdrix, la poule de rocher, l'outarde, le pigeon vert, la tourterelle, des oiseaux mouches, des rapaces tels que le charognard et le milan, enfin des insectes tels que les moustiques, les mouches, les guêpes et les abeilles.

La faune aquatique comprend l'hippopotame et le caïman qui se rencontrent dans la plupart des cours d'eau, des crustacés crevette d'eau douce et crabes de petite taille, des batraciens, enfin des poissons renfermant beaucoup d'arêtes, sauf le manchoiron et le capitaine dont la chair est excellente.

IV - RENSEIGNEMENTS ETHNOGRAPHIQUES
Paysages et vie indigène

L'aspect de la région du Cercle de Touba est quelquefois celui de la petite brousse composée d'arbustes de médiocre hauteur, rapprochés les uns des autres et entremêlés de lianes formant buisson, mais en réalité la grande brousse domine ; c'est une suite d'arbres de belle venue poussant en futaie, rappelant bien souvent l'aspect des bois de nos pays. Cet aspect se modifie cependant avec la poussée extraordinaire de la végétation herbeuse pendant la saison des pluies et cette débauche de verdure sous un ciel toujours gris provoque alors chez le voyageur une impression d'étouffement, comparable à celle que produit l'aspect de la forêt dense des Cercles du Sud.

Les indigènes du Cercle de Touba sont essentiellement agriculteurs, aussi ceux qui se livrent au commerce rentrent-ils chez eux dès les premières pluies. De cette époque, c'est-à-dire en Avril jusqu'en Juillet les travaux des champs occupent tous les habitants. Beaucoup de familles vont même habiter à proximité de leurs terrains de culture, dans des cases provisoires. Pendant cette période, les villages sont à peu près déserts pendant toute journée, sauf le vendredi qui est le jour de repos général.

Les villages des différentes régions du Cercle, n'offrent pas de grandes différences entre eux. Au Nord comme au Sud, les cases rondes, gigantesques ruches aux murs en torchis et à toiture d'herbes ou de chaume, sont groupées en Cercle ou rassemblées sans aucun ordre. L'œil y cherche en vain un alignement pouvant rappeler une rue. La place du village seule peut plaire ; elle est en général assez spacieuse, propre et ombragée de grands arbres. Elle résume à elle seule toute la vie du village.

C'est à la fin de l'après-midi que le village prend le plus d'animation, les femmes sont revenues du marigot avec une calebasse pleine d'eau sur la tête, d'autres ont rapporté de la brousse une charge énorme de bois mort ; maintenant à grands coups de pilon, elles décortiquent le riz pour le repas du soir, pendant qu'autour d'elles les poules se disputent le son qui tombe à terre. Les hommes rentrent des plantations et viennent s'asseoir sur la place, à côté d'eux, les Dioulas de passage ont étendu leurs nattes et attendent le coucher du soleil pour réciter leur salam. Le troupeau de vaches, richesses du village, revient lentement du pâturage conduit par de jeunes garçons. Puis des feux s'allument pour la cuisson des aliments et les fumées restent en suspens dans l'air calme du soir. Enfin, après souper, dans la nuit venue vite, chacun rentre et s'enferme dans l'obscurité qu'aucune lumière ne trouble. Le village brusquement s'est endormi et seul le beuglement d'une vache vient déceler son existence.

Mais si la lune brille, la soirée se prolonge et pour peu qu'une flûte se fasse entendre, vite le tam-tam s'organise ; le Cercle se forme autour des danseurs et hommes et femmes vont oublier leurs fatigues de la journée en chantant et en battant des mains toute la nuit.

RACES

La population du Cercle de Touba appartient à la race mandingue. Il faut distinguer cependant les tribus considérées comme autochtones de celles dont la venue dans le pays est relativement récente.

Les tribus considérées comme autochtones sont les Siénamanas, dans le district d'Odienné, les Dans et les Ouémés dans le district de Touba.

Les Siénamanas au nombre de 15.000 environ sont repartis dans les cantons du Noholou et du Zona situés à l'Est d'Odienné.

Les Dans au nombre de 3.500 sont repartis dans les cantons du Santa et dans quelques villages du canton du Mahou : Silakoro, Booni, Nzo et Saala.

Les Ouémés sont représentés par un millier d'individus dans le canton du Touradougou.

Ces populations sont celles qui sont les plus anciennement établies dans le pays, mais elles ignorent leur origine et tranchent la question en déclarant que leur premier ancêtre est descendu du ciel ou sorti de la terre sur le territoire actuel de leur tribu. Malgré le manque de renseignements précis, il est hors de doute que ces populations sont originaires de la boucle du Niger et que leur installation dans la région est antérieure au XIème siècle de notre ère.

Les Siénamanas ou Sénoufos du district d'Odienné appartiennent à la même famille que les Sénoufos de Korhogo et de Sikasso.

Les Dans et les Ouémés se rattachent étroitement aux tribus Ouémés et Dans du Cercle du Haut-Cavally ainsi que Monas et aux Gouros du Cercle Haut-Sassandra.

D'une façon générale, les populations dites autochtones constituent une race rustique, forte et essentiellement laborieuse ; les individus qui la composent se distinguent des Malinkés qui les environnent par leur taille inférieure, leur charpente plus forte et l'épaisseur de leurs traits.

Les tribus dont la venue dans le pays est relativement récente sont toutes classées sous la dénomination de Malinkés c'est-à-dire gens du Mali. Ce sont des hommes grands et vigoureux, ils ont le crâne allongé, le front et le nez fuyants et les traits réguliers. Leur immigration des rives du Niger vers les pays qui constituent aujourd'hui le Cercle de Touba, date de la chute et du démembrement de l'empire du Mali au début du XVIe siècle de notre ère et les invasions successives des Malinkés se poursuivant pendant les XVII et XVIIIe siècles.

L'installation des Malinkés dans cette région n'est pas en général, le caractère d'une conquête, soit que le pays qu'ils occupèrent fut à peu près inoccupé, soit qu'ils aient obtenu des autochtones les territoires dont ils avaient besoin contre la reconnaissance de la suzeraineté des premiers occupants. Ce n'est qu'au XIXe siècle que certaines tribus guerrières entreprendront la conquête du pays par la force des armes.

Les Malinkés du Cercle de Touba comprennent plusieurs tribus qui diffèrent surtout par l'origine de leur immigration.

Dans le district d'Odienné, la tribu des Nafanas originaire de Djenné occupe les cantons de Nafana, de Sienko et de Massala, ainsi que ceux de Samatiguila et de Kabadougou qu'elle a conquise récemment.

La tribu des Toronka, peu différente de la précédente, occupe les cantons de Toron, de Bouadougou et Toudougou. La tribu des Foulanka est originaire du Ouassoulou et composée d'un mélange de Mandingue et de Foulbés ; les Foulankas ont très souvent une couleur rougeâtre et sont plus grêle de forme que ceux des autres tribus. Cette tribu occupe les cantons de Folo, de Moadougou et de Fouladougou.

Les Diomandés venus de la région de Kankan occupent le canton du Bambala et la presque totalité du district actuel de Touba.

La légende les fait descendre de Kofi chef de la tribu des Mazzarés et de Dioman sa captive. Peu après leur arrivée dans la région de Touba, les Diomandés devenus plus nombreux que les Mazzarés auraient méconnu l'autorité de leurs anciens maîtres, puis les auraient chassés du pays ; ceux-ci se réfugièrent dans les cantons montagneux du Santa et du Touradougou habités par les Dans et les Ouémés et s'y fixèrent définitivement.

Enfin les Koné, venus de la région de Kankan sont installés au Sud-Est du Cercle dans le canton du Téné.

On put évaluer à 60.000 le nombre d'indigènes Malinkés du Cercle de Touba, dont environ la moitié appartienne à la tribu des Diomandés.

En dehors des tribus autochtones et malinké, le Cercle de Touba comprend quelques familles de religion musulmane, venues dans la contrée dans le courant ou à la fin du XVIIIe siècle, dans un but de prosélytisme religieux. Ces familles ont perdu aujourd'hui toute relation avec leur patrie d'origine, mais quelques uns ont atteint un certain développement.

Les principales sont : les Bakayoko, originaires de Tombouctou qui comprennent environ 3.000 individus dans le canton de Koro ; les Fadiga, originaires des environs de Ségou, installés à Touba au nombre de 200 ; les Bamba originaires de Djenné comprenant 6.000 individus à Guintéguéla et à Férentela les Touré, originaires de Sangara qui comptent 2.000 individus à Sokourala et Madina ; enfin les Saranohro venus de Kong sont au nombre de 300, repartis dans plusieurs villages du canton du Mahou.

La base de l'organisation sociale de toutes les populations de race mandingue est la famille. La famille est le groupement de tous les parents, frères et sœurs - fils - filles - petits fils - cousins et domestiques autour du plus âgé de tous les ascendants communs. La famille est à la fois une unité sociale, économique et judiciaire, dont le chef possède sur tous les membres une autorité considérable et effective.

Le village est composé d'une ou plusieurs familles habitant chacune un quartier et le chef est en général le descendant de la famille du fondateur du village et non pas le chef de la famille la plus influente, c'est pourquoi l'autorité du chef de village est souvent combattue par celle d'un chef de famille plus intelligent ou plus riche.

La tribu est composée d'indigènes de même origine. Elle se subdivise en groupes correspondant aux divisions territoriales du canton. Le chef de canton est le descendant du plus ancien chef de famille de la tribu, son autorité s'étend sur tous les villages du canton et est basée sur son prestige personnel que sur les pouvoirs que nous lui avons conférés, mais il ne possède plus aujourd'hui qu'un pouvoir politique et administratif.

RELIGION

Au point de vue des religions, les indigènes du Cercle de Touba se divisent en 70.000 fétichistes et 30.000 musulmans. (Mais dans ces chiffres sont compris les femmes et les enfants qui en principe ignorent toute religion et ne prennent part à aucun culte, ainsi les chiffres doivent-ils être diminués des 2/3 tant pour es fétichistes que pour les musulmans). Sans nier l'existence d'un Etre suprême, les fétichistes limitent son intervention à la création de la terre et de l'homme, et toute leur religion se résume dans le culte des ancêtres ? Les ancêtres veillent sur le village et montrent leur mécontentement de la conduite des habitants en suscitant des accidents, maladie, incendie ou sécheresse. Les indigènes cherchent alors à se faire pardonner en immolant sur l'autel des ancêtres des bœufs, des moutons où des poulets suivant la gravité des cas, où y déposant simplement des colas ou du riz. Cet autel est constitué par quelques pierres placées soit dans une clairière au centre d'un bosquet conservé religieusement à proximité du village, soit sur la montagne au pied de laquelle le village est construit. Ils invoquent encore de la même manière la protection des ancêtres pour la réussite d'une entreprise difficile ou d'une partie de chasse. Les animaux immolés ou les aliments offerts sont, aussitôt après absorbés par les habitants ; c'est pourquoi on ne doit voir dans ces sacrifices qu l'intention de plaire aux mânes des ancêtres.

Les indigènes du Cercle de Touba qui suivent la religion de l'islam sont presque exclusivement des descendants de quelques familles, les Touré, les Bamba, les Bakayoko, les Fadiga venus de Tombouctou, de Djenné et plus récemment de Kankan. Bien qu'installés depuis plus d'un siècle, ces musulmans ont fait peu d'adeptes ; l'esprit de prosélytisme leur a fait défaut, sans doute venaient-ils pas faire partager à d'autres les avantages sociaux de leur situation ; d'autre part les autochtones se sont toujours montrés réfractaires à l'étude du Coran et aux pratiques de la religion musulmane. Le Samory (sic) obligea par la force un certain nombre d'indigènes, surtout les captifs à embrasser la religion de Mahomet, ceux-ci s'empressèrent au départ du conquérant de revenir à leurs anciennes coutumes. Les musulmans du Cercle de Touba appartiennent aux sectes des Kouhis et Tidjanistes et sont peu fanatiques. Les rares marabouts instruits ont quelque connaissance de leur religion et donnent des consultations à leurs coreligionnaires.

LANGUES

La langue la plus répandue dans le Cercle de Touba est la langue Malinké qui n'est qu'un dialecte de la langue Mandé. Le dialecte malinké est parlé par la grande majorité des habitants du Cercle.

Les Siénamanas du district d'Odienné parlent le dialecte Sénoufo, mais entourés et pénétrés qu'ils sont par les malinkés ; bien rares sont ceux qui ignorent le dialecte malinké et la plupart d'entre eux l'emploient le plus habituellement.

Les dialectes Damé et Ouémé parlés par les Dans et les Ouémés ont au contraire résisté au dialecte des envahisseurs diomandés et se sont même imposé aux populations malinkés qui sont entrées en contact étroit avec ces populations autochtones. On peut évaluer à 5.000 le nombre des indigènes qui comprennent ces dialectes.

ENSEIGNEMENT

Il existe dans le Cercle de Touba une école laïque et plusieurs écoles maraboutiques.

L'école laïque a été ouverte à Odienné le 7 décembre 1907. Elle reçoit des jeunes garçons des différents cantons du district Odienné. Actuellement les élèves sont au nombre de 38 dont 24 en première division et 14 en seconde. Les élèves de première division savent parler français, lire et écrire. Plusieurs élèves de l'école d'Odienné ont montré suffisamment de disposition pour être envoyés cette année à l'école normale de St Louis.

Les écoles maraboutiques existent dans tous les grands centres musulmans. Dans ces villages, une dizaine d'enfants se réunissent dans la case du maître, épellent d'abord à haute voix quelques mots puis chantent sans comprendre un ou deux versets du Coran.

L'importance et le nombre des écoles maraboutiques tendent à diminuer dans le Cercle de Touba.

RENSEIGNEMENTS ECONOMIQUES
(Richesses naturelles)

Les principales cultures d'exportation du Cercle de Touba sont le palmier à huile, le caoutchouc, le kolatier, le riz et l'arachide.

Le palmier à huile se rencontre en bordure des marigots mais en nombre insuffisant pour constituer des peuplements et faire l'objet d'une industrie.

Une des plus grandes richesses de la région est incontestablement sa teneur en caoutchouc. Malheureusement cette source de richesse s'est considérablement tarie par suite de l'exploitation irraisonnée qui en a été faite par les étrangers venus du Soudan. Dès 1905, on a songé à reconstituer les peuplements et des plantations de landolphias ont été créées à cet effet dans les principaux villages. Un moniteur à Touba et un autre à Odienné en surveillent l'entretien en même temps qu'ils enseignent aux indigènes le mode d'incision de la liane et la coagulation du caoutchouc en lanières exempt d'impuretés.

Monsieur de Tonquédu vient de créer aux environs d'Odienné une plantation par semis, de plus de 50.000 pieds de landolphia dont les résultats ne pourront être appréciés que dans plusieurs années.

La presque totalité du caoutchouc du Cercle est extraite de la liane Gobine (landolphia). La région de forêt qui borde la rive gauche du Bafing renferme seul un certain nombre d'arbres à caoutchouc (Funtumia).

Les indigènes coagulent généralement le latex par l'emploi du jus de citron et préparent le produit soit en pelote ou niggers, soit, en lanières.

Le kolatier est cultivé depuis fort longtemps dans le district de Touba mais presque exclusivement dans les cantons du Sud.

L'arbre porte des fruits dès la 7ème année et peut donner en plein rapport jusqu'à 4.000 noix par an, en deux récoltes successives. Rien ne s'oppose dans la partie du Cercle à l'extension des plantations de colatiers et les indigènes ont été vivement poussés à se livrer à cette culture si rémunératrice. A Maninian M. Peller possède une plantation de 1.000 colatiers âgés de 3 ans en bon état.

Le riz est cultivé dans toute l'étendue du Cercle sur une superficie chaque année plus importante.

On distingue le riz de montagne à l'épis sec et barbu qui, semé en Juin sur le flanc des collines est récolté en Novembre et le riz de marais qui, semé en mai, produit une récolte d'autant plus abondante que le terrain est bien arrosé ; sa tige atteint 1m,50 de hauteur et porte des épis retombant à maturité des grains qui a lieu en Octobre.

Les indigènes décortiquent de deux façons, soit en le plaçant dans un mortier en bois, c'est le procédé employé en vue d'une consommation immédiate, le grain est brisé mais il ne perd rien de sa saveur ; soit en le plongeant dans une marmite pleine d'eau et en portant pendant quelques instants cette eau jusqu'à l'ébullition ; le grain séché ensuite au soleil est facilement décortiqué ; le riz ainsi obtenu est intact, propre et d'une conservation parfaite.

On eut évaluer à 3.000 tonnes la production du riz de marais et 7.000 tonnes celle du riz de montagne en 1910 dans tout le Cercle de Touba.

Sur cette récolte 100 tonnes ont été exportées dans le Cercle du Haut-Cavally pour le ravitaillement des troupes.

L'arachide est une légumineuse dont la culture prend beaucoup d'extension. Les indigènes du Cercle

exportent une certaine quantité d'arachides dans les régions forestières où elles sont vendues à un prix très élevé.
En dehors du riz et de l'arachide, les indigènes cultivent sans exception le maïs, le fonio, le gros et le petit mil, le manioc, la patate et l'igname.

La culture de tous ces produits est partout très développée, cependant dans certains cantons du district d'Odienné, le mil remplace le riz comme culture principale.

ELEVAGE

Les indigènes du Cercle de Touba et surtout ceux des principaux centres se livrent à l'élevage des bovidés et obtiennent des résultats vraiment satisfaisant, en particulier dans les régions très arrosés où les pâturages abondants subsistent toute l'année. La race du pays qui semble provenir du croisement de la petite race du Fouta-Djallon et de celle des bœufs à bosses hauts sur pattes, du Soudan possède beaucoup de qualités. Elle est parfaitement acclimatée et se reproduit facilement, elle est composée d'animaux sains et vigoureux et fortement empruntés.

Les troupeaux qui avaient été complètement anéantis par les bandes de Samory, se reconstituent avec une rapidité surprenante. Le prix moyen d'un bœuf est de 100 francs et celui d'une vache de 140 francs.

Les moutons, les chèvres et les cabris se rencontrent en petit nombre dans presque tous les villages, mais ils ne sont l'objet d'aucun élevage.

Le porc qui il y a 5 ans ne comprenait que 4 ou 5 individus sont aujourd'hui plus de 200 et les musulmans de la région eux-mêmes en apprécient la viande.

Les pintades et les poulets ne font défaut nulle part. les pintades sont assez rares. Les canards et les pigeons ne sont représentés que par quelques spécimens.

INDUSTRIES INDIGENES

L'industrie indigène la plus développée est celle de l'extraction et du travail du fer. Elle est pratiquée par les forgerons ou Noumous. Le fer est extrait du minerai au moyen des hauts fourneaux chauffés au charbon de bois ; il est coulé dans les moules cylindriques en argile que l'on brise pour en retirer le lingot de fer. Le fer est alors transformé par les forgerons en houes, haches, couteaux, pointes de flèches, etc.

Ce sont les forgerons de la région de Touba qui fabriquaient les Sombés tiges de fer aplaties aux extrémités, d'une valeur de 5 à 10 centimes, et qui servent encore aujourd'hui de monnaie dans toute la zone forestière Ouest de la Côte d'Ivoire. Leur fabrication est maintenant interdite.

L'industrie du tissage a également un très grand développement, tous les villages ont leur métier à tisser et certains en possèdent jusqu'à 30. La culture du coton réussit très bien et réclame peu de soins. Les femmes fabriquent le fil de coton et le teignent en grande partie avec l'indigo. Les hommes tissent alors des bandes de 10 centimètres de largeur au minimum qui cousues ensemble forment les pagnes rayés blanc et bleu qui jouissent d'une faveur très grande légitimée d'ailleurs par leur solidité exceptionnelle.

Après ces deux principales industries, on peut citer encore la vannerie qui fournit des nasses, des corbeilles et des sacs ; la poterie fabriquée par les femmes qui tournent à la main et cuisent en plein air les vases.

Enfin les cordonniers où griots tannent et colorent le cuir, ils fabriquent des sandales, des selles, des fourreaux de sabre, des sacoches, des ceintures et des amulettes. Leur travail est généralement soigné et solide.

MAIN-D'ŒUVRE

Le recrutement de la main-d'œuvre est encore assez difficile dans le Cercle de Touba. Formant une population essentiellement agricole, les indigènes ne peuvent s'absenter longtemps de leurs villages sans que leurs récoltes soient gravement compromises.

On trouve sur place les porteurs, les manœuvres et les travailleurs agricoles. Le prix moyen des salaires est de 1 f par jour ou de 25 f par mois. Le recrutement des travailleurs se fait toujours par l'intermédiaire de l'administrateur qui représente en quelque sorte l'indigène et prend la défense de ses intérêts dans l'exécution du contrat de louage.

Les ouvriers d'art menuisiers, charpentiers et maçons sont originaires du Sénégal et des colonies voisines, ils sont médiocrement habiles et exigent des salaires de 4 à 6 francs par jour.

APTITUDE COMMERCIALE DES NOIRS

Le commerce est dans le Cercle de Touba de beaucoup plus important que le commerce européen.

Le commerce indigène se résume principalement dans un mouvement d'échanges entre le Soudan et la zone forestière du Haut-Cavally, traversant en transit le Cercle de Touba dans toute sa longueur.

Du Nord au Sud circulent les nombreux troupeaux de bœufs destinés à la vente et ceux de bœufs porteurs et d'ânes chargés de barre de sel ; les grandes barres grise des salines du sahel où celles plus petites en sel blanc aggloméré venues d'Europe. Quelques dioulas isolés portent aussi des arachides achetées à vil prix au Soudan, ou des rouleaux de bandes de toiles fabriquées dans la région de Sikasso.

Du Sud au Nord, le mouvement n'est pas moindre, car les commerçants reviennent après avoir échangé leurs marchandises contre les kolas de Touna, de Man et de Danané.

A cause du climat de la forêt, funeste aux animaux porteurs, beaucoup de transactions se font encore sur les marchés du Cercle, Maninian, Koro, Lantuy et Ouaninou.

Les indigènes du Cercle prennent une part active à ce commerce d'échanges soit comme des caravaniers, soit comme intermédiaires entre les lieux de production et les marchés de vente. Nombreux sont ceux qui vont au début de la bonne saison, au marché de Maninian transformer leur capital au bétail ; plus nombreux encore sont ceux qui utilisent comme objets d'échange les pagnes de coton, les houes, les haches en fer, produits du travail des tisserands et des forgerons du pays.

En dehors des caravanes et des dioulas qui font le commerce des colas, il existe un nombre assez limité de colporteurs originaires du Cercle de Touba où des Cercles voisins, qui approvisionnés à Kankan, Bamako ou Tiassalé vendent sur les marchés à des prix élevés, des marchandises d'importation européenne.

La construction des voies ferrées et principalement l'arrivée prochaine du rail à Bouaké auront pour conséquence de développer dans le Cercle de Touba l'importance du commerce de colportage. Il est certain que l'abaissement du prix de vente des marchandises européennes incitera les indigènes à augmenter leurs achats ; il est probable aussi que les produits manufacturés serviront de plus en plus, en même temps que le sel, d'objets d'échanges dans le commerce de colas.

COMMERCE

Le commerce européen est représenté dans le Cercle de Touba par un assez grand nombre de maison de commerce établies dans les contrées de Touba, Odienné et Maninian.

Ce sont: Dévès Chaumet Cie
L'Africaine Française
De Tessières et Garde
Société commerciale du Soudan Français
L. Cochez, Gobinet et frères et Cie
Luhan père et fils et A. Teissière.

Toutes ces maisons sont représentées par un agent européen résidant soit à Touba, soit à Odienné. La plupart possèdent en outre des opérations confiées à des indigènes installées dans les centres secondaires de Ouaninou, Koro, Lantuy et Timé.

Enfin plusieurs Européens font du commerce pour leur compte ce sont : MM Tonquedec et Langrené à Odienné et M. Pellier à Maninian.

Le commerce européen consiste presqu'exclusivement dans l'achat du caoutchouc et de l'ivoire et dans la vente des tissus.

Le caoutchouc est acheté aux récolteurs par l'intermédiaire de traitants ou de boutiquiers indigènes installés sur les marchés de la région. Les variations brusques du cours du caoutchouc rendent les bénéfices réalisés sur ce produit très aléatoires ; et l'abaissement aujourd'hui définitif du prix d'achat aura pour conséquence un ralentissement de la production et peut être un arrêt temporaire qui permettra aux peuplements de se reconstituer.

La production de l'ivoire est également en décroissance notable par suite du massacre inconsidéré des animaux, pratiqué pendant ces dernières années. Une réglementation sévère de la chasse pourra empêcher la disparition complète des éléphants.

Privé des transactions sur ces deux produits d'exportation, le commerce européen pourra-t-il subsister avec son organisation actuelle ? On peut affirmer que non pour plusieurs ; d'abord à cause du manque de moyens de transports économiques qui ne permet pas l'importation en gros ni celle de marchandises bon marché ou encombrantes, ensuite à cause de la concurrence que feront les colporteurs qui s'approvisionnent dans de bonnes conditions à Bouaké et n'ayant pas à supporter les mêmes frais, pourront offrir une marchandise identique à un prix inférieur.

A l'heure actuelle les commerçants établis ont ouvert un grand nombre de boutiques, mais celles-ci manquent pour la plupart d'animation et de clientèle. Les indigènes préfèrent effectuer leurs achats sur les marchés ou les étalages leur permettent de faire lentement leur choix et où ils sont plus à l'aise pour débattre les prix, aussi les commerçants européens installent-ils souvent un vendeur sur le marché, quelquefois en face même de leur boutique principale.

La solution pour les maisons de commerce européennes sera d'attendre leurs clients au terminus du railway et aussi de les y attirer par un choix très complet de marchandises.

MARCHES

Les marchés du Cercle de Touba tirent leur animation de l'élément commercial indigène. La vente au détail des produits locaux tient de beaucoup la place la plus importante. Céréale, tubercules, légumes, condiments, fruits, huile, tabac, coton, etc. sont apportés par les femmes des villages éloignés jusqu'à 25 kilomètres, les dioulas venus du Soudan offrent des bœufs et des moutons où vendent du sel en petites barres de kilos, d'autres enfin apportent les colas qu'ils ont acheté dans la région forestière.

C'est vers midi, alors que chacun a eu le temps d'arriver, que le marché a toute son animation, 200 personnes sont là au grand soleil. Au centre toutes les femmes sont assises par terre sans aucun ordre, leur panier devant elles, elles jacassent tout en allaitant leur enfant. A l'un des angles de la place, le boucher a terminé la confection de ses petits tas de viande à 50 centimes. A l'ombre d'un grand arbre acheteurs et vendeurs de colas comptent et recomptent leurs paniers de noix rouges et blanches. Dans un espace réservé les bœufs se tiennent immobiles. Plus loin, des femmes achèvent de cuire à la volée des pyramides de vases et de marmites. Enfin, les boutiques qui entourent la place sont pavoisées de pages et de foulards aux couleurs les plus chatoyantes.

Au milieu de la masse sombre des vendeuses, circulent les acheteurs et les gens de la région, venus en promeneurs profiter de ce jour de fête. Leurs grands boubous blancs ou bleus et leurs bonnets rouges font des tâches de lumière, dont la trop grande clarté du soleil même attenue le contraste.

De cette foule presqu'immobile s'élève un murmure violent et contenu, mais d'un ton qui reste toujours à l'unisson du tableau, dont l'ensemble produit une réelle impression de calme et de gaieté.

Les principaux marchés du Cercle de Touba sont Maninian, à 70 kilomètres au Nord-Ouest d'Odienné ; c'est le mieux approvisionné en bestiaux, il s'y vend en moyenne chaque lundi 200 bœufs et autant de moutons ; et Ouaninou à 22 kilomètres à l'Ouest de Touba, c'est un grand marché de colas qui a lieu chaque dimanche. Enfin Touba, le samedi, Lantuy le dimanche et Koro le jeudi sont des marchés d'un intérêt plus local.

Les cours des principaux produits de vente et d'achat et le prix ne peuvent en être fixé que d'une façon approximative.

Le caoutchouc dont le prix atteignait il y a 1 an 10 francs le kilos est tombé aujourd'hui entre 3 et 4 francs. Le prix de l'ivoire varie de 7 à 20 f le kilo selon la grosseur des pointes. Le sel en barre coûte 1f50 le kilo en bonne saison et 2f50 pendant la saison des pluies. Le riz est vendu en moyenne 0f50 le kilo. Pour les colas, les 100 noix du poids de 1Kg500 valent 5 francs à Touba et 6f50 à Maninian. Le prix des tissus de fabrication européenne varie selon la qualité. Les pagnes les plus grands et les plus solides coûtent 20 francs pièces.

Les autres produits sont assez rares. On trouve cependant du sucre à 4 francs le kilog et des bougies à 2 francs le paquet.

VOIES DE COMMUNICATION

Le Cercle de Touba est sillonné par un grand nombre de routes commerciales. Les principales routes commerciales sont au Nord celles qui unissent Kankan, Siguiri, Bougouni, Sikasso et Bobo-Dioulasso à Odienné, puis celles qui partant d'Odienné aboutissent à l'Est à Tombouctou, au Sud-Est à Séguéla au Sud à Touba ; enfin Touba est relié par des routes importantes à l'Ouest à Beyla, au Sud-Ouest à Danané, au Sud à Man et au Sud-Est à Séguéla.

Ces routes d'une largeur de 6 à 8 mètres sont praticables en toute saison pour piétons et les animaux porteurs. Il existe des gués ou ponceaux sur toutes les rivières et des bacs aux points de passage du Bafing, de la Ferédougouba ou de la Boa. Cinq piroguiers salariés en assurent la traversée gratuitement. Enfin, des gîtes d'étapes où les passants trouvent un abri convenable sont construits tous les 20 ou 30 kilomètres.

Les sentiers sont de simples pistes qui permettent aux indigènes de communiquer de village à village.

La navigabilité des fleuves est encore à l'étude, le mode de transport le plus employé et pour longtemps encore, sans doute, est le portage à tête d'homme.

Les chevaux ne résistant pas au aliment de la région, il ne faut pas songer à les utiliser comme animaux traite.

Les bœufs porteurs et les ânes proviennent de la région de Bamako sont utilisées de plus en plus par les dioulas. On peut évaluer approximativement à 500 le nombre d'animaux porteurs qui descendent mensuellement jusqu'à Touba pendant la saison sèche. Malheureusement ces animaux marchent très lentement et demande trop de soins pour faire l'objet d'une entreprise de quelque importance de la part de l'administration ou du commerce Européen.

RENSEIGNEMENTS FINANCIERS

Importance des transactions

L'importance des transactions effectuées dans le Cercle de Touba est relativement considérable. Les achats de caoutchouc se réduiront à l'avenir à 25 ou 30 tonnes par an, d'une valeur de 100.000 francs et ceux d'ivoire à une tonne au maximum valant 12.000 francs. Les ventes de marchandises européennes atteignent au moins 300.000.

On peut estimer à 200 tonnes, d'une valeur de près de 800.000 francs, la quantité de colas qui transite chaque année dans le Cercle, ce qui représente au moins 500.000 de marchandises d'échange, sel, bestiaux et produits confectionnés ou récoltés dans le pays. Les indigènes de la région bénéficient de ce mouvement d'affaires dans la proportion de 1/3 environ.

Pour évaluer la circulation monétaire dans le Cercle il faut ajouter à ces transactions les salaires provenant du portage qui s'élèvent à plus de 50.000 francs par an et l'argent que laissent dans le pays les nombreux porteurs dioula étrangers au Cercle.

La circulation monétaire dans le Cercle porte d'une façon approximative sur 750.000 francs dont 700.000 sont représentés par des pièces de 5 francs et le reste par la monnaie divisionnaire d'argent et billon.

RENDEMENT DES IMPOTS

Les prévisions du rendement des impôts de 1911 dépassent 400.000 francs soit une augmentation de 120.000 francs sur leur rendement en 1910. Cette augmentation provient de l'impôt de capitation qui fixé à 2,50 en 1910 a été porté en 1911 à 4 francs dans le district de Touba et 3f50 dans le district d'Odienné.

I - <u>TABLE DES CARTES</u>

II - TABLE DES TABLEAUX

III- TABLE DE MATIERES

CÔTE D'IVOIRE
AUX ÉDITIONS L'HARMATTAN

Dernières parutions

MÉDIAS COLONS ET MONDIALISATION
Le cas de la Côte d'Ivoire
N'Da Jean-David
Le lynchage médiatique de la Côte d'Ivoire exécuté pendant plus d'une décennie par le système médiatique français est un succès. Cet ouvrage explique la géostratégie racialiste qui se tient derrière l'assaut des médias colons et dévoile l'hypocrisie du mondialisme avare, prédateur et appauvrissant qui le sous-tend. Le jeu trouble des acteurs politiques ivoiriens se dévoile aussi.
(Coll. Points de vue, 15.50 euros, 154 p.)
ISBN : 978-2-336-29279-3, ISBN EBOOK : 978-2-296-53049-2

N'DOLO – Chants, jeux et danses en pays baoulé
Yao Koffi Célestin
Les baoulés sont un peuple de Côte d'Ivoire, issus du groupe akan. Au niveau de la culture et des arts, ils constituent l'un des peuples les plus créatifs d'Afrique. L'art sculptural baoulé fait le bonheur de nombreux musées occidentaux. Cependant, au pays baoulé, il n'y a pas que les masques et les statuettes, mais de nombreuses autres formes artistiques, dont l'art du chant et de la danse. En règle générale, ces formes s'associent pleinement au cérémonial dit du « masque »...
(21.00 euros)
ISBN : 978-2-336-00794-6, ISBN EBOOK : 978-2-296-53194-9

UN DRAME COLONIAL EN CÔTE D'IVOIRE
L'affaire Quiquerez-Segonzac (1891-1893)
Barluet Jean-François
Ce livre analyse et montre la nature et la mise en oeuvre sur le terrain de ces nombreuses petites expéditions menées à la fin du XIXè siècle par la troisième République dans le sillage des grandes missions, expression d'une volonté politique affirmée de la stratégie coloniale de la France. La mission Quiquerez-Segonzac, dans la mesure où le drame dont elle fut l'issue a donné lieu à de nombreuses enquêtes et investigations, révèle la manière dont furent initiées et réalisées ces nombreuses missions.
(Coll. Etudes africaines, 15.50 euros, 154 p.)
ISBN : 978-2-336-29033-1, ISBN EBOOK : 978-2-296-51579-6

NZEMA (LES) – Un peuple akan de Côte d'Ivoire et du Ghana
Allou Kouamé René
Les migrants qui ont peuplé le pays nzema étaient très hétéroclites bien qu'appartenant tous à un même continuum culturel : celui de la civilisation akan. Ces migrants d'origines diverses se sont organisés en un royaume relativement puissant et structuré, centré autour de Benyinli, la capitale. Cet ouvrage fait apparaître que le peuple Nzema est le produit de l'histoire, d'hommes aux origines diverses rassemblés par un destin commun.
(Coll. Etudes africaines, 25.00 euros, 244 p.)
ISBN : 978-2-336-29275-5, ISBN EBOOK : 978-2-296-51649-6

PORTEURS D'ESPOIR – Itinéraires d'intellectuels
Bailly Sery
La nation ivoirienne, comme toutes les autres, a besoin de héros. Parmi eux doivent figurer des intellectuels, d'où ces quelques portraits proposés : Senghor, Mémel Foté, B. Kotchy, Aké Assi,

Niangoran Bouah, Simone Gbagbo, Angèle Gnonsoa, Coulibaly Yedieti... Ils sont des médiateurs de l'espoir, comme des figures de sainteté d'une foi en l'homme, en l'intelligence, en la pensée.
(Coll. Harmattan Côte-d'Ivoire, 24.00 euros, 246 p.)
ISBN : 978-2-336-29281-6, ISBN EBOOK : 978-2-296-53030-0

SYNDICALISME (LE) EN AFRIQUE SUBSAHARIENNE
L'expérience de la Côte d'Ivoire
Appiah Adou - Préface du professeur François Kouakou N'Guessan
Après une analyse approfondie des relations professionnelles en Côte d'ivoire, l'auteur propose que les salariés, regroupés dans de véritables organisations syndicales, maîtrisent les effets de la mondialisation, stade suprême du capitalisme. Face à des enjeux importants, des employeurs puissants, un État quasi inexistant, les travailleurs sont relégués au second plan au profit du capital. Le syndicalisme se résume en un rapport de forces inégalitaire qu'il conviendrait de normaliser et d'humaniser.
(Coll. Enseignement et éducation en Afrique, 30.00 euros, 296 p.)
ISBN : 978-2-296-99366-2, ISBN EBOOK : 978-2-296-51458-4

PRINCIPE ÉTHIQUE DU VIVRE ENSEMBLE
Mboua Emmanuel - Préface du Révérend Père Jean-Maurice Goa Ibo
Parmi les principes du vivre ensemble que pose l'éthique, figure la question du fondement de la justice. Pour analyser ce sujet afin d'offrir un support pour les débats en éthique du vivre ensemble, l'auteur reprend différentes approches philosophiques et théologiques, notamment celles de Charles Taylor et de Bernard Lonergan, invitant ainsi le lecteur à s'approprier les aptitudes requises, favorables au développement de la justice, élément indispensable au vivre ensemble.
(Coll. Harmattan Côte-d'Ivoire, 15.00 euros, 150 p.)
ISBN : 978-2-336-00593-5, ISBN EBOOK : 978-2-296-51382-2

CÔTE D'IVOIRE LE «RATTRAPAGE ETHNIQUE» SOUS ALASSANE OUATTARA
Fondements, pratiques et conséquences
Sous la direction de Bi Loukou Gaha, Kôkôtré Tata, Siloué Océane
Ce livre est une analyse rigoureuse basée sur des faits hérités de l'histoire de la Côte d'Ivoire depuis 1959, date de la formation du premier gouvernement ivoirien par Félix Houphouët-Boigny. Adoptant une approche de déconstruction des présupposés anti-nordistes et islamophobes en articulation avec le concept «d'ivoirité», l'ouvrage décrit les fondements théoriques et idéologiques de cette véritable politique d'épuration ethnique.
(Coll. Etats, pouvoirs et sociétés, 20.00 euros, 200 p.)
ISBN : 978-2-336-00214-9, ISBN EBOOK : 978-2-296-50945-0

ALASSANE OUATTARA VINGT ANS DE COMBAT
Ouattara Brahima, Diaby Moustapha Ben Ismaïla
De son passage à la primature entre 1990 et 1993 à son élection à la présidence de la République de Côte d'Ivoire le 28 novembre 2010, Alassane Ouattara a cristallisé autour de sa personne toute la vie politique nationale. Homme d'ambition et de conviction, il a été contraint à un combat long et harassant et a impliqué tous les ténors de la vie politique ivoirienne. Ce livre est une analyse critique d'ensemble de ce puzzle de personnages et de leurs actions politiques.
(Coll. Harmattan Côte-d'Ivoire, 18.00 euros, 186 p.)
ISBN : 978-2-336-00560-7, ISBN EBOOK : 978-2-296-50913-9

FÉLIX HOUPHOUËT-BOIGNY
Vie et Témoignages
Hommage du cinquantenaire au Père fondateur de la Nation
Lombardo Liliana, Touré Innocent Kolo
A l'occasion du cinquantenaire de la Côte d'Ivoire, Liliana Lombardo accepte de produire, avec Innocent Kolo Touré, un livre sur le Président *Félix Houphouët-Boigny : Vie et Témoignages.* Ensemble, ils vont témoigner pour l'histoire, socle d'une nation. Avec l'aide d'éminents hommes politiques, historiens, juristes et Félix Houphouët-Boigny en premier auteur malgré lui, ils vont

tenter d'apporter leur pierre à l'édifice de la vérité en perpétuelle évolution. «Un peuple qui ne sait pas d'où il vient ne sait pas où il va». (Reliure cartonnée).
(55.00 euros, 512 p.)
ISBN : 978-2-336-00030-5, ISBN EBOOK : 978-2-296-51040-1

RÉBELLION IVOIRIENNE
Chronologie d'une longue marche vers le pouvoir
Pryen Denis, Touho Arsène
Pour les auteurs, la chute de Laurent Gbagbo le 11 avril 2011 n'est rien d'autre que le «point d'achèvement» de la rébellion ivoirienne enclenchée depuis le 19 septembre 2002 dont l'unique but était de mettre Alassane Ouattara au pouvoir par tous les moyens. Denis Pryen et Arsène Touho ont décidé de remonter aux sources pour conter, date après date, les différentes étapes de la réalisation du plus long coup d'État de l'histoire de l'humanité (8 ans, 6 mois et 23 jours).
(12.00 euros, 110 p.)
ISBN : 978-2-336-00219-4, ISBN EBOOK : 978-2-296-50752-4

POUR UNE ASSURANCE MALADIE UNIVERSELLE EN CÔTE D'IVOIRE – Réformer le système de tarification
Kouyaté Mohamed D. - Préface du professeur N'Dri Yoman
La Commission nationale de la sécurité sociale mise en place en décembre 1994 en Côte d'Ivoire a rendu ses conclusions en faveur de l'institution d'un système mutualiste d'assurance maladie universelle dans la double optique de promouvoir les valeurs cardinales d'équité, de justice et de solidarité, et de rompre avec les maux d'injustice, d'exclusion et de réclusion que charrie la politique de tarification des prestations de santé. Une réelle mise en place de l'assurance maladie universelle est urgente en Côte d'Ivoire.
(Coll. Harmattan Côte-d'Ivoire, 36.00 euros, 352 p.)
ISBN : 978-2-296-99237-5, ISBN EBOOK : 978-2-296-50525-4

CÔTE D'IVOIRE LEÇONS DU 11 AVRIL 2012
«Faut-il choisir la violence armée pour bâtir une démocratie ?»
Touho Arsène
Préface du Pr Mamadou Koulibaly - Postface du Dr Ahoua Don-Mello
Cet ouvrage est à la fois un regard rétrospectif sur les dix dernières années de crise et une vision préventive sur l'avenir de la Côte d'Ivoire. A partir d'analyses d'une grande objectivité, et sans épargner celui dont il se réclame (Gbagbo), l'auteur propose à ses compatriotes rassemblés autour des deux principaux blocs politiques neuf leçons dont la meilleure compréhension devrait assurer le retour de la stabilité politique et sociale. Il pose surtout la question : Faut-il choisir la violence armée pour bâtir une démocratie ?
(Coll. Points de vue, 18.00 euros, 184 p.)
ISBN : 978-2-336-00407-5, ISBN EBOOK : 978-2-296-50522-3

CÔTE D'IVOIRE
Le pays déchiré de mon grand-père – Récit
Bocquet N'Guessan Sylvie - A partir de 14 ans
Marguerite, 14 ans, vit dans le nord de la France. L'actualité va bouleverser sa vie et celle de sa famille. Elle découvrira la complexité de l'information diffusée par les médias, mais aussi la réalité de la guerre ivoirienne que son grand-père, papy Yao, vit et leur fait partager au jour le jour. Un petit bout de l'histoire de la Côte d'Ivoire, vécu de loin par une famille franco-ivoirienne.
(10.50 euros, 84 p.)
ISBN : 978-2-296-99609-0, ISBN EBOOK : 978-2-296-50181-2

CÔTE D'IVOIRE, 50 ANS D'INDÉPENDANCE
Permanence, mutation et/ou évolution des territoires
Koffie-Bikpo Céline Yolande
Depuis 1980, la Côte d'Ivoire, subit une vague de crises économiques et sociopolitiques qui amène à s'interroger sur son devenir. Cette analyse permet de mettre en évidence les permanences, les

mutations et les évolutions que l'on peut observer à différentes échelles : nationale, régionale et locale, afin de répondre à la question : comment les politiques de développement, dans leurs relations au territoire, après un demi-siècle d'indépendance, ont-elles évolué ?
(Coll. Harmattan Côte-d'Ivoire, 35.00 euros, 344 p.)
ISBN : 978-2-296-99210-8, ISBN EBOOK : 978-2-296-50241-3

CÔTE D'IVOIRE ET AFRIQUE FRANCOPHONE
La police face aux défis de prévention des conflits africains
Beyllignont Georges B. - Préface de Claude Koudou
En Afrique, les rivalités ethniques ne sont que la face visible d'un malaise qui paralyse les rapports humains entre les différents caractères sociopolitiques. Ce «clash» entraîne une situation de suspicion généralisée au détriment de la cohésion sociale et de la stabilité. A cet effet, la sécurité et la protection civile s'invitent naturellement dans le débat. L'auteur explique comment la police doit prendre une place centrale dans la problématique du développement de l'Afrique.
(Coll. Afrique liberté, 24.00 euros, 272 p.)
ISBN : 978-2-296-99599-4, ISBN EBOOK : 978-2-296-50333-5

CÔTE D'IVOIRE CHRONIQUES DE GUERRE 2002-2011
Duval Philippe - Préface de Mamadou Koulibaly
Le 19 septembre 2002, la Côte d'Ivoire est coupée en deux à la suite d'un coup d'État manqué. Le 11 avril 2011, Laurent Gbagbo sort de son palais présidentiel bombardé par l'armée française. Entre ces deux dates, neuf ans de guerre larvée, de souffrances pour les populations civiles, de désordres. L'auteur raconte la longue descente aux enfers d'un pays africain autrefois présenté comme modèle.
(Coll. IREA (Institut de recherche et d'études africaines), 26.50 euros, 264 p.)
ISBN : 978-2-296-97013-7

LAURENT GBAGBO UN DIGNE FILS DE L'AFRIQUE À LA CPI
Respectez l'Afrique 1
Ces textes sont des cris de dénonciation des comportements contribuant à la mise sous tutelle de l'Afrique. La Côte d'Ivoire connaît la phase la plus néocolonialiste de son histoire récente, avec une France sarkozyste qui a installé de force Alassane Ouattara à la tête du pays. C'est pourquoi ce 1er numéro lui est consacré.
(14.50 euros, 146 p.)
ISBN : 978-2-296-99083-8

MA VÉRITÉ SUR LE COMPLOT CONTRE LAURENT GBAGBO
Contre-rapport des résultats de la Commission internationale de l'ONU sur la crise postélectorale
Dogou Alain
Ce livre est un témoignage du ministre de la Défense du gouvernement en exercice en Côte d'Ivoire, au moment où la crise postélectorale se déclenche jusqu'à l'enlèvement du président Laurent Gbagbo. L'auteur livre des informations exclusives, les subtilités de l'origine de la crise ivoirienne et les aspects cachés de son déroulement. Il montre comment la France de Nicolas Sarkozy, avec la complicité active des organisations régionales africaines et de l'ONU, a déroulé un schéma inique contre Laurent Gbagbo.
(Coll. Afrique liberté, 15.00 euros, 182 p.)
ISBN : 978-2-296-99596-3

L'HARMATTAN ITALIA
Via Degli Artisti 15; 10124 Torino

L'HARMATTAN HONGRIE
Könyvesbolt ; Kossuth L. u. 14-16
1053 Budapest

L'HARMATTAN KINSHASA
185, avenue Nyangwe
Commune de Lingwala
Kinshasa, R.D. Congo
(00243) 998697603 ou (00243) 999229662

L'HARMATTAN CONGO
67, av. E. P. Lumumba
Bât. – Congo Pharmacie (Bib. Nat.)
BP2874 Brazzaville
harmattan.congo@yahoo.fr

L'HARMATTAN GUINÉE
Almamya Rue KA 028, en face du restaurant Le Cèdre
OKB agency BP 3470 Conakry
(00224) 60 20 85 08
harmattanguinee@yahoo.fr

L'HARMATTAN CAMEROUN
BP 11486
Face à la SNI, immeuble Don Bosco
Yaoundé
(00237) 99 76 61 66
harmattancam@yahoo.fr

L'HARMATTAN CÔTE D'IVOIRE
Résidence Karl / cité des arts
Abidjan-Cocody 03 BP 1588 Abidjan 03
(00225) 05 77 87 31
etien_nda@yahoo.fr

L'HARMATTAN MAURITANIE
Espace El Kettab du livre francophone
N° 472 avenue du Palais des Congrès
BP 316 Nouakchott
(00222) 63 25 980

L'HARMATTAN SÉNÉGAL
« Villa Rose », rue de Diourbel X G, Point E
BP 45034 Dakar FANN
(00221) 33 825 98 58 / 77 242 25 08
senharmattan@gmail.com

L'HARMATTAN BÉNIN
ISOR-BENIN
01 BP 359 COTONOU-RP
Quartier Gbèdjromèdé,
Rue Agbélenco, Lot 1247 I
Tél : 00 229 21 32 53 79
christian_dablaka123@yahoo.fr

Achevé d'imprimer par Corlet Numérique - 14110 Condé-sur-Noireau
N° d'Imprimeur : 110949 - Dépôt légal : septembre 2014 - *Imprimé en France*

www.ingramcontent.com/pod-product-compliance
Lightning Source LLC
LaVergne TN
LVHW021151061026
849535LV00002B/424